JN427451

행복코칭심리의 이해

Understanding Happiness Coaching Psychology

이 책은 저작권법에 따라 보호받는 저작물이므로 무단전재와 무단복제를 금지하며, 이 책 내용의 전부 또는 일부를 이용하려면 반드시 저작권자와 동문사의 서면동의를 받아야 합니다. 무단전재나 무단복제 행위는 저작권법 제136조(벌칙)에 의거, 5년 이하의 징역 또는 5천만 원 이하의 벌금에 처하거나 이를 병과할 수 있습니다.

행복코칭심리의 이해

Understanding Happiness Coaching Psychology

박정인·김경숙·이미나·임희정·임광호 공저

dm 동문사

머리말

인간은 누구나 행복을 추구한다. 행복은 사람마다 다르게 느끼지만 삶에서 오는 평온감과 안전함을 행복이라고 여기는 사람은 많다. 행복의 조건 중에서 경제적 풍요, 지식, 권위, 좋은 날씨가 행복의 가치를 모두 보장하지는 않지만 오히려 행복은 사랑하는 사람과의 결혼, 가족의 유대, 우정, 건강한 정신적 활동, 자존감, 희망 등과 더 많은 관련이 있다. 그동안 긍정심리학자들은 행복을 느끼는 정도에 따라 유전적으로 결정되기도 하지만 후천적으로 노력에 의해 계발될 수 있다는 입장이다.

행복코칭은 건강한 사람을 대상으로 더 건강한 사람으로, 현재보다 더 나은 성장과 변화, 행복, 목표 달성을 이루도록 돕는다. 그동안의 비정상적인 문제라고 여기는 내담자의 문제를 정상으로 이끌어내는 치료적 모델을 중심으로 주장하는 상담심리의 입장과는 다소 의견이 다른 것이 사실이다. 행복코칭은 긍정심리와 함께 최근에 부각되고 있는 정신-신체 통합론에 근거한 다양한 모델이 등장하고 있다. 행복코칭심리 분야에서 다루는 방법은 임상심리, 상담심리, 학교심리 분야에서 이미 사용한 프로그램과 유사한 측면도 있다. 특히 임상 및 상담심리학자는 자신도 이미 코치로 활동하고 있다고 말하는 경우도 있다. 실제로 코칭의 많은 실천 방법이 임상 또는 상담심리학의 기법을 사용하고 있으며 더 발전된 임상코칭을 적용하기도 한다.

이 책은 행복코칭의 질문 스킬들을 통해 사고를 확장시켜 줌으로써 자신의 인생에 스스로 답을 찾아가면서 좋은 습관을 향상시키는 것을 목표로 한다. 또한 행복한 삶을 위해 코치로서 알아야 할 행복코칭 관련 이론과 연구 및 행복코칭에 응용할 수 있는 긍정심리학 관련 연구와 더불어, 행복코칭에서 다루는 다양한 영역인 목표이론, 대화모델, 라이프코칭 등 포괄적인 내용으로 구성하였다. 행복코칭의 목표는 행복한 삶이며, 코칭을 통해 무한한 가능성을 끌어올려 자신의 삶을 건강하고 행복하게 할 뿐만 아니라 사회관계에서 영향력을 끼치는 삶을 살 수 있도록 돕고자 한다.

본 교재의 구성은 총 15장으로 구성되어 있다. 제1장에서는 코칭의 이해, 제2장에서는 코칭심리의 이해, 제3장에서는 코칭의 대화모델, 제4장에서는 코칭스킬, 제5장에서는 코칭과 목표실행, 제6장에서는 습관행동 변화, 제7장에서는 정서코칭과 강점자원, 제8장에서는 긍정심리와 행복, 제9장에서는 행복코칭과 뇌, 제10장에서는 라이프코칭 적용, 제11장에서는 코칭과 인지행동 접근, 제12장에서는 코칭과 게슈탈트 접근, 제13장에서는 코칭과 NLP 접근, 제14장에서는 진로코칭의 이해, 마지막 제15장에서는 학습코칭의 이해로 구성되었다.

본 교재는 대학과 대학원에서 행복코칭 및 코칭심리를 전공하는 학생과 코치가 되려는 자에게 '행복코칭의 이론과 실제'라는 과목으로 활용될 뿐 아니라 행복코칭 연구와 행복코칭심리 임상에 도움이 되기를 기대한다.

끝으로 본 교재가 나오기까지 도와주시고 격려하여 주신 모든 분에게 감사를 드리고자 한다. 그리고 출판을 흔쾌히 허락하고 모든 지원을 해주신 동문사 대표와 편집부에 정중하게 감사의 말을 전한다.

2022년 8월

저자 일동

차 례

Chapter 04 코칭스킬

Chapter 05 코칭과 목표실행

Chapter 06 습관행동 변화

Chapter 07 정서코칭과 강점자원

Chapter 12 코칭과 게슈탈트 접근

Chapter 13 코칭과 NLP 접근

Chapter 14 진로코칭의 이해

Chapter 15 학습코칭의 이해

01
Chapter

코칭의 이해

1. 코칭의 정의

코치(coach)라는 용어는 16세기 헝가리의 Kocs라는 곳에서 개발된 승객용 사륜마차의 이름이었던 콕시(Kocsi)에서 유래된 용어이다(Berg & Karlson, 2007; Stern, 2004). 사륜마차 콕시(Kocsi)는 피코치가 현재 있는 곳에서 출발하여 그가 원하는 목적지까지 데려다 주는 이동 서비스이다. 이것은 교육과 훈련을 의미하는 트레이닝(Training)의 어원이 기차(Train)라는 것과 비교되면서 코칭의 특징을 잘 설명해 주고 있다. 기차(Train)를 이용하는 피코치들은 자신이 원하는 속도와 경로와는 무관하게 서비스 제공자가 정한 경로와 속도로 종착지가 되면 하차해야 하는 집단을 위한 대중 서비스이다. 반면 코치(Coach)는 현대의 택시와 같이 피코치의 개별 상황에 따른 맞춤형 서비스이다. 즉, 코칭은 피코치가 현재 있는 곳에서 원하는 곳까지 피코치가 원하는 속도와 경로로 안전하게 데려다 주는 개인 맞춤형의 개별화 서비스라는 특징을 갖는다(박정길, 2018; 김주리, 2018).

이처럼 코칭은 코치와 코칭 받는 피코치, 그리고 상황과 그 상황이 발생한 조건에 따른 맞춤형이다 보니(Brock, 2012), 코칭의 정의 또한 각 분야의 특성과 대상에 따라 학문적 근거 이론이 적절히 융합되어 학자에 따라 그 정의가 다양하다(조성진, 2009; Talarico, 2002).

최일환(2013)은 학자들의 코칭에 대한 접근 관점에 따라 코칭의 정의를 학습 촉진 유형의 관점, 리더십 유형의 관점, 커뮤니케이션 스킬의 관점으로 구분하였다. 먼저, 학습 촉진 관점에서의 코칭에 대한 정의이다. 코칭이 피코치의 의미 있고 중요한 목표를 위해서 피코치 스스로 잠재력을 발휘하여 학습하는 것을 지원하고 촉진하는 것을 강조하는 관점이다(Edwards, 2003; Rosinski, 2003). 코칭은 코치와 피코치의 역동적인 상호협력 과정을 통해 피코치가 자기인식을 확대하고 자신의 행동에 집중함으로써 개인적 성장과 의식적 선택을 한층 발전시켜 가는 학습 과정이다(Brock, 2008). 둘째는 조직 또는 성과 측면에서의 리더십 유형으로 접근하는 코칭의 정의이다. 이러한 관점에서 코칭은 대화와 토론을 통해 부하직원의 행동 변화를 촉진하며 영향을 미치는 것으로(Stowell, 1988), 조직구성원들의 한 단계 높은 성과를 위해 임파워링하는 과정(Evered & Selman, 1989)이다. 마지막으로 양방향의 대화적 측면을 중요하게 생각한 커뮤니케이션

스킬로 접근한 코칭의 정의이다. 이러한 접근에서의 코칭은 존중을 바탕으로 피코치의 욕구에 관심을 갖는 과정이다(Aldag & Kuzuhara, 2002). 구성원들에게 긍정적인 영향을 미치고, 자발적 행동을 촉진하는 양방향의 커뮤니케이션 기술로 지속적으로 역량을 개발해 나가게 하는 프로세스이다(최치영 등, 2002; Aldag & Kuzuhara, 2002).

한편, 김진수(2012)는 코칭을 코치의 관점, 피코치의 관점, 파트너십의 관점, 대화 프로세스의 관점, 목표와 학습의 관점으로 연구자들의 코칭에 관한 정의를 범주화하였다. 첫째, 코치의 관점으로 코칭과정에서 코치의 영향력에 초점을 둔 접근이다. 이러한 측면의 코칭은 피코치에게 충분한 지원을 제공하여 피코치의 긍정적인 반응을 일으키고, 적절하고 충분한 피드백으로 구성원의 성과에 영향을 주어 최대의 성과를 얻을 수 있도록 영향력을 발휘하는 것이다(Hunt & Weintraub, 2002). 둘째, 코칭의 관점으로 피코치의 잠재력과 가능성 개발에 초점을 둔 접근이다. 여기서 코칭은 구성원의 성과를 극대화하기 위해서 개인의 잠재력을 깨우는 것으로 개인의 자아실현을 지원하는 시스템이라고 할 수 있다(Whitmore, 2002). 셋째, 코칭관계가 지속적 파트너십인 것에 초점을 둔 접근으로 코칭은 피코치 혼자서 도달할 수 있는 성과를 넘어서도록 개인과 팀에 권한을 위임하고 지속적인 파트너십을 유지해 가는 것이다(Evered & Selman, 1989). 넷째, 커뮤니케이션과 프로세스의 관점으로 여기서 코칭은 구성원과 서로 존중하며 커뮤니케이션을 통해 상대방의 욕구에 관심을 갖고(Aldag & Kuzuhara, 2002), 구성원들에게 긍정적 영향을 미치는 양방향 커뮤니케이션으로서 지속적인 역량 개발의 프로세스이다(최치영 등, 2002). 다섯째, 목표와 학습에 초점을 둔 관점으로 이 관점에서 코칭은 피코치가 학습을 통해 원하는 목표에 따라 자신의 삶과 일에서 효과를 향상시키고 유지할 수 있도록 지원하는 것이다(Rogers, 2004).

코칭은 코치가 피코치(코치 받는 사람)의 파트너가 되어 상호 지속적인 협력관계를 이루어 피코치(coachee)로 하여금 스스로 목표를 설정하고 해결해 가며 발전할 수 있도록 돕는 모든 활동 내지 그 기법, 즉 코칭 리더십이란 코치(coacher)가 피코치(coachee)로 하여금 자신에 내재된 잠재능력을 스스로 발견하고 그것을 스스로 개발 · 활용해 발전하도록 도와주는 일 내지 그 기법을 말한다. 코칭은 스포츠에서 흔히 사용하는 용어 '코치(coach)'에서 유래한다. 1971년 당시 하버드대학 테니스부의 주장이었던 티모시 갤웨이(T. Gallwey)가 선수 초보자들에게 테니스 기술을 지도할 때 단순히 기술적인 것만을 가르치기보다 잠재능력에 의식을 집중시키는 방법을 사용하였더니 의외로 흥미를 가지며 실력도 급속히 향상되고 있음을 발견, 이를 교육 방식에 접목 '이너게임(Inner Game)'이라 불렀다. 뒷날 이너게임의 원리는 스포츠 분야뿐만 아니라 비즈니스에도 원용되어 1992년에는 코칭전문훈련기관인 '코치대학'이 설립되었고, 이어 2003년에는 토마스 레오나드를 중심으로 '국제코치협회(IAC)'가 발족하게 되었으며, 같은 해 우리나라에서도 '한국코치협회'가 설립되었다.

전문코치들의 국제단체인 국제코치연맹(ICF)은 코칭을 인생과 경력, 사업이나 조직에서 비범한 결과를 낼 수 있도록 도움을 주는 전문적인 관계라고 정의하고 있으며(ICF, 2021), 국내 코치들의 단체인 한국코치협회(KCA)는 코칭을 개인과 조직의 잠재력을 극대화하여 최상의 가치를 실현할 수 있도록 돕는 수평적 파트너십으로 정의하고 있다(한국코치협회, 2021).

세계 최대의 코치협회로 볼 수 있는 국제코치연맹은 코칭을 "코치가 피코치와 파트너 관계를 맺고 피코치가 성찰과 창의적인 과정을 통해 개인 및 전문적인 잠재력을 극대화할 수 있도록 돕는 것"으로 정의하고 있다. 한국코치협회는 "코칭은 개인과 조직의 잠재력을 극대화하여 최상의 가치를 실현할 수 있도록 돕는 수평적인 파트너십"으로 정의하고 있다.

코칭과정에서 GROW 모형을 제시하여 유명한 Whitmore(1992)는 코칭은 "개인의 잠재력을 개발하여 수행을 극대화하기 위한 것으로서 가르치는 것이 아니라 학습하도록 돕는 것"으로 정의한바 있다. 코칭심리 분야를 개척한 Grant는 Stober와 함께 코칭을 "코치와 피코치가 상호협력적이고 평등한 관계를 유지하면서 함께 목표를 설정하고 해결 방법을 찾고 이를 실행하는 과정을 의미하며, 이를 통해 피코치의 지속적인 자기주도적 학습과 성장을 함양하는 것을 목표로 하는 것"으로 정의하였다.

심리학자인 Passmore와 Fillery-Travis(2011)는 코칭을 코치와 피코치 또는 참여자 간의 소크라테스식 문답법을 기반으로 한 미래 지향적 대화법으로서, 코치는 개방질문, 요약과 성찰을 활용하여 피코치의 자기인식과 책임감을 촉진하는 데 목표를 둔 과정으로 정의하였다.

다양한 정의에서 공통점을 찾아보면, 코치는 목표달성을 위해 피코치를 돕는다는 것이며 이 과정에서 코치는 피코치와 수평적인 관계를 유지하면서 지시적인 방법이 아닌 피코치의 자발적인 학습을 강조한다는 점이다. 코칭에 대한 정의에서 중요한 것은 대상, 목적 그리고 방법 등 세 가지 요인을 포함해야 한다는 것이다. 코칭을 "코치가 피코치와 동반자적 관계를 유지하면서 피코치의 자기인식을 바탕으로 자신이 설정한 목표를 달성하기 위한 방법을 찾고 이를 지속적으로 실행해 나가도록 도우며 궁극적으로 피코치의 성장을 돕는 것을 목적으로 하는 과정"으로 정의하고자 한다. 코치는 피코치와 수직적인 관계에서 피코치에게 어떻게 할 것을 지시하면서 진행하는 것이 아니라 수평적인 관계에서 문제를 해결하는 방법을 같이 찾아 나간다는 의미를 강조하는 것이다. 피코치의 자기인식은 자기성찰과 통찰을 포함하는 개념이다. 자기성찰은 자신이 중요시하는 가치는 무엇인지, 자신의 강점은 무엇인지와 같은 자신의 특성에 대한 이해부터 시작해서 자신의 평소 생각, 감정 및 행동은 어떠한지에 대해 생각하는 것을 의미한다. 코칭과정에서 코치는 적절한 질문을 통해 피코치가 혼자서는 하기 힘든 다양한 관점에서 자신을 돌아볼 수 있도록 유도할 필요가 있다. 자신과 주변 환경을 다시 돌아봄으로써 현재의 문제를 다른 관점에서 바라볼 수 있는 기회가 생기며, 이를 통해 문제를 해결할 수 있는 방법을 도출할 수 있게 된다. 피코치 스스로 자신이 설정한 목표를 달성하기 위한 방법을 찾는다는 것의 의미는 코칭과정에서 피코치 자신이 원하는 목표(코칭이슈)를 설정하는 것이 중요하며 이러한 목표를 달성하기 위한 방법을 찾는 과정에서 코치는 가능한 해결방법을 제시하지 않고 피코치 스스로 방법을 찾도록 유도하고 격려하는 것이 중요함을 강조하는 것이다. 특정 방법을 제시하면서 이렇게 하라고 하는 것이 아니라 이러한 방법도 있을 수 있는데, 이 방법에 대해 피코치는 어떻게 생각하는지 물어보고 최종적으로는 피코치가 선택하도록 하는 것이 좋다. 코치는 피코치가 제시한 해결방법을 코칭이 종료된 이후에도 이를 실행할 수 있도록 동기부여를 하고 실행의지를 높이는 지속적인 노력을 기울일 필요가 있음을 강조하기 위한 것이다. 마지막으로 피코치의 성장을 목적으로 한다는 것의 의미는 코칭의 목적은 단순히 피코치가 자신의 문제를 해결하는 방법을 찾고 이를 실행하여 목표를 달성하는 선에서 끝나는 것이 아니라 이러한 과정을 통해 피코치 스스로 자신의 문제를 해결할 수 있다는 자기효능감을 증진시킴으로써 향후 유사한 문제에 직면할 때 스스로 해결할 수 있는 역량을 향상시키는 데 있다는 점을 강조하기 위한 것이다. 코칭의 궁극적인 목적은 코칭을 통해 피코치가 지금보다 한 단계 더 성장할 수 있도록 돕기 위한 것이다.

코칭은 '일대일 상호작용을 통한 개입'이라는 유사성 때문에 멘토링, 카운슬링과 비교되는 경우가 많다. 하지만 코칭은 도제형 멘토링이나 치료 및 과거중심적인 카운슬링과는 달리 세분화되고 구조화된 프로세스를 바탕으로 개인들이 현재 직면하고 있는 문제와 해결방법을 인식할 수 있도록 돕는다.

코칭, 멘토링, 카운슬링의 구분은 〈표 1-1〉과 같다.

〈표 1-1〉 코칭, 멘토링, 카운슬링의 구분

분류	코칭	멘토링	카운슬링
정의	코칭은 6개 요소로 구성된 프로세스를 활용하여 코치가 피코치자를 지원하는 과정이다. 코치는 이 과정을 통해 자기관련 성과와 직무 관련 성과를 향상키기 위한 일련의 목표를 확정하고, 리더가 원하는 목표의 달성을 촉진한다(Dingman, 2004-current study).	멘토들은 개인적인 사람들로 경험과 지식이 관련 분야에 있고 부하직원과의 관계에 전적으로 헌신하며 부하직원의 만족스러운 승진, 이동 및 경력 지원을 하는 사람을 말한다(Kram, 1985).	카운슬링은 내담자가 일상생활에서 직면하는 상황을 극복, 조정할 수 있는 새로운 스킬을 획득하거나 학습하도록 하는 면대면 관계이다. 카운슬링의 초점은 개인이 느낄 수 있는 잠재력을 끌어내는 것이다(Hart, Blattner & Leipsic, 2001).
목적	주도적 자세/발견/성장	필요한 충고/지원	재건/회복/반동적인 회고/치유
목표	개인적인 목적의 달성	지식/직업 개발의 양도	무의식의 과정에서 나타나는 근원적인 기능장애(노출)
중심	자기관련 개발과 목적 중심	관계중심	치료중심
역할	코치는 리더의 목적을 달성하기 위해 믿을 만한 개인적 경험을 제공해야 한다.	멘토는 전문가적인 지식을 부하직원에게 전하며 개인적인 경험도 알려준다.	상담가는 치료, 치료적 중재, 목적 정하기, 그리고 유지 등을 계획하고 이끈다.
교육	필요사항은 없다. 많은 학교가 9~24개월의 교육을 제공하며 증명서와 라이선스를 준다.	정식적 교육이 필요하지 않으며 오직 비정식적인 기술이나 전문성을 필요로 한다.	정식적인 심리학적 교육, 국가의 라이선스가 있어야 하며 지속적인 교육을 통해 라이선스를 유지하고 엄한 법과 도덕적 자리를 지켜야 한다.

분류	코칭	멘토링	카운슬링
관계	코치가 자신과 직업에 대한 자신의 태도를 리더가 느낄 수 있도록 도와준다.	권위주의 혹은 인류 평등주의, 구조주의 및 구성적, 임시방편적 관계이다(초보적인 관계).	돌아보는 과정을 통해 삶의 경험 중에서 정신적 트라우마, 방해요소 등을 발견하고 새로운 방법을 습득한다.
시간	짧은 시간, 완고한 세션	긴 시간, 유연한 세션	긴 시간, 완고한 세션
의제	코치와 리더에 의해 정해지며 상호적인 목적을 통해 여섯 가지 과정을 거친다.	부하직원과 멘토에 의해 비공식적 구조로 정해진다.	유연하며 카운슬러에 의해 인도된다.
접근성	직접적 만남 혹은 전화	직접적 만남, 편지, 전화 혹은 이메일	직접적인 만남
중심	협동적	협동적이기도 하고 한쪽면이 강조되기도 한다.	규범적
중재	계획을 정해 행동이 목적에도 달하도록 코칭세션을 통해 돕는다.	구체적 영역의 전문성을 물려준다.	문제를 해부하고 분석하여 이전의 감정이 치유되도록 진단모델을 통해 돕는다.
접근 방법	협동적	협동적이기도 하고 한쪽면이 강조되기도 한다.	규범적
피코치 직무기능	피코치는 기능적이며 또한 피드백을 정해야 하고 목적도 정해야 한다.	피코치는 기능적이고 초보자 타입의 관계를 요구한다.	피코치는 잠재적으로 자신을 해치거나 기능적인 장애를 경험할 수 있다.
결과	지식, 가치 그리고 자신과 업무 중심 결과를 잘 만들 수 있도록 촉진시킨다.	직업 발전 그리고 개인 개발	기능적

출처: Dingman(2004). "The effect of executive coaching on job-related attitudes."

1) 코칭과 멘토링

멘토는 호머의 '오디세이'에 나오는 인물로 BC 1200년경 오디세우스가 트로이 전쟁을 떠날 때 자신의 아들 델리마커스의 교육을 부탁한 데서 유래되어 오늘날 멘토링의 개념으로 발전하였다. 현재 멘토는 교사, 충고자, 조언자, 상담자, 촉진자(facilitator)로 통하고 있다. 조직에서는 고참 사원(멘토)과 후배 사원(멘티)을 "man to man"으로 연결시켜 주고 서로 개인적 교류를 통해 업무에 대한 교육, 훈련뿐만 아니라 회사의 모든 사안에 대해 현명하게 대처하도록 양육하는 훈련방법으로 멘토링을 활용해 왔다. 멘토링이 단순히 멘티에 대한 상담과 지원에 그치는 것이 아니라 멘토가 멘티의 역할 모델이 되기도 하고 멘티가 직면한 업무 문제나 심리적 스트레스를 해결해 주는 리더십 형태로 인식되기도 한다.

Kram(1985)은 멘토를 자신의 전문 분야에서의 경험과 지식을 바탕으로 멘티의 성장 및 승진(upward mobility), 경력에 대한 지원을 제공하기 위하여 멘티와 관계를 쌓는 개인으로 정의하였다. 윈-윈(win-win) 상태를 고려하여, 멘토는 자신의 경험과 자문을 제공함으로써 만족감을 얻고 피후견인은 배려와 지혜 습득의 이익을 얻는다고 했다.

코칭과 멘토링은 둘 다 변화와 발전에 초점을 두는 성장지향적 관계라는 공통점이 있지만, 이 두 개념 간의 가장 큰 차이는 목적과 구조이다. 코칭의 목적은 리더가 열망하는 목표를 상호 협의하여 설정한 후 그 목표의 달성을 돕는 것이고, 멘토링의 목적은 멘토가 갖고 있는 지식이나 노하우 등을 멘티에게 전달하는 데 중점을 두고 있다. 따라서 재무나 마케팅 등의 특수한 업무 분야에 대한 특정 기술을 코치의 자격 요건으로 전제하지 않는 코칭과 달리, 조직 내 공식적인 멘토링 관계는 멘토의 특정 업무, 특수 경력의 지식을 멘티에게 전달하는 멘토와 멘티 간 위계적인 관계를 포함하기도 한다.

2) 코칭과 카운슬링

코칭과 상당히 유사한 카운슬링은 내담자가 갖고 있는 적응상의 문제해결을 위해 전문가인 카운슬러와 내담자가 대화를 거듭함으로써 문제를 해결하도록 돕고 인격적 발달을 돕는 것을 의미한다. 코칭과 카운슬링은 피코치자 혹은 내담자의 현재 상태를 발전시키기 위해 전문가와의 대화를 통해 문제를 인식하도록 하고, 행동의 변화를 유도한다는 점에서는 비슷하다.

코칭과 카운슬링을 구분 짓는 가장 큰 차이는 바로 초점(focus)이다. 코칭은 자신의 직업 및 개인생활에서의 만족감을 최대화하기 위하여 달성 가능한 목표와 잠재력을 발견하여 건강한 삶을 영위할 수 있도록 지원함으로써 미래에 초점을 맞춘다. 반면 카운슬링은 심리적인 측면에 대한 탐색을 바탕으로 피코치의 과거 및 현재의 약점에 관심을 둔다. 그리고 코칭이 성장과 변화의 동기를 지니고 있는 건강한 사람들을 돕는 데 초점을 두는 데 비해 카운슬링은 중독자, 정신적 장애인, 심리적 장애인 등과 같은 건강하지 않은 사람들이 과거에서 그 해답을 찾고 치유하는 데 초점을 둔다.

2. 코칭의 역사

현대 코칭의 기원은 1975년 테니스 코치 티모시 갤웨이의 '테니스 이너게임'에서 그동안 경험을 통해 기술적이고 상세한 지시보다 피코치가 자신의 내면적 정신 작용에 집중하도록 도울 때 가장 쉽게 테니스를 배울 수 있음을 발견했다. 갤웨이의 지도를 받은 사람들은 이 방식이 회사 생활에서의 어려움을 극복하는 데도 적용된다고 생각했고 '이너게임'을 배운 코치들이 기업에서 이를 가르치게 된다. 존 휘트모어는 이너게임 접근법을 유럽에 소개하고 1996년 '성과를 위한 코칭'으로 알려지게 된, '언어를 활용한 코칭 접근법'을 개발하였다.

코치라는 단어는 본래 네 마리의 말이 끄는 마차를 의미하는 것으로서 이 마차는 마차에 탑승한 손님을 목적지까지 모시고 가는 것이 중요한 목적이기 때문에 여기서 유래되어 코치는 누군가가 자신의 목적을 달성하도록 지원하는 사람으로 인식되었다. 1860년대 옥스퍼드 대학교는 코치를 개인교사를 의미하는 것으로 명명하였다고 한다. 이때부터 코칭은 개인이나 집단이 목표나 목적을 달성하도록 지시하고 가르치고 훈련을 시키는 기법으로 인식되었으며, 1880년대부터 주로 스포츠 분야에서 선수들이 좋은 성적을 낼 수 있도록 코치들이 도움을 주는 데 응용되기 시작하였다.

코칭은 조직에서 관리자들의 수행 향상을 위해 도움을 주는 기법으로 인정받게 되었다. 이후 1980년대와 1990년대를 거쳐 비즈니스 영역에서 코칭은 급속도로 성장하기 시작하였다.

1986년에 Gallwey는 『테니스의 이너게임』이란 책을 출간하였는데, 이 책에서 테니스 게임 선수는 외부의 적과 내부의 적을 구분할 필요가 있다고 주장하면서 상대방의 실력과 같은 외부의 적보다 자신감 결여나 자신에 대한 비난과 같은 내부의 적이 더 중요함을 강조하였으며 이러한 내부의 적을 이기는 방법에 관해 기술하였다.

비즈니스 영역에서 출발한 코칭은 점차 영역과 대상이 확대되면서 커리어코칭, 라이프코칭, 건강코칭, 부모코칭, 리더십코칭 등 다양한 분야로 확대되어 가고 있다. 국내에서는 대략적으로 2000년대 초반에 코칭이 들어와서 미국과 같은 비즈니스 영역에서 시작되었다. 2003년에는 코치들의 모임으로서 현재 규모가 가장 큰 한국코치협회가 발족하였다. 2004년부터 매년 한 차례 대한민국코치대회를 개최하여 다양한 코칭 관련 주제에 관해 발표 및 교육을 해 오고 있다.

1992년 재무설계사였던 토마스 레오나드가 코치 유니버시티라는 회사를 설립했다. 같은 해 평화봉사단 자원봉사자로 활동한 경험이 있는 공인회계사 로라 휘트워스가 코치 훈련원을 설립하며 본격적인 현대 코칭산업 발전이 시작되었다. 1995년 국제코치연맹(International Coach Federation, ICF)이 설립되어 전 세계로 발전하고 각계각층으로부터 인정받게 된다. 이후 ICF는 2011년 5월 현재 76개국 7,200명의 회원조직으로 단연 세계 최대 규모를 자랑하는 비영리 전문코치협회로 발전했다. 한편, 2003년에는 토마스 레오나드가 국제코치협회(International Association of Coaching, IAC)를 창설하였고, 그 위에 분야별 코치협회의 하나로 국제 비즈니스코치협회(Worldwide Association of Business Coaches, WABC)가 활동을 해오고 있다.

19세기에는 대학의 은어에서 기원한 개인교사나 스포츠와 육상에서 지도자를 일컫는 말로 코치를 사용하였다고 한다(Collins, 2008). 세월의 흐름을 따라 코치의 활동 영역이 다양해져서 기술을 향상시키고 문제를 극복하여 지속적으로 집중해서 목표까지 도달하기 원하는 음악가나 강사, 배우와 같은 사람들에게도 코칭이 이루어졌다(송영진, 2012).

2000년대에 들어서서는 기업들로부터의 경영자코칭의 필요가 더욱 부각되면서 코칭 관련 출판과 연구, 비즈니스가 그 어느 때보다도 활발히 진행되었다(Quick, et al., 2004; Brooks, et al., 2007; Hofmans, 2012). 특히 컨설팅, 인재개발, 심리학 분야 등에서 경영자코칭에 대한 연구가 활발히 진행되었다(Passmor, 2007). 이러한 영향으로 1994년에 비해 2004년도에 경영자코칭에 대한 연구논문이 300% 이상이나 증가(Meuse, 2009)하였고, 2005년도까지 학술, 실용서, 잡지 등에 게재된 경영자코칭 내용은 총 78회에 달했다. 내용은 주로 경영자코칭의 정의, 코칭

프로그램, 코칭방법, 경영자코칭스터디 등에 관한 것이었고 이 중 실증연구도 11개가 포함되었다(Joo, 2005). 이후부터 실증연구도 전보다 활발히 진행되어 Grant(2009)가 2000년부터 2009년까지 9년간의 코칭에 관련과 글을 조사한 바에 의하면, 총 304편의 글이 발표되었으며 그중 실증연구가 117편이고 학위논문이 32편이었다고 하였다.

이처럼 2000년대에 들어서서 경영자코칭을 중심으로 코칭프로그램들이 다양한 분야에서 적용되고 실행되면서 사회 전반으로 확산되었고, 이 시기부터 전문가들은 경영자코칭이 컨설팅 분야 혹은 트레이닝 분야에서 가장 빠르게 성장하는 영역(Gray, 2006; Sherpa Executive Coaching Survey, 2011)이라고 말하기 시작했다. 이와 같이 코칭이 리더들의 역량 및 조직성과 등을 향상시키는 탁월한 도구로 주목을 받으면서 과학, 심리학, 공학, 인간학, 리더십 등 다양한 분야에서 코칭과 연계된 연구들이 진행되었다. 또한 다양한 원리와 기법들이 코칭에 적용되고 통합되면서 코칭기법과 코치의 능력도 놀랍게 발전되었다. 사회적으로 코칭에 대한 인식도 정착이 되어, 미국을 비롯한 선진국 대학들에 코칭과정이 설치되는 사례도 증가하였다. 국제코치연맹(ICF)에서 인증하는 전문코칭교육 프로그램은 2008년 현재 미국 조지타운대학, 캐나다의 로얄로드국립대학 등 북미 30개 교육기관에서 학점을 인정해 주고 있고 코칭이 대학의 정식 MBA 과정으로 개설되는 사례가 세계적으로 증가하는 추세이다.

포춘(Fortune)지는 '코칭은 미국 기업들 사이에 퍼지는 풀뿌리 운동'이라고 호평했다. 코칭을 통하여 조직의 몰입도와 효율성이 증대되고, 직원들의 업무만족도가 높아지며, 기업의 대내외적 경쟁력이 향상되는 경험을 하는 기업들이 점점 더 늘어나고 있기 때문이다. 또 이와 같은 움직임은 미국뿐 아니라 영국, 일본, 캐나다, 호주, 싱가포르, 뉴질랜드, 한국 등 세계 각지에서 나타나고 있으며, 코칭은 시대를 대응하는 최고의 리더십 모델이자 인재계발기술, 삶의 질을 향상시키는 자기계발도구로서의 역할을 다하고 있기 때문이다(Jung, 2009; 송영진, 2012).

스포츠에서 사용되었던 코치의 개념을 뛰어넘어 코칭은 토마스 레오나드로 인해 비즈니스코칭을 기반으로 하여 시작되었지만 개인과 조직을 도울 수 있다는 코칭의 기본개념은 다른 분야에도 적용되면서 비즈니스 코칭(Business Coaching), 라이프코칭(Life Coaching), 커리어코칭(Career Coaching), 크리스천 코칭 등 다양한 분야로 그 영역을 넓혀가고 있다.

3. 코칭의 이론

코칭은 코치가 피코치와 수평적인 관계에서 상호신뢰를 바탕으로 스스로 자신을 발견하고 주도적으로 목표를 달성할 수 있도록 도와주는 역할을 수행하는 것으로 근본적으로 인간의 능력에 대한 믿음이 바탕이 되어야 한다(박재진, 최은수, 2013; Grant, 2007). 따라서 코칭의 특성과 연관된 주요 학문 분야를 살펴보면 개인심리학, 인본주의 심리학, 긍정심리학을 대표적으로 생각해 볼 수 있다.

먼저 1920년대 코칭의 출현에 영향을 미친 Adler의 개인심리학은 개인을 이해하는 데 있어 개인의 생활 방식, 사회적 맥락 그리고 열등감을 강조하는 개체심리학이다(이한주, 2018; Brock, 2008). 개인심리학에서 인간은 자신이 가진 열등감을 극복하기 위해 사회적 맥락 속에서 끊임없이 발전을 추구하고, 목표를 향해 나아가는 낙관적인 존재로서 인간의 최대 동기는 '우월에 대한 욕구'라고 설명한다(Adler, Ansbacher, & Ansbacher, 1964). 개인은 자신의 완전성을 실현하고자 하며 열등감을 극복함으로써 유능성, 우월성, 안정성을 가질 수 있게 된다. 개인심리학은 인간이 끊임없는 발전을 통해 자기 완전성을 실현하고자 한다는 관점에서 코칭의 철학과 맥락을 같이 한다고 볼 수 있다. 인본주의 심리학에서 인간은 자유 의지를 바탕으로 자기실현을 하는 능동적인 존재이자 실존적인 경험과 주관적 감정을 통해 세상을 인지하는 사회적 맥락 속에서의 인간을 말한다(조은현, 2010; Rogers, Kuiper, & Kirker, 1977).

대표적으로 Maslow(1943)는 욕구위계설을 통해 개인은 선천적으로 자신의 잠재력을 발달시키고, 완성시키고자 하는 존재이며, 궁극적으로 자아실현에 대한 욕구를 가지고 있다고 강조한다. 이는 코칭의 목표인 개인은 자아실현을 지향하는 존재라는 점에서 지향성이 일맥상통하다는 것을 알 수 있다. 긍정심리학은 Seligman(2008)에 의해 처음 논의되었는데, 그는 학습된 무기력의 형성과 이를 치료하는 과정에서 그동안의 심리학이 인간의 부정적인 측면에 지나치게 중점을 두었다는 점을 비판하고, 활력과 건강과 같은 긍정적인 부분으로 관점을 전환할 것을 제안하였다. 또한 긍정적인 심리는 개인의 심신 건강에도 도움이 되지만, 조직의 효과성을 높이는 데도 일조한다고 강조하였다. 긍정심리학에서 보는 인간은 본질적으로 건강하고, 성장하고자 하는 욕구와 자원을 지닌 존재라는 점에서 코칭과 자연스럽게 연결될 수 있으며, 코칭의 증거기반 역할을 해주는 것으로 볼 수 있다(Biswas-Diener & Dean, 2007).

휘트워스(Whitworth), 킴지하우스(Kimsey-House), 샌달(Sandahl)은 히데다케와 비슷한 관점에서 코칭의 원칙을 다음과 같이 네 가지로 제시하였다(Whitworth L. et al., 2005). 첫째, 코칭을 받는 사람은 본래 창의적이고, 지적 능력을 갖추고 있으며, 완전한 존재이다. 둘째, 상호협력 코칭은 코칭을 받는 사람의 생활 전반을 두루 검토한다. 셋째, 어젠다는 코칭을 받는 사람이 결정한다. 넷째, 두 당사자의 관계는 맞춤식 협력 관계(a designed alliance)이다.

엘리자베스 하버라이트너(Ellizabeth Harbereitner, 2002)는 인간을 원칙적으로 보다 더 완벽하고 결함이 없는 존재로 이해한다. 따라서 자신의 과제를 완수하고 자신의 문제를 해결할 수 있으며, 결단을 내릴 수 있고, 자신의 행동에 대해 책임을 질 수 있으며, 이 능력으로부터 이익을 얻을 수 있다고 주장한다. 이처럼 코칭의 철학 혹은 코칭의 기본 전제는 인본주의적 인간관에 기초하고 있음을 알 수 있다. 이와 같은 전제는 한계를 가지고 있으며, 본성적으로 죄인이라고 이해하는 기독교의 인간관과 배치된다. 따라서 교회교육에서 코칭을 사용하려면 충분한 검토와 함께 기독교 인간관에 맞는 새로운 형태의 코칭이 요구됨을 알 수 있다. 코칭은 종종 '기술적인 행위'로 이해되기도 하지만 코칭은 토대가 심리학적 이론에 있으며, 단순히 누군가를 지도하는 기술이나 특정한 지도 방식을 뜻하는 것은 아니다. 코칭은 코치와 피코치 사이의 헌신된 파트너십 관계 속에서 기술적인 대화를 통해 개인의 자질과 성과 그리고 조직의 목표와 효율성을 극대화시키도록 돕는 시스템이자 커뮤니케이션 과정이다.

따라서 코칭에서 가장 중요한 것은 헌신적인 파트너십과 같은 인간관계이다. 아무리 목표를 빨리 이룰 수 있게 한다고 해도 인간관계가 깨어진다면 그것은 더 이상 코칭이 될 수 없다. 종종 스포츠 분야에서 코치가 강압적인 훈련이나 인격을 모독하는 방식의 지도 등으로 인해 물의를 일으키는 경우를 볼 수 있는데, 그것은 코칭을 기술이나 방법으로만 이해했기 때문이다. 코칭을 코칭답게 하기 위해서는 코칭의 철학을 분명히 이해하는 것은 중요하다.

4. 코칭 방법

코칭이 성공적으로 이루어지기 위한 방법으로 코칭 프로세스 또는 코칭모델이 있으며, 코칭과정 중 코칭의 진행을 위해 사용되는 질문의 순서를 말한다(Passmore, 2007; Whitmore, 2002). 코칭 프로세스란 대상자와 코치가 방향성을 가지고 설정된 목표를 정하고 이를 행동으로 옮겨 목표를 달성할 수 있도록 길잡이 역할을 하는 과정을 진술한 대화모델이다. 코칭 프로세스의 구성은 하나로 통일된 것은 없으며 가장 널리 알려진 방법으로 GROW(Goal, Reality, Option, Will) 모델이 있고 이는 코칭에서의 문제해결을 효과적으로 진행하기 위한 순차적인 과정으로 구성되어 있다(Dembkowski & Eldridge, 2003; Narayanasamy & Penney, 2014). GROW 모델은 4단계로 구성되었으며, 1단계는 코칭 이슈를 명료화하는 '목표설정(Goal) 단계'이고, 2단계는 현재의 상황을 확인하는 '현실파악(Reality) 단계'이며, 3단계는 가능한 '대안 탐색(Option) 및 다른 전략 혹은 행동계획을 파악하는 단계'이다. 마지막 4단계는 언제, 누구에 의해, 무엇이 행해지는지 그것을 하겠다는 '실행의지(Will)를 확인하여 행동의 변화를 가져오게 하는 단계'로 구성되어 있다(Alexander, 2006; Brown & Grant, 2010; van Nieuwerburgh, 2017; Whitmore, 2002).

코칭은 인본주의적이며 긍정심리학에 기반을 둔 신념 체계로 심리학, 정신의학 및 사회사업의 범위를 훨씬 넘어선 광범위한 분야를 포함하고 있으며, 특히 행동 계획 및 목표 중심 전략은 심리치료사나 상담사가 돕는 것과 확연히 구별되는 방법이다(Abravanel & Gavin, 2017; Jones & Santos, 2011). 코칭은 상담, 멘토링과 유사 개념을 지니고 있어 이들을 비교해 보는 것이 코칭에 대해 폭넓게 이해할 수 있는 방법이다. 먼저, 상담과 코칭에 있어서 상담은 과거의 문제를 치료하는 것에 초점을 두는 반면, 코칭은 현재와 미래에 초점을 둔다. 상담이 과거를 돌아보고 대상자의 심리를 파악하여 상처와 문제를 치유하고 회복하도록 답을 주는 것이라면, 코칭은 과거를 머물러 있기보다 현재의 행동과 미래 지향적인 생각에 초점을 두고 대상자가 스스로 깨닫도록 하는 데 도움을 준다. 멘토링과 코칭의 비교는 멘토링 관계에서는 멘토가 멘티의 상위 개념이지만 코칭은 대상자와 서로 동등한 수평적 관계에서 접근한다는 것이 다르며, 멘토링이 학습자에게 기술과 정보의 안목을 갖게 하는 데 더욱 비중을 둔다면, 코칭은 사람들이 어떻게 성장하고 변화되는지에 대한 기본적인 원리들을 삶의 모든 영역에 적용하는 데 중점을 둔다(Garvey, 2004; Minter & Thomas, 2000). 이와 같이 다양한 접근 방법에서 코칭만의 고유한 가치와 기법을 인식하고 사용하는 것이 코칭을 성공적으로 이끄는 방법이며, 대상자가 자신을 이해하고 진정한 삶의 가치를 확인하며 자신만의 목표로 찾고 목표를 향해 항해할 수 있도록 인도하고 지지하는 것이 코칭의 궁극적인 목적이며 역할이다(Ives, 2008).

코칭은 경영자코칭을 시작으로 인적자원 개발 분야로 확장되었으며 경영자코칭은 실용적이며 목표달성에 초점을 맞춘 일대일 학습과 행동 변화를 포함하는 코칭으로 이론보다는 실전이 앞선 영역이다(Hall, Otazo, & Hollenbech, 1999). 코칭은 사용과 범위가 확장되어 많은 조직의 인적자원관리를 위한 교육과 개발 전략으로 빠르게 사용되었음에도(Kilburg, 1996b) 불구하고 코칭에 대한 체계화된 이론적 틀과 검증이 부족하여 일반화된 이론적 틀이 제시되지 못하였다(Joo, 2005). 이에 Joo(2005)는 코칭을 위한 개념적 틀을 구축하기 위한 연구를 시도했으며 연구의 전반부에서 경영자코칭과 멘토링, 직업적 성공, 360도 피드백, 교육 관련 문헌을 바탕으로 경영자코칭에 대한 정의와 목표 및 접근 방법을 요약하였다. 후반부에서는 경영자코칭의 긍정적인 성과를 위한 선행조건은 무엇인가?', '경영자코칭의 긍정적인 결과를 도출하는 프로세스는 무엇인가?', '경영자코칭이 달성할 수 있는 결과는 무엇인가?'의 세 가지 명제를 통해 10년간 실행된 경영자 대상의 코칭 연구들을 분석함으로써 성공적인 경영자코칭 모델에 대한 개념적 기틀을 전제, 과정 및 단기성과와 장기성과를 포함하는 성과로 제시하였다.

이 모델의 각 단계를 살펴보면 첫째, 전제는 코치, 대상자의 특성, 조직차원에서의 지원에 관한 세 가지로 구성된다. 코치 특성으로는 코치의 경험과 학문적 배경이 중요하며 여기에는 코치의 성격과 통찰력, 성실성, 자신감 및 자기계발의 수준이 포함된다. 대상자의 특성으로는 목표지향적인 동기와 자기주도성, 피드백에 대한 개방성, 변화에 대한 의지 등이 있다. 조직차원에서의 지지로는 바쁜 경영자를 위한 높은 수준의 지원, 업무와 관련된 과제, 조직을 위한 최고경영자의 계획적이고 전략적인 방법에 대한 프로그램 적용, 인적자원 관리부서에서의 프로세스에 대한 감독과 보상, 평가 등을 포함한다.

둘째, 과정은 경영코칭의 개념적 틀 중 핵심적인 부분으로 코칭접근법, 코치와 대상자 간의 관계 및 대상자의 피드백 수용력에 관한 세 가지로 구성된다. 코칭 접근은 대상자가 문제해결을 할 수 있도록 자기인식을 돕는 상담적인 접근과 대상자의 개발을 돕는 발달적 접근을 포함한다. 코칭관계는 코치와 코치 사이의 관계로 개인적인 성향과 성별, 사회 경제적 배경, 인생 경험 등으로 효과적인 코칭을 만드는 데 중요하게 고려할 사항이라고 할 수 있다. 마지막으로 대상자의 피드백 수용력은 코치가 대상자의 행동을 분석한 후 결과에 따라 제공하는 피드백에 대해 대상자가 수용하는 정도를 말하는 것으로 피드백 수용성에 따라 자기 인식과 학습을 통한 행동 변화를 기대할 수 있으며 궁극적으로는 개인과 조직의 성공에 긍정적인 영향을 미치게 된다.

셋째, 단기적 성과는 즉각적인 행동 변화로써 자아인식과 학습을 말하며, 자아인식은 성찰을 통해 자신의 말과 행동의 효과에 대해 지각하는 것이며, 학습은 인지적 학습과 정서적 학습에 초점을 맞추고 있다. 인지적 학습은 지식과 전략의 향상을 말하며 정서적 학습은 가치의 변화 다양성에 대한 수용, 일과 삶의 균형 등 태도와 동기를 개선하게 되며 비전화(visioning), 의사소통, 대인관계(Interpersonal relationship) 및 행동 계획 기술(Action planning skills)을 습득하는 것을 말한다. 이를 통해 대상자는 새로운 책임에 적응하고, 파괴적인 행동을 줄이며, 팀워크를 강화하고, 개인을 집단 목표에 부합시키고, 조직의 변화를 지원하는 것을 목표로 하게 된다.

넷째, 장기적 성과는 개인적인 성공과 조직의 성공으로 나눌 수 있으며 개인적인 성공은 문제해결능력, 관리 및 대인관계 기술과 능력, 자신감, 변화에 대한 적응력, 일과 삶의 균형에서의 향상과 스트레스의 감소로 나타난다. 조직차원에서의 성공은 생산성과 성과의 질 향상, 피코치서비스 증대, 인재 보유 및 조직의 변화로 이루어질 수 있다.

최근 교사들 사이에 '수업성찰'을 통한 수업나눔 운동이 일어나면서 이에 따른 코칭과정에 대한 연구가 활발히 이루어지고 있다. 김소현과 이규철(2013)은 수업코칭의 절차를 코칭 전, 중, 후로 나누어 설명하였다. 코칭 중 수업나눔의 절차를 '공감, 의문, 직면, 통찰'의 과정으로 제시하였다. 이 과정을 통해 수업자와 수업코치는 정서적, 관계적, 심리적 유대관계를 지속해 나갈 뿐만 아니라 교사의 내면을 탐색하고 수업변화로 이어질 수 있다고 주장하였다.

더 나아가 이규철(2016)은 수업코칭의 절차모형으로 '수업탐색-수업보기-수업나눔'의 과정으로 설명하였다. 수업자의 고민과 수업 목표 및 의도를 파악하는 단계가 '수업탐색' 과정이고 '수업자'의 관점으로 수업을 보는 것이 '수업보기' 과정이다. '수업나눔'에서는 수업자와 수업코치가 대화를 나누며 수업을 성찰하는 과정이다. 수업나눔이 끝나면 수업자는 성찰지를 작성하면서 수업에서 도전하고 싶은 과제를 정하고 수업코칭 소감을 작성한다. 또한 수업코칭과정에서 가장 중요한 단계로 '수업나눔'을 제시하며 '수업나눔'의 과정을 '이해, 격려, 직면, 도전'의 단계로 설명하였다. '이해' 단계는 수업 교사의 시선을 이해하는 것이고 '격려' 단계는 수업의 의미를 찾는 것이며 '직면' 단계는 교사의 고민에 머무르는 단계이고 '도전' 단계는 함께 깨달음을 나누는 단계이다.

김광민(2018)은 Chester(2012)의 코칭프로그램을 바탕으로 '수업, 성찰, 알아차림, 대안 탐색, 가다듬기'가 순환적으로 이루어지는 코칭과정을 구안하여 실행하였다. 김광민(2018)에 따르면 교사는 자신의 수업에서 의사결정 및 실천 과정을 관찰하고 성찰한다. 교사는 자신의 수업 의도와 실제 수업 사이의 불일치를 알아차리고 문제해결을 위한 대안을 모색하여 실제 수업에 적용, 실천하면서 수업을 가다듬는 단계를 거친다. 가다듬는 단계를 거친 후, 교사는 다시 성장된 수업 실행으로 나아간다.

코칭 프로세스에 대한 구분은 매우 다양하다. 기존의 코칭 프로세스 구분에 대한 분석을 바탕으로 코칭 프로세스를 1) 공식 계약, 2) 사전평가, 3) 관계형성, 4) 목표설정, 5) 피드백과 반영, 6) 이행 및 평가의 6요소로 구분하고자 한다. 각각의 요소는 프로세스별 범위를 설정하고, 피코치자가 효과적인 코칭을 경험할 수 있도록 도와준다.

1) 공식 계약

코치와 리더, 또는 조직의 담당부서 간에 일정한 양식을 가지고 계약하는 약속의 의미를 담고 행해진다. 계약 내용에는 코칭 대상, 코칭 기간, 코칭 방법(면대면, 전화, 이메일 등), 비용 그리고 기대사항 등에 대한 내용이 포함된다. 무엇보다도 비밀유지 부분은 공식 계약 협의 과정에서 중요한 초점이 되며, 상호 계약한 내용은 코칭이 시작되기 전에 확정되어 끝날 때까지 계속 유지된다. 비밀유지는 관계형성 단계에서 코치와 리더가 신뢰관계를 구축하는 데 중요한 요소이기도 하다.

리더가 자신의 발전을 위해 원하는 주제, 변화시키고 싶어 하는 것 등이 문제 또는 개발될 이슈라 할 수 있는데, 이것이 1차적 코칭 주제가 된다. 이 코칭 주제는 명확한 코칭 목표를 만들어 내고 이를 기초로 코치는 리더와 함께 최선의 성과를 창출하기 위한 방법을 논의한다. 이 과정은 리더의 코칭에 대한 동기와 기대를 확인하고 필요한 경우 관련 이해관계자들을 개입시키기도 하는 등 코칭에 대한 전반적인 준비 작업이 이루어지는 과정이다(Bluckert, 2007).

따라서 계약 과정은 코치와 리더 모두가 성공적인 코칭을 위해 최선을 다하겠다는 것을 서로 약속하는 것으로, 코칭이 진행되는 동안 효과적인 관계가 유지될 수 있도록 한다. 이에 공식 계약은 코칭의 성과를 결정짓는 데 매우 중요한 과정이라고 할 수 있다.

2) 사전평가

사전평가는 리더가 자신의 특성과 현재 조직 내에서 자신의 역할을 수행하는 정도에 대해 파악하는 것이다. 사전평가는 코치가 리더를 이해하는 데 도움이 되며 리더 역시 자신에 대해 객관적인 시각을 가질 수 있도록 한다. 어떤 정보를 얼마만큼 수집할 것인가는 코치와 리더 및 소속조직의 니즈(needs)에 따라 결정된다.

대부분의 코칭 프로세스는 해당 리더와 관련된 정보의 획득 및 리더의 업무관계, 조직 평가와 업무에 임하는 리더의 태도 및 행동에 관한 자료를 수집하고 이해하는 것으로부터 시작한다. 이러한 자료는 리더들의 자기이해(self-understanding)와 장기적으로 변화시켜야 할 것을 인식하는 데 초석이 되며, 리더의 발전을 위한 개발 이슈를 발굴하는 데 도움을 준다. 때때로 사전평가를 통해 밝혀지지 않은 부분들이 실제 코칭을 하는 중에 파악되는 경우도 있다.

사전평가에서는 일대일 인터뷰, 성격 검사, 심리 검사, 또는 리더십 역량 평가 등이 활용된다. 성격 검사, 심리 검사, 리더십 역량 검사는 매우 다양하게 개발되어 있어 조직의 니즈, 조직의 분위기, 코칭 주제 등에 따라 적절한 검사가 선택적으로 활용된다. 또한 최근 조직에서는 사전평가를 할 때 360도 방식을 선호하는 경향이 있다.

3) 관계형성

관계형성은 코치와 리더가 상호 신뢰하며, 함께 정해진 목표를 향해 지원하며 나아가기 위해 필요한 관계를 쌓는 것을 의미한다. 관계형성이 잘 되었을 경우에는 코칭 초기부터 코치와 리더가 목표를 향해 나아갈 수 있다. 코치와 리더가 서로 일체감을 이루고 상호 의미 있는 지속적 상호작용을 통해 코칭이 효과적으로 진행되고, 이는 코칭의 긍정적인 성과에 영향을 미친다.

관계형성에 있어서 코치와 피코치 간의 적합성은 매우 중요하다. 조직에서 코칭을 시작할 때 코치와 리더 간 매칭에 많은 신경을 쓰는 이유도 바로 코치와 리더의 관계형성 정도에 따라 코칭의 효과성 차이가 크기 때문이다. Wasylyshyn(2003)의 연구에 의하면 코칭을 경험한 사람들의 86%가 코칭의 효과성에 영향을 미치는 요소로 코치와의 신뢰관계를 꼽았다.

코치와 리더 간의 의미 있는 관계를 형성하기 해서는 서로에 대한 신뢰가 매우 중요하다. 코치에 대한 신뢰가 형성되었을 때 리더는 자신의 변화에 대하여 열린 마음으로 대하며, 코치와의 상호작용 속에서 긍정적인 영향을 수용할 의지를 보인다. 코치 역시 리더와 함께 서로 존경하며 신뢰를 구축해 나가야 한다. 결론적으로 성공적인 코칭의 가장 중요한 요소 중 하나는 코치와 리더 간의 신뢰, 비밀 유지 그리고 코치의 능력이 잘 조화된 관계형성이다.

4) 목표설정

목표설정은 리더가 자신이 변화시키거나 향상시켜야 할 것을 정하는 것이다. 이 과정에서 코치는 리더가 명확한 코칭 이슈를 찾도록 돕고, 이를 촉진시켜 줌으로써 리더가 정해진 목표를 향해 나아가도록 지원한다. 목표설정의 핵심은 코치와 리더의 협력 과정이다. 코치는 리더가 성취하기를 원하는 목표와 목적, 성과를 함께 의논하고 이러한 목표 달성을 위한 계획을 함께 세운다.

Olivero(1997)는 목표설정을 코칭과정 중 핵심적인 두 가지 요소 중의 하나라고 하면서 목표설정의 중요성에 대한 두 가지 이유를 다음과 같이 설명한다. 첫째, 구체적이고, 도전적이며, 측정가능하고, 현실적이며 시간제한이 있는 목표의 설정은 더 높은 수준의 성과 달성을 가능하게 한다. 둘째, 목표설정은 자기효능감의 인식 정도를 향상시킨다. 이 두 가지 이유를 고려하여 설정된 목표는 리더의 실행 계획을 촉진하는 의지를 배가시킨다. 또한 명확한 목표설정을 통해 리더가 해보고 싶은 일과 코칭세션으로부터 얻고자 하는 바에 대해 보다 분명하게 이해할 수 있다. 목표설정의 단계에서는 미래에 발생될 장애 상황과 극복 방법에 대한 구체적인 논의가 포함되기도 한다.

코칭에서 다루는 성장 목표는 일과 생활의 균형(work-life balance), 자기인식과 같이 개인 성장을 촉진하는 것을 포함하여 다양한 영역으로 분류될 수 있다. 예를 들면 리더십, 경영 능력, 인간관계 스킬, 조직 변화, 행동 변화, 전략 수립 등 다양한 영역이 있다.

그중에서 리더를 위한 네 가지 성장 목표 영역을 Witherspoon과 White(1996)는 다음과 같이 정의한다.

① 스킬을 위한 코칭: 현재의 지위나 프로젝트에 필요한 스킬 개선
② 업무를 위한 코칭: 자기 통제하에 있는 성과와 관련된 이슈
③ 개발을 위한 코칭: 미래의 직업이나 경력에 관한 이슈 전달
④ 개인 주제에 대한 코칭: 리더가 해결하고 싶어 하는 개인적인 문제를 달성 가능한 목표로 설정하고 정의한 다음에는 목표설정의 두 번째 부분으로 코치와 함께 실행 계획을 수립하는 것이다. 실행 계획은 특정범위 내에서 구체적으로 정의된 목표, 원하는 목적, 기대 성과 그리고 리더가 세션 중간에 완수해야 할 활동 내용이 포함된다.

5) 피드백과 반영

피드백과 반영은 코치가 리더에게 제공하는 것으로 이것은 사전평가 단계에

서 나온 결과에 대해 정확하게 전달하는 것으로부터 시작된다. 리더의 사전평가 결과에 대한 정확한 이해는 리더가 목표로 한 것을 자발적으로 이행하는 데 영향을 미치기 때문에 이에 대한 효과적인 전달 과정이 무엇보다 중요하다.

피드백은 일정 기간 동안 미래에 개발이 필요한 영역을 주기적으로 점검하고, 목표 달성을 위해 리더가 실행 계획을 이행하는 동안 발생할 수 있는 여러 가지 가능성에 대해 의견을 교환하는 것이다. 이는 이메일을 통해 나눌 수도 있고, 코치와 리더가 직접 만나서 할 수도 있다. 리더의 행동에 대한 피드백은 정기적으로 또는 비정기적으로 이루어질 수 있으며, 이때 코치의 주관적인 판단은 피해야 한다.

Peterson(1996)은 GAPS(Goals, Abilities, Perceptions, and Standards)로 불리는 피드백 접근방식을 제시하였다. GAPS는 다음과 같이 네 가지 범주로 제시된다.

① 목표(Goal): 그 사람이 무엇을 하기 원하는가?
② 역량(Ability): 그 사람이 무엇을 할 수 있는가?
③ 인식(Perceptions): 다른 사람들은 그 사람을 어떻게 보는가?
④ 기준(Standards): 다른 사람들은 그 사람에게 무엇을 기대하는가?

GAPS는 사전평가 단계에서 취득한 자료를 기초로 리더에게 명확한 피드백을 제시해 줄 수 있는 체계적인 방법이다. 따라서 이러한 피드백은 리더의 현재 위치와 지향하는 위치 사이의 차이(gap)를 바탕으로 변화 및 성장을 위한 목표를 설정하도록 동기를 부여할 수 있다는 장점이 있다.

반영(reflection)은 리더 자신의 과거와 현재의 경험을 돌아보고, 오랫동안 유지해 온 행동과 사고에 의문을 갖도록 하는 것이다. Grant(2002)는 리더가 생각할 기회를 가지고 자신의 생각, 감정 및 행위를 반영하는 것은 종종 자신의 태도와 행위를 폭넓은 주제와 연결시키는 기회를 제공한다고 언급했다. 코치는 도전적인 질문과 데이터 및 피드백, 잡지 기사, 서적, 창의적인 비전 설정 그리고 역할 연기(role playing)를 통하여 반영을 촉진시킬 수 있다. Carver와 Scheier(1998)에 의하면 리더의 메타 인식 스킬(meta perception skill)의 향상은 다른 스킬의 숙달을 촉진시킨다고 한다. 메타 인식은 코칭과정 자체 혹은 코칭을 통해 경험하는 바에 대해 리더가 객관적으로 바라보고 인식하는 능력을 말한다.

6) 이행 및 평가

이행 및 평가는 리더가 세운 목표에 대해 코치가 지원하고 실행 계획을 논의하며 성장을 확인할 수 있도록 지원하는 것이다. 이 단계를 효과적으로 수행하기 위해서 여러 가지 방법들이 동원된다. Wasylyshyn(2003)의 연구에서 100명의 리더에게 가장 유용한 코칭툴(coaching tools) 세 가지를 평가해 달라고 요청한 결과 가장 높은 점수를 받은 코칭툴은 실질적인 코칭세션이었다(총 10점 중 9.2점). 이것은 리더 코칭 프로세스에서 이행과 평가의 중요성을 강조하는 결과라고 볼 수 있다.

이행은 여러 가지 다양한 접근 방법을 포함할 수도 있지만 원하는 목표를 성취하기 위하여 리더가 가장 선호하는 방식은 일대일로 직접 코치와 리더가 만나는 것이다. 보통 1회 세션에 60분-90분 정도 만나며 매주, 격주, 또는 매월 세션으로 6개월에서 3년까지 지속되기도 한다.

이행을 지원하기 위한 변화 프로세스에는 리더를 도와주고 격려해 주는 코치의 태도도 포함된다. 미국의 TLC(Transformational Leadership Coaching) 프로그램에서는 리더가 자신의 내면에 간직하고 있는 변화를 알아볼 수 있는 열쇠를 S.E.A.(Support, Encouragement, Accountability)로 정의한다. 여기에서 리더의 변화를 이끌어 내기 위해서는 코치의 지원이 매우 중요한 요소임을 알 수 있다. 이행 단계에 대한 평가는 실행 계획의 성공을 측정하는 데 필수적이며, 코칭관계의 종료를 위해서도 필요하다.

5. 코칭의 효과

코칭은 개인과 조직의 긍정적인 변화와 성장을 지향한다. 따라서 코칭이 그동안 보여준 개인과 조직의 변화와 성장 및 성과, 즉 코칭의 효과와 관련된 선행연구를 살펴봄으로써 코칭의 중요성을 확인하고자 한다. 이러한 접근은 실질적으로 경영 현장 또는 조직 내에 코칭을 도입해야 하는 명분을 제공하기 때문이기도 하다(조성진, 정이수, 2018). 초기에 코칭은 주로 낮은 성과에 대한 해결적 대안으로 인식되어 왔으나, 최근에는 코칭이 부족한 점을 채워 주는 것을 넘어 변화와 성장의 개념으로 변하고 있다(최일환, 2013). 코칭은 개인과 조직의 현재 시점에서 그들이 원하는 더 유능하고 만족스러운 지점으로 나아가도록 인도하는 기술로(Crane, 2002), 코칭의 핵심은 인간의 삶을 격려하고 동기를 부여함으로써 개인 또는 조직의 구성원이 스스로 성장하도록 돕는다(Haberleither, 2002).

코칭은 복잡하고 불확실한 사회적 변화 속에서 현대인의 삶을 살아가는 새로운 패러다임이며, 새로운 경영기법으로도 대중적인 인기를 얻고 있다. 이것은 코칭이 평생학습을 지원하고 개인 및 구성원의 잠재력을 일깨워 개인의 성과는 물론 조직의 성과에도 긍정적인 영향을 준다(Ellinger & Keller, 2003).

현재까지 코칭 효과에 관한 학술적 연구는 해외에서 임원코칭의 효과성에 관한 연구로 시작되어 꾸준히 연구가 진행되어 왔다. 주로 설문조사 및 유사 실험연구를 통한 코칭 전과 후의 피코치의 자기효능감, 긍정심리, 새로운 혁신 행동, 투자 대비 회수율, 팀워크, 직무만족, 관계 개선, 생산성 향상 등에 긍정적인 영향을 미친다는 연구들이 보고되고 있다(조성진, 2018).

한편 2000년 국내에 코칭이 도입된 후 코칭의 영역이 기업경영에서 다른 영역으로 확산되어 가는 경향에 따라 다양한 연구대상자들에게 코칭을 적용한 후 코칭 효과를 검증하는 연구들이 본격화되고 있다(조성진, 2018). 코칭 효과에 관한 연구들은 문헌 연구들이 주류를 이루어 왔는데, De Meuse 등(2009)에 의해 처음으로 ROI 측면에서 코칭 효과를 평가하는 정량적 요약 및 검토가 시도되었다(장미화, 탁진국, 2019).

최치영(2003)이 간호사를 대상으로 직원 만족 및 피코치 만족에 코칭이 긍정적인 영향 관계가 있다는 것을 확인하는 연구로 시작되어 발전해 왔다. 코칭 연구주제별로 분류했을 때 '코칭 효과'를 검증하려는 시도의 연구들이 가장 높은 비중을 차지하며 해마다 꾸준히 증가하였다(조성진, 정이수, 2018). 코칭 효과에 관한 연구의 증가는 그만큼 코칭 효과가 코칭의 핵심적인 요소로 개인 또는 조직이 코칭을 도입하는 명분을 제공하기 때문이다. 국내의 조직 차원의 코칭 효과성 연구는 주로 상사 또는 관리자의 코칭 리더십과 코칭 행동이 조직구성원의 조직몰입, 직무만족, 직무성과, 조직 시민 행동, 이직 의도, 조직유효성, 직무몰입, 피코치 만족 등에 미치는 영향의 실증연구가 주를 이루고 있다(박주현, 윤병섭, 2018; 양일선 등, 2015).

이 외에도 과학적이고 객관적인 코칭 효과의 검증을 위한 노력으로 실험연구를 통한 코칭 효과를 검증하려는 연구들이 활발하게 이어졌다(정경숙, 정봉교, 2016; 조성진, 2015; 탁진국 등, 2014).

한편, 개인 차원의 코칭 효과에 관한 선행연구들을 살펴보면 코칭이 유의미한 영향을 미치는 결과변수로 자기효능감이 가장 높은 비중을 차지한다(김응자, 2018; 양미경, 2020; 조성진, 2017; 김미희, 이미나, 2019). 자기효능감은 결과변수뿐만 아니라 매개변수로도 가장 많이 출현하는 변수라는 것이 특징적이다(조성진, 정이수, 2018). 최근에는 교육 분야에서도 코칭 효과에 관한 연구들이 활발하게 이루어지고 있다. 해외 연구로 초등학생 대상으로 하는 초등학생의 성공과 재적률 향상(Barkley, 2011), 초등학생의 웰빙(Madden et al., 2011)에 코칭이 긍정적인 효과가 있다고 밝힌 연구들이 있다. 고등학생을 대상으로는 여고생의 희망 향상과 우울감의 감소, 인지력 향상(Green et al., 2007), 고등학생의 탄력성과 웰빙 및 스트레스 감소(Campbell & Gardner, 2005)에 효과가 있다고 밝힌 연구들도 있다. 국내에서도 코칭이 아동의 학습력, 계획력, 자기관리, 수업 참여, 과제해결 등의 기술에 효과적이고(하정혜, 김판희, 2017), 아동의 정서 인식, 표현조절 및 정서지능과 감정이입에도 효과가 있다고(김주연, 2015) 보고되었다. 고등학생, 학업적 성취 학생, 아동, 기업 구성원들의 자기주도학습에 긍정적 영향을 미치고(이윤기, 2014; 하정혜, 김판희, 2017), 어머니를 대상으로 한 코칭프로그램이 어머니의 우울과 양육 스트레스의 감소에 긍정적인 영향을 준다는 보고도 있다(이영주, 2016). 코칭은 대학생의 자기성찰 지능을 향상시켰으며(최정빈, 2013), 자기효능감, 진로준비 행동, 진로성숙도, 가족관계, 시간 관리 행동, 감성지능, 커뮤니케이션 역량 및 진로 결정 자기효능감에서도 유의미한 향상의 결과를 도출했다(조성진, 2018).

교수자와 관련된 연구로는 교사의 수업 관찰 기술과 교수 기술을 향상시켰으며(박계신, 2011), 예비보육교사의 코칭스킬과 자기효능감 향상뿐만 아니라 유아교사의 인성 향상에도 코칭은 기여했다(김응자, 2018; 변미옥, 도미향, 2016). 이 외에도 국내에서는 유치원 교사, 보육교사들을 중심으로 코칭프로그램 개발 및 효과에 관한 연구가 이루어지고 있다(신원애, 정상녀, 2013; 변미옥, 도미향, 2016; 김일부, 2017).

6. 코칭 관련 연구

1) 코칭 현황 연구

국내 코칭 연구를 분석하여 연구 동향을 정리한 후 향후 연구 방향을 제시하였다. 분석의 대상은 1995년부터 2017년까지 국내 학술지에 게재된 코칭 관련 연구 326편이며, 분석은 크게 두 부분으로 이루어졌다(조성진, 정이수, 2018). 첫째, 전반적 연구현황으로 연도별 코칭 논문 발간 현황, 분석 수준(개인, 그룹, 조직), 연구 종류(경험연구, 개념연구, 메타연구), 코칭 효과 측정, 코칭에 대한 연구자의 관점을 위한 개념모형 등의 측면을 정리했다. 둘째, 분석수준별 연구현황 분석은 그룹, 개인, 조직수준별로 연구 설계(종단적, 횡단적), 결과변수 유형과 측정(측정방식, 측정주체), 연구형태 및 실증연구의 변수(선행변수, 매개변수, 조절변수, 결과변수), 연구 표본 등의 측면에서 수행되었다. 이런 연구결과를 바탕으로 코칭과 관련된 다양한 이슈를 다룬 연구들의 기여와 한계를 요약, 정리하였고 코칭과 관련된 향후 연구 방향을 제안했다. 그리고 박정영, 최영지, 김면수(2012)는 국내 코칭산업의 현황과 전망을 알아보기 위해 코칭산업을 이끌어 가고 있는 국내 대표 7개 코칭기관 대표를 면대면과 전화를 활용해 인터뷰를 실시하였다. 그들은 인터뷰를 통해 국내 코칭산업에 대한 전반적인 현황을 파악하고 향후 비전과 전망에 대한 연구를 위한 기초적인 정보를 획득하고자 하였다. 더불어 국내에서 활동하고 있는 코치들의 관점에서 현재 우리나라의 코칭 현황을 살펴본 후 우리나라 코칭산업은 어려운 경제상황에도 불구하고 도입기를 지나 확산기에 접어들었다가 진단하였다. 또한 코칭산업의 미래에 대한 전망은 긍정적이라고 강조하였다. 그리고 그들은 코칭산업이 지속적인 성장을 위해서는 전문코치들의 질적 향상, 기업 HR의 코칭에 대한 이해가 더 향상되어 상호 상생의 길을 찾아야 할 것이라고 주장하였다. 또한 윤형식, 도미향(2016)은 한국 코칭학의 지속적인 발전방향을 탐색하기 위한 목적으로 연구하였으며 코치 활동 시 어려움에 대해 고객확보라 지적하였고, 두 번째로 사회인식 부족을 지적하였다. 한국의 코칭산업이 지금보다 한 단계 도약하기 위해서는 코칭의 균형 잡힌 성장과 코칭의 성과의 향상을 고려해야 하고 이를 위해 코칭문화의 확산, 코칭 전문

영역의 확대, 이를 제대로 수행하는 역량이 검증된 코치들의 육성이라 하였다. 연구 결과를 통해 코칭에 대한 사회적 요구(Social needs)가 더욱 증대될 것이라고 하였고 융합 학문으로서의 코칭학의 발전 가능성이 있을 것이라 주장하였다.

2) 코칭 인식 연구

정은경(2016)은 심리서비스인 코칭의 정체성에 대해 알아보고자 하였다.

그는 코칭과 코칭심리에 대한 역사적 흐름을 간단하게 정리하고 코칭에 대한 인식을 조사하였다. 구체적으로, 코칭전문가와 일반인이 생각하는 코칭의 스키마를 사회연결망 분석을 통해 추출하고 이를 비교 분석하였다.

상기 단어 추출 과정을 통해 코칭 관련 개념 7개(변화, 행동, 문제해결, 긍정, 비전, 잠재력, 미래), 상담 관련 개념 7개(감정, 고민, 심리치료, 심리전문가, 털어놓음, 마음상처, 분석)를 도출하였다. '경청'은 상담과 코칭에서 모두 반복적으로 나타난 공통 개념으로, 상담과 코칭에서 모두 중시되는 것으로 포함되었다. 아울러 '가르침/지시', '멘토', '조언'은 일반인 응답에서는 반복적으로 나타났으나 코칭전문가들 응답에서는 나오지 않았고, 반대로 '심리'는 코칭전문가 응답에서는 나타났지만 일반인들에게서는 나타나지 않았는데, 이들 단어들은 일반인과 코칭전문가 간의 차이를 반영할 수 있을 것으로 판단하여 최종 목록에 포함하였다고 했다. 코칭전문가들은 코칭을 심리, 감정, 상담, 고민, 비전과 같이 좀 더 상담과 심리학과 관련된 것으로 본 반면, 일반인들은 코칭에 대해 가르침/지도, 조언, 멘토와 같은 좀 더 직접적인 개입이 이루어지는 서비스로 생각하고 있다고 하였다. 이는 일반 대중인들은 아직까지 코칭이 심리학과 관련된 서비스라는 인식이 낮다는 것을 의미하는 것으로, 코칭이 심리학적 서비스로 자리 잡기 위해서는 잠재적인 대상자인 일반인들을 대상으로 한 접근이 필요한 대목이라 하였다. 반면, 일반인들은 자신의 문제를 해결하는 데 있어서 코칭에 대해서는 가르침이나 조언 같은 좀 더 적극적이고 직접적인 개입을 원하고 있는 것으로 나타나는데, 이러한 성향은 상담에 대해서는 나타나지 않고 있다. 이는 일반인들은 상담과 코칭 진행에 대해 기대하는 것이 다르다는 것을 의미하는 것으로, 이러한 코칭에 대한 기대를 코칭을 받고자 하는 사람들에게 코칭 초기 교육을 통해 이러한 기대를 수정하게 하는 것이 바람직한 것인지는 아직 명료하지 않다고 하였다.

지금까지 코칭 현황과 인식에 관한 논문을 살펴보면 코칭에 대한 사회적 요구가 증가하고 있음을 알 수 있었으나 코칭을 받는 일반인들을 위한 연구나 이를 위한 인식 방안에 관한 연구는 미흡함을 확인하였다. 비록 정은경(2016)의 연구에서 코칭의 정체성을 좀 더 명료하게 파악하기 위해 코칭전문가들의 개념적 표상을 일반인과 비교하여 살펴보았으나, 연구 대상의 일반인 명수가 적고 전문가 대상이 심리학적 기반이 없는 일반전문코치를 대상으로 하였다는 점에서 코칭에 대한 일반인의 인식수준과 요구를 확인하는 데 한계가 있다.

7. 코칭윤리

1) 코칭과 윤리

코칭윤리의 객관적인 지침이 없으면, 소수의 코치가 많은 사람들을 잘못 인도하여 코칭에 대한 그릇된 인상을 심어 줄 수 있고, 무고한 피코치를 이용해 피코치의 경력, 삶, 꿈, 관계에 심각한 해를 끼칠 가능성이 있다.

피코치와 코치 모두에게 이후 더 커질 수 있는 윤리적인 문제가 생기지 않도록 깊이 생각해야 한다. 코칭은 정부 기관이 통제하는 것이 아니기에, 코치 각자가 현존하는 법 조항을 위반하지 않는 한 법률적, 직업적 결과에 대한 위험 없이 자신이 옳다고 생각하는 것을 할 수 있다. 법적으로 잘못된 것은 아니지만 대다수 코치가 비윤리적이라고 보는 행동의 사례를 살펴보면 다음과 같다.

- 코치가 자신이 받은 훈련이나 인증 또는 자격 요건을 허위로 진술한다.
- 연구자가 편향적이고 타당한 과학적 절차에 근거하지 않은 코칭 효과에 대한 도서를 출간한다.
- 대중 강의(또는 친구와 나누는 대화)에서 코치가 피코치에 대한 개인 정보를

노출한다.

- 코치가 부정확하거나 근거 없는 정보를 마치 사실인 것처럼 피코치에게 제시하여 공유한다.
- 코치가 코칭관계를 자신의 개인적, 재정적 이익 혹은 다른 이익을 위해 이용한다.
- 코치가 이미 연구되거나 확정된 코칭 절차에 근거하는 것이 아니라, 개인의 편견이나 의견에 근거하여 유효성이 의심스러운 방법을 사용한다.

2) 윤리와 수행의 규범

다음 두 가지 질문은 코칭의 윤리적인 체계의 발전을 고려하도록 돕는다(탁진국, 2010).

- 윤리적 사고는 어떠한 형식을 취해야 하는가?
- 코칭과 멘토링의 실습에서 윤리적 원칙이 미치는 영향은 무엇인가?

일반적으로 윤리적 사고와 규율은 직업적 조직에서 자기 규율적인 형태로 나타난다. 예를 들어, 영국심리학회의 구성원들은 윤리적 기준과 실습 규범에 참여할 것을 요구받는다. 주요 목적은 다음 목적을 충족하면서 위험한 실습으로부터 피코치/대중을 보호하는 것이다.

- 피코치에게 이익을 준다.
- 안전을 확보해 준다.
- 피코치를 보호한다.
- 한계를 관리한다.
- 갈등을 관리한다.

이러한 목적을 실습의 규범으로 옮기는 것은 코치/피코치에게 다음을 요구한다.

- 손해를 끼치지 않는다.

- 피코치와 그들의 조직에게 최대한의 이익이 가도록 행동한다.
- 비밀을 지킨다.
- 문화적 차이를 존중한다.
- 우리가 할 수 있는 모든 것에서 최고의 실습을 효과적(피코치)으로 제공한다.
- 자신들의 수행과 행복을 향상시킬 수 있도록 피코치들에게 선택과 책임감에 관한 정보를 충분히 준다.
- 코칭심리사로 자신의 역할을 인식한다.

3) 윤리적 원칙을 형성하는 인지적 과정

많은 코치들이 능력 배양을 위한 훈련에 피코치와 함께 참여하는 것을 좋아하지만, 윤리적인 딜레마에 직면할 때 불편함을 느끼는 경향이 있다. 피코치의 이익을 극대화하고 그들을 위험한 실습으로부터 보호하기 위해, 구성원들은 코칭심리학의 윤리적 기준과 실습 규범을 준수하는 것이 필요하다. 직업상 독특하며 다른 규율과 구별되는 윤리학적 양상들이 많이 있다(예: 다중 경계들과의 관계, 갈등의 관리). 따라서 코치는 직업적 유능성의 한 부분으로서 다양한 태도, 지식, 기술과 윤리적 사고를 채택해야 한다.

- 윤리에 관해 가능한 한 많이 배운다.
- 윤리에 대한 다른 사람들의 관점을 인정한다.
- 피코치 관리와 윤리 문제에 유의한다.
- 윤리 문제에서 코칭과 상담 간의 중복되는 부분과 차이점을 이해한다.
- 상황이 잘못되었을 때 취해야 할 행동을 알고 있다.

4) 윤리, 수행과 실습 규범의 관계

많은 직업(예: 상담 심리학)에서 갈등 문제가 발생한다고 주장하는 한, 코치들은 종종 실습에서 권리와 의무 사이의 갈등이라는 '양심의 투쟁'이 필요할 것이다. 행정적 코칭에서 피코치의 직속 상사, 코치, 피코치 사이의 전형적인 삼각 관계는 코치들이 경험할 수 있는 갈등을 키우는 경향이 있다.

예를 들면, 피코치들의 수행을 공개하는 문제에서 다음과 같은 윤리 문제들이 발생한다.

- 만약에 그것이 피코치자의 행복에 영향을 미칠 것이라면 내가 사실을 말해야만 하는가?
- 만약에 피코치에게 손해가 되는 상황일지라도 피코치/직속 상사/하급자들의 자율성을 존중해야만 하는가?
- 그들의 직속 상사에게 말해야만 하는가?

세 가지 방향의 관점에서, 다양한 관계자로부터 공개 발표가 일어날 수 있으며, 이것은 피코치들에게 치명적인 영향을 미칠 수 있다. 코치들은 다음 질문들을 고려할 필요가 있다.

- 이 정보에 대해 내가 무엇을 해야만 하는가?
- 내 피코치의 직속 상사가 왜 나에게 그들에 관해 알리는 것일까?
- 피코치가 왜 나에게 그들의 직속 상사에 관해 알리는 것일까?
- 피코치/직속 상사가 이것을 지도자 또는 더 높은 상사에게 보고하도록 격려해야 하는가?

만약 슈퍼바이저의 위치에 있는 코치라면 유사한 질문을 받게 될 것이다. 윤리적 의견들의 영역에서 행동에 대한 결정을 해야 할 때, 직업적 판단은 매우 복잡할 수 있다. 갈등 해결은 우리가 자신과 문화, 진실과 사실 관점에서 우리의 의미를 정의하는 방법뿐만 아니라 우리가 채택한 윤리적 원리들에도 달려 있다. 만약 개인이 의무의 원리(일반적이고 특수한 의무들에 대한 의무론적인 관심)를 채택한다면, 그는 다음의 규칙을 지킬 것이다.

- 사실을 말한다.
- 비밀 보장을 준수한다.

• 자율성을 존중한다.

5) 비교 문화적 현상들을 통한 윤리

윤리와 윤리적 원칙에서 중요하게 고려해야 할 점은 우리의 신념과 가치가 시간에 따라 변화하고, 다양한 장소와 상황에 따라 다양하게 나타난다는 점이다(Law, Ireland, Hussain, 2007). 예컨대, 영국에서의 노예 매매는 18세기와 19세기의 영국과 유럽에서 식민지화 결과와 합병을 다루기 위해서는 적절한 방법이지만, 지금은 전혀 다르다.

코칭은 윤리적 실천가로서 기여해야 한다. 이를 위해 코치는 과정의 산출물보다 윤리적 원칙들의 공식과 과정을 강조할 필요가 있다. 코칭과정은 피코치가 이끌기 때문에, 코치는 그들의 가치, 그들의 성공 개념, 그들의 유용성 개념의 근원을 평가하여 택하고, 지역 특유의 맥락을 따라 일하는 방법을 채택해야 한다. 코치는 순수하고, 개방적이며, 겸허할 필요가 있다. 그런 다음에야 신뢰를 형성할 수 있다. '윤리적인 실천가'라는 용어는 누군가가 코치를 불러 주는 용어가 되어야 한다.

02
Chapter

코칭심리의 이해

1. 코칭심리의 정의

2002년 5월에 열린 코칭심리학 포럼에서 그랜트와 팔머는 "코칭심리학이란 성인 학습과 심리학적 접근법에 기반한 코칭모델에 의해 뒷받침되며, 정상적이고 병리학적 이상이 없는 사람들의 삶과 일에서 안녕과 성과를 높이는 활동"이라고 했다(Grant & Palmer, 2002). 이 포럼이 코칭심리학 특별위원회로 발전하면서 여러 회의를 거쳐 코칭심리학의 정의를 포괄적으로 만들기 위해 "정상적이고 병리학적 이상이 없는"이라는 문구를 삭제하기로 하고 다음과 같이 정의했다. 코칭심리학은 성인 학습과 심리학적 접근법에 기반한 코칭 모델에 의해 뒷받침되며, 사람들의 삶과 일에서의 안녕과 성과를 높인다는 목표를 가지고 있다(Palmer & Whybrow, 2006; Grant & Palmer, 2002; 탁진국 외, 2010).

코칭심리학을 "개인의 삶과 일에서 행복과 수행을 고양하기 위한 것으로 잘 개발된 성인 및 아동 학습 또는 심리학적인 접근에 기반을 둔 잘 정비된 심리학적 접근"으로 정의한다.

코칭(coaching)과 코칭심리학(coaching psychology)은 개념적으로 구분된다.

코칭은 경영자 훈련이나 경영 컨설팅 등의 영역에서 그 중심 기능이 개인과 조직의 변화와 개발을 촉진하기 위한 것이다(Hudson, 1999). 이 영역에서는 심리학적 배경을 가진 전문가보다는 비심리학적 전문가가 많은 편이다. 한편, 코칭심리학(coaching psychology)은 잘 개발되어 있는 성인 및 아동 학습 또는 심리학적 접근에 기반을 둔 코칭 모델로서 개인의 삶과 직업에서 안녕과 수행을 고양하는 것(Grant & Palmer, 2002)이다. 이 영역에는 심리학에 기반을 둔 변화전문가가 많다고 하였다.

코칭과 코칭심리학을 구분하여 설명한 것은 〈표 2-1〉과 같다.

표 2-1 코칭과 코칭심리학

구분	코칭(coaching)	코칭심리학(coaching psychology)
공통 요인	변화를 위한 전문직	
정의	중심적인 기능이 변화와 개발을 촉진하기 위한 것(Hudson, 1999)	개인의 삶과 일 영역에서 행복과 수행을 고양하기 위한 분야로 성인과 아동의 학습 및 심리학 이론에 근거를 둠(Grant & Palmer, 2002)
경력	리더십 훈련가 컨설턴트	심리학 기반 실행가
배경	심리학이 아닌 전공	심리학 기반 전공

출처: 전종국(2008). 코칭심리학의 역사와 역할, 2008 한국심리학회 연차대회 자료집.

코칭심리학은 개인의 목표를 성취할 수 있도록 자신감과 의욕을 고취시키고, 실력과 잠재력을 최대한 발휘할 수 있도록 돕는 일을 의미한다. '코칭(coaching)'이라는 용어는 커다란 사륜마차를 가리키는 '코치(coach)'로부터 비롯된 것으로, 사람을 목적지까지 운반한다는 의미에서 목표점에 다다를 수 있도록 인도한다는 의미로 변화하였다. 1830년 영국 옥스퍼드 대학에서 학생들의 시험통과를 돕는 가정교사 일을 가리키는 말로 사용되었으며, 1861년에 이르러 스포츠 분야에서 사용되기 시작하였다.

코칭심리학은 풍부한 경험과 지식으로 지표를 제시해 주는 멘토링(mentoring)이나 지식을 전달해 주는 티칭(teaching), 상담과 조언 역할을 하는 카운슬링(counseling)과 달리 코칭은 계약관계로 맺어지고, 개인의 변화와 발전을 지원하는 수평적이고 협력적인 파트너십에 중점을 둔다. 성취를 이루려는 개인과 적극적으로 커뮤니케이션하고, 동기부여와 믿음을 심어주며, 스스로 문제점을 찾아 해결할 수 있도록 도와주는 일이라고 할 수 있다.

코칭심리학은 비정상적인 내담자를 정상으로 이끌어 내는 치료적 모델과는 달리, 건강한 사람을 더 건강한 사람으로, 즉 현재보다 더 나은 성장과 변화, 행복, 목표 달성을 이루도록 돕고 있다. 코칭심리학에는 긍정심리학과 최근에 부각되고 있는 정신-신체 통합론에 근거한 다양한 모델이 등장하고 있다. 하지만 코칭심리 분야에서 다루는 방법은 다른 심리학 분야, 즉 임상, 상담, 학교 심리학 분야에서 이미 다룬 훈련 프로그램과 유사한 측면도 있다.

특히 임상심리학자와 상담심리학자는 자신도 이미 코치로 활동하고 있다고 생각한다. 실제로 코칭의 많은 실천 방법이 상담 또는 임상 심리학의 처치 기법을 사용하고 있기 때문이다. 다만, 이들이 코칭심리학 분야의 전문성을 확보하려면, 초기 처치 목표(증상 제거나 증상 회복)가 달성된 뒤에도 지속적인 작업을 해야 하는 과제가 남아 있다. 치료적 목적이 달성되고 나면, 내담자들은 치료적이라기보다는 목표 달성과 행복이나 안녕에 초점을 둔 코칭관계에 초점을 두어야 한다.

2. 코칭심리의 역사

코칭은 다양한 장면에서 활용되는 심리적 지원 서비스로 자리 매김하고 있다. 일반적으로 코칭은 신생 분야이지만, 그 역사의 뿌리는 선사 시대까지 거슬러 올라간다. 형식적 수준에서 보면 코칭은 스포츠 심리학과 상담 및 임상 심리학에서 활용하는 많은 심리학적 원리와 방법을 적용하고 있다.

코칭은 사회의 변화와 더불어 발전해 왔다. 과거의 삶은 직장 생활, 공동체 생활, 가족 관계 등에서 불안정성은 있었지만 예측할 수 있는 부분이 많았다. 반면에 오늘날 우리의 삶과 상황은 점점 더 불안정해지고, 감정적이고, 불연속적이며, 과도기적 상황이 되어 가고 있다. 허드슨(Hudson, 1999)은 시대적 변화와 더불어 코칭 분야가 필요한 이유를 다음과 같이 제시하고 있다.

- 과거의 삶은 직업 생활, 가족 관계, 공동체 조직 생활 등에서 다소 불안정한 감은 있었지만 예측할 만하게 연속적으로 계획되어 왔다.
- 특히 직업 생활은 도제로부터 전문가가 되는 단계까지 연속적으로 발전할 수 있는 노선이 정해져 있었다. 조직과 공동체는 영원할 것처럼 보였다.
- 오늘날 우리의 삶과 상황은 점점 더 불안정해지고, 감정적이고, 불연속적이

며, 과도기적 상황이 되어 가고 있다.

- 세상에 대한 우리의 지각은 안정되고, 질서 있고, 점진적인 발달 모델이 아니라 불안정하고, 무질서하고, 변화 주도적인 모델로 변했으며, 많은 사람들이 그에 따라 변화하는 데 실패했다.
- 우리 대부분은 확실한 안정과 행복, 재정적 번영을 가져다주는 삶의 계획, 직업, 조직 생활 등을 원했다.
- 지금도 이러한 것을 원하고 기대하고 있는 것이 사실이다. 지금 범람하고 있는 변화 과정 속에서 우리의 삶을 이어 갈 방법을 학습하는 대신에, 앞선 세대가 우리 마음속에 깊이 심어준 허망한 약속으로 어두운 미래를 전망하게 되었다.

시대 변화에 따라 코칭 분야가 등장하면서 두 가지 큰 흐름으로 발전했다. 그중 하나는 산업체에서 진행되는 코칭이나 라이프코칭이며, 다른 하나는 심리학에 근거를 둔 코칭 심리 분야로 스포츠 심리학에서 발전된 것이다.

먼저 산업체의 코칭 역사를 살펴보면, 1960년부터 기업체에서 효율적 관리를 위해 다양한 방법을 적용했는데, 상의하달(上意下達)식 관리 관행을 바꾸기 위한 관리자 훈련 프로그램이 등장했다. 1980~1990년대에는 조직의 변화를 위해 컨설턴트를 활용했다. 컨설턴트는 조직 시스템에 직접 개입하여 자문을 통해 조직의 변화를 추구했지만, 파도가 해변을 때리고 되돌아가듯이 이들의 활동도 조직에 지속적인 변화를 일으키지는 못했다. 그래서 조직 변화를 위해 기업 임원이나 최고위층이 개인적으로 변화를 시도할 필요성을 느끼고 그 변화 방법으로 임원코칭이나 기업코칭이 탄생하였다.

한편, 코칭심리의 역사를 살펴보면 소크라테스는 초기 개척자 중 한 사람이지만, 코칭에 대한 심리학적 연구는 1920년대부터이다(Grant, 2007). 그리피스(Griffith)는 스포츠 심리학의 아버지라고 불리는데, 1918년 야구와 축구팀에서 심리학적 관찰을 한 결과, 1926년 『코칭의 심리학』이란 책에서 관람객, 스타 선수 및 징크스를 가진 선수, 코치 팀의 문제, 학습의 원리와 법칙을 다루었다. 그리고 1919년부터 1931년까지 40여 편의 논문을 저술했다. 그 후 로터(Lawther,

1951)는 『코칭의 심리학』이라는 책에서 스포츠 분야의 코칭을 다루었으며, 게일로드(Gaylord, 1967)는 코칭심리학이란 용어를 처음 사용한 책 『현대 코칭심리학』에서 코치는 피코치자의 건강을 지켜 주는 교사 역할을 한다고 피력했다. 그 후에 운동선수의 코칭심리학, 동기 부여와 코칭심리학, 코칭심리의 이론과 실제에 관한 책들이 출간되었다.

최근 스포츠에서의 우수성(excellence)은 비즈니스 영역에 매력을 느끼도록 했으며, 우수성과 고(高)성과를 추구하는 기업 내담자들에게 매력을 갖게 했다(O'Broin & Palmer, 2006). 하지만 현재 임원코칭이나 라이프코칭은 스포츠 심리학에서 발견된 코칭심리학의 이론을 적용하거나 통합하지 않았다.

현대의 코칭에 영향을 준 심리학적 학파들은 다음과 같다(Grant, 2007). 1960년대부터 활발하게 발전해 온 매슬로(Maslow)의 인간 중심적 접근에 뿌리를 두고 있으며, 참 만남 집단(encounter group)과 자기 성장 집단(personal growth group) 등의 인간 잠재력 개발 운동(human potential movement)을 거쳐 최근 마틴 셀리그먼(Martin Seligman) 등을 중심으로 한 긍정심리학의 영향을 받았다. 코칭의 초기 단계에서는 심리학 배경의 코치와 심리학 배경이 아닌 코치 간에 긴장이 조성되었다. 최근에는 확고한 이론적 기초와 엄격한 증거-기반 접근이 대세로 자리 잡고 있다.

현재의 코칭심리학이 심리학의 하위 분야로 받아들여진 것은 2000년 시드니 대학이 코칭심리학과를 개설하여 코칭심리 대학원 학위 과정을 개설한 때부터이다(Grant, 2007). 영국 심리학회에서 코칭심리 분야로 인가를 받은(2004) 후 2,000여 명의 회원을 확보하고 있는데, 이 중 절반은 심리학 분야 자격을 가진 사람이다. 한편 호주의 심리학회의 분과학회인 코칭심리학회는 2002년 연차대회를 최초로 실시하고, 2003년 전 국가 범위의 위원회를 열어 600명이 참가했다. 이들 학회에서는 심리학적 이론과 응용 분야에 근거하여 코칭심리학의 이론적이고 전문적인 발달을 촉진하고 있으며, 심리학의 전문성 내에서 최상의 코칭심리학 실행 전문가를 양성하고 있다.

코칭심리학의 발전과정은 [그림 2-1]과 같다.

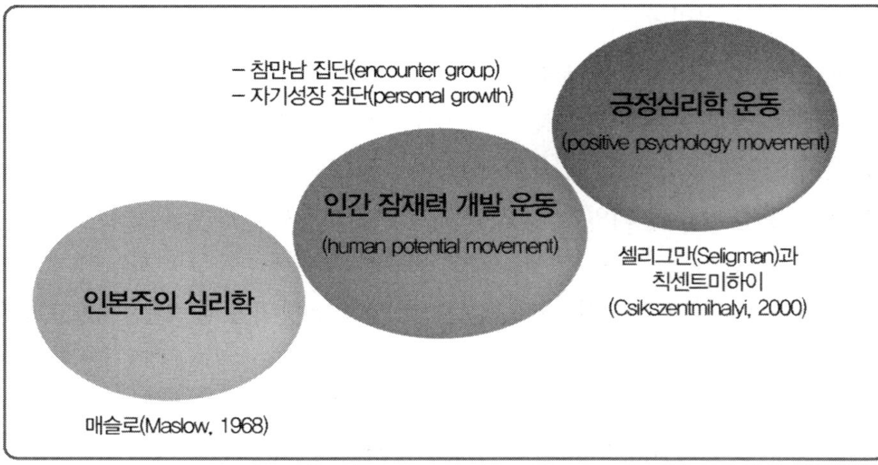

그림 2-1 코칭심리학의 발전

3. 코칭심리의 필요성

코칭에서 코칭심리의 필요성에 대한 이야기는 계속 있어 왔으며 코칭과 코칭심리의 차이에 대한 경계를 지으려는 노력과 시도도 계속되어 왔다. 하지만 지금까지의 그런 시도들은 막연했고 좀 더 분명한 경계가 필요하다.

기존의 코칭과 코칭심리의 차이의 경계를 두 가지 정도로 정리해 볼 수 있는데, 첫째는 필요하다면 상담에서 코칭의 요소를 포함시킨다는 것과 둘째는 코칭에서 심리요법은 적당하지 않다는 것이었다(Tatiana, 2000).

코칭이 온전히 이루어지기 위해서는 상담의 요소가 배제될 수 없고 필요한 요소를 활용한 코칭심리학이 필요하다. 코칭관계에서 피코치가 원하는 목표에 도달하기 위해서는 기저의 깔린 심리적인 요소들의 문제와 마주칠 수 있기 때문이며 피코치를 좀 더 돕기 위해서는 문제를 이해하고 궁극적이고 근본적인 도움을 주기 위해서 코칭심리학이 필요한 것이다(Tatiana, 2000).

코칭심리학은 성인 대상과 심리학적 접근법에 기반한 코칭 모델에 의해 뒷받침되고 있으며, 정상적이고 병리학적 이상이 없는 사람들의 삶과 일에 있어 기존의 치료적 접근 방법에 근거해 다양한 코칭 모형을 토대로 일과 일상생활에서 이들의 웰빙과 수행을 증진시키기 위한 것이라고 정의(Grant & Palmer, 2002)하면서 실무에서 하나의 스킬이나 도구로 활용되고 있는 코칭을 심리학적인 관점에서 접근하여 학문으로 발전시키려고 노력하고 있다. 탁진국(2010, 한국코칭심리학회)은 피코치자의 행동을 바람직한 방향으로 변화시키기 위해서는 개인의 행동을 이해해야 하며 따라서 개인의 행동을 이해하는 것은 심리학의 이론과 모형에 관한 기본 지식이 필요하다고 하였으며, 이희경(2010)도 코칭은 '인간의 변화를 도모하는 행위'로 인간을 이해하고자 하는 것은 심리학이 가지고 있다고 하였다. Gallwey(1997)도 코칭은 성과를 극대화하기 위해 묶여 있는 개인의 잠재능력을 풀어주는 것이며, 사람들이 코치의 가르침에만 의존하지 않고 스스로 배우도록 도와주는 것이 코칭의 본질이라고 하였고 또한 코칭의 핵심요소는 현실을 있는 그대로 지각하는 자각(awareness) 능력이며 일반적으로 사람들의 자각 수준은 비교적 낮기 때문에 자기계발과 자기발견이 가능한 자기코칭 기술을 개발할 때까지는 유능한 코치의 도움이 절대적으로 필요하다고 보았다. 이는 코칭을 통해 스스로의 자기주도 코칭을 추구하기도 한다.

"긍정 정서코칭(Positive Emotion Coaching)"은 심리학에 기반한 코칭모델로 일상생활에서의 웰빙과 수행을 증진시키기 위한 방법으로 활용되었다. 코칭이 목표에 맞게 진행되기 위해서는 코치의 역량에 대해 언급하지 않을 수 없다. 따라서 코치는 피코치의 진정한 원함을 발견하기 위해서 코칭심리학을 이해하고 있어야 한다. 코치의 역할(김영순 역, 2007)은 성과향상을 위한 코칭리더십 중에서 피코치의 진정한 원함을 발견하는 것인데 그것을 알기 위해서는 코칭심리학을 통해 파악할 수 있기 때문이다. 하지만 코치들은 함부로 심리적인 문제를 다룰 수 없다. 코칭의 과정 중에 피코치의 심리적인 부분들의 문제를 발견했을 경우 그것을 피코치에게 물어봐야 하고 계약된 것이 아니기 때문에 재협상을 해야 한다. 만약 코치가 역량이 되지 않으면 전문심리 상담자에게 의뢰해야 하고 코치가 역량이 된다면 중간에 그런 상황들을 이야기하고 피코치가 선택을 할 수 있게 도와야 한다(Tatiana, 2000). 그렇다면 어떻게 코치의 역량을 높일 수 있을까? 그것은 코치 자신이 실시한 코칭에 대해 반드시 슈퍼비전을 받아야 하고 슈퍼비전을 진행할 슈퍼바이저는 코칭과 카운슬링을 잘 알고 있는 사람이어야 한다. 코칭과 심리학은 피코치를 더 잘 돕기 위해서 조화롭게 사용될 필요가 있다(handbook of coaching psychology, 2007).

4. 코칭심리의 성장

불안과 혼란한 시대의 대안 모색을 위한 사회문화운동을 배경으로 출현한 코칭이 2000년까지 30여 년의 성장 과정은 오늘날의 위상과 모습, 또는 대인관계 조력의 한 전문분야로의 발전을 목표로 한 것은 아니었다. 1970년대로 오면서 다양한 부문에서 여러 형식으로 60년대 인간 잠재력 회복운동의 성과가 코칭 발전을 위해 확산된다. 대표적인 것으로 에르하르트(Werner Erhard)의 대규모 집단적인 자각운동, 라이프스프링(Life Spring) 등과 같은 인지 훈련 프로그램 등이다. 이런 흐름은 후에 "프로세스 컨설팅(process consulting) 모델에 영향을 주고, 이 모델이 추구하는 가치는 코칭의 원칙과 완전히 일치"했다고 평가한다. 하지만 이런 흐름 역시 당시 인간의 의식 확대와 공동체 의식을 고양하고 새로운 생활 방식을 강조하는 코칭 문화운동으로 보는 것이 타당하다.

60년대 인간 잠재력 회복운동의 문제의식은 향후 30여 년 동안 기업조직의 조직개발과 지도자 훈련분야에 체계적으로 확대되고 발전을 거듭했다. 1990년대로 넘어오자 기업 조직에서 코칭은 조직개발과 관리, 성과향상, 리더십 성장, 경영자에 대한 1:1 상담활동 분야로 이어지고, 선구적으로 많은 양의 코칭 서적이 출간되었다. 이를 주도한 사람들은 대체로 경영 컨설턴트, 직업 커리어 상담사, 조직 심리학자, 성인학습 연구자들이다. 이들에 의해 조직개발과 심리학이 교차하는 지점에서 비즈니스 코칭이 출현했다.

사람을 지배하는 것은 감정이고, 이를 이해하지 않으면 상대가 하는 말을 진정으로 이해하기 힘들다는 인식으로 기업에서 다양한 1:1 자문활동의 형식으로 진행되었다. 이로 인해 코칭 발전 출발부터 코칭과 상담을 구분해야 하는 과제로 제기되었다. 코칭은 다른 전문 분야와 자신을 구별하여 설명하는 것, 즉 다른 분야와 마찰을 최소화하며 자기 모습을 만들어 가야 했다.

1980년대부터는 기업에서의 코칭은 두 가지 공통점으로 표현되기에 이른다. 코칭을 1:1 대화 형식으로 진행한다는 점과 문제해결, 과제수행, 성과 관련 주제에 초점이 맞춘다는 점이다. 또 심리학자들을 고용하는 경영 컨설팅 회사가 나타났고, 비종교 영성 리더십 훈련 프로그램이 코칭이라는 이름으로 행해지기 시작했다.

스포츠 분야에서의 코칭 발전은 보다 뚜렷한 흐름을 갖는다. 대회 승리라는 일차적 목표를 넘어 신체 및 정신 훈련에서의 한계 도전과 동기부여, 현재 수준 관리 등을 위한 방안으로 코칭이 적극 활용되었다. 그 결과 "스포츠코칭의 엄청난 변화, 즉 순수한 조력자에서 선수의 자기개발이나 자기성찰까지 고양시키는 변화는 마침내 운동장 밖까지 코치를 고용하게 만들었다"는 평가를 받는다.

스포츠코칭이 현대 코칭의 출발에 상당한 영향을 끼친 사례는 테니스 코치 티모시 갤웨이(Timothy Gallwey)이다. 그는 동양의 선불교와 테니스 훈련을 결합해 '이너게임(The Inner game of Tennis)'이라는 훈련 방식을 개발해 큰 성과를 이룬다. 주된 내용은 내면의 갈등에 주목하고 불안을 잠재운 상태에서 경기는 물론 날아오는 테니스공을 다루는 훈련이다. 인간 잠재력 회복운동의 중요한 교류 근거지였던 에살렌 연구소에 상주했던 그는 컨퍼런스에 참석하는 여러 명의 코칭 초기 활동가들에게 자신의 테니스 훈련 방식을 가르쳤다. 자신도 물론 코칭 1세대로 분류되지만 당시 이를 경험한 코칭 1세대들은 기업 리더십 훈련에 스포츠코칭의 방식을 적용한 프로그램, 저서 등을 통해 스포츠코칭은 물론 기업, 라이프코칭 전반에 결정적인 영향을 주었다. 행동과 언어 표현, 성과와 소통이라는 주제 중심의 코칭에서 이른바 내적 갈등과 내적 일치(integrity)가 코칭의 중심주제가 되었다.

스포츠코치 활동이 기업코칭에 준 영향은 일상적 실천과 성과의 중요성, 한계에 대한 도전이었다. 하지만 비즈니스 코치, 라이프코치 등은 개인적 맞춤 접근, 대상에 따른 개입의 융통성, 코치 개입의 독창성, 자신과의 싸움 익히기, 시각화, 피드백, 실패에서 배우기, 소통, 믿음, 진실성, 투명한 계약, 호기심, 끊임없는 변화 등의 주제로 코칭 주제와 영역 확대가 필요하게 되고, 이른바 근거기반 코칭 분야, 그중에서도 특히 정신역동 코칭은 이에 대한 적극적 대응을 하게 된다.

이와는 별도로 인간 중심, 잠재력 회복운동은 에르하르트와 철학자 페르난도 폴로레스(Fernando Flores)가 중심이 되어 하이데카 철학의 영향으로 존재론적 코칭(ontological coaching)으로 발전한다. 인간 잠재력 회복운동의 정신과 내용을 그대로 담고 있는 대규모 집단 자각운동을 팀 단위 자각운동, 1:1 대화와 내적 성찰을 중심으로 한 코칭으로 발전시켰다. 이는 기존 성과 중심의 비즈니스 코칭,

일부 스포츠코칭의 영향에서 벗어난 흐름이다. 이런 흐름은 과거와 같은 사회운동적 성격을 온전히 간직하며 칠레를 중심으로 남미 대륙에 확대되며 독자적인 국제조직으로 발전을 이루다 1990년대 후반 국제코치연맹에 합류해 오늘날에 이르고 있다.

1995년을 전후하여 코칭을 국제적으로 대변하는 국제조직이 출현한다. 국제코칭연맹(International Coaching Federation, ICF)이 만들어지고, 유사한 국제조직을 통합하면서 코칭 발전은 새로운 국면을 맞이한다. 세계 각지, 다양한 분야에서 이뤄지던 코칭의 국제 연대 조직 형성을 계기로 코칭 윤리가 통일적으로 확립된다. 코칭과 유사 분야와의 차이점을 정리하고 코칭에 대한 최소한의 공통기준 등이 논의되며 전문 분야로 발전하게 된다.

5. 코칭심리의 영역

1) 전문분야로의 확립

코칭이 전문분야로 확립하기 위한 전제는 ① 변별력 있고 독특한 통일된 지식의 구성, ② 공식화된 상호 인증할 수 있는 훈련과정, ③ 윤리규정과 합의된 행위 규약, ④ 자신들의 프렉티스에 대한 공유된 정의를 갖는 하나의 그룹에 속해 있다는 인식, ⑤ 전문성의 지속적 개발(continuous professional development, CPD)을 위한 내용 또는 구조 등을 들 수 있다.

코칭 조직은 모두 자체적으로 코칭 윤리와 행동규약을 갖고 있으며, 각 조직의 윤리는 상호 영향을 주고받고 공통된 형식과 내용을 갖추었다. 국제조직마다 조금의 차이가 있을 수 있으나 코칭 윤리에서 코치가 견지해야 할 기본적 기준을 갖고 있다. 공손함(respectfulness), 신중함(prudence), 실천적 지혜(practical wisdom), 진실성(integrity), 연민심(compassion)을 제시하고, 전문성 기준과 행동 가이드라인을 확립한다.

또한 코치의 전문성 확보를 위한 공식화된 공통된 훈련 과정과 기본 내용으로 11가지 핵심역량(competencies), 기본 능력(capability)과 코칭 수용력(capacity)을 제시하여 국제적 기준을 마련했다. 전문성의 지속적 개발(CPD)을 위한 유지 보수 교육 훈련 및 제도도 구비되어 있다. 코치들이라면 누구나 가입하고 윤리와 행동규약을 서약하는 복수의 국제조직과 국내조직을 갖추고 있다.

반면에 코칭이 여러 분야에서 독립적이고 동시 다발적으로 출현했듯, 학문적 출처도 다양한 분야가 융복합적으로 발전했지만 결국에는 다른 분야와 변별력 있는 독특한 통일된 지식체계가 필수이다. 그러나 코칭학의 발전은 형성 과정 중에 있는 신생학문 분야로 여전히 남아 있다. 명실상부한 전문 분야로 확립되기 위해서는 독자적인 이론과 이를 근거로 한 코칭학 확립이 여전히 중요한 과제이다.

2) 그룹코칭 분야

사람들은 가족에서 친구, 직장에 이르기까지 작지만 많은 그룹 내에 소속되어 살고 있으며 이 그룹들은 우리에게 이루 말할 수 없는 영향을 끼치고 있다. 그룹 활동을 통해 사람들은 변화를 이끌어 낼 수 있고, 파괴적인 요소들을 최소화할 수 있으며 인간으로서 사회에 공헌하는 창의적 도전이나 적응력 등을 향상시킬 수 있다. Britton(2010)에 의하면 그룹코칭이란 미리 주어진 주제가 있거나, 혹은 주제가 없이 개인 혹은 일의 영역에서 성장, 목표성취, 자기인식의 고양을 목적으로 코칭 프로세스를 적용하여 이루어지는 소집단 과정이라고 하였다(김수연, 2012). 그룹코칭은 공식적이거나 혹은 비공식적으로 진행될 수 있는 다양한 상황에서 공통된 주제와 관심을 갖고 있는 사람들이 모여 코칭을 받음으로써 그룹의 힘을 적극 활용하여 상호관계를 통해 학습의 효과를 향상시키는 것으로 볼 수 있다. 물론 공통의 주제 내에서 개개인의 목표를 달리 가지고 갈 수 있다. 그러므로 그룹코칭은 업무 현장에서의 독립성이 강하고 이해 당사자들 간의 갈등 상황이 적다(이은주, 2011). 또한, 여러 조직으로부터 모인 사람들이 서로의 배움과 베스트 프렉티스를 공유하고 공유된 지식을 통해 효율성을 만들어 내고자 그룹코칭을 받을 수 있다. 미국에서 그룹코칭을 리딩하는 데 있어 선두주자(Britton, 2010)는 그룹코칭을 '조직의 목표와 혹은 개인적 목표를 달성하기 위해 합류한 사람들의 에너지, 경험, 지혜를 극대화하고자 하는 의도를 가지고 전문코치가 촉진적으로 이끄는 그룹 프로세스'라고 정의하였다(이은주, 2011).

그룹코칭은 다수의 피코치가 참가하기 때문에 일대일 코칭과 달리 사전에 주제를 정하지 않을 경우 매우 혼란스럽게 초반 회차의 방향을 찾기 어려울 수 있다. 일반적으로 그룹코칭이 시작되기 전에 그룹코칭의 목표와 그룹코칭에서 다룰 공통의 주제를 정하는 경우가 많으며, 그룹코칭에서의 코치는 일대일 코칭에서보다 지시적이며 주도권을 갖는 것도 필요하다(Britton, 2010).

그룹코칭은 비구조화 그룹코칭, 준구조화 그룹코칭, 구조화 그룹코칭으로 구분된다. 비구조화된 그룹코칭에서는 전체 주제를 설정하고 각 회차마다 그룹코칭 참가자들이 가지고 오는 기대하는 목표에 적합하도록 회차별 주제를 정하고 코칭을 진행한다. 준구조화 그룹코칭은 참가자들이 가지고 오는 목표에 따라 전체 주제와 각 회차별 주제를 사전에 정하고 각 회차에 따라 진행하는 것이다. 구조화 그룹코칭은 전체 주제와 각 회차의 주제를 그룹코칭 프로그램 사전에 정하고 참가자들이 이슈를 다루고 개별적인 실행계획을 세우도록 하는 것이 중요하며, 약간의 티칭을 각 회차별 주제에 관련한 내용에 따라 진행될 수 있게 한다. 그룹코칭의 구조에 따른 효과성을 높이기 위해서는 그룹코칭의 목적과 니즈에 따라 구조를 선택하는 것이 바람직하다.

프로그램의 회차별 주제와 내용을 정하여 제시하는 구조화 그룹코칭으로 진행하는 절차는 다음과 같다. 그룹코칭 프로세스 GROW 4단계 코칭모델: ① 목표를 설정(Goal): 코칭을 통해 이루고자 하는 목표는 무엇인지, 피코치와 함께 목표(SMART)를 설정한다. ② 현실파악(Reality): 객관적이고 공정하며 비판단적으로 진행한다. Why보다는 How 등 개방형 질문을 사용하며, 경청한다. ③ 대안탐색(Option): 올바른 답이 아니어도 가능한 많은 대안을 찾아서 기록한다. 질문하고 경청하며 요약하는 과정에서 많은 대안들을 이끌어 낸다. ④ 구체적 실행계획(Will): 무엇을 언제부터, 어디서, 언제까지, 어떻게 실행할 것인지 구체적인 계획을 수립하고 실행의지를 다진다.

Alexander가 개발하고 Whitmore에 의해 제시된 GROW 4단계 코칭모델을 기반으로 그룹코칭 프로세스를 진행한다.

3) 그룹코칭의 필요성

지난 몇 년 동안 경제적 현실들 그리고 피코치의 요청에 힘입어 그룹코칭은 코칭 전문 분야 중에서 가장 빠르게 성장하는 영역 중 하나가 되었다(Britton, 2010). Morgan 등(2005)은 그룹코칭은 비즈니스 코칭 전문 분야에서 가장 빨리 성장하는 부분이라고 하였으며, Zeus & Skiffington(2002)은 그룹코칭은 자기관리, 상호 기능적 그리고 다양한 기능의 팀으로 강화가 일어나므로 인기리에 성장하는 것은 당연하다고 하였다.

그룹코칭은 한 명의 코치와 여러 명의 피코치자들이 코칭에 참여하는 형태를 말하는 것으로 그룹코칭의 효과성에 대해서 이순규(2007)는 간호사들을 대상으로 실시한 그룹코칭 프로그램 적용 후 감성지능이 향상되었음을 보고하였고, 또한 50명의 간호사들을 대상으로 코칭교육을 실시한 후 6명씩 5그룹으로 진행한 그룹코칭에서 통계적으로 유의미하였다(이은주, 2010). 이은주(2010)는 10명의 팀장(중간관리자)에게 그룹코칭 프로그램을 실시하여 리더십역량(코칭 리더십과 긍정리더십)에 미치는 영향을 연구한 결과 충분한 사례수가 확보된다면 통계적으로 유의미한 차이가 확인될 것으로 예상하였다. 주부들을 대상으로 그룹코칭을 실시한 선행연구도 있다. 최순덕(2011)은 9명의 실험집단 주부들에게 부모교육을 그룹코칭 프로그램으로 실시하여 부모의 자기효능감, 부모효능감, 부모-자녀 의사소통에 정적인 영향력이 있다고 보고하였고, 남현숙(2011)은 라이프코칭 프로그램을 1차 실험집단 8명과 2차 실험집단 12명에게 실시하여 주관적 행복, 삶의 만족도, 희망척도에서 긍정적인 효과가 있다는 것을 확인하였다.

개인코칭의 경우, 일대일 관계에서 수행되기 때문에 개인이 문제해결을 하는 과정에서 개인의 욕구와 능력에 맞는 피드백을 제공 받을 수 있어 효과적으로 학습을 촉진할 수 있으며 이러한 학습의 결과는 개인의 능력개발과 성과 향상으로 나타나는 이점(한허정, 2007)이 있는 반면 그룹코칭은 비용절감 효과뿐 아니라 개인코칭에서는 없는 그룹이라는 특성에 기인하는 추가적인 효과를 기대할 수 있다(이은주, 2010).

따라서 그룹코칭의 장점을 정리해 보면 다음과 같다.

첫째, 더 자유롭게 진솔한 표현을 할 수 있다(부담감을 줄일 수 있다).

둘째, 다른 참가자들을 보면서 자기 자신의 목표를 깨닫는 데 영감을 받을 수 있다.

셋째, 새로운 목표설정, 실행 계획, 스트레스 관리 그리고 다른 기술들을 배울 수 있다(지혜를 모을 수 있다).

넷째, 코칭과 그룹의 지지를 받아서 동기를 가속화시킨다.

다섯째, 사회적 관계를 발전시키고 확대시킨다(긍정적이고 자연스러운 관계를 형성할 기회를 준다).

여섯째, 다양한 관점을 얻게 된다.

일곱째, 투자한 비용에 비해 큰 효과를 얻을 수 있다.

03
Chapter

코칭의 대화모델

1. GROW 프로세스

존 휘트모어는 사람들이 과연 자신의 능력 중 몇 퍼센트나 발휘하는가에 대해 운영하는 성과 향상 코칭프로그램을 통해 조사를 실시하였다. 그 결과 직장인들은 자신의 능력 중에서 70퍼센트 이상 발휘하는 사람이 있는가 하면 겨우 한 자릿수만 발휘하는 사람도 있다는 결과가 나왔다. 평균 직장인들이 자신의 능력 중 약 40퍼센트의 능력만 발휘한다는 것이다.

사람들이 자신의 업무를 수행하는 데 시간단축, 느슨함 방지, 업무와 제품의 질을 높이는 등 리더십을 발휘하는 가장 효과적인 수단으로 코칭이 꼽히고 있다. 조직원이 스스로 일할 의욕을 가질 수 있도록 도와준다는 것이 코칭의 가장 큰 장점이다.

문제가 발생했을 때 관리자가 '~해'라고 해결방법을 지시할 것이 아니라 '대신 무엇을 할 수 있는가?'라고 질문하라고 저자는 조언하며 질문을 통해 조직원 스스로 생각하고 방법을 터득해 문제해결력이 높아진다는 것이다.

동기를 부여하는 의사소통방법부터 목표달성률을 높이는 질문법, 성과를 향상시키는 4단계 GROW 프로세스 코칭을 활용해 생산성 향상뿐만 아니라 커뮤니케이션 개선, 대인관계 능력이 향상된다.

GROW 모형은 목표설정(Goal) → 현실탐색(Reality) → 대안탐색(Option) → 실행의지(Will)이다.

- 목표설정(Goal): 목표설정은 코칭을 시작할 때 피코치가 원하는 코칭목표가 무엇인지를 명확하게 하는 것을 의미한다. 즉, 코칭에서 논의할 주제를 코치와 피코치가 합의하고 코칭의 목표를 확인하는 단계이다. 가능한 한 목표를 명확하고 구체적으로 정할 필요가 있다.
- 현실탐색(Reality): 현실탐색은 피코치의 목표와 관련해 피코치가 과거에 경험했던 내용들과 현재 일어나고 있는 상황들에 대해 파악하는 과정을 의미한다. 주의할 점은 너무 얽매여서는 안 된다는 점이다.
- 대안탐색(Options: 대안탐색은 피코치가 코칭이슈에 관해 어느 정도 고민해 왔고 현재 어떠한 상황에 있는지 충분히 파악되었다면 다음 단계는 대안탐색 과정으로 본격적으로 코칭이슈를 해결하기 위해 시도하는 단계이다. 피

코치가 본인의 문제해결을 위한 다양한 아이디어를 제시하는 것이 중요하다. 여러 대안이 도출되었으면 피코치가 각 대안에 대해 실현가능성을 고려하여 우선순위를 정하거나 중요도를 점검하도록 한다.

- 실행의지(Will): 실행의지는 대안 과정에서 피코치가 제시한 해결방안을 말로만 그치는 것이 아니라 실제 생활에서 실행할 수 있는 의지를 다지고 굳건히 하는 단계라고 할 수 있다. 이 단계에서는 보다 구체적인 실행계획을 수립하게 된다.

따라서 보다 구체적인 실행계획을 피코치가 얘기할 경우 실행가능성이 높아지게 된다. 사람들이 목표달성을 위해 좀 더 구체적으로 언제, 어디서, 어떻게 할 것인지에 관한 계획을 세우게 되면 이를 실행하기 위한 의식적인 노력을 덜 해도 향후 자신이 설정한 언제, 어디서, 어떻게와 같은 상황 단서가 제시될 경우 이와 연계되어 기억 속에 저장되어 있는 정보가 인출되면서 좀 더 자동적으로 실행계획이 실천될 수 있다.

성과를 향상시키는 코칭의 4단계를 구체적으로 살펴보면 다음과 같다.

1) G-Goal(목표설정): 당신은 무엇을 원하는가?

- 목표설정(Goal): 먼저 주제에 대한 목표설정을 명확하게 한다. 코칭의 단기 및 장기목표(Goal) 설정으로, 의무적으로 해야 하기 때문에 하는 것이 아니라 원하기 때문에 하는 것이라면 더 잘할 수 있다. 그런데 기업이나 직장 임원들은 마음대로 자신의 목표를 정해서 관리자들에게 강요하기도 한다. 현명한 기업가나 임원들은 자신의 목표에 연연하지 않고 관리자들에게 동기를 부여하고 스스로 도전목표를 정하도록 격려한다. 예를 들면 판매팀이 상사가 원하는 것보다 낮은 목표를 정했다면 자신의 목표를 강요하지 않고, 팀의 목표로 시작하되 코칭을 통해 그들이 초과 달성하도록 도와준다.

2) R-Reality(현실탐색): 현재상황은 어떠한가?

- 현실탐색(Reality): 현실적 여건, 현상들과의 연관성에 대한 통찰력, 목표와 현실 간의 차이나 장애요인에 대해 인식하도록 한다. 목표를 정했다면 현재의 상황을 파악하는 현실(Reality), 즉 현상확인으로 현재 상태를 살펴보도록 한다. 현상파악 단계에서 질문은 대부분 누가, 언제, 무엇을, 어디서, 얼마나 등의 의문사로 시작해야 한다. '지금까지 이 문제에 대해 어떤 행동을 취했습니까?', '그 행동은 어떤 효과가 있었습니까?'와 같은 질문을 던진다. 사람들은 문제에 대해 어떤 행동을 취했는지 질문을 받았을 때 자신이 생각만 하고 행동은 전혀 취하지 않았다는 사실을 깨닫게 된다.

3) O-Option(대안탐색): 당신은 어떤 것들을 할 수 있는가?

- 대안탐색(Option): 주요 경험과 사건을 이전보다 분명하고 통합된 시각으로 재인식하는 단계이다. 목표가 현실적으로 달성 가능한 목표인지 다시 한 번 확인하고 현실과 괴리된 목표라면 수정하도록 한다. 가능한 대안탐색(Option)과 다른 전략 혹은 행동 파악이다. "다른 문제점들이 더 있습니까?"라는 질문은 "없다"라는 대답을 유도한다. "어떤 문제점들이 더 있을까요?"라는 질문은 더 많은 생각을 유도한다. 질문은 상대방이 문제에 주의를 기울이게 하고 피드백의 계기를 만들어 준다. 다양한 대답을 할 수 있도록 열린 질문법을 활용한다.

4) W-Will(실행의지): 당신은 무엇을 실행하겠는가?

- 실행의지(Will): 최대한 많은 방안을 찾는다. 인식의 범위 확대, 자기제약 조건을 극복하고 자유롭게 다양한 대안을 도출할 수 있도록 유도한다. 최적의 대안 선택으로 구체적인 실행계획을 세우고 자신의 의지에 따라 최적 대안을 선택해 행동계획을 수립하도록 한다. 언제, 누구에 의해, 무엇이 행해지는가, 그것을 하겠다는 실행의지(Will)를 확인한다.

코칭은 미래의 가능성에 초점을 맞추어 질문을 던진다. 그리고 코칭을 받는 사람이 특정 행동을 취해야 한다는 생각을 할 수 있도록 하는 데 초점을 맞춘다. '당신은 무엇을 하려고 하는가?', '당신은 그것을 언제 하려고 하는가?', '이 행동은 당신의 목표에 부합되는가?', '실행 과정에서 예상되는 장애물은 무엇인가?', '합의된 계획을 실행하는 데 방해가 되는 것은 무엇인가'

마지막은 실천의지를 확인하고 피드백하면서 마무리한다. 이와 같이 GROW 모델 코칭 프로세스를 알면 코칭활용이 용이하다.

2. ABCDE 적용 및 기법

1) ABCDE모형

인지행동치료에서 많이 활용되는 ABCDE모형을 코칭장면에서도 동일하게 사용할 수 있다.

① A: **상황**(Activating event), **중요사건**(critical event)

여기서 A는 피코치가 직면하고 있는 상황을 의미하는데, 먼저 코치는 피코치가 어려움을 겪고 있는 상황에 대해 객관적으로 얘기해 줄 것을 요구한다.

② B: **믿음**(Belief)

코치는 이러한 상황에 대해 피코치가 생각하고 있는 믿음이나 신념이 무엇인지를 물어본다. 피코치는 무시당하는 것을 두려워해서 자신의 의견이 절대 시시해서는 안 된다는 믿음을 가지고 있다고 답할 수 있다.

③ C: **결과**(Consequences)

코치는 이러한 믿음으로 인해 결과적으로 피코치가 느끼는 정서나 보이는 행동이 무엇인지 물어본다. 이 상황에서 피코치는 정서적으로 회의 때마다 불안을 느끼거나 남들 눈을 살짝 피하는 행동을 보인다고 답할 수 있다.

④ D: **논박(Disputing)**

피코치의 잘못된 믿음에 대해 논박하는 것이다. 이 과정이 가장 어려운 부분이라고 할 수 있다. 많은 사람이 자신이 잘못된 믿음이나 신념을 가지고 있다는 것을 쉽게 인정하려고 하지 않기 때문이다.

⑤ E: **효과(Effect)**

마지막 단계는 논박을 통해 피코치의 믿음 또는 신념이 비논리적이고, 비현실적이며 지나치게 엄격하다는 것 등을 깨닫고 향후 긍정적인 행동을 하겠다는 의지를 다지게 된다.

2) 추론 연계(inference chaining)

인지행동 코칭과정에서 코치는 피코치의 비합리적인 핵심 믿음 또는 신념이 무엇인지를 정확하게 파악하는 것이 중요하다. 추론연계 기법은 코치가 일련의 가설적인 질문을 계속해 나가면서 피코치자가 상황에 대해 갖고 있는 핵심적인 믿음이 무엇인지를 파악하는 것이다.

3) 일반적 인지적 왜곡에 대한 이해

인지행동 코칭과정에서 코치는 사람들이 일반적으로 범하는 인지적 왜곡 내용에 대해 알고 있는 것이 피코치의 비합리적 믿음을 파악하는 데 도움이 된다. 대표적인 인지적 왜곡 내용에 대해 간단히 설명하면 다음과 같다.

(1) 모 아니면 도

일종의 흑백논리로서 다양한 경우가 있을 수 있음에도 불구하고 이분법적으로 좁혀서 생각하는 오류를 의미한다. 예를 들면, '세상 사람들은 내 친구 아니면 적이다.'라고 생각하는 것을 말한다.

(2) 지나친 일반화

조그만 사건이나 불충분한 증거를 가지고 큰 결론이나 해석을 내리는 경우를 의미한다. 예를 들어, '이번 과제에 실패했기 때문에 다른 과제도 실패할 것 같다'는 생각을 말한다.

(3) 비관적 신념

지나치게 최악만을 가정하는 경우를 말한다. 예를 들어, '이번 대학입시에 실패하면 나는 영원히 대학에 못 들어갈 거야.'라는 생각이 이에 해당한다.

(4) 자기비난

자신의 잘못이 아님에도 불구하고 모든 것을 자신의 잘못으로 생각하는 오류를 의미한다. 예를 들어, 자녀가 여행 가다 교통사고가 나서 다친 경우 이것도 여행을 보내 준 자신의 잘못으로 생각하는 것이 이에 해당된다.

(5) 강박적 사고

자신과 타인에 대해 너무 엄격한 잣대를 들이대어 '항상 ~해야 한다, 또는 ~해서는 안 된다'는 생각을 하는 것을 의미한다. 예를 들어, '모든 사람은 약속시간에 조금이라도 늦어서는 안 돼.' 또는 '사람은 항상 나처럼 일찍 일어나야만 해.'와 같은 생각이 이에 해당된다.

(6) 완벽주의

일을 하는 데 있어서 합리적 기준을 벗어나서 지나칠 정도의 완벽을 중시하는 오류를 의미하며, 예를 들어, '모든 것을 항상 완벽하게 해야 해. 그렇지 않으면 나는 쓸모없는 사람이야.'와 같은 믿음이 여기에 해당한다.

4) 적용 사례

여기서는 일반인들이 일상생활에서 어려움을 표현하는 지연행동, 시간관리 그리고 도전행동에 대해 알아보기로 한다. 모두 인지행동 코칭 기법을 활용해서 문제점을 해결하는 방법에 대해 기술한다. 이 방법들은 탁진국(2015)이 『워커코드』에서 제시한 내용 중 일부를 수정한 것이다.

(1) 지연행동

많은 사람이 일상생활에서 계획했던 일들을 제때에 실행하지 못하고 미루는 경향이 있다. 사람들이 할 일을 미루는 중요한 이유 중의 하나는 일반적으로 특정일을 하는 것에 대해 뭔가 부정적으로 느끼거나 지금 하고 싶지 않기 때문이다. 결정을 미룰 경우 뭔가 불편한 상황을 일단 피할 수 있고 이를 통해 편안해지기 때문인 것으로 해석할 수 있다. 필요한 결정을 지금 내리지 않고 자꾸 미루는 사람의 유형에는 여러 가지가 있다.

Sapadin(1997)의 분류에 따르면 첫 번째로 완벽주의 유형이 있다. 이 유형의 사람들은 모든 것을 완벽하게 처리하려는 성향이 강하기 때문에 현 시점에서 이를 처리했다가 제대로 안 되는 것이 아닐까 하는 걱정 때문에 미루게 된다.

두 번째는 걱정이 많은 유형으로 매사에 자신감이 없다 보니 지금 실행할 경우 나중에 무언가 잘못되지 않을까, 제대로 못하는 것은 아닐까 하는 걱정을 지나치게 하게 된다. 따라서 실행 또는 결정을 내리지 못하고 나중으로 미루게 된다.

위기상황을 즐기는 유형도 있다. 즉, 매번 일을 미리 끝내지 않고 마지막 순간에 몰아서 하려는 사람들이 이러한 유형에 속한다. 특히 해야 할 업무가 따분한 경우 이를 미리 하는 것을 참지 못하고 막판까지 미루는 경향이 있다.

이러한 습관을 어떻게 바꾸어 나갈 수 있을까? 결정이나 실행하지 못하고 자꾸 미루거나 지연시키는 행동을 변화시키는 효과적인 방법 가운데 하나는 인지행동기법을 활용하여 자신의 생각 또는 믿음을 바꾸는 것이다.

Neenan과 Dryden(2002)은 자꾸 미루는 습관을 바로잡기 위해 네 가지 단계를 언급한바 있다. 첫 번째 단계는 자신이 미루고 있다는 사실을 인식하고 어떠한 이유 때문에 미루는지를 파악하며 해당 이유가 합리적이지 못함을 깨닫고 좀 더 합리적인 방향으로 생각을 정리하는 것이다. 예를 들어, 어떤 사람이 직장에서 해야 할 업무가 있는데 자꾸 미루고 있음을 깨닫고 이에 대한 이유를 분석한 결과 자신감이 없어서 자꾸 미룬다고 가정하자. 이 사람은 '좀 더 업무경험을 쌓은 다음에 하는 것이 좋겠어. 아직은 좀 무리인 것 같아.'라고 자신에게 얘기하면서 자꾸 해야 할 중요한 일을 미루고 있다. 이 경우 이 사람은 '어떤 업무를 하기 위해서는 반드시 해당 업무를 잘할 수 있는 역량을 갖추고 있어야 해.'와 같은 생각을 가지고 있을 가능성이 높다. 두 번째 단계는 구체적이고 측정 가능한 목표를 세우는 것이다. 즉, 해당 업무를 미루지 않고 꼭 해야겠다고 마음먹는 것보다는 '이 일이 잘 안 될 수도 있지만 다음 주 목요일까지는 끝내겠다.'라고 마음먹는 것이 더 효과적이다. 세 번째 단계는 이러한 구체적 목표를 실행하는 것이다. 많은 경우 사람들은 구체적 목표를 세운 후 반드시 하겠다고 마음먹는다. 즉, 대부분의 사람은 '이를 달성하기 위해 노력할 거야(try).'라고 결심하지만 결국 성과를 보지 못하는 경우가 많다. 마지막 단계는 지속성이다. 마음만 먹어서 되는 것이 아니라 지속적인 행동이 필요하다. 지속적 행동을 통해 습관화되는 것이 중요하다. 이를 위해서는 무엇보다 자신에 대한 유지 메시지가 중요하다. 예를 들어, '모든 내 시간은 다 중요해. 뭔가를 미루면서 낭비할 수는 없어.'와 같은 메시지를 자신에게 지속적으로 주는 것이 필요하다.

(2) 시간관리의 어려움

시간관리에 관한 수많은 책과 연구가 있고 많은 사람이 나름대로 시간관리하는 방법을 알고 있다. 하지만 이러한 방법을 실행에 옮기는 과정에서 어려움을 경험하는 사람들이 많다.

Neenan과 Dryden(2002)은 지금까지 제시된 시간관리 방법이 실행과정에서 고려해야 할 개인의 정서문제를 제대로 다루지 않아서 실패했다고 주장한다. 예를 들어, 취미활동으로 주말마다 낚시나 골프를 하고 싶어 계획을 세워 보지만 막상 실행하려니 가족과 같이 보내는 시간이 줄어들기 때문에 걱정이 되어 이를 실행하지 못하는 경우가 발생할 수 있다.

어떤 직장인의 경우 중요한 가치는 직장에서 일 잘하고 원만한 가정생활을 영위하고 건강하게 생활하는 것이다. 이 사람의 가치와 적합한 목표는 직장에서 업무관리를 잘 하는 것이고 구체적으로 기술해 보면 정시에 회의 끝내기와 전화 시간 줄이기 등이 될 수 있다.

직장에서의 하루 일과를 작성하고 분석해 보니 전화를 길게 하고 미팅시간도 긴 것으로 나타났다. 여기서 왜 미팅시간이 긴지에 대해 곰곰이 생각해 보니 다른 사람이 회의 주제와 관련성이 떨어지는 얘기를 할 때 이를 중간에 끊고 주제와 관련된 얘기만 하도록 요구해야 하는데 그렇게 하지 못했다는 점을 인식하게 된다. 이때 어떤 이유 때문에 요구를 하지 못했는지 생각해 보니 중간에 다른 사람의 말을 중단시킬 경우 그 사람이 나를 싫어할까 봐 걱정이 되어 그냥 놔둔 것임을 깨닫게 된다.

이러한 경우 코치는 인지행동기법을 통해 피코치의 생각을 바꾸는 것이 가장 이상적인 방법이다. 다른 사람이 나를 싫어할까 봐 그 사람이 회의와 관련 없는 말을 하는 것을 그냥 내버려 두고 결과적으로 내가 설정한 목표를 달성하지 못하게 되는 것이 과연 합리적인 생각일까? 그렇게 놔두는 것이 내가 정한 목표를 달성하지 못하는 것을 상쇄할 정도로 그렇게 중요한가? 곰곰이 생각해 본다면 누구나 이러한 판단이 합리적이지 못하고 그렇게 중요한 것이 아니라는 결론에 이르게 된다.

(3) 도전하지 않는 행동

일상생활이나 업무에서 지금까지 타성적으로 해 오던 방식에서 벗어나서 새롭게 도전적인 시도를 해 보고 싶은 경우가 많이 있지만 막상 그런 기회가 오게 되면 겁이 나고 위험부담에 대한 걱정으로 망설이게 되는 경우가 많다. 귀찮기도 하고 타성에 젖어서 지금까지 해 오던 방식에서 벗어나고 싶지 않기 때문이기도 하다.

이런 유형은 새로운 일에 도전하거나 새로운 방법으로 일을 하고 싶지만 잘못해서 실패할까 두려워한다. 직장에서 업무가 많아 동료에게 부탁하고 싶지만 그렇게 하지 못하는 것도 동료가 싫다고 거절할까 봐 두려워서이다. 도전을 실패나 거절과 연계시켜 생각하게 되면 매사에 새롭게 도전을 하기는 매우 어려워진다. 실패에 대한 두려움이 큰 사람의 경우 그 내면에는 '실패할 경우 다른 사람들이 나를 어떻게 생각할까?', '나를 못난이로 보지 않을까?' 하는 생각이 자리 잡고 있을 수 있다. 상대방이 거절하는 경우에도 내면에는 '거절당함으로써 상대방이 나를 우습게 보지 않을까?' 하는 생각이 있을 수 있다.

이러한 상황에서 인지행동기법을 활용한 코칭이 효과를 볼 수 있다. 코칭을 통해 이러한 생각이 비합리적이고 비논리적이라는 것을 피코치가 깨닫도록 하는 것이 중요하다. 사람이 일을 하다 보면 잘 못하는 경우도 있는 것이지 어떻게 매번 다 잘 할 수 있는가? 사람이기 때문에 잘 못할 수 있는데, 과연 그렇다고 해서 다른 사람들이 이를 비난하며 우습게 볼 것인가? 그런 사람도 있을 수 있겠지만 그렇지 않은 사람도 많이 있다.

많은 사람이 각자 자기 할 일에 바쁘기 때문에 남의 일에 그렇게 신경 쓰지 못하는 것이 사실이다. 신경 쓴다 하더라도 그때 잠깐뿐이지 시간이 조금만 지나도 대부분 잊어 먹게 된다.

이러한 다양한 생각을 피코치가 하도록 유도하고 이를 토대로 비합리적이고 비논리적인 생각을 바꿀 수 있다면 새로운 일에 도전하는 것이 좀 더 쉬워질 수 있을 것이다.

자신감 부족형은 새로운 일에 도전하려고 할 경우 속으로 '이런 일을 하려면 경험이 충분히 있어야 완벽하게 할 수 있는데, 이 일은 내가 해 보지 않았기 때문에 제대로 하기 힘들 것 같아. 정말 제대로 해낼 자신감이 없어.'라는 생각을 하는 경우가 많다.

자신 없는 일은 해서는 안 된다는 이러한 생각이 과연 합리적일까? 만약 그렇다면 모든 일을 다 경험한 사람은 아무도 없기 때문에 누구라도 새로운 일을 하는 사람은 없을 것이다. 완벽하지는 않지만 새로운 일을 시도하면서 이를 통해 새로운 경험을 쌓게 되고 이를 통해 자꾸 하다 보면 자신감도 생겨나서 일도 제대로 끝낼 수 있게 된다. 따라서 코치는 피코치가 '하다 보면 잘하게 되고 자신감도 생겨나게 되는 거야.', '처음부터 잘 할 수는 없어. 못해도 한 번 해보는 거야.'라는 긍정적인 방향으로 생각하도록 유도할 필요가 있다.

3. GIIIAME 모형, PRACTICE 모형

1) GIIIAME 모형

코칭을 위해 개발한 지-아미(GIIIAME) 모형의 약자에 대한 설명은 다음과 같다.

- G: Goal exploration and elicitation: 목표탐색 및 도출
- I: Identification of related situation: 관련 상황 인식
- I: Intervention application: 개입(기법) 적용(예: 강점코칭, 인지행동코칭 등)
- I: Implementation intentions: 실행의도
- A: Action implementation: 행동실행
- M: Monitoring: (행동)점검
- E: Evaluation: (행동)평가

이 모형에서는 무엇보다 앞서 설명한 GROW 모형의 단점을 극복하려고 노력하였다. GROW 모형과의 차이를 살펴보면 첫째, 실행부터 이후 제대로 실행되고 있는지를 점검하고(점검: monitoring) 평가하는(평가: evaluation) 과정이 추가되었다는 점에서 차이가 있다.

둘째, 모형에서 좀 더 심리학적인 색채가 나도록 실행계획에 해당하는 내용을 실행의도로 바꾸어 사용했다.

셋째, 기존의 GROW 모형에서 대안탐색과 의지 단계가 명확히 구분되지 않는다는 점을 고려하여 이를 통합하여 목표달성을 위해 구체적인 행동계획을 수립하는 실행의도 단계로 대치되었다는 특징이 있다. Gollwitzer(1999)는 구체적인 실행의도(implementation intentions)를 수립하게 되면 목표지향적인 행동을 가져올 가능성이 높아진다고 주장하였다.

2) PRACTICE 모형

이 모형은 Palmer(2007)가 인지와 합리적 정서코칭 및 상담에서 많이 사용되는 Wasik(1984; Palmer, 2007에서 재인용)의 7단계 모형을 응용한 것으로서 무엇보다 해결중심기법에 토대를 두었다.

(1) 1단계: Problem identification(문제 인식)

코치는 피코치와 처음에 만나서 어느 정도 라포가 형성되었다고 판단하면 피코치에게 코칭이슈가 무엇인지 물어보게 된다. 이 단계에서 가능한 질문들은 다음과 같다.

- 얘기하고 싶은 문제나 이슈는 무엇입니까?
- 변화를 원하는 것은 어떤 것입니까?
- 상황이 지금보다 향상되었다는 것을 어떻게 알 수 있겠습니까?

(2) 2단계: Realistic relevant goals(현실적 목표설정)

목표를 정할 때 주의해야 할 것은 현실적으로 가능하고 코칭이슈와 관련 있는 목표를 정해야 한다는 것이다.

- 코칭을 통해 달성하고 싶은 것은 무엇입니까? 가능한 한 구체적으로 얘기해 주십시오.

(3) 3단계: Alternative solutions(대안 도출)

3단계는 2단계에서 정한 목표를 달성하기 위한 구체적인 대안을 찾는 것이다.

- 목표를 달성할 수 있는 대안은 무엇인가요? 이를 전부 적어 봅시다.

(4) 4단계: Consideration of consequence(결과 고려)

4단계는 3단계에서 도출한 대안들에 대해 어떤 대안이 목표를 달성하는 데 더 도움이 되는지를 비교해 보는 것이다.

- 각 대안의 유용성은 무엇인가요? 각 대안별로 10점 척도(0: 전혀 유용하지 않다, 10: 매우 유용함)를 사용해 각 대안을 평정하십시오.

(5) 5단계: Target most feasible solution(가장 가능성 있는 대안 선정)

4단계에서 다양한 가능성에 대해 각 대안별로 유용성을 평가해 보았다면 다음은 목표를 달성하기 위한 여러 대안 가운데 한 가지를 선택하는 것이다. 가능한 질문은 다음과 같다.

- 여러 대안 중 가장 가능성 있고 현실적인 대안은 무엇입니까?

(6) 6단계: Implementation of chosen solution(선택한 대안 실행)

- 선택한 대안을 구체적 실행 단계로 기술해 보십시오.
- 자, 이제 시작해 봅시다!

(7) 7단계: Evaluation(평가)

마지막 단계인 7단계는 코칭 성과를 평가하는 것이다. 이 단계에서 가능한 질문은 다음과 같다.

- 코칭이 얼마나 성공적이었습니까? 0에서 10점 척도를 이용해 얼마나 성공적이었는지 평가해 주십시오.
- 코치를 통해 무엇을 배우셨습니까?
- 오늘 코칭을 끝낼까요? 아니면 얘기해야 할 또 다른 문제가 있습니까?

4. ACT(Co-Active) 코칭

Co-Active(코액티브) 코칭은 미국 CTI 회사의 교육 프로그램으로 코치와 피코치의 관계에 대해 독특한 접근방법을 나타내는 모델이다. CTI는 1992년 미국 로라 휘트니스와 헨리·카렌 킴지하우스에 의해 설립되고 유럽과 아시아, 북아메리카에 코칭 교육을 제공하는 회사이다.

"Co-Active(코액티브)"의 뜻은 "Being together in Action"으로 코칭 안에서 Being(존재)과 Doing(행동)의 균형, 과정, 시너지를 통해 밸런스를 잡는 것을 중요시한다. 이때 코치와 피코치와의 관계는 근본적으로 서로 적극적인 협력자가 되어야 하며, 이 과정을 통해 서로 동등한 관계가 형성이 된다.

코액티브 코칭은 존경(Respect), 솔직(Openness), 연민(Compassion), 공감(Empathy), 진실(Truth)을 코치 스스로 내면에 기본적 요소로 가지고 코칭 대화를 진행한다. 이때 코치의 마인드는 사람은 모든 일에 대해 최선을 다하고 싶어하고, 최선을 다하기 위해 잠재적 능력과 가능성을 가지고 있으며, 자신의 진정한 삶을 위해 이루겠다는 강한 의욕을 가지고 있다는 전제를 가지고 시작한다.

코액티브 코칭의 기본원칙을 살펴보면, '코액티브(Co-Active, 상호협력적)'라는 용어는 코칭관계의 근본적인 속성을 나타내는 것으로, 피코치와 코치는 코칭관계에서 적극적인 협력자(Active collaborator)가 된다는 것을 의미한다. 이것이 바로 코액티브 코칭에서 피코치가 원하는 바를 충족시키기 위해 동등한 두 사람 사이에 맺어지는 관계이자 일종의 협력적 관계이다.

코액티브 코칭의 모델을 살펴보면 네 가지 커다란 주춧돌이 지지가 되어 코칭의 대화가 가능하게 하고 수용하는 역할을 한다. 미국 CTI에서 제공되는 코액티브 모델은 다음 [그림 3-1]과 같다.

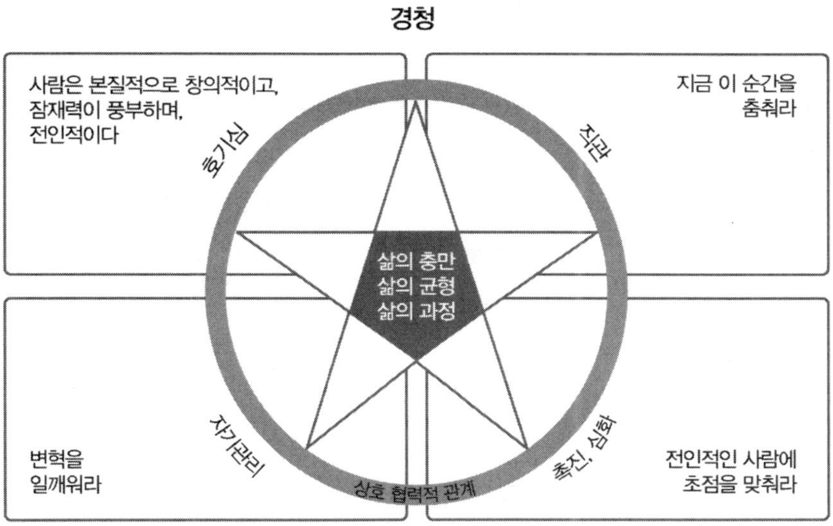

그림 3-1 코액티브 코칭 모델

출처: 코액티브코칭. 김영사.p36

1) 코액티브 코칭의 네 가지 주춧돌

다음에 설명하는 네 가지 주춧돌은 코액티브 대화를 가능하게 하고 수용할 수 있는 커다란 그릇이다. 이 네 가지 주춧돌로 인해 진정한 코액티브 대화가 가능해진다. 또한, 이들은 Co-Active에서의 'Co'가 의미하는 것처럼, 피코치와 코치의 관계가 더욱 두텁고 공고하기 위해서, 그리고 피코치의 삶에 생명을 주는 실행들이 더욱 활성화되는 데 필요한 체계와 구조를 제공해 준다.

(1) 사람은 본질적으로 창의적이고, 잠재력이 풍부하며, 전인적이다.

이는 사람들은 스스로 답을 찾을 수 있고 선택할 수 있으며, 실행할 수 있는 능력을 스스로 가지고 있다고 전인적으로 바라보는 것이다. 또한 실행이 어렵거나 일이 뜻대로 진행되지 않아 어려워하는 사람들도 자신에게 맞는 학습능력이 있다. 이러한 능력은 사람이 처한 환경과 관계없이 모든 인간에게 주어진 것이다. 코치로서 피코치의 이런 모습을 인정할 때, 진심으로 기다려 줄 수 있으며, 지시나 충고, 조언을 하기보다 피코치의 잠재력을 발견하는 대화를 하게 된다.

코액티브 모델은 이런 사실에 대한 강한 믿음을 갖고 있는데, 바로 이것이 피코치를 대하는 코치의 입장이다. 그래서 코치는 피코치로 하여금 그들 내부에 존재하는 빛과 같은 잠재력을 상기시키고 그것을 찾을 수 있도록 도와주는 것이다. 왜냐하면 그러한 능력과 잠재력은 본래 피코치의 내부에 존재해 있었기 때문이다.

(2) 전인적인 사람에게 초점을 맞춰라.

코치가 피코치와 마주 앉아 있을 때(전화로 코칭할 때조차) 코치는 사람과 마주 앉아 있는 것이지 해결해야 할 문제와 마주 앉아 있는 것은 아니다. 바로 그 사람이 만들어 내야 할 변화나 실현해야 할 꿈, 완수해야 할 일, 달성해야 할 목표 등 해결해야 할 과제를 갖고 있는 것이다. 그 과제 모두 중요한 것이다.

그러나 당신과 마주 앉아 있는 사람이야말로 그가 해결해야 할 목표, 꿈, 일과 같은 과제 이상으로 중요하다. 바로 그 사람은 뜨거운 가슴과 정신, 육체 그리고 영혼을 갖고 있는 온전한 존재이다. 그리고 그 과제는 그것이 무엇이든지 피코치와 분리되어 있는 것은 아니고, 피코치의 온전한 삶 전체에 강하게 연결되어 있는 것이다.

그렇기에 피코치의 문제에 집중하여 "오늘 해결하고 싶은 주제는 무엇인가요?" 질문에 초점을 맞추다 보면 피코치의 진정한 내면의 의제에 집중을 못하게 된다.

특히 감정의 부분을 놓치게 되는 경우가 많다. 전인적인 사람의 모습에 집중하는 것은 코치로서 문제만 바라보는 것이 아닌 피코치의 삶에 주제가 어떻게 연결되어 있는지 호기심을 가지고 경청해야 한다. 코액티브 코칭에서 피코치의 해결하고 싶은 주제는 결국 피코치의 삶 전체를 다루는 것이기에 초점을 맞추는 것이 더욱 중요하다.

코치가 피코치의 좁은 범위의 주제를 대상으로 효과적인 코칭을 할 수도 있지만 가능한 피코치의 삶 전체를 포괄하는 큰 그림을 다루는 것이 코액티브식 코칭이다.

(3) 지금 이 순간을 춤춰라.

대화란 사람들 사이의 강력하고 역동적인 교환이다. 코칭에서 대화는 구조화된 대화이면서도 사람들과 강력하게 연결해 주고 역동을 주며 보이지 않는 에너지의 교환이 이루어지기에 코치는 말이나 자세, 생각과 같은 대화의 내용에 더욱 주의를 기울여야 한다. 그것은 피코치의 단어 하나에 피코치만의 고유한 의미가 담겨 있고, 그 안에 가치도 담겨 있기 때문이다. 코치에게 대화는 여러 수준에서 주의 깊게 경청하여 어떻게 답변하고 언제 개입할지를 결정하는 중요한 연습이다. 언제 말하고, 언제 질문할 것인가를 알려주는 대본(Script)은 없다. 그것은 대화 순간, 바로 지금 이 순간 그리고 다음 순간에 결정하는 것이다.

'Co'는 상호협력적이라는 뜻을 담고 있으며, 'Active'는 함께 나아가며 춤을 춘다는 것을 의미한다.

"지금, 이 순간을 춤춰라(Dancing in this moment)"란 지금 이 순간에 일어나고 있는 것이 바로 함께 있는 것이고, 마스터플랜에 반응하는 것이 아닌 순간적인 자극에 반응하는 것이다. 춤춘다는 것은 코액티브 코칭의 핵심이다.

코치와 피코치가 서로 연결되어 대화 안에서 함께 상호 협력을 하며 춤을 추듯이 코칭을 하는 것이다. 이 과정에서 코치와 피코치가 강력하게 연결되는 것을 느낄 수 있으며, 새롭고 창의적인 배움이 일어나게 된다.

(4) 변혁을 일깨워라.

피코치와 코치는 피코치의 충만한 삶이라는 공동의 목적을 위해 코액티브 대화를 하게 된다. 코칭의 주제는 피코치가 관심을 갖고 있는, 피코치 삶의 일부분 같은 매우 특정한 것이다. 그러나 나무의 잎에서 가지로, 가지에서 나무의 줄기로 따라가다 보면 나무의 뿌리를 만나듯이 언제나 피코치와의 깊은 연결이 가능하다. 어떤 코칭세션에서는 피코치가 당면한 프로젝트와 관련된 명확성과 행동계획을 다룰 수도 있다.

피코치는 최고의 삶과 충분한 잠재력을 경험하고 싶은 바람을 갖고 있다. 그래서 지금 당장 목표와 인생의 무한한 가능성 사이의 연계 고리가 점화되는 순간, 그 결과는 변혁적(Transformative)으로 바뀐다.

코칭의 과정 가운데 피코치가 '아하~!' 하고 생각이 창의적으로 변하며 새로운 관점으로 전환되는 경험을 하게 될 때 자신이 바라보는 삶의 방향에서만 바라보던 초점을 다른 관점에서 바라보고 성장하고, 확장시키는 지점을 찾게 된다. 이런 과정을 통해 비전을 찾고 스스로 변화하는 경험을 하게 되면서 자신이 만들어 낸 결과에 강한 만족감과 성취감을 느끼며 자신의 궁극적인 변화를 만나게 된다.

코치는 무엇이 가능한지에 대한 비전과 스스로의 변화를 만들어 낸 경험을 통해 중요한 역할을 해야 한다. 피코치는 언제나 그들이 원하는 코칭 주제, 행동사항, 결과를 선택한다. 그러나 아무리 작은 주제나 행동사항으로부터도 매우 큰 결과를 만들어 낼 수 있다는 태도를 보임으로써, 코치는 피코치를 격려하여 궁극적으로 변화를 만들어 낸다.

2) 코액티브 코칭관계

코칭을 하나의 기술적 방법론이라고 할 수 있지만, 오히려 코칭은 피코치와 코치의 관계, 즉 특별한 의미의 관계라고 할 수 있다. 물론, 습득해야 할 스킬과 사용해야 할 다양한 종류의 도구들도 있지만, 효과적인 코칭의 진수는 피코치와의 관계 맥락 내에서 코칭을 진행할 수 있는 코치의 능력에 달려 있다. 코액티브 코칭에서 코치와 피코치가 비록 다르기는 하나 동등한 역할을 하는 대등한 관계라고 강조한다. 그들은 그러한 관계 속에서 상호협력적이다. 그래서 그들은 어느 면에서는 함께 창조하고 협업하는 사람들이다.

코액티브 코치는 "나는 강력하다"에서 "코칭관계가 강력하다"라고 생각을 전환해야 한다. 강력한 코칭은 강력한 코치가 되는 것과는 다르다. 그것은 피코치가 경험하는 파워에 관한 것이다. 코칭관계는 피코치가 그들의 삶에서 만나는 장애를 극복하기 위해 필요한 에너지의 소스로 활용하는 재충전의 장소이다.

따라서 에너지 레벨이 낮으면 작업을 완수할 수 없다. 그 파워는 코치에게서 직접 나오는 것이 아니고, 피코치가 바람과 동기 요인의 형태로 가져오는 에너지와 코치가 인간 변화에 대한 이해, 스킬, 헌신의 형태로 가져오는 에너지의 시너지, 즉 관계로부터 나오는 것이다.

3) 코액티브 코칭 환경

가장 근본적으로 보면 세션은 코치와 다른 한 사람, 팀 코칭이나 관계 코칭의 경우에는 둘 또는 그 이상의 사람들과의 대화이다. 그러나 코칭세션은 통상적으로 일어나는 매일 매일의 그런 대화는 아니다. 효과적인 코칭 대화는 중요한 문제의 핵심을 다룬다. 그것은 피코치가 선택을 명확하게 하거나 변화를 만들어 가는 것을 지원하기 위해 설계된, 초점이 명확하고 흐트러지지 않은 대화이다.

환경이라 함은 물리적인 환경(Physical environment)과 코칭의 기본 규칙(Ground rules), 기대치와 합의사항으로 구성된 관계적 환경(Relationship environment) 둘 다를 의미한다. 코액티브 코칭에서는 효과적인 코칭 환경의 두 가지 핵심 특성을 이야기한다. 하나는 그 환경이 피코치가 필요로 하는 모험을 감수하기에 충분히 안전한가이고, 다른 하나는 피코치가 그들의 삶과 그들이 하는 선택을 동기, 호기심 그리고 창의성을 가지고 접근할 수 있는 대담한 환경인가 하는 것이다.

그런데 안전하다는 것이 반드시 편해야 한다는 것을 의미하지는 않는다. 중대한 변화는 매우 편하지 않을 수 있으나 그것을 경험하는 것을 안전하게 할 수 있는 여러 가지 방법은 있다. 예를 들어, 산 정상에 오르겠다는 일념으로 가파른 절벽을 올라가는 암벽타기 등산가처럼, 피코치는 암벽타기를 유쾌하지만, 힘이 빠지기도 하고, 겁나는 과정으로 이해할 수 있다. 그러나 밧줄을 단단하게 잡아주어 안전을 보장해 주는 지지자가 있다는 사실을 알게 되면 계속해서 올라갈 수 있는 확신이 생긴다. 이와 같이, 피코치에게 안전하면서도 용기를 북돋아 줄 수 있는 환경을 가능하게 하는 특성들이 있다. 이러한 특성들이 코칭관계에서는 피코치를 감싸주는 '컨테이너(Container)'라고 부르는 틀을 만들어 준다.

4) ACT의 여섯 가지 핵심 과정

먼저 ACT에서 궁극적으로 추구하는 심리적 유연성은 개인이 의식 있는 존재로서 지금 이 순간을 받아들이고, 자신이 추구하는 가치와 일치하는 방향으로 행동하는 것으로 정의한다. 심리적 유연성에 대한 ACT 6가지 핵심 과정은 상호작용하며 연관되어 있으며, 이를 크게 구분하면 수용, 탈결합, 맥락으로서 자기를 통해 마음 챙김과 수용을 이루는 것과 현재 상태 몰입, 가치, 전념 행동을 통한 전념의 두 가지 과정으로 나눌 수 있다(Hayes, 2004). 즉, 크게 보면 ACT의 핵심적인 내용은 수용전념치료라는 제목에서도 볼 수 있듯이 수용과 전념이다.

다음에서 여섯 가지 핵심 과정에 대해서 간단히 설명하고자 한다.

(1) 수용

수용은 심리적으로 힘든 사고나 감정을 회피하거나 변화시키려 하지 않고 있는 그대로 인식하는 것을 의미한다. 코치의 폭언으로 인해 심리적인 불안을 경험하고 있는 사람의 경우 이를 피하려 하지 않고 불안한 감정을 그대로 느끼도록 한다.

(2) 탈결합

많은 사람이 일상생활에서 특정 사건으로 인해 실패나 좌절을 경험할 때 '나는 가망이 없는 사람이야.', '나는 아무리 해도 안 되는 사람이야.' 등과 같이 자신을 부정적으로 규정짓는 경우가 있다. 즉, 자신과 부정적인 생각을 결합시켜서 생각하는 것이다. 탈결합은 이러한 결합으로부터 벗어나는 것을 의미하며 이를 통해 자신을 다른 관점에서 볼 수 있게 된다.

(3) 현재 상태 몰입

개인이 경험하는 심리적인 사건 및 일반 사건을 판단하지 않고 있는 그대로 받아들이는 것을 의미한다. 일반적으로 개인이 현재 경험하고 있는 사건들에 대해 있는 그대로 얘기하게 함으로써 현재 상태를 폭넓게 인식하게 한다. 현재의 상황을 개인의 판단을 통해 설명하게 되면 제한된 관점에서 상황을 해석하게 된다. 하지만 판단하지 않고 있는 그대로를 설명하게 되면 현 상황을 좀 더 융통성 있게 바라볼 수 있게 된다.

(4) 맥락으로서의 자아

맥락으로서의 자아는 자아를 제한된 관점이 아니라 좀 더 융통성 있게 다양한 관점에서 인식하는 것을 의미한다. 예를 들어, 탈결합을 통해 '나는 가망이 없는 사람이야.'에서 벗어나면서 자신이 할 수 있는 다양한 것을 파악하고 '나는 어떠한 것들을 할 수 있다.'는 인식을 할 수 있게 된다.

(5) 가치

가치는 개인의 삶에서 중요시하는 것을 찾는 과정을 의미한다. 심리적인 어려움을 경험하고 있는 경우 이로 인해 자신이 살아가면서 중요시하는 것이 무엇인지에 대해 생각해 볼 기회를 갖지 못하게 되며 이러한 가치와 일치되는 행동을 하기 어렵게 된다. 자신이 중시하는 가치를 탐색해 봄으로써 이러한 가치를 추구하기 위한 행동을 가져올 수 있는 계기가 될 수 있다.

(6) 전념행동

전념행동은 자신에게 중요한 가치를 추구하기 위해 필요한 행동을 선정하고 이를 실행하는 데 전념하는 것을 의미한다. 가치추구 행동이 오랫동안 이루어지기 위해서는 전념행동이 유지될 필요가 있다.

5) ACT 사례

다음의 사례는 ACT기법을 활용한 코칭을 이해하기 위해 Hulbert-williams 등(2016)이 제시한 것을 요약한 내용이다. 피코치인 30대 중반인 Carla는 현재 법률회사에서 변호사로서 일하고 있으며 특별히 업무를 싫어하는 것은 아니지만 현 직업이 자신에게 주는 의미가 없다고 생각한다. 하지만 부모님의 희망을 실망시키기 어려워서 별다른 대안 없이 헤매고 있으며 회사 인사부서에서도 Carla가 스트레스로 인한 문제가 큰 것으로 인식하고 있다. Carla는 6개월에 걸쳐 다섯 번의 코칭을 받았으며 다음은 코칭을 진행한 내용에 관해 설명한 것이다.

(1) 현재 상태 분석, (2) 탈결합, (3) 맥락으로서의 자아, (4) 수용, (5) 가치, (6) 전념이 있다.

(1) 현재 상태 분석

코치는 Carla가 현 상황에서 자신이 느끼는 감정이나 생각 등을 명확하게 들여다보게 하였다. 이를 통해 Carla는 자신이 도전하지 않고 현재의 문제를 회피하기 위해 아예 신경을 쓰지 않고 술만 마시면서 보냈다는 것을 인식하게 된다.

(2) 탈결합

Carla는 현재 모든 것이 희망 없다는 생각을 깊게 하고 있으며 코칭과정에서 "이 상황에서 나는 희망이 없어."라는 얘기를 많이 하고 있었다. 하지만 Carla 자신도 변호사라는 직업에 대한 동일시와 결합이 강해서 이를 변화시키는 것이 어려운 실정이었다. 이러한 생각에서 완전히 벗어나는 것은 어렵기 때문에 코치는 Carla가 일단 자신이 희망이 없다고 깊게 생각하는 것을 인식하게 한 후 이에 관심을 갖고 조금이라도 이러한 생각에서 벗어날 수 있도록 하는 데 초점을 두고 진행하였다.

(3) 맥락으로서의 자아

코치는 Carla가 법률가로서만의 자아가 아닌 자신이 가진 다양한 자아를 인식하도록 하는 데 초점을 두었다. 이를 통해 Carla는 법률가 이외에도 예술가, 친절함 등 다양한 자아가 있음을 인식하게 되었다. 이 과정에서 흥미검사나 강점 검사와 같은 심리검사를 통해 피코치가 자신의 또 다른 자아를 파악하는 데 도움을 줄 수 있을 것이다.

(4) 수용

코치는 Carla가 현재의 고통스러운 생각이나 감정을 제거토록 하지 않고 이를 있는 그대로 수용하는 데 초점을 두고 코칭을 진행하였다. 이를 위해 '불안 괴물과의 줄다리기 게임'을 활용하였다. 이 기법은 코치가 괴물의 역할을 맡고 Carla와 서로 줄다리기를 하는 것으로서 Carla가 계속 줄을 잡아당길수록 상대방도 줄을 잡아당겨서 힘만 들게 되는 상황에서 줄을 놔 버리면 힘든 상황에서 벗어난다는 것을 깨닫도록 하기 위한 것이다.

(5) 가치

코치는 Carla가 삶 또는 경력에서 중요시하는 가치를 탐색해 보게 하고 어떤 행동을 하고 싶은지를 파악해 보게 하였다. Carla는 무엇보다 타인에게 친절하게 대하는 것을 중요시하는데 현재는 이를 반영하고 있지 못함을 인식하게 되었다.

(6) 전념

코치는 Carla가 자신이 중요시하는 가치 충족을 위해 어떤 행동을 할 수 있을지를 탐색해 보도록 하였다. Carla의 경우 당장 직업 전환은 어렵고 자신의 가치를 반영해 타인(아이들)을 돕는 행동에 초점을 두고 심리학 공부를 하고 요리를 배우는 활동에 시간을 보내겠다는 마음을 먹게 되었다.

결과적으로 Carla는 전념을 통해 삶에 에너지가 생기게 되었으며 주 4일 근무하고 다른 직업을 탐색하는 노력을 하기 시작했다. 즉, 법률가로서의 정체성에 대한 결합에서 조금 벗어나서 아이들을 위해 일하는 직업을 찾기 시작하였다.

코칭이 끝난 6개월 후 Carla는 스트레스에서 많이 벗어나서 일에 몰입하게 되었다. 미래에 대한 불안은 여전히 남아 있었지만 이로 인해 아무것도 못할 정도에서는 완전히 벗어나게 되었다. 이와 같이 ACT의 목표는 증상 자체를 감소시키는 것이 아니라 고통스러운 생각이나 감정과 다른 관계를 맺어(즉, 이를 수용하면서) 삶에서 새로운 의미를 찾는 것이다.

6) ACT 응용

정혜경과 탁진국(2018)은 ACT 개념을 활용하여 직무 스트레스에 대처하는 척도를 개발하였다. 먼저 ACT 개념에 대해 충분한 전문지식이 있는 박사수료생 9명을 대상으로 개방형 설문을 실시하여 ACT를 활용한 직무 스트레스 문항을 기술해 달라고 부탁하였다. 또한 기존의 ACT 척도를 직무 스트레스 상황에 적합하게 일부 수정하여 수집한 문항들을 포함하여 73개 예비문항을 완성하였다. 다시 심리학 전공 교수와의 두 차례 논의를 통해 31개 문항으로 축소하였다. 선정된 31개 예비문항을 직장인 201명을 대상으로 실시한 결과 요인분석을 통하여 총 16개 문항과 4개의 하위요인이 도출되었다. 마지막으로 ACT를 활용한 직무 스트레스 대처척도의 타당화를 위하여 직장인 500명을 대상으로 온라인 설문조사를 실시하였다. 확인적 요인분석 결과 4요인 모형의 부합도가 적합한 것으로 나타났으며 4개 요인은 준거 변인 가운데 소진의 하위요인인 직업효능감 감소와 부적으로 유의하게 관련되었다.

정혜경과 탁진국(2018)의 연구에서 도출된 4개 요인은 직무 스트레스 인식, 가치 인식 행동, 직무 스트레스 수용, 그리고 목표 전념 행동이다. 직무 스트레스 인식 요인은 자신의 직무 스트레스 정도가 어느 수준이고 이로 인해 어떤 불편함을 인식하고 있는지를 알아보는 것으로서 '내가 받는 스트레스가 어느 정도인지 판단해 본다.'와 '스트레스에서 유발된 불편한 감정이 나에게 어떤 의미인지를 찾으려 노력한다.' 등과 같은 문항으로 구성되어 있다.

가치인식 요인은 자신의 삶이나 직장 생활에서 자신이 중요하게 생각하는 가치가 무엇인지를 탐색하는 정도를 의미한다. 직장에서 직무 스트레스가 심하다 보면 자신이 중요시하는 가치가 무엇인지 잊고 사는 경우가 많게 된다. 힘들어도 시간을 내어 자신이 중요시하는 것이 무엇인지를 생각해 보게 되면 이를 토대로 가치와 연계되는 목표를 이끌어 낼 수 있을 것이다.

목표 전념 행동요인은 자신이 직장에서 추구하고자 했던 목표를 다시 한 번 파악해 보고 이를 달성하기 위해 노력하는 정도를 측정한다. 직무 스트레스 정도가 심해서 이에 시달리다 보면 자신이 직장에 들어와서 달성하려고 했던 목표가 무엇인지 인식하지 못하고 시간을 보낼 수 있다. 자신의 목표가 무엇인지 생각해 보고 이를 달성하기 위해 전념한다면 스트레스로 인한 어려움을 극복하는 데 도움이 될 수 있을 것이다.

직무 스트레스 대처척도는 ACT 개념을 토대로 한 것이기 때문에 각 요인이 서로 연계되어 있고, 상호작용하면서 직무 스트레스에 영향을 주기 때문에 한 요인에서만 점수가 높다고 해서 직무 스트레스로 인한 문제점이 해결되는 것이 아니다. 즉, 가치 인식, 수용, 목표 전념 등의 요인들 모두에서 점수가 높게 나와야 직무 스트레스에 적절하게 대처할 수 있게 된다. 물론 코치는 피코치가 특정 요인에서 점수가 상대적으로 더 낮게 나온 경우 해당 요인에 좀 더 초점을 두고 피코치가 이 요인에서 점수를 높일 수 있는 방법을 찾도록 유도할 필요가 있다.

전체적으로 코치는 피코치의 각 요인에서의 점수를 어느 수준 이상으로 끌어올린다는 전략을 갖고 피코치가 구체적인 방법을 찾도록 이끌어 나가는 것이 중요하다.

7) 코액티브 코칭의 다섯 가지 구성요소

코액티브 코칭 모델의 핵심을 살펴보면 코액티브 코칭의 모델의 중심에는 피코치의 삶이 자리 잡고 있다. 피코치의 삶과 행동은 언제나 삶의 충만, 삶의 균형, 삶의 과정이라는 중요한 원칙이 있다.

삶의 충만은 피코치의 가슴과 영혼을 채우면서 충만한 삶을 살아가기 위한 자신만의 그 무엇을 찾아가는 것이다. 그러나 이렇게 찾아가는 것이 최종의 목적지는 아닌 것이다.

삶의 균형은 피코치의 삶의 균형을 찾아감으로써 삶을 바라보는 시각이 확장되어지고 선택의 영역을 다양하게 바라보도록 하는 과정이다. 빠른 사회 속에서 살아가는 우리는 무너지는 삶의 모습을 보면서도 쉽게 "어쩔 수 없지!" 하면서 받아들이게 된다. 그것은 삶을 한쪽 방향으로만 바라보아서이다.

삶의 과정은 우리의 삶은 연속이라는 것이다. 삶을 살다보면 조용할 때도 있고 역동이 일어날 때도 있으며 힘들어지는 순간도 있다. 피코치가 삶의 어떤 과정 안에 있더라도 코치는 그 순간을 함께 하고 지지하고 손을 내밀어 주는 것이다.

마지막으로 코액티브 코칭의 다섯 가지 구성요소를 살펴보면, 경청, 직관, 호기심, 촉진과 심화, 자기관리로 이루어져 있다.

첫 번째, 경청이다. 경청은 코칭 가운데 피코치의 내면의 소리를 들어야 하는 것이다. 내면의 방해꾼이 없는지, 저항이 올라오는지, 삶이 충만한지, 균형은 잡혀 있는지, 지금 어떤 과정 가운데 있는지 들어야 한다.

두 번째, 직관이다. 코칭을 하게 되면 피코치로부터 많은 양의 정보를 받는다. 그때 코치는 정보와 정보를 연결하여 얻은 결과를 통해 새롭게 바라볼 수 있는 정보를 찾고 결합하여 피코치와 나누는 것이다. 직관은 훈련이 많이 필요한 과정으로 코치들이 꼭 가져야 할 스킬이며 그만큼 가치가 있다.

세 번째, 호기심이다. 호기심은 피코치와 함께 삶을 탐색하는 데 중요한 요소이지만, 코치가 자신의 개인적 관심으로 정보를 묻는 것은 지양해야 한다. 코액티브 코칭에서 호기심은 마음을 열고, 새로운 영역을 탐색하는 것이다. 이는 삶에 연속적으로 들어가는 과정이라고 표현하고 싶다. 피코치가 이 질문을 통해 무엇을 발견할 것인가?에 초점을 두는 것이다.

네 번째, 촉진과 심화이다. 이는 행동의 촉진과 학습의 심화를 뜻하는 것으로 'Action'과 'Learning'을 나타낸다. 인간을 변화시키는 것 중에 하나가 학습이며 행동으로 실천하는 것이다. 단순히 '했는가, 안 했는가'를 보는 것보다는 지속적인 학습을 통해 성장하고 발전하는 것을 나타내는 것이다.

다섯 번째, 자기관리이다. 코치는 코칭 대화를 하는 가운데 자신의 의제에 빠져서는 안 된다. 자기관리란 자신의 의견, 선호, 자랑, 방어적인 태도 등을 내려놓는 것이다. 코치는 항상 피코치의 의제에 집중해야 하는 것이다. 이렇듯 자기관리는 나의 말과 행동이 남에게 어떤 영향을 미치는지 깨달아 가는 것이라고 할 수 있다.

코액티브 코칭의 대화모델은 피코치 스스로 필요한 방향으로 가는 힘이 내면에 있다는 것을 신뢰할 수 있어야 한다.

04
Chapter

코칭스킬

1. 코칭스킬의 이해

스킬이란 무언가에 대한 숙련된 기능을 의미하며, 코칭스킬은 코칭이라는 목적을 위해 사용하는 구체적인 행동 스킬로 코칭과정에서 어떤 태도로 말하고 듣는가에 대한 기법이며(이희경, 2005), 코치가 피코치를 코칭할 때뿐만 아니라 본인이 스스로를 코칭할 때도 쉽고 효과적으로 사용할 수 있는 코칭 대화기술이다(이소희, 2008). 코치는 코칭을 더욱 효율적이며 효과적으로 진행할 수 있도록 코칭스킬을 활용하여 피코치의 현재 상태와 원하는 목표의 미래 상태와의 거리를 효과적으로 줄여갈 수 있도록 도와준다. 대표적인 코칭스킬인 경청과 질문, 피드백은 사람들의 각 마음, 생각, 행동을 여는 스킬로 상징적으로 표현되기도 한다(Grant, 2005). 이것은 피코치 관점에서 보면 피코치가 주도성을 발휘할 수 있도록 안정적인 관계를 구축해 주며, 피코치에게 선택과 결정의 기회를 제공해 주는 역할을 한다.

코칭스킬과 관련된 기존의 연구들을 살펴보면, 의사를 대상으로 진행한 코칭은 의사들의 커뮤니케이션 스킬을 향상시켰고, 나아가 환자를 대하는 태도와 인식을 전환시키고, 환자 만족도가 일정하게 향상되는 효과가 있었다(나현숙, 2015). 신규 간호사를 대상으로 한 셀프코칭 프로그램은 신규 간호사의 코칭행동, 자기효능감을 강화시키고, 직무만족과 조직충성도를 높이는 데 효과가 있었다(정경순, 2015). 간호사 대상 코칭 프로그램은 감성지능, 코칭스킬, 자기효능감, 직무만족에 효과적이었으며(백명, 2010), 또한 간호 대학생을 대상으로 한 교과 외 코칭 프로그램은 자기효능감, 의사소통 능력, 리더십을 향상시키는 데 효과가 있었다(배수현, 2015).

기업 관리자를 대상으로 한 코칭 프로그램에서는 코칭스킬, 문제해결, 인간관계, 의사소통, 자기효능감 증진에 효과가 있었으며(김진수, 2012), 이소희 외(2016)는 부모를 대상으로 한 코칭 프로그램이 처음으로 코칭을 접하는 어머니 집단에서 코칭기술 전반에 걸쳐 긍정적인 효과가 있었음을 보고하였다.

Devaux(2010)는 국제코치연맹 교육생 155,000명 이상을 대상으로 한 설문조사 결과에서 나타난 코칭의 효과로, 권한 위임능력 배양, 경력에 대한 결정능력 배양, 일과 삶의 균형, 긍정적 미래관, 집중력 배양, 업무 및 분위기 적응력 향상, 경청능력 배양, 학습내용의 새로운 환경 적용, 충동적 결정의 자제와 이성적 판단능력 배양, 스트레스 감소, 기획 및 전략수립능력 배양을 들었다. 그들이 코칭을 받은 이유로는 자신감 회복, 일과 삶의 균형을 들었으며, 가장 중요한 이유는 경력기회의 확대 그리고 경영스킬 배양을 들었다. 코칭을 통해 얻을 수 있는 혜택으로는 자기개발 또는 성장이었고 라이프스타일 개선 그리고 깨달음·통찰력·지식·인식 개선이 그 뒤를 따랐다. 이와 같은 결과는 코칭의 효과로 코치의 코칭스킬이 향상되었음을 의미한다.

코칭스킬은 효과적인 코칭을 위해 사용하는 구체적인 행동기술로 코칭과정에서 코치가 어떤 태도로 어떻게 듣고 말할 것인가 하는 기법에 관한 것을 의미하며(이희경, 2005), 구성요소, 특성, 전략, 역량 등의 다양한 관점으로 제시되고 있다(McLean et al., 2005).

Orth, Wilkinson과 Benfari(1987)는 코칭에 필요한 스킬을 관찰스킬, 분석스킬, 인터뷰스킬, 피드백스킬이라고 하였고, Ellinger, Ellinger와 Keller(2003)는 코칭스킬로 경청스킬, 분석스킬, 인터뷰스킬, 효과적인 질문스킬, 관찰, 피드백 주고받기, 기대사항 설정 및 의사소통, 지원적 환경조성의 8가지를 제시하였다.

Choi(2005)는 관계형성, 경청스킬, 분석스킬, 질문스킬, 관찰스킬, 피드백스킬, 명확한 목표와 기대 설정, 지원적 환경조성이 코칭스킬에서 필요하다고 하였으며, Rothwell과 Sredl(1992)은 코치의 역량 개발에 관한 연구에서 코치가 가장 많이 사용하면서 중요한 역량으로 경청과 효과적으로 질문하기를 들었다.

정진우(2005)는 코치는 코칭스킬 중 질문을 통해 피코치의 목표를 더 높이, 더 넓게, 더 깊이 변화시키며, 경청과 확고한 말로 재능을 발견하고 용기를 북돋아 주며, 참된 관계를 통하여 내적동기를 부여하고, 피드백과 새로운 관점을 제공하여 스스로 문제를 해결하도록 안내자 역할을 한다고 하였다. 홍의숙(2009)의 연구에서는 코칭스킬을 코칭관계력, 즉 코칭을 위한 관계형성 역량으로 설명하고, 코칭관계력은 대인관계 스킬(Interpersonal skill), 경청 스킬(Listening skill), 질문 스킬(Questioning skill), 지원 스킬(Supporting skill)이 포함된다고 하였다. 조성진(2009)은 핵심적인 코칭스킬로 두 가지를 제시하였는데, 첫째, 커뮤니케이션 스킬은 경청하기, 질문하기, 피드백 해주기가 해당되며, 둘째, 대인관계 스킬은 관계형성에 필요한 스킬로서 코치의 자기관리 스킬과 직관 스킬이 포함된다고 하였다. 이러한 코칭스킬은 대화, 자기인식, 학습, 변화의 촉진에 초점을 두고 있다(이영석, 2009). 종합하면, 코칭스킬에서는 경청하기와 질문하기 그리고 피드백 기법이 공통적 요소라 할 수 있으며, 이 요소들이 효과적으로 기능하기 위해서는 관찰, 분석, 관계형성, 동기부여 등의 지원적 요소들이 주요 기술을 이루고 있음을 알 수 있다.

1) 코칭스킬의 이론

코칭은 왜 효과가 있을까?

Miller와 Rollnick은 개인의 변화동기를 이끌어 내는 데 의지, 능력, 준비의 세 가지가 중요하다고 하였다. 즉, 개인의 행동에서 변화를 가져오기 위해서는 행동의 중요성(의지)을 인식해야 하고 변화에 대한 자신감(능력)을 가져야 하며 변화하고자 하는 준비가 되어 있어야 한다.

조직심리학 분야에서 조직구성원들의 동기부여를 위한 많은 이론 가운데 Hackman과 Oldham이 제시한 직무특성모형에 따르면 구성원들이 담당하는 업무에서 다양한 변화를 줌으로써 동기를 향상시키는 것이 가능하다고 한다. Hackman과 Oldham이 제안한 다섯 가지 업무특성에서의 변화 가운데 하나가 자율권인데, 코치가 부하에게 자신이 하고 있는 업무 진행 과정에서 많은 자율권을 부여하고 이를 통해 부하 스스로 업무진행 일정과 방법을 계획하여 실행하게 되면 부하는 그 업무에 대해 좀 더 책임감과 의미를 느끼게 된다. 이로 인해 업무수행에 관한 동기가 높아지게 되고 만족과 수행량이 높아지게 된다. 책임감과 의미를 느낀다는 것은 해당 업무의 중요성을 더 인식할 것으로 기대할 수 있다. 정리하자면, 자기 스스로 결정할 때 행동 변화의 중요성을 더 인식하게 되고 행동으로 이어질 가능성이 높게 된다.

코칭과정에서 코치는 피코치가 스스로 코칭목표를 세우고 이를 달성하기 위한 구체적인 실행의도를 수립하도록 한다. 코칭과정에서의 자율성은 피코치로 하여금 행동 변화의 중요성을 더욱 인식하게 만드는 데 기여하며, 행동을 실행하여 코칭의 효과를 높이게 된다.

최고의 성과를 내는 기업을 연구하다 보면 시스템이나 전략보다 그것을 실행해 가는 과정, 즉 코칭에 많은 노력을 기울인다는 공통점을 발견하게 된다. 기업경영에서 뛰어난 경영전략이나 노하우도 중요하지만 실제로 성과를 좌우하는 것은 바로 '코칭'이라고 리더십 분야의 최고 권위자인 웨렌 베니스 교수는 말한다. '개인의 경쟁력'이 '기업의 경쟁력'이 된 시대, 개개인의 능력을 최대한 발휘하는 것이 진정한 리더십이기 때문이다. 최근 비즈니스계에 코칭 열풍이 불고 있다. LG경제연구원 조사에 따르면, GE, 골드만삭스, HP 등 포춘지 선정 500대 기업 중 40퍼센트 이상 기업의 CEO들이 전문코치로부터 코칭을 받고 있다. 또한 미국과 일본의 주요 기업들의 임원들이 코칭을 받은 후 인력투자 대비 수익률(ROI) 면에서 이익이 5.7배나 올랐다는 결과가 발표됐다.

두 번째는 자신감과 관련해서 Bandura의 자기효능감 연구를 통해 설명이 가능하다. Bandura는 자기효능감에 영향을 미치는 여러 요인 가운데 타인의 칭찬과 과거 유사과업에 관한 성공경험이 중요함을 제안하였다. 특정 개인에 대해 잘 해낼 수 있다는 주변 피드백이 있을 경우 이를 통해 개인은 용기를 얻고 자기효능감이 높아지게 된다.

타인의 칭찬은 직접적인 칭찬을 의미하지만 긍정적인 기대감을 갖는 것도 간접적인 칭찬으로 인식될 수 있다. 심리학에서 내가 상대방에게 어떤 기대감을 갖게 되면 상대방이 그 기대에 부합하도록 행동하게 되고 결국 긍정적 결과를 가져오게 된다는 이론이 있다. 이를 자기충족예언(self-fulfilling prophecy) 또는 피그말리온 효과라고도 한다. 이 이론은 그리스 신화에 나오는 피그말리온이라는 조각가로부터 유래되었다. 이 조각가는 자신이 조각한 여자상에 대해 너무나 사랑하게 되는데, 이를 보고 여신 아프로디테가 그 사랑에 감동하여 여자상에 생명을 주게 된다.

코칭과정에서도 코치는 피코치가 스스로 문제를 해결해 낼 수 있는 잠재력을 가지고 있다고 믿기 때문에 피코치가 잘 해낼 수 있다는 기대감을 갖는다. 이러한 기대감이 피코치에게 여러 가지 경로(예: 따뜻하고 격려하는 말이나 표정, 제스처 등)를 통해 전달되며 피코치는 코치가 자신에 대해 긍정적인 믿음을 가지고 있다는 것을 인식하게 된다. 이로 인해 피코치는 좀 더 잘 해낼 수 있다는 자신감이 높아지며 궁극적으로 행동 변화 의지도 높아지게 된다.

또한 코칭을 진행하면서 코치는 코칭이슈와 관련해 피코치의 과거 성공경험에 관한 질문을 많이 하게 된다. 피코치는 이러한 질문에 답하면서 자신의 과거 성공 경험을 떠올리게 되며 이를 통해 현재의 코칭이슈를 해결할 수 있다는 자기효능감이 높아질 수 있을 것이다. 또한 코칭이 효과가 있는 이유를 설명하는 데 있어서 자기결정 이론을 통한 설명도 가능하다.

Spence와 Oades는 코칭을 통해 자기결정 이론에서 강조하는 세 가지 기본심리욕구인 자율성, 유능감 및 관계 욕구가 충족될 수 있기 때문에 코칭이 효과가 있다는 주장을 펴고 있다. 먼저 자율성 욕구에 관해 살펴보면 코치는 코칭을 진행하는 과정에서 피코치가 스스로 자신의 코칭이슈에 대한 해결방법을 찾도록 유도하기 때문에 코칭을 통해 피코치의 자율성 욕구가 충족된다고 볼 수 있다. 또한 코칭과정에서 코치는 피코치의 잠재력을 믿고 피코치가 문제에 대한 해결안을 제시할 수 있다고 신뢰하고 강점을 인정하며 기대감을 갖고 있기 때문에 피코치의 유능감 욕구가 충족될 수 있다. 마지막으로 코칭과정에서 코치는 피코치를 존중하고 무조건적으로 수용하고 적극적으로 경청하고 공감해 주기 때문에 코치와 피코치 간에 작업동맹이 형성되고 이를 통해 피코치의 관계 욕구가 충족될 수 있다.

따라서 코칭을 통해 피코치의 기본심리욕구가 충족되기 때문에 피코치는 코칭 진행 과정에 만족을 느끼게 되고 목표달성을 위해 적극적으로 임하게 되며 결과적으로 피코치가 수립한 목표를 달성하는 코칭의 성과가 긍정적으로 나타날 가능성이 높다.

코칭이 효과가 있는 또 다른 이유로는 명료하고 즉각적인 피드백이 주어지고 피코치의 자율성을 향상시킬 수 있다는 점이다. 코칭세션을 통해 코치로부터 받게 되는 명료하고 즉각적인 피드백은 피코치로 하여금 자기 인식을 깊이 할 수 있도록 해 주기 때문에 목표 실행과 관련된 다양한 생각들을 정리할 수 있게 된다. 또한 피코치 스스로 '내적 피드백'을 통해 자신을 객관적이고 긍정적으로 돌아보는 자율성이 향상된다.

또한 코칭을 통해 설정된 목표는 피코치 스스로 선택하였기 때문에 행동으로 이어질 가능성이 매우 높고 효과성이 뛰어난 자기일치목표가 될 가능성이 높다.

Wesson과 Boniwell은 문헌연구를 통해 코칭이 피코치에게 집중감과 만족감을 주며, 미래의 목표에 좀 더 몰입할 수 있도록 하면서도 현재의 과제에 집중할 수 있게 하는 효과를 보인다고 주장하였다.

2) 코칭스킬 효과의 지속성

코칭의 목적은 피코치가 정한 목표를 달성하기 위한 것이다. 문제는 코칭이 끝나면서 코칭의 목표가 어느 정도 달성되었다 하더라도 이러한 효과가 얼마나 지속되느냐는 것이다.

Sheldon과 Lyubomirsky(2006)의 연구에서는 실험참가자들의 긍정 정서를 향상시키기 위해 '감사하기'와 '최상의 자기 시각화하기'의 두 개의 활동을 연습하게 하였는데, 실험이 끝난 후 이 두 가지 활동을 지속적으로 실천할수록 긍정 정서에 긍정적 영향을 준 것으로 나타났다. 따라서 코칭효과의 지속성을 높이기 위해서는 코칭이 끝난 후에도 지속적으로 피코치와 접촉할 필요가 있다.

코칭효과의 지속성을 위해 코칭이 끝나면서 코치는 모든 것을 종료할 것이 아니라 추후에도 피코치의 행동 변화가 지속적으로 일어나서 정착될 수 있도록 노력할 필요가 있다.

3) 코칭의 효과에 긍정적 영향을 미치는 요인

코칭과정에서 코칭성과에 긍정적 영향을 미치는 요인에 관한 연구들도 어느 정도 진행되었다. 이에 관한 연구들은 크게 보면 코칭성과에 영향을 미치는 선행변인을 파악하는 연구로서 주로 코치와 피코치의 특성 또는 행동을 들 수 있다. 다음은 코치와 피코치 간의 관계로서 이 변인은 선행변인과 코칭의 성과 간의 관계를 매개하는 역할을 하게 된다.

(1) 코치 특성 또는 행동

Sonesh(2015) 등은 임원 MBA 과정 재학 중인 코치들이 학부생을 피코치로 하여 학부생의 리더십 역량을 증진시키는 코칭 프로그램을 실시하고 이 과정에서 설문조사를 실시하여 결과를 분석하였다. 모두 55명의 코치와 44명의 피코치가 연구에 참여하였다. 코치의 코칭행동 가운데 일부 행동(동기조절)은 작업동맹과 유의하게 관련되었으며, 라포 형성과 진정성의 코칭행동은 정보공유와 유의하게 관련되었다.

Ianiro와 Kauffeld(2014)가 48쌍의 코치-피코치들을 대상으로 5회기 코칭을 진행한 연구에서는 코치의 기분상태가 결과에 영향을 주는 것으로 나타났다. 첫 회기 이전의 코치의 긍정 기분상태는 코치의 주도적-우호적 대인관계 행동(예: 코치가 앉은 상태에서 피코치에게 좀 더 몸을 다가섬, 피코치의 반응을 이끌어 내는 다양한 질문을 함, 공감과 적극적 경청을 하는 행동 등)과 작업동맹에 긍정적 영향을 미치는 것으로 나타났다. 또한 코치의 주도적-우호적 대인관계 행동은 피코치의 주도적-우호적 대인관계 행동과 작업동맹에 긍정적 영향을 미치는 것으로 나타났다.

Gessnitzer, Schulte와 Kauffeld(2016)는 31명의 대학생을 대상으로 5회기로 진행된 일대일 개인 진로코칭 프로그램에서 진행된 코칭과정을 비디오로 녹화한 후 이 내용을 분석하면서 피코치의 자기효능진술(예: '나는 이것을 할 수 있는 자신감이 있다.', '다음 주에 나는 이것을 할 수 있을 것이다.' 등) 빈도를 계산하고 코치의 행동이 이 빈도에 미치는 영향을 분석하였다. 코치의 행동을 비디오로 촬영한 코칭과정을 분석하여 열린 질문, 해결방법 제시 그리고 지지 등의 세 가지로 측정하였다.

이들은 코칭행동이 피코치의 자기효능진술에 미치는 영향을 전체 코칭회기를 1회기, 3회기 그리고 5회기 등 세 회기로 구분하여 분석하였다. 분석 결과 코치의 열린 질문과 지지는 1회기에는 유의하지 않았고 3회기와 5회기에서만 유의하였다. 반면에 해결방법 제시는 1회기에서는 유의하였으나 3회기와 5회기에서는 유의하지 않았다. 코칭과정에서 코치가 피코치의 자기효능진술을 이끌어 내기 위해서 코칭 초반에는 피코치에게 코칭이슈에 대한 해결방법을 제안하는 것이 좀 더 효과적이며 코칭 중반 이후에는 열린 질문과 지지를 많이 활용하는 것이 좀 더 효과적임을 말해 준다.

(2) 피코치 특성과 행동

먼저 피코치 특성 가운데 성격과 관련된 변인을 살펴보면 Stewart, Palmer, Wilkin과 Kerrin(2008)은 피코치의 성격특성이 코칭의 성공에 영향을 미치는지를 연구하였다. 이들의 연구에서 코칭의 성공 정도는 코칭을 통해 학습한 내용을 업무현장에 얼마나 적용했는지를 측정하는 코칭전이(transfer)와 코칭에서 학습한 내용이 업무현장을 벗어나서도 효과가 있었고 유지되었는지를 측정하는 코칭 일반화 및 유지였다.

분석 결과 코치의 코칭을 기꺼이 받으려고 하는 동기는 피코치의 목표달성 및 통찰과 정적으로 관련되었다. 추가로 피코치와 코치 간의 정보공유는 코칭 행동 중 진정성과 통찰 간의 관계만을 매개하는 것으로 나타났다.

코칭 전체 과정에서 피코치의 자기효능진술 빈도와 피코치의 목표달성 정도는 유의하게 관련된 것으로 나타나서, 피코치가 자기효능진술을 많이 할수록 목표달성 정도가 높아짐을 알 수 있다. 이러한 결과는 피코치가 사용하는 언어가 코칭성과에 긍정적 영향을 미칠 수 있음을 보여주는 것이다. 피코치의 자기효능진술은 자기효능감을 증진시키게 되고 이를 통해 목표를 달성할 수 있다는 자신감을 높여서 결과적으로 목표달성이 증진되는 것으로 해석할 수 있을 것이다.

(3) 코치와 피코치 관계

코칭의 성과가 있기 위해서는 코치와 피코치 간의 관계가 중요하며 이들 간의 관계가 코칭의 성과에 미치는 영향에 관한 연구가 진행된바 있다.

Baron과 Morin(2009)은 73명의 관리자를 대상으로 8개월에 걸쳐 최대 14회기까지 코칭을 진행한 후 코칭 프로그램이 피코치가 관리자로서 역할을 잘할 수 있다는 자기효능감에 미치는 영향을 분석하였다. 분석 결과 피코치가 코칭에 참가한 회기가 많을수록 자기효능감에 유의한 영향을 미치는 것으로 나타났다. 이러한 결과는 피코치와 코치 간의 코칭횟수가 많을수록 이들 간의 관계가 더 밀접해지고 이로 인해 코칭의 효과가 나타난 것으로 해석할 수 있다.

Boyce 등은 코치와 피코치가 서로 부합이 되는 수준을 업무차원과 관계차원을 측정하는 척도를 사용하여 각 차원에서 점수가 유사한 정도로 측정하였으며 이러한 부합도가 코치-피코치 관계와 코칭성과에 영향을 주는지를 분석하였다. 분석 결과 부합도가 높을수록 코치-피코치 관계가 높아지고 결과적으로 피코치의 코칭 프로그램에 대한 만족도가 높아짐을 밝혀냈다.

(4) 조절변인

코칭성과에 영향을 주는 요인에 관한 모형에서 조절변인에 관한 연구는 매우 드문 실정이다. 위의 설명에서 선행변인과 코치-피코치 관계 또는 코치-피코치 관계와 코칭성과 간의 관계에서 조절변인의 역할을 할 수 있다. 조절변인에 관한 일부 연구에서 목표난이도가 코치-피코치 관계와 목표달성 간의 관계를 조절하는지를 분석한 결과 조절효과가 유의미하지 않은 것으로 나타났다.

4) 코칭의 효과 측정

Ely 등(2010)은 리더십코칭 프로그램의 효과를 검증한 49개의 과거 리더십코칭 연구들을 고찰하고 코칭 프로그램 성과 측정을 위해 어떤 변인을 측정하였는지를 Kirkpatric(1994)이 제시한 네 가지 구분(반응, 학습, 행동, 결과)을 통해 분석하였다. 반응(reaction)은 단순히 피코치의 주관적인 만족도를 조사하는 것으로서 Ely 등(2010)의 연구에서는 피코치의 코칭에 대한 만족과 코칭효과성에 대한 인식으로 구분하였다. 학습(learning)은 피코치가 코칭을 통해 학습하게 된 내용을 의미한다. 이들의 연구에서는 학습을 인지학습(cognitive learning)과 감정학습(affective learning)으로 구분하고 인지학습에는 피코치의 자기인식과 인지적 융통성 그리고 감정학습에는 자기효능감과 직무만족을 포함시켰다. 행동(behavior)은 코칭을 통해 피코치가 업무에서 행동상의 변화가 있는지를 알아보는 것으로서 목표달성에 대한 평가와 중요 리더십 행동에 대한 몰입으로 분류하였다. 마지막으로 결과(résults)는 코칭을 통해 조직에서 얻게 된 성과를 의미하며 이들의 연구에서는 피코치의 유지(retention)와 조직의 수익(return of interest, ROI)으로 구분하였다. 분석 결과 가장 많이 사용된 코칭성과는 행동범주에 속하는 피코치의 리더십 관련 행동에 대한 몰입으로서, 조사한 연구 가운데 86%에서 사용된 것으로 나타났다. 즉, 코칭을 통해 피코치들의 특정 리더십 행동(예: 변혁적 리더십, 초진행동 등)에서 향상이 있는 것으로 나타났다. 다음은 반응범주에 속하는 피코치의 코칭효과에 대한 인식이었고(49%), 학습범주에 속하는 자기인식과 자기효능감이 다음 순서였으며(각자 22%), 직무만족(10%)과 인지적 융통성(6%)은 덜 사용되었다. 가장 사용되지 않은 변인은 결과범주로서 유지는 단지 4%였고 조직의 수익을 분석한 연구는 10%에 불과했다.

Ely 등(2010)은 코칭의 효과검증을 위해 사용한 종속변인을 고찰하면서 대부분의 연구에서 결과적으로 나타난 성과에만 치중하였을 뿐 실제 코칭과정에 대한 분석이 미흡함을 지적하였다. 이들은 향후 코칭 프로그램의 효과검증을 위해서는 코칭과정에 대한 분석을 토대로 코칭과정에서 코치와 피코치 간의 어떠한 상호작용이 코칭성과에 기여하는지를 파악할 필요가 있음을 강조하였다.

2. 코칭의 스킬 경청

코칭에서 핵심 기법은 경청의 기술이다. 코칭 시작 단계에서 경청보다 더 중요한 것은 없을 뿐 아니라, 코칭의 모든 요소에서 중심을 차지한다. 경청이란 단어에는 '듣다, 귀를 기울여서 듣는다, 집중하다, 주의하다, 관찰하다, 초점을 맞추다'는 의미가 모두 포함되어 있다. 경청은 마음을 다하여 집중하여 듣는 것이며 피코치(coachee)의 언어적 표현과 함께 그 말 속에 함축되어 있는 의미까지, 명시적으로 표현하지는 않았지만 실제로 하고 싶어 하는 속말까지 듣고 이해하는 수준을 말한다. 일반적으로 대화에서 가장 부족한 부분이 바로 경청이기도 하다. 경청은 그냥 듣기만 한다고 되는 것이 아니고, 사려 깊은 주의와 훈련을 통해 경청의 수준을 높일 수 있다.

경청은 상대방이 말하지 않는 부분까지 온전히 집중하고 욕구를 파악하여 이해하고 상대방의 자기표현을 지원할 수 있는 능력으로 상대에 대한 존중과 관심 그리고 결속하고 이해하려는 의지를 보여주는 역량이다.

'나는 상대방의 전부를 다 알지는 못한다. 더 들어야 할 부분이 있을 것이다.'와 같은 전제하에 주의 깊게 경청하는 행동이 나온다. 호기심이 발동하기 때문이다. 주의 깊게 경청하는 것은 나의 모든 의견을 내려놓고 피코치를 있는 그대로 듣는 것을 의미한다. 주의 깊게 경청하는 것은 피코치의 의견을 듣고 코치 자신의 생각을 언제라도 바꿀 준비가 되어 있는 것을 말한다. 주의 깊게 들을 때, 주위의 사람 등이 내가 생각한 대로 되지 않아도 괜찮다. 그 순간, 내가 알고 있는 모든 것을 내려놓을 수 있다.

경청은 단순히 다른 사람의 머릿속에 든 생각을 알아내기 위한 기술이 아니다. 소통은 장소, 반응, 감정, 배경, 역사 그리고 다른 사람과 자신의 관계가 복잡하게 얽혀 있는 복합적인 상호작용이다. 어떤 이는 두 사람 간의 의사소통에는 적어도 6명이 개입된다고 주장한다. 당신이 스스로 당신이라고 생각하는 당신, 그리고 남들이 당신이라고 생각하는 당신, 다른 사람이 바라보는 당신이라고 생각하는 당신, 그리고 소통의 상대방도 이렇게 3명, 즉 6명이 의사소통을 한다는 것이다. 그러므로 의사소통이라는 것은 참으로 복잡하고 어려운 예술이다. 경청에는 다양한 방법이 있으나, 세 가지로 경청의 기술을 나누어 볼 수 있다. 일상적 경청, 적극적 경청, 직관적 경청이 그것이다.

일상적 경청은 일상생활에서 가장 보편적으로 볼 수 있는 경청의 기술이다. 우리는 매일 일상 속에서 대화를 하면서 화자로부터 사실이나 정보 등을 듣게 된다. 이 일상적 경청은 가장 기본적인 경청으로 수동적인 경청이다. 듣는 사람은 상대방의 말을 귀 기울여 들을 수도 있고, 흘려 넘길 수도 있으며, 깊은 관심을 보일 수도 있고, 무관심할 수도 있다.

적극적 경청은 주의 깊게 듣는 것이다. 코치 자신이 판단을 내리거나 충고로 개입하려는 충동을 억제하고, 상대가 하는 언어, 비언어적인 행동, 세밀한 표현 뒤에 감추어진 내밀한 감정이나 미묘한 사고까지 읽어내는 것으로, 이것은 맥락적 경청이라 할 수 있다. 맥락적 경청은 판단을 내리기보다는 서술적인(descriptive) 경청에 가깝다. 또한 코치가 피코치의 속마음을 잘 헤아리고 그 마음을 반영해 주거나, 피코치에게서 들은 말을 코치 자신의 말로 재진술하여 표현하면서 경청을 확인시켜 줌으로써, '반영적 경청'이라 할 수 있다. 적극적 경청을 위해서 코치는 피코치의 말에 집중하며, 세심한 주의를 기울이고, 피코치 자신에 대해 깊은 관심을 보인다. 때로는 코치 자신의 간략한 의견을 말하거나 주제를 명확하게 하기 위해 짧은 질문을 하기도 한다. 피코치는 코치가 자신의 말을 주의 깊게, 관심 있게 듣고 있다는 것을 안다.

직관적 경청은 고도로 집중하며 모든 것을 듣는 것이다. 코치는 피코치가 말하는 동안 피코치 자신이 깨닫지 못하는 모순점들, 피코치가 사용하는 어휘들에서 드러나는 태도와 감정, 코치의 표현에서 감지할 수 있는 가치와 신념 등을 들을 수 있다. 또한 피코치의 표현 속에서 미래에 대한 희망과 절망, 성장과 발전을 저해하는 장애적 행위 등을 듣는다.

이렇듯 직관적 경청을 함으로써 피코치는 코치와의 대화를 통해 회복과 변화, 성장과 치유를 경험하게 된다. 경청을 할 때, 피코치의 말에 코치가 반응하는 방식은 피코치의 말과 감정에 큰 영향을 미친다. 경청에서의 반응방식에는 명료화하기(clarification), 바꾸어 말하기(paraphrasing), 반영하기(reflection), 요약하기(summarizing) 등이 있다. '명료화하기'는 피코치가 한 이야기를 잘 경청하고 "지금 말씀하시는 것이 ~라는 말씀이지요?"라고 질문하는 것을 말한다. 이를 통해 코치는 피코치의 말을 정확하게 들었는지 확인할 수 있고, 모호하거나 혼돈되는 말의 내용을 분명하게 확인할 수 있다. '바꾸어 말하기'는 피코치가 한 말을 코치 자신의 표현 방식으로 다시 말해 주는 것이다. '바꾸어 말하기'를 포함해서 피코치가 한 말의 객관적인 내용을 확인하고 강조할 수 있다. '반영하기'는 피코치가 한 말 중에서 특히 감정과 관련된 부분을 바꾸어 말해 보는 것이다. 코치의 반영하기를 통해 피코치는 자신의 내면에 잠재해 있는 감정이나 자신이 표현한 감정을 더 효과적으로 깨달을 수 있다. '요약하기'는 코치가 피코치의 말을 압축해서, 그 말의 핵심을 두세 개의 문장으로 말해 주는 것이다. 요약하기를 통해 피코치가 지나치게 반복적으로 말하는 것을 막을 수 있고, 상호 간에 진행된 대화 내용을 검토할 수 있다.

코치가 피코치의 말을 경청하기 위해서는 주의 깊은 관심과 에너지가 필요하다. 경청을 가로막는 수많은 방해 요소들이 있는데 이를 경청의 장애물이라 한다. 경청의 장애물은 대략적으로 외부적 요인과 내부적 요인으로 나누어 볼 수 있다. 외부적 요인이란 주위 환경을 통해 발산되는 외부적 소음을 말한다. 어떤 면에서 이 외부적 장애물은 통제가 가능하다. 그러나 문제가 되는 것은 내면의 소리, 내부의 소음이다. 내부의 소음은 코칭과정 중 코치의 내면에 떠오르는 상념들로 인해 방해를 받아, 고도의 집중을 필요로 하는 코칭과정에 방해를 받는 것을 말한다. 내면의 소리가 크게 들리면, 피코치의 말에 집중을 못하게 된다. 코치 자신의 패러다임은 말하는 사람을 판단하게 한다. 여기에 코치가 피코치의 언어나 행동에 대하여 성급한 가정이나 결론을 내리거나, 피코치가 말을 하는 동안 어떻게 반응할지 생각한다거나, 피코치가 하는 행동이 도덕적 · 윤리적으로 옳은지 그른지를 평가하는 것을 말한다.

1) 경청 훈련의 단계

코칭에서 경청은 가장 중요하고 중심적인 핵심 역량이다. 경청에 실패한 코칭은 불가능하다. 그리고 경청은 훈련을 통해 역량이 향상될 수 있다. 그러므로 코치는 반드시 경청 훈련을 거쳐야 한다. 일반적으로 적용하는 코칭의 경청 훈련에는 6가지의 단계가 있다.

(1) 자세와 태도 훈련의 단계

두 사람이 대화를 할 때, 오해가 생겼다면, 일단은 듣는 사람의 문제가 더 크다고 전제할 수 있다. 특히 코칭과정에서는 말하는 피코치보다 듣는 코치의 자세와 역량이 훨씬 더 중요하다. 그러므로 경청에서는 청자의 자세와 태도가 가장 중요하다고 할 수 있다. 피코치는 코치의 이해와 공감을 원한다. 피코치는 코치가 진심으로 집중해서 듣고, 마음 깊이 공감하고 있는지 끊임없이 살피고 조심스러워하며 말을 하게 된다. 그러므로 코치는 자신이 아주 능동적이고 적극적으로 피코치에게 관심을 갖고, 사랑을 갖고, 이해해 주고, 동의하며, 잘 듣고 있음을 확인시켜 줄 필요가 있다.

(2) 주제와 내용을 파악하는 훈련 단계

어떤 피코치는 논리 정연하고 잘 알아듣게 이야기하는가 하면, 어떤 피코치는 논지가 없이 횡설수설하기도 한다. 그렇다고 피코치에게 똑바로 이야기하라고 하면 안 되고, 코치 스스로 피코치의 주제와 논지를 잘 파악하고 정리해야 한다.

(3) 감정 파악과 공감 훈련의 단계

대화 중 상대의 감정 상황을 파악해야 한다. 감정이 격해지면 톤이 높거나 횡설수설하거나 속도가 빨라지기도 한다. 반면, 속도가 아주 느려지며 감정변화가 드러나지 않기도 한다. 아마도 귀찮아서 반응을 거부하는 것일 수 있다. 코치는 피코치의 모든 감정을 듣고, 공감을 표시해야 한다. 피코치의 감정에 반감을 표현해서는 안 된다.

(4) 성격 파악 단계

인간은 각자 다른 생각과 행동유형을 가지고 있다. 이것을 이해하고 배려하는 것은 코칭의 중요한 과제이다. 이를 위해서는 상대의 성격 유형에 대해 열린 마음을 가져야 한다. 상대를 이해하고 수용할 때 자신도 함께 발전한다. 또한 상대방과의 차이가 자신의 시야와 역량을 넓혀 준다는 인식이 중요하다. 성격을 파악하는 심리검사 도구가 DISC, MBTI, 에니어그램, T-JTA 등 다양하게 있다. 이 도구를 활용하면, 피코치의 성격을 더 빨리 파악할 수 있다. 그중 시간적인 면이나, 리더십 활용 측면에서 DISC가 많이 활용된다.

표 4-1 성격유형에 따른 분류

구분	유형	집중	속도	감정만족	특징	욕구
D	주도형	일	빨리	업적인정	업적왕	업적/존경
I	사교형	관계	빨리	인기, 주목	설득왕	인기/소통
S	안정형	관계	천천히	편한 관계	배려왕	안정/편함
C	신중형	일	천천히	신뢰, 유능	원칙왕	정확/원칙

DISC의 장점, 단점은 다음과 같다.

표 4-2 DISC의 장단점

	D	I	S	C
장점	지도력 결과성취 주도적 자신감 결단력	낙천적 열정적 격려하는 풍부한 상상력	배려 겸손한 협조적인 경청하는 정직	완벽성 정확한 성실한 논리적인 질적 가치를 중시하는
단점	공격적 고압적 권위적 거만함 권력 지향적	말이 많은 치밀하지 못한 산만 시간조절능력 취약 변덕스러운	행동이 느린 변화를 싫어하는 수동적 완고한 추진력이 결여된	분이 풀릴 때까지 치근대는 융통성이 없는 비사교적인 비판적인 의심이 많은

DISC의 성격유형별 대응방법은 다음과 같다.

표 4-3 성격유형별 대응방법

D	통제가 아닌 적절한 권한과 자유를 보장 어느 정도 압력 주기 직접적인 대화, 의리, 카리스마 목표와 그에 따른 보상을 명확하게 제시
I	칭찬과 격려를 많이 해줌, 창의성, 개방성 가까운 사이가 되어 관심과 친밀한 관계를 유지함 사교적인 환경과 신나는 분위기 제공
S	느긋하게 대해 줌, 작고 지속적인 배려 친밀한 관계 유지, 구체적인 업무 지시 수단과 절차를 명확하게 지시, 성실하게 배려
C	원칙 준수, 정보 제공 지속적인 지지와 후원, 불안하지 않게 해줌 언제든 물어볼 수 있는 편안함 제공, 투명성과 도덕성

코치는 경청을 잘 해야 한다. 적극적인 경청은 학습자들의 호감을 살 수 있고, 강의에 집중하도록 돕는다. 상대방이 갖고 있는 정서, 태도, 느낌, 자세 등을 상대방 입장에서 들어 주는 것이 바로 적극적인 경청의 핵심이다.

- 무조건 들어 주세요!
- 아무 말 하지 않아도---
- 아무것도 해 주지 않아도---
- 그저 내 얘기만 들어 주면 됩니다-

우리가 '듣는다(hear)'라고 할 때는 사용된 단어만을 인식한다. 우리가 '경청한다(listen)'라고 할 때는 사용된 말의 전체적인 의미, 비언어적 암시, 밖으로 드러난 것들의 불일치를 검토한다. 경청의 기술은 상대자의 반응에 세심하게 귀를 기울여 머리와 가슴으로 주의 깊게 들음으로써 상대자의 입장을 잘 이해하고 그 사람을 진정으로 도울 수 있다. 경청(傾聽)이란 단순하게 소리를 듣는 것이 아니라 '저 사람의 말은 들어도 모른다.' 혹은 '저 사람은 말을 잘 듣지 않는다.'라는 말에서 보듯이 사람의 말을 듣고 이해하고 반응하는 것을 의미한다. 즉,

경청은 소리를 듣는 것(hearing)이 아니라, 소리를 듣고 이해하는 것(listening)을 의미한다. 우리는 소리를 들을 수 있는 청각을 소유하고 있기에 듣고 싶은 말도 듣지만 듣고자 하지 않는 말과 기타 다양한 잡음(noise)에 해당하는 소리도 듣게 된다. 때로는 많은 사람들이 실제로 그렇게 하지 않았음에도 불구하고 자신은 진짜로 들었다고 믿는 경향이 있는 경우도 있다. 보통 일반적인 대화에서는 이해할 목적으로 듣기보다는 대답할 의도로 듣는다. 그래서 항상 말할 준비를 하고 있다. 이런 점이 경청의 태도에 가장 큰 방해 요소가 되기도 한다. 자신의 생각, 느낌, 감정 등에 대한 관심을 최소화하고, 상대자의 관점으로 사물을 볼 수 있어야 한다. 화자가 이야기하고 싶어 하는 것을 들을 때 화자의 생각이나 감정을 그의 입장에서 이해하고 공감할 수 있게 된다.

경청기술의 긍정적 효과는 대화가 즐거워져 편안하고 신뢰가 형성되는 분위기가 되어 상대를 대화에 적극 참여할 수 있도록 하고 상대를 보다 깊이 이해하게 되어 공감대를 형성하기 용이하다. 그렇지 못하게 되었을 경우에는 자아존중감을 감소시키고, 효과적인 대화 소통을 망치게 되며, 말하는 사람의 진정한 감정을 부인하도록 하는 경우가 되기도 한다. 경청을 잘하기 위해서는 어떤 자세가 필요한가? 관심 영역을 찾아서 말투(전달)가 아닌 내용을 판단하며 열정을 품도록 하며, 유연한 마인드를 갖고 듣기를 부지런히 하며 마음을 열고, 말(speech)보다 더 빠른 사고(thought)를 이용하는 것이다. 보다 올바른 경청을 하기 위해서는 상대방을 존중해 주고, 상대방의 말을 이해하려는 노력과 정황을 잘 인식하고 판단하려는 습관이 필요하다. 상대방의 이야기를 들을 때는 카운슬러가 되는 심정을 가지고 대화에 임하는 카운슬링 마인드를 갖도록 하고, 긍정적인 자세와 마음을 가진다. 긍정적인 자세와 마음가짐은 상대편의 이야기를 경청할 준비가 되어 있다는 것과 같다. 올바른 눈 맞춤(eye contact) 스킬(Skill)을 가진다. 상대방의 이야기를 열심히 듣는 척하면서도 시선을 다른 곳으로 돌리고 대화를 진행한다면 '나는 당신의 이야기에 별 관심이 없습니다.'라고 간접적으로 말하는 것과 같다. 상호 간의 공감대를 형성하면서 상대방의 이야기에 푹 빠져드는 코칭은 상대방에게 신뢰를 형성하게 된다. 맞장구를 치면서 듣는다. 맞장구를 치면서 상대방의 이야기를 경청한다면 이야기를 하는 사람도 더욱더 이야기를 신나게 하게 될 것이다. 맞장구를 칠 때 계속적인 같은 말, 같은 톤, 습관적 대답은 피해야 한다.

경청을 잘하기 위해 갖추어야 할 태도로 화자와 가까이 앉아서 주제에 관심을 기울이며 편견을 제거하고 메모지와 펜을 준비하며 첫 문장에 경청하도록 한다. 화자가 자신의 생각을 정리해서 그것을 제시하는 방법에 경청하여 화자가 말한 핵심 요점을 반복하거나 다시 말한다.(예: "지금까지 들은 이야기를 요약하면…", "결국… 하다는 이야기군요…" 혹은 "정말 … 하겠군요.…") 이러한 체크는 상대방의 감정을 이해하며 이미 말한 것을 종합한다. 화자의 요약에 신중히 집중하면서 정신적 "지도"를 작성한다. 핵심 아이디어, 사실과 사례를 정리하여 화자가 말한 내용을 자신의 말로 다시 표현하여 화자에게 이해했다는 것을 알려준다.(예: "저는 … 이렇게 말한 걸로 이해했는데 맞는지 모르겠습니다.…") 언어로 표현되지 않는 비언어적 메시지에도 경청이 필요하다.

감정이입이란 상대가 필요로 하는 것, 소원, 좌절, 기쁨, 걱정, 상처, 굶주림까지 모든 것이 나 자신의 것처럼 절실하게 느껴지는 개개인의 힘을 말하는데, 듣기를 적극적으로 듣고자 할 때 상대방을 더 이해하려는 마음과 노력이 추가되어 다른 사람이 세상을 보는 눈으로 나도 같이 바라보는 감정이입이 이루어진다. 감정이입을 위해서는 상대의 감정을 알고, 인정하고, 수용해야 한다. 감정이입 차원에서의 경청은 상대에 대해 민감해야 하고, 그 민감성을 상대에게 보여줄 수 있는 능력이 있어야 한다. 때문에 상대방에게 그와 똑같은 감정을 갖고 있기 때문이 아니라, 그의 감정을 이해하고, 받아들이기 때문에 내가 너와 함께 있다는 것을 보여주도록 노력해야 한다.

비언어적 메시지 활용은 감정경청에 더욱 도움이 된다. 비언어적 메시지는 언어적으로 표현되지 않는 메시지(자신의 의도, 의사, 생각, 관념)들을 뜻하며 언어화되지 않은 메시지들을 살펴보면 다음과 같은 요소들이 있다. 얼굴표정, 응시행위(눈 맞춤, eye-contact), 신체이동, 신체동적 형태, 개인용모, 목소리의 비(非)언어(voice) 등이 있다. 이러한 비언어적 메시지의 기능은 반복기능과 대체기능, 보완과 강조기능 그리고 규제의 기능, 감정표현의 기능이 있으며, 말과 더불어 적절한 비언어적 메시지 요소들을 잘 관찰하여 침묵을 사용하거나 상대방을 정면으로 바라보며 말을 중간에 가로막지 않으며 긴장을 풀고 개방적으로 집중하는 태도를 유지하거나(팔짱을 끼거나 손을 포개고 있는 등의 행동은 삼간다) 상대방의 눈을 응시하되 너무 뚫어지게 쳐다보지 않으며 미소를 짓고 고개를 끄덕임으로써 상대방의 말을 방해하지 않고 인정하는 행동은 경청의 효과를 더욱 증진시킬 수 있다. 경청하는 가운데 메모를 하기도 하는데 메모의 효과는 자존심을 100% 인정해 주며 화자로 하여금 열심히 듣고 있음을 보여주게 되어 심리적인 안정감을 주고 기억의 한계를 보충해 주어 잊어버리지 않게 한다. 경청하면서 저지르기 쉬운 실수로는 말을 끊거나 화제를 바꾸며 지루해하고 주의 산만하게 들으면서 동시에 다른 사람에게 얘기하는 행위 등을 주의해야 한다.

대화를 통해 상대방의 삶을 변화시키고자 한다면 말하는 자신은 상대편이 말하는 요점을 정확히 파악해야만 정확한 대답을 줄 수 있다. 모든 고정관념을 버리고 상대의 이야기를 진심으로 들어 주어야 한다. 대부분은 자신이 남의 이야기를 열심히 들어 준다고 착각하지만, 대개의 경우 상대의 이야기를 '제대로', '끝까지' 듣기도 전에 자신의 기준으로 상대의 이야기를 판단해 버리는 잘못을 범한다. 듣는 사람이 판단을 시작하게 되면 이미 더 이상의 소통은 불가능해지고 말하던 사람은 입을 다물게 되고, 듣는 사람은 끝내 화자의 마음을 알지 못한 채 착오에 의한 결정을 내리게 되므로 자신의 방식으로 문제를 탐색하지 않고 화자로 하여금 생각이나 감정을 자유롭게 표현할 수 있도록 용기를 북돋아 주어 마음을 열어나가도록 돕는다.

3. 코칭의 스킬 질문

질문은 질문을 통해 상대방의 생각을 자극하고 새로운 통찰력을 갖도록 인도하며, 문제를 인식하고 가능성을 발견하도록 도울 수 있는 능력으로 상대방의 유익을 극대화할 수 있도록 돕는 역량이다. 고대 그리스 철학자 소크라테스는 '질문'을 가장 탁월하게 사용한 인물로 유명하다. 그는 제논의 변증법을 활용하여 대화를 나누는 사이에 대화 상대 스스로가 자신의 모순을 자각하고 바른 판단을 하도록 유도하는 소위 '산파술(maieutike)'을 활용하였는데, 이는 코칭의 가장 중요한 기법인 '질문기법'의 원조라 할 수 있다. 소크라테스는 인간에게 덕이 내재한다고 확신하고 이를 확신시키기 위해 다양한 부류의 사람들에 질문을 던지고 이에 답하면 또 질문하는 식으로 대화를 나누면서 자신의 무지를 일깨우고, 용기, 정의 등에 관한 윤리적 개념들을 자각하도록 노력하였다. 이는 코칭의 가장 중요한 기술이다.

1) 질문의 중요성과 힘

코칭에서 가장 중요한 것은 질문이다. 질문은 문제의 답을 찾게 하는 강력한 힘을 갖고 있다. 질둔에 대해 깊이 생각하는 사이에 해답을 찾게 된다. 어떤 의미에서는 질문이 곧 답이다. 질문은 스스로를 성장시킬 수 있는 에너지를 찾고 실천행동 계획을 수립할 강력한 동기를 부여한다. 피코치는 변화를 원해 코칭을 요청하지만, 이때 필요한 것은 코치가 해결책을 제시하는 것이 아니라 피코치 스스로 자신을 신뢰하고 창의적으로 생각하도록 동력을 주는 것이다. 코치의 탁월한 질문은 피코치를 신뢰하고 지지한다는 확실한 메시지가 되어 강력한 원동력으로 작용한다. 피코치가 할 수 있다고 느꼈던 것들을 할 수 있게 하는 자신감을 강화시켜 주는 것이다.

질문의 힘은 강력해서 질문에 응답하지 않을 수가 없는데, 이것을 응답반사라 한다. 인간은 외부로부터의 지시와 명령에 익숙해서 자기 내부에 있는 해답이 있다는 사실을 인식하지 못한다. 코칭의 기본 전제는 해답은 자신의 내부에 있다는 것이다. 그러므로 코치가 피코치로 하여금 자신의 내부에 있는 해답을 자각하도록 돕는 최고의 방법은 강력한 질문을 던지는 것이다. 또한 질문은 질문을 던지는 사람과 받는 사람 모두의 사고를 자극하고 촉진한다. 질문은 생각을 결정하고 생각은 마음가짐을 결정하고, 마음가짐은 행동을 결정하기 때문에 결국 질문은 피코치에게 전혀 새로운 방향으로 생각을 하게 만드는 힘을 가지고 있다.

코치는 피코치의 정확한 정보를 통해 코칭 대화를 유의미하게 진행할 수 있다. 질문은 피코치로부터 적절한 정보를 얻을 수 있는 창구이다. 또한 질문을 통해 코치는 피코치의 대화를 통제할 수 있다. 피코치에게 생각할 시간을 주고 피코치 스스로 그 문제에 관한 답을 선택할 수 있는 기회를 주고 이를 통해 스스로 답을 결정할 것이기에 책임감과 함께 피코치 자신에 관한 내적 통제의 힘도 가지게 된다. 그리고 질문은 피코치의 마음 문을 열어 주며, 피코치로 하여금 귀를 기울이게 한다. 그리고 질문에 답하는 사이에 피코치는 스스로 자신을 설득하게 된다. 질문의 가장 큰 능력은 피코치로 하여금 스스로 깨닫게 하는 것이다.

2) 질문의 목표

질문의 목표는 첫째, 피코치에게 내재되어 있는 가능성, 탁월성, 강점을 최대한 이끌어 내는 것이다. 둘째, 피코치의 변화를 위한 스위치를 찾아낸다. 코칭은 피코치의 변화를 추구하지만, 그 목표와 내용이 불확실하므로, 질문을 사용하여 변화의 열정과 불길을 일으킬 촉매를 찾게 한다. 셋째, 피코치의 창조적 아이디어와 새로운 선택을 끌어낸다. 코치가 사용할 수 있는 최고의 기법은 탁월한 질문을 찾아 피코치 스스로 그 답을 찾도록 하는 것이다.

3) 질문의 유형

질문의 유형은 중립적 언어를 사용하는 중립적 질문이 중심축이 되면서 특정 폐쇄형 닫힌 질문보다는 개방형 질문, 과거 질문보다는 미래 질문, 부정형 질문보다는 긍정형 질문을 사용할 것을 권하며 이 밖에 가정형 질문, 기적의 질문, 계시적 질문, 과제 질문으로 나눌 수 있다. 중립적인 질문은 중립적 언어를 사용한 질문이다. 중립적 언어는 코치의 가치와 판단을 배제하고 객관적이며 중립적인 입장, 사실에 입각하되 긍정의 관점에서 던지는 질문이다. 피코치 스스로 문제해결책을 발견하고, 앞으로 나아가고, 목표를 성취하고, 재평가하도록 지지하는 데 있어서 중립적 언어사용은 너무나 중요하다.

개방형 질문은 자율적인 사고를 촉발시킨다. 피코치가 자신과 자신의 생각을 스스럼없이 이야기할 수 있도록 하는 질문으로 누가, 언제, 어디서, 무엇을, 어떻게, 무슨 이유로 등의 의문사로 시작한다.

닫힌 질문은 해답이 하나밖에 없어서 누구에게 질문하더라도 기본적으로 같은 대답이 나오거나, '예'나 '아니요'로 대답할 수 있는 질문이지만, 열린 질문은 피코치가 지닌 능력이나 가능성을 확장시켜 주는 질문으로 '예'나 '아니요'로 대답할 수 없는 질문이다.

열린 질문은 피코치에 대한 정보를 얻고, 자각과 동기부여를 하기 위한 질문이다. 따라서 코치는 질문을 한 뒤에 피코치가 질문에 대한 답을 생각할 시간적 여유를 주는 것이 중요하다.

질문은 광범위하게 시작한 뒤 그 범위를 차츰 줄여가는 방식으로 진행하되 코칭을 받는 피코치의 관심과 사고를 좇아가는 질문을 해야 한다. 가치 있는 질문을 하려면 긍정적인 질문을 많이 하며 문제(과제)를 해결할 때까지 끊임없는 질문을 통해 피코치 내면의 무한한 가능성을 끌어 올리도록 해야 한다.

- 강력 질문: 자신의 의견을 제시하지 않고 요약이나 조언도 자신의 이야기도 하지 않고 강력한 질문만 한다.
- 성찰 질문: 일주일이나 삶의 여정 속에 자신의 삶을 탐색할 수 있도록 돕기 위해 열린 성찰 질문을 한다.
- 호기심의 위력: 호기심을 갖게 되면 피코치를 내면으로부터 깊이 이해하고 힘 있는 질문을 통해 도울 수 있게 된다.

미래형 질문은 질문 속에 미래형의 단어가 포함된 질문이다. 앞으로 그렇게 될 것, 혹은 그렇게 될 가능성에 대한 질문으로 질문 받는 사람의 가능성을 확대시키는 질문이다. 상담이나 심리치료와 다른 코칭의 차별화된 질문으로, 상담이나 심리치료는 과거를 집중적으로 다루지만 코칭에서 과거는 강점을 찾아낼 때 외에는 피코치가 자각하지 못하고 있는 내면의 잠재적 가능성과 역량을 자각하고 이끌어 내도록 미래형으로 던지는 질문이다.

예) 앞으로 어떻게 하시겠습니까? 이 상황이 계속되면 무슨 일이 일어나리라고 예상됩니까? 어떻게 하면 성공할 수 있을까요? 당신의 비전은 무엇입니까?

긍정 질문을 받았을 때와 부정 질문을 받았을 때 피코치의 의식은 다른 방향으로 흐르게 된다. 부정형 질문은 질문 속에 이미 부정적인 관점이 들어 있어서 피코치를 부정적으로 만든다. 코칭에서는 긍정형 질문을 사용한다. 가정형 질문은 "만약~ 라면"과 같은 질문으로 피코치의 상상력과 가능성을 넓혀 주는 기술이다.

기적 질문은 코칭 질문 중 가장 탁월한 기법으로 해결중심 단기치료(solution focused brief therapy)의 창안자 중의 한 명인 스티브 드 세이저(Steve de Shazer)가 제안한 단순하면서도 자극적인 질문으로 치료 전문가들과 전문 코치들이 애용해 왔다. "오늘밤 잠자리에 들어 내일 아침이 오기 전에 기적이 일어났다고 가정해 보라. 눈을 떠 보니 당신이 고민하던 문제가 해결되었고 당신이 바라는 모든 것이 이루어졌다. 어떻게 달라졌을까?" 이 상상을 자극하고, 가능성을 명확히 하고, 실행할 구체적인 목표를 세우는 데 촉매가 된다. 기적 질문은 코치의 창의성과 희망 그리고 행동의 가능성을 자극하는 강력한 질문이다. 계시적 질문은 피코치로 하여금 상황을 객관적으로, 전혀 다른 시각에서 보게 하는 질문이다. 계시적 질문은 더 높은 도덕적인 가치를 지향하게 하고, 신으로부터의 소명을 깨닫게 하고, 그 방향으로 나가도록 돕는 질문이다. 또한, 현재 직면한 상황을 다른 관점으로 전환하여 다양한 시각에서 상황을 통찰하고, 대답과 의미를 찾아가게 하는 질문으로 피코치는 성장과 도약을 경험하게 된다.

과제 질문은 결과에 대해서는 나중에 이야기하기로 하고 깊이 생각하고 행동해 보도록 제안하는 것이다. 예를 들어 "당신은 영적으로 성숙하기를 원하지만, 그것이 무엇을 뜻하는지 모르겠다고 하셨습니다. 다음 주에는 시간을 내서 당신에게는 그것이 무엇일지 생각해 보면 어떨까요?"와 같은 질문이다. 강력한 질문과 효과적인 질문은 참신한 생각을 자극하고, 새로운 통찰력으로 인도하며, 문제를 명확히 하고, 혁신적인 가능성을 찾아내도록 도전한다. 강력한 질문은 피코치를 무방비 상태로 만들고, 새로운 방식으로 문제를 재구성하거나 바라보게 한다. 강력한 질문은 피코치들이 자신을 들여다보며 자신의 삶과 상황에 대한 분명한 관점을 갖게 되고, 미래를 가늠해 보며, 희미하지만 희망을 경험하고, 목표를 향해 나아갈 수 있음을 깨닫게 된다.

효과적인 질문이란 코치가 자신의 마음을 표현하게 하는 질문이다. 효과적인 질문은 문제해결로 가는 질문이고, 정보를 구하는 질문이며, 시비를 가리기보다 갈등을 해결하는 방법에 초점을 맞춘 질문이다. 효과적인 질문, 강력한 질문이 있는 반면, 덜 강력한 질문과 비효과적인 질문도 있다. 좋은 질문은 코치에게 초점을 맞추지만 나쁜 질문은 코치의 관심을 반영할 뿐이다. 좋은 질문은 코치의 마음속에 있는 다양한 가능성들을 자극할 수 있지만, 덜 강력한 질문은 코치가 원하는 방식으로 대답하도록 피코치를 유도하는 조작적이거나 의도적인 질문이다. 좋은 질문은 구체적인 행동과 경험을 묻지만, 덜 강력한 질문은 포괄적으로 묻는다. 좋은 질문은 피코치가 사용하는 어휘, 용어, 비유들을 반복 사용하는 반면, 좋지 않은 질문은 피코치가 말한 것을 자주 놓친다. 비효과적인 질문은 피코치에게 도움이 되지 않는 질문이다. 피코치로 하여금 개선책을 생각하게 하기보다는 변명을 하게 만들고, 자아존중감을 느끼게 하기보다는 수치감을 느끼게 한다. 상대에게 모욕을 주면서 질문을 무기처럼 사용하는 질문이다.

교수법 중에는 '소크라테스식 대화'라는 유명한 방법이 있다. 예와 안내 질문을 제시함으로써 교수자와 학습자의 상호작용을 통해 바라는 학습에 도달하도록 하는 방법이다. 훌륭한 교수자는 좋은 질문을 많이 하며, 질문은 교수자와 학습자가 대화를 하고 있다는 증거이고, 이를 통해 주의를 집중시키고 학습자들의 참여를 유도한다.

옛날 어느 나라에 어린 공주가 살고 있었다. 어느 날 하늘 높이 금빛을 내며 떠 있는 달을 본 공주는 부모님께 달을 따다 달라고 보채기 시작했다. 왕과 왕비는 물론, 학자들은 공주에게 달은 따 올 수 없는 것이라고 열심히 설득했다.

"공주님 달은 너무 멀리 있어요."
"공주님 달은 너무 커서 따 올 수는 없어요."

그래도 공주는 달을 따다 달라고 단식 투쟁까지 했다. 이때 공주와 친한 광대가 나타나서 몇 가지 질문을 했다.

"공주님, 달은 어떻게 생겼나요?"
"동그랗게 생겼지."
"얼마나 큰가요?"
"그것도 몰라? 내 손톱만 하지. 손톱으로 가려지잖아?"
"그럼 달은 어떤 색인가요?"
"황금빛이지."

광대는 손톱 크기만 한 동그란 황금구슬을 만들어 공주에게 가져다주었고 공주는 기뻐했다. 하지만 다시 달이 떠오를 것을 걱정한 광대는 다시 물었다.

"다시 또 달이 뜨면 어떻게 하지요?"
"이런 바보! 그건 걱정 안 해도 돼. 이(치아)를 빼면 새 이가 또 나오니깐, 달을 하나 빼 오면 다시 나오게 되어 있어!"

동화를 통하여 알아볼 수 있듯이 질문은 생각을 자극하고, 스스로 답을 찾도록 촉구한다. 그런 면에서 상대를 성장시킬 수 있는 아주 좋은 스킬이다. 상대로 하여금 말을 하도록 하며, 생각을 하도록 한다. 여러 각도에서 현상, 문제를 파악하도록 하며, 기존에 가지고 있는 전제에 도전할 수 있도록 한다. 질문의 수준이 생각의 수준을 결정하도록 하며 대화에 상대를 초대하기도 한다. 또 질문은 상대방을 존중하고 있다는 표시이기도 하다. 나의 의견에 귀 기울이고 질문하는 사람에게 마음을 열게 된다. 질문은 정보나 교훈을 자신의 삶 속에서 연결되도록 하는 데 좋은 방법이다.

자녀에게 무조건 공부를 잘해야 한다고 말하는 것보다는, "다음에 어떤 사람이 되고 싶니?", "무엇을 갖고 싶니, 무엇을 하고 싶어?", "미래에 그렇게 되기 위해 지금은 무엇을 해야 할까?"를 질문하는 것이 효과적이다. 누구나 남이 시키는 대로 하기보다는 사람은 스스로 생각하길 좋아하며, 자신의 생각과 말에 적극적으로 설득이 된다.

생각을 이끌어 내는 좋은 질문은 열려 있다. 질문했을 때 대답이 '예' 또는 '아니요'로 나오는 질문은 닫힌 질문이라면, 열린 질문은 상대방이 다양하게 탐색하고 자유로운 의견을 말할 수 있게 한다. "성과를 높이려면 어떠한 노력이 필요하다고 생각되는가?", "지난 분기와 다르게 무엇을 해야 하는가?"라는 열린 질문을 할 수 있다. 닫힌 질문과 달리 이런 질문을 받으면 사람들은 방어적이기보다는 생각을 해보게 되고, 평소의 생각을 정리해서 말하게 된다. 그리고 일방적인 지시에 비해 자신이 말할 것에 대한 실행의지가 훨씬 크다. 다른 형태의 질문을 살펴보면 확대 질문, 미래 질문 등이 있다.

특정 질문은 생각 없이 바로 답을 할 수 있게 하는 질문으로 예를 들면 "운동을 시작한 지 몇 년이나 되었습니까?", "어느 고등학교를 나왔습니까?" 등이며

'예'와 '아니요'로 대답할 수 있는 질문도 특정 질문이다. 예를 들면 "당신은 결혼했습니까?", "큰 아이가 아들입니까?" 등이 있다. 확대 질문은 질문을 받은 사람이 그 자리에서 바로 대답하기 어렵고, '예'와 '아니요'로 대답할 수 없으며 두 가지 이상의 대답을 요구하는 질문이다. 예를 들면 "당신은 앞으로 어떤 일을 하고 싶습니까?", "당신은 어떤 일을 할 때 즐겁습니까?" 등이다.

확대 질문은 상대방의 능력과 가능성을 확대한다는 의미이다. 특정 질문이 상대방이 가진 것들의 사실만을 확인할 수 있다면, 확대 질문은 상대방이 가진 삶의 의미와 가치를 발견할 수 있으므로 상대가 스스로 의식 속에 담긴 것들을 자각하고 개선하기 위해서 코치가 가능한 한 특정 질문을 줄이고 확대 질문을 많이 사용하는 것이 효과적이다.

미래 질문은 과거 질문과 대립되는 개념으로 질문 속에 과거형의 단어가 포함되어 있는 질문이다. 예를 들면 "지금까지 무엇을 했습니까?", "왜 못했습니까?"와 같은 질문이다. 반면에 미래 질문은 질문의 내용 속에 미래형의 단어가 포함되어 있다. 예를 들면 "앞으로 무엇을 하고 싶습니까?", "그 일을 잘 하려면 어떻게 하는 것을 좋을까요?" 등이 해당된다. 사람의 가능성은 현재에서 미래를 향해 가고 있다. 사람의 가능성을 이끌어 낸다는 관점에서 과거 질문보다는 미래 질문이 효과적이다. 다른 효과적인 질문형태로 긍정 질문과 부정 질문이 있다. 부정 질문은 긍정 질문과 대립되는 개념으로 부정 질문은 질문의 내용 속에 '아니다'라는 부정적 의미가 포함된 질문이다. 예를 들면 "왜 운동을 하지 못했습니까?"와 같은 것이 있다. 이 질문을 긍정적으로 고친다면 이렇게 될 것이다. "어떻게 하면 운동을 더 잘할 수 있을까요?" 이 두 가지 질문은 모두 확대 질문이지만, 부정 질문은 어두운 느낌을 갖게 하고 긍정 질문은 밝은 느낌을 가지게 한다. 이러한 어감 때문에 질문을 받은 사람이 긍정 질문을 받았을 때와 부정 질문을 받았을 때, 전혀 다른 의식과 반응을 나타내게 된다.

밝고 긍정적인 사고방식을 가진 사람이라도 어두운 분위기의 질문을 받으면 어두운 분위기로 기울어 버리고, 자신을 운동 못하는 사람으로 규정해 버린다. 이처럼 질문은 질문자에 따라 많은 영향을 주지만 사용하는 언어에도 주의하여야 한다. 중립적 언어란 듣는 사람의 가치, 판단이 배제된 언어로서 이러한 중립적 언어를 사용하여 명확한 의미를 질문하고 중요 단어를 중심으로 질문을 하며 학습자의 언어로 요점 정리하여 주고 학습자의 은유를 사용하며 되도록 간단명료한 언어를 사용하도록 한다. 좋은 질문은 어떠한 질문을 말하는가? 상대가 한 말, 상대의 이야기로부터 나온 질문, 다른 시각에서 바라볼 수 있도록 하는 질문, 생각을 할 수 있도록 하는 질문, 내면적 변명과 저항을 일으키지 않도록 하는 질문, '헉' 하는 질문보다는 앞으로 한 걸음씩 나아가게 하는 질문, 열린 질문(주관식 질문), 비평가적 질문(중립적 질문), 한 번에 하나씩만 묻는 질문을 말한다. 질문은 핵심 정보 그 자체가 아니라, 그 정보가 자신에게 어떤 의미가 있는지를 연결해 주는 일이며, 이 정보를 자신의 행동에 적용시키게 만들어 주는 것이며 질문은 정보나 교훈을 자신의 삶 속에서 연결되도록 하는 좋은 방법이다. 정리해 보면 효과적인 질문 스킬은 간단명료하고 육하원칙에 따르며 상대방의 사고를 활발히 자극되도록 하고 개념이 명확하며 구체적 응답이 가능하도록 한다. 질문에 대해 적절한 피드백을 주는 것도 유의해야 할 사항이다.

코치가 해답을 갖고 있는 것이 아니라 다만 질문사항을 갖고 있을 뿐이며, 피코치들은 답을 모른다고 생각하고, 코치가 답을 제시해 주기를 바라기도 한다. 자신들이 직접 해결책을 찾기보다 제공되는 답에 익숙해져 있는지도 모른다. 코치가 질문을 통해 도움을 준다면 그들은 스스로 해답을 찾아가는 여정을 만들어 갈 수 있다. 해답을 제시하는 것이 아니라 학습자가 주도적으로 스스로 학습으로 답을 발견해 갈 때 효과적이고 만족도가 높아지며, 행동으로 옮기는 데도 더욱 적극성을 띠게 된다.

다음과 같은 질문 방법을 사용할 때 효과적인 코칭을 할 수 있다.

첫째, 라포를 형성하고 마음의 문을 여는 질문을 한다.

- 저와 함께 코칭을 진행하는 동안 호칭을 어떻게 불러 드리면 좋을까요?
- 혹시 최근에 굿 뉴스나 행복한 일이 있으셨나요?
  굿 뉴스, 행복한 소식을 저에게도 나눠 주시겠어요?

굿 뉴스를 들으며 충분히 인정하고 지지해 주며 라포를 형성한 후 코칭을 하도록 한다.

둘째, 초점을 맞추고 주제를 정하는 질문을 한다.

- 오늘 여기서 무엇에 초점을 맞추고 싶으신가요?

- 어떤 주제로 이야기하고 싶으신가요?
- 대화를 끝냈을 때 이 대화에서 어떤 구체적인 성과를 얻고 싶으신가요?
- 당신의 목표와 현재의 상황을 설명하는 데 있어서 어떤 표현을 사용하겠어요?
- 당신이 해결하고자 하는 코칭 문제는 무엇인가요?
- 이 코칭에서 성과가 있었다는 것을 어떻게 알 수 있을까요?

셋째, 가능성을 발견하는 질문을 하도록 한다.

- 현재 상태, 상황은 어떤 상태인가요? 이대로 가면 어떤 문제점들이 있을까요?
  원하는 상태, 상황은 어떤 상태인가요?
  그것이 이루어지면 어떤 좋은 점들이 있는가? 자신, 가정 등.
  이것을 이루어 내면 누가 제일 좋아 할까요?
  그러기 위해서 무엇을 해야 할까요? 가능한 것들은 무엇이 있나요?
  이루기 위해 당장 해야 될 것들은 무엇이 있을까요? 또 어떤 방법이 있을까요?

질문을 통해 가능성을 발견한다.
마음을 조용히 가라앉힌다. 옳고 그름을 판단하지 않고 상대의 생각을 듣는다.
상대의 이야기를 제대로 이해하고 필요하면 확인한다.
그들이 제안한 것에 대한 결말이나 귀결을 생각해 보도록 한다.
개인적인 경험(실패 경험 포함)을 나눈다.

넷째, 실행계획을 수립하는 질문을 하도록 한다.

- 이 일에서 정말로 중요한 것은 무엇인가요?
- 이것은 어떻게 작용하게 될까요?
- 어떤 실행계획을 할 수 있을까요?
- 이 행동은 당신의 목표달성에 어떻게 기여하게 될까요?
- 기한을 맞추는 것이 가능할까요?

• 이 일을 더 작게 분할하면 도움이 되겠나요?

다음과 같은 질문을 통해 실행을 하기 위한 점검 기준을 정한다.

• 혹시 무엇이 빠졌나요?
• 무엇을 해야 할까요?
• 어떤 자원이 필요할까요?
• 내가 하고 있는 다른 역할과는 언제 중복이 될까요?
• 예상하거나 알고 있는 장애요소는 무엇이 있나요?

필요한 자원이 무엇인지, 다른 사람의 도움이 필요한지, 직장과 개인생활에서 있을 수 있는 장애요소는 무엇인지 찾을 수 있도록 질문한다.

다섯째, 장애물을 점검하고 실행의지를 다지며 마무리하도록 한다.

• 무엇을 언제까지 할 것인가요?
• 실행했을 때 유익한 점 3가지는 무엇인가요?
• 이것을 달성하려면 무엇이 달라져야 할까요?
• 실행하는 데 장애요소나 문제점은 무엇이 있나요?
• 이 실행계획을 인적 자원으로 누가 도와줄 수 있습니까?
• 어떻게 도움 요청을 할 수 있을까요?
• 책무에 대해서 언제까지 하시겠습니까?
• 실행했는지 내가 어떻게 알 수 있을까요?
• 지금까지 이 코칭을 통해 새롭게 배우거나 느낀 것에 대해 말씀해 주시겠습니까?

'지금까지의 실행계획들을 잘 이루셔서 더욱 행복한 삶을 사실 수 있도록 응원하겠습니다' 하고 마무리를 하도록 한다.

4. 코칭의 스킬 인정

코칭과정에서도 상담에서처럼 코치와 피코치 간의 라포 형성이 중요하다. 라포 증진을 위한 다양한 방법이 있지만 그중에서도 피코치에 대한 인정하기는 피코치와의 라포를 증진시키는 데 큰 효과가 있다. 인정하기는 피코치의 잘한 부분에 대해 칭찬하는 것이다.

"그러한 답변을 하다니 대단하네요."
"대단히 열심히 노력하시네요."
"당신이 어떤 마음인지 충분히 이해합니다."

인정할 때 단순히 피코치의 행동에 대해 인정하는 것보다 피코치의 특성과 연계시켜 인정하는 것이 더 효과적이다. 예를 들어, "오늘 일찍 와 주셔서 감사합니다."보다는 "오늘 일찍 오신 것을 보니 당신은 매우 성실한 사람인 것 같습니다." 이 말은 상대의 긍정적인 개인 특성에 대해 칭찬하는 말이기 때문에 상대방의 자존감을 높이는 데 기여하게 된다.

코치가 학습자를 인정했을 때 피코치가 다른 사람이 진정으로 자기를 받아들인다는 것을 알게 되면, 새로운 변화를 추구하고 성장하여 어떻게 좀 더 나은 사람이 될 수 있는지를 궁리하기 시작한다. 교장 선생님이 복도에서 신발을 끄는 어린이를 보고 말했다.

"얘, 너는 왜 그렇게 맨날 복도에서 신발을 질질 끌며 걷니?"
어린이는 강하게 반발하며 말했다.
"교장 선생님, 저는 '맨날'이 아니에요. '오늘만'이에요. 발이 너무너무 아파서 오늘만이라구요."
"아, 그랬구나, 내가 실수를 했네. 오늘만 그런 걸 내가 너를 억울하게 말을 했구나. 미안하다."
"괜찮아요."
학생은 낮은 소리로 침착하게 대답했다. 며칠 후 그 학생이 교장실 문을 노크했다.

"교장 선생님께 드릴 말씀이 있어서 왔습니다."

"그래? 무슨 얘긴지 듣고 싶은데."

"며칠 전 제가 발이 아파서 복도에서 발을 끌고 가던 날 일인데요. 전 그날 교장 선생님께서 그렇게 말씀하시리라고는 상상도 못했습니다. 야단맞을 각오로 말했거든요. 그런데 교장 선생님께서 인자하시게 말씀해 주셨어요. 그날 저는 교장 선생님이 정말 멋있다고 생각했습니다. 이 말씀을 드리러 왔습니다."

예문을 통해 살펴본 바와 같이 인정은 사람을 변화시키는 커다란 영향력을 지니고 있다. 인정스킬이란 코칭에서 상대방을 인정하는 기술로 자기의 의지대로 상대방의 좋은 됨됨이를 찾아내고, 그것을 말로 전하는 행위를 말한다. 칭찬한다는 말과도 비슷하지만 칭찬한다는 말에는 '좋은 성적을 칭찬하다.'와 같은 어느 한정된 행위나 결과만을 들어 이야기하는 경향이 강하다. 이에 반해 '인정'에는 '그 사람의 존재 자체를 인정한다.', '그 사람이 거기에 있다는 것에 가치를 부여한다.'의 의미까지를 포함한다. 존재를 인정한다는 것은 그 사람의 생각, 행동의 모든 것을 있는 그대로 인정한다는 것이다. 그것의 좋고 나쁨이나 옳고 그름은 별개의 문제이다. 이미 저지른 일이라면 있는 그대로의 현상은 받아들인 상태에서 냉철하게 판단을 하면 되고, 아직 생각 단계에 있다면 있는 그대로의 생각을 파악하고 새롭게 방향을 잡아나가는 것이 효과적이기 때문이다. 마지막 전차를 놓치지 않고 친구와 같이 5분이나 달려서 겨우 전차에 올라탔을 때, 자기보다 3배나 숨을 헉헉거리며 "어이구, 힘들어" 하는 친구에게 "야, 그것 가지고 힘드냐?"라고 했을 때 그 친구는 어떤 생각을 하게 될까? "그래, 힘들었겠구나!" 하고 일단은 있는 그대로 상대방을 인정하는 것, 그것이 바로 인정스킬이다. 인정을 어떤 방법으로 해야 하는가? 상대의 행동을 인정한다.(예: 이번 성과에는 대단했어. 이번 시험에 정말 잘 했어.), 상대의 행동에 대해 인정하는 사람의 생각, 느낌을 말한다.(예: 당신의 이번 시도가 제게 무척이나 감동적이었습니다.) 행동한 사람의 존재와 추구한 가치에 집중하면서 그것을 인정한다.(예: 이번 결정에는 새로운 시도를 하고자 하는 당신의 열정과 용기가 담겨져 있습니다.) 인정은 즉시 하고 자주 해 주며 인정과 부정적 피드백을 함께 하지 않는다. 진심으로 하며 과정도 인정을 한다. 구체적으로 상대 스타일에 따라 달리 한다. 인정이 되었을 때 오는 효과는 안정감이 든다. 학습자가 무언가를 새롭게 시작하거나 도전을 하고자 할 때, 인정을 해 줌으로써 그러한 행동을 실행에 옮길 수 있도록 자신의 내부에 안정감을 갖도록 돕게 된다. 수업할 때 아이들 하나하나의 말에 귀를 기울이고 그것을 잘 살리면서 진행하는(예: 잘 생각했어요. 좋은 방법이에요. 좋았습니다. 좋은 것을 생각했네요.) 인정은 자신의 참 가치를 느끼게 되고 학습자의 학습과정, 결과 등의 미래 학습에 대한 자신감, 긍정적 사고를 일으키게 되어 자신의 가치 및 장점을 발견할 수 있게 하여 학습자의 의지를 높여 뭔가를 시도할 수 있는 동기부여를 제공하게 된다.

5. 피드백

피드백은 상대방이 스스로 자신에게서 발견하지 못하는 부분을 전달하는 능력으로 상대의 성장을 위해 정보 전달에 충실한 정보적 피드백 과정과 노력을 인정하는 역량이다. 피드백은 코칭의 여러 가지 스킬 중에서 매우 중요한 요소이다. 좁은 의미에서 피드백은 피코치가 특정한 코칭 상황에서 무엇을 어떻게 했는지를 되새기면서 공유하는 것이다. 넓은 의미에서 피드백은 피코치의 생각, 행동으로 현재와 미래에 자신의 영향력을 확대하고 강조하도록 돕는 것이다. 피드백의 진정한 역할은 피코치가 원하는 것을 이룰 수 있도록 하는 변화와 행동 개선이다.

1) 피드백의 유형

모든 사람은 의식적이든 무의식적이든 사람들에게 피드백을 한다. 깊은 생각 없이 가볍게 하는 피드백이나 잘못된 피드백은 상대에게 아무런 도움이 되지 못할뿐더러 사람들로부터 자신을 고립시킨다. 반면 진심이 담긴 긍정적인 피드백은 상대의 마음을 움직이며 조화롭고 행복한 인간관계를 만들어 준다. 우리가 보통 일상에서 사용하는 피드백을 리차드 윌리암스(Richard Williams)는 『Tell Me How I'm Doing』에서 4가지로 분류한다. 첫째, 어떤 행동이 반복되도록 하는 지지적 피드백(supportive feedback), 둘째, 행동의 변화를 일으키는 교정적 피드백(corrective feedback), 셋째, 모멸감을 초래하는 학대적 피드백(abusive feedback), 넷째, 하나마나한 무의미한 피드백(insignificant feedback)이다. 그런데 일반적으로 생각하는 것과 달리 학대적 피드백보다 더 심각한 것은 어떤 피드백도 받지 못하는 상황이다. 그리고 무수한 피드백들이 효과를 발휘하지 못하는 이유 가운데 하나는 피드백의 대부분이 무의미한 피드백이거나, 교정적 피드백을 줘야 할 순간에 학대적 피드백을 하기 때문이다.

또한 피드백은 좋은 피드백과 나쁜 피드백, 긍정적인 피드백과 부정적인 피드백, 건설적인 피드백과 파괴적인 피드백 등 다양한 유형으로 분류할 수 있다. 좋은 피드백은 피코치의 감정을 잘 고려하여 바람직한 방향으로 변화, 발전해 나갈 수 있도록 동기를 부여하는 상대중심의 피드백인 반면, 나쁜 피드백은 자기중심 경청을 하며 상대의 감정을 고려하지 않아 피코치의 감정을 불안, 불쾌하게 해서 생각의 혼선을 가지게 한다. 긍정적인 피드백은 코치가 칭찬과 지지를 하는 피드백으로, 피코치에게 강력한 에너지를 주고 좋은 감정을 갖게 한다. 칭찬이 대표적인 긍정적 피드백이다. 부정적 피드백이란 코치의 에고(ego)가 담겨 있거나 조소나 비난 또는 판단이 깃든 피드백이다. 부정적 피드백이 많은 공동체는 전반적으로 에너지가 떨어지고 발전적 요소가 감소하게 되는 것을 본다. 건설적인 피드백은 코치와 피코치가 다음에 더 잘 할 수 있는 에너지와 방법을 공유하는 피드백이다. 파괴적 피드백은 과거지향적이고, 피코치의 잘못과 실수를 반복하여 지적하는 파괴적이고 관계를 망치는 피드백이다.

2) 효과적인 피드백 방법

효과적인 피드백은 피코치를 존중하고 배려하여 피코치의 성장과 발전을 격려하고 자극하는 행동이다. 효과적인 피드백 방법으로는 '나 전달법' 사용하기, 평가보다는 행동과 영향에 대해 논하기, 진실하고 솔직하게 이야기하기, 피코치가 할 수 있는 부분에 초점 맞추기, 피코치의 선택과 결정을 인정하기, 칭찬하고 격려하기, 적당한 시점에 하기, 구체적으로 하기, 격려하기, 공유하기, 피코치의 동의 받기 등이 있다. 피드백은 코칭의 필수 기술이다. 피드백을 통해 피코치는 자신의 상황을 재고하고, 진척할 동기를 부여받는다. 자신의 상황을 재구성하고, 부정적이거나 곤란한 상황에서 긍정적인 방향으로 선회할 방법을 찾을 전혀 새로운 시각과 통찰력을 얻게 된다.

코치는 자신이 관찰을 통해 학습자가 방어적이거나 분노하거나 위협을 느끼도록 할 수 있는지, 어려운 상황 개선을 위한 질문에 개방적이 될 수 있는지 보여주고자 피드백 기술이 필요하다. 피드백이란 화자의 행동에 대해 긍정적이고 미래지향적인 반응을 함으로써 구체적인 동기를 부여하는 것으로 피드백에 공감하고 활용할 수 있게 상대방에 대한 정보를 제공하여 약점을 극복하거나 자신을 교정하는 것을 도와줌으로써 행동을 개선할 수 있게 하여 변화에 대한 욕망을 자극하고 새로운 기술을 개발하는 스킬이며 화자의 행동에 대해 구체적인 표현에 의해 자신의 장단점을 배우게 되므로 지도와 자아발전의 관점에서 볼 때 핵심적인 활동이다. 피드백은 모든 종류의 의사소통에서 빼놓을 수 없는 구성 성분으로 코칭과정에서 필수적인 요소이다. 피드백은 자신의 생각과 남의 생각을 비교하며 의식적/무의식적 행동영역을 확장시킬 수 있는 기회이다. 피드백을 주는 사람은 거울이 되어 피드백을 받는 사람과 자신의 관계를 밝힌다. 효과적인 피드백이 이루어지면 투명성과 학습과정이 급격히 개선된다. 피드백이 부족하면 수용자를 감동시키지 못하고 비생산적인 행동을 지속시켜 변화를 방해하고 심지어 수용자의 자신감마저 없애 버릴 수 있게 되어 개선점의 방향감각을 상실하게 된다. 피드백 스킬은 긍정적 피드백과 발전적 피드백으로 나눈다. 긍정적 피드백은 피코치의 자신감을 강화시켜 주는 것으로 화자가 한 행동과 그 행동의 영향에 대해서 구체적으로 표현하며 신뢰와 격려를 표현하며 화자의 존재를 인정하는 행위이며 언어이다. 이것은 화자에게 동기를 부여하고 자신감을 갖게 하며 인간관계를 개선하는 최고의 수단이 된다. 화자의 장점을 집중 관찰하며 행동에 대해서 구체적으로 언급하는 것이 좋다. 또한 상대의 스타일에 따라서 과정과 노력에 대해서도 피코치가 잘한 이유, 방법, 내용을 강조한다. 이러한 긍정적 피드백은 피코치에게 용기를 주고 앞으로 전진할 수 있는 계기를 만들어 준다. 발전적 피드백은 피코치의 행동이 기대에 미치지 못할 때에 행동을 구체적으로 지적하고 개선방안을 제시하는 것이다. 피코치의 성장과 발전에 목적을 두어야 하므로 발전적 피드백과 비난은 다르다. 비난에는 상대방에 대한 발전이라는 목적이 없지만 코칭에는 반드시 피코치의 유익과 발전과 성장이 전제되어 있어야만 하기 때문이다.

성장과 향상을 위한 피드백은 첫째, 행동(Action)이다. 사람 자체가 아닌 구체적인 행동을 지적한다. 즉, 피코치인 상대방의 인격을 침해하는 말이나 표현을 하지 않는다는 말이다. 둘째, 영향(Impact)이다. 행동이 미치는 영향을 표현한다. 상대방이 하는 행위가 어떤 결과를 만들어 내고 있는지를 직접 언급한다. 셋째, 바람직한 결과(Desired outcome)이다. 앞으로 바라는 행동에 대해서 구체적으로 말한다. 이러한 단계를 통해 코치는 피코치의 행동을 바로잡아 줄 수 있다. 하지만 이러한 피드백이 원활하게 이루어지기 위해서는 서로의 신뢰관계가 있어야 한다. 이러한 신뢰를 높이는 효율적인 피드백을 위해서는 조심해야 할 사항들이 몇 가지 있다.

첫째, 일반화를 삼가야 한다. '언제나, 한번도, 모든 것, 계속' 등 이런 일반화 시키는 표현들은 조심해서 사용해야 한다.

둘째, 파괴적인 표현을 삼가야 한다.

셋째, 도덕적인 비판을 삼가야 한다. 도덕적인 부분은 조심해야 한다. 서로가 가진 가치들이 다를 수 있기 때문이다.

넷째, 기를 꺾는 표현을 삼가야 한다.

다섯째, 과장된 표현을 삼가야 한다.

이러한 부분들을 조심하지 않으면 피드백이 자칫 비판이나 아부로 변질되게 된다. 부정적인 피드백의 모습은 다음과 같은 모습으로 표현된다. 특정한 행동을 지적하지 않고 사람을 비난하는 것으로(예: "당신은 태도에 문제가 있다.", "당신은 늘 지각하는군."), 상대방의 행동을 변화시키려고 강요하여 피드백을 받는 사람들을 결과에 대한 두려움이나 노여움을 가지고 반응하거나 보복감정을 자극하는 것으로(예: "언제, 언제까지 다 못 하면 그때 두고 보자.", "이런 식으로 일처리하면 다음에 인사이동 시켜 버릴 거야."), 잘못된 행동이 무엇인지 정확하게 설명하지 못하여 상대는 자신이 어떻게 변화돼야 하는지 알지 못하며 혼란과 무력감을 느끼게 하고 자주 변명을 하게 만드는 것(예: "모두 엉망이 되었군!", "이제껏 그렇게 해 왔는데요.")이다. 반면에 생산적인 피드백의 방법으로는 피드백을 하기 전에는 피드백을 하는 자신의 동기와 얻고자 하는 것이 무엇인지 파악하고, 기꺼이 시간을 투자할 수 있는지를 생각해 보며, 행동의 변화 가능성을 살피고 가능성이 있다면 변화시킬 수 있는 최선의 계획을 한다.

상대방에게 유익하고 서로의 관계를 개선할 수 있는 방법을 찾으며(흠잡기가 아닌 문제해결을 도울 수 있다는 인식) 상대의 환경을 고려한 피드백을 제공할 수 있는지를 생각해 보고 자신이 피드백을 받았을 때의 경험을 살려서 준비하도록 한다.

피드백 할 때는 사람이 아니라 행동에 초점을 두고 묘사적(Descriptive)으로 표현하며 경청하고 그의 의견을 물어본다.

- 가급적 구체적으로 표현한다.
- 적시에 피드백을 주어라(Just In Time).
- 상대방이 피드백의 내용과 피드백을 받는 이유를 이해하는지 확인해야 한다.
- 핵심을 찔러 피드백 한다.
- 행동을 변화시킬 인센티브를 제공해야 한다.
- 한 번에 하나의 이슈를 다루어라.
- 성과에 대해 서로가 책임이 있음을 강조하라(동반자).
- 단점을 개선하기보다는 강점을 살리도록 하라.
- 자신을 평가하고 개선 의지를 스스로 이끌어 내도록 유도한다.
- 피드백을 끝낸 후에는 변화가 일어날 수 있게 끝까지 마무리하고 지원해야 한다.
- 충분한 시간을 준다.
- 변화에 대한 보상을 해준다.

정리해 보면 피드백 스킬은 3가지로 요약할 수 있다.

첫째, Fit(특별한 사항에 관한 것이어야 한다.)

둘째, Focus(초점이 정확해야 한다.)

셋째, Timing(적절한 시기에 이루어져야 한다.)

효과적으로 피드백을 하기 위해서 요약해 보면 행위를 설명하고 행위가 끝난

다음 즉시 하며 명확하고 변화가 필요한 행위에 대해서만 하여야 한다.

표 4-4 긍정적 피드백 & 발전적 피드백

구분	긍정적 피드백	발전적 피드백
정의	바람직하거나 기준을 충족시키는 행동에 대한 피드백	바람직하지 않거나 못 미치는 행동이나 결과에 대한 피드백
목적	강화: 바람직한 행동의 유지 및 증가	개선: 바람직하지 않는 행동의 중지 및 바람직한 행동으로의 변화
방법	칭찬 및 인정하기	발전이 필요한 부분을 구체적으로 언급

긍정적 피드백의 요령

- 진심으로 인정하고 지지한다.
- 구체적이고 간결하며 사소한 면도 자주 언급한다.
- 결과뿐 아니라 과정과 노력도 인정한다.
- 바람직한 행동을 지속적으로 할 수 있도록 격려한다.
- 큰 것을 작게 나누어 많이 칭찬한다.

6. 코칭스킬의 실제

코칭스킬은 호기심이 만들어 낼 수 있는 정황을 보여주는 이상적인 사례들이다. 코칭스킬은 피코치로 하여금 새로운 발견을 할 수 있도록 도와주는 도발적이고 열려 있는 질문을 포함하고 있다. 이 스킬은 호기심의 핵심적인 기능을 더 강화시켜 준다. 또한 더 많은 정보를 얻기 위한 것이 아니고 피코치로 하여금 그들의 마음뿐만 아니라 가슴, 영혼과 직관을 이용해서 그들을 익숙하지만 새로운 시각으로 볼 수 있는 곳으로 이끌거나, 이전에 탐색해 보지 못한 곳으로 이끌어 주는 스킬이다.

1) 강력한 질문

특정한 형태의 호기심은 소위 우리가 '강력한 질문'이라고 부르는 형식으로 나타난다. 말하기보다 질문하는 것이 코액티브(Co-Active) 코칭의 기본이고, 강력한 질문이 그 토대를 이룬다. 무엇보다도 당신이 질문을 강력하게 만드는 것이 무엇인지를 이해하게 되면 그 이유를 알 수 있을 것이다. 어떤 사람이 당신에게 질문을 할 때, 특히 개인적인 질문을 할 때 그것은 당신으로 하여금 답을 찾기 위해 특정한 방향으로 나아가도록 한다.

강력한 질문은 피코치의 성찰을 이끌어 내고, 추가적인 해법을 제시해 주고, 피코치를 커다란 창의성과 통찰력으로 이끌어 준다. 피코치로 하여금 내면을 들여다보도록 하거나("피코치께서 진심으로 원하는 것이 무엇인가요?") 미래를 주시하도록 한다.("6개월 이후의 오늘이라고 생각해 보세요. 어떤 결정을 내리시겠습니까?") 강력한 질문은 피코치의 생각을 확장시켜 주고 피코치를 위한 미래의 전망을 크게 열어 준다.

강력한 질문은 사람들로 하여금 가던 길을 멈추게 하는 경향이 있어 자주 갑작스러운 침묵이 일어나기도 한다. 피코치로 하여금 곰곰이 생각해 보고 답변할 수 있는 시간을 주어야 한다.

2) 성찰질문

성찰질문(Homework inquiry)은 또 다른 특별한 질문의 하나이다. 표현상으로 보면 강력한 질문과 거의 같은 것이다. 차이점이 있다면 성찰질문은 보통 코칭세션의 말미에 주어지는 것으로, 피코치로 하여금 코칭세션 이후에 충분한 시간을 갖고 지속적으로 탐색과 성찰을 하게 한다는 것이다.

성찰질문은 또한 피코치 삶의 현재 시점에서의 이슈나 코칭세션에서 나온 어젠다(agenda)하고는 완벽하게 연관성이 없을 수도 있다. 성찰질문은 불현듯이 나오기도 하기 때문에 이런 질문은 전혀 기대하지 않은 심오한 결과를 가져올 수도 있다.

성찰질문은 자기성찰과 반성을 끌어내기 위해서 하는 질문이다. 다른 강력한 질문과 마찬가지로 성찰질문에 정답은 없다. 성찰질문이 다른 질문과 다른 점은 피코치로 하여금 여러 가지 각도에서 심도 있는 성찰을 하도록 한다는 것과 그 질문을 생각하는 데 상대적으로 시간을 더 사용해야 한다는 점이다. 모든 질문에는 정답이 있다고 생각하는 경향이 있으므로, 코치는 피코치에게 질문의 목적은 피코치로 하여금 스스로에게 호기심을 갖도록 하는 것이라고 상기시킬 필요가 있다. 시간이 지나면서 그런 질문은 피코치로 하여금 이슈에 대해 보다 깊은 이해를 하게 하고, 새로운 시각에서 이슈를 바라보도록 할 뿐만 아니라 실행의 가능성을 더욱 높여준다.

3) 호기심의 위력

코치로서 호기심을 갖게 되면 피코치를 내면으로부터 이해할 수 있게 된다. 피코치에 대해 배우고, 배운 것에 대해 호기심을 갖고 계속 질문하면 피코치는 계속해서 자신의 내면을 들여다보면서 당신의 호기심에 대해 답을 찾고, 자신만의 세계와 살아가는 방식, 자신을 움직이는 것과 가로막는 것이 무엇인지를 이해하려고 한다. 시간이 가면서 코치는 피코치의 내면에 대해 깊은 이해를 하게 되고, 결국 코치는 피코치가 스스로에게 하고 싶은 질문을 대신 할 수 있게 되고 그들의 대변자가 되기도 한다. 코치는 피코치보다 좀 더 나은 입장에서 피코치에게 질문을 할 수 있다.

질의는 더욱 흥미로워지고 강력한 질문은 더욱 막강해진다. 그런 과정에서 피코치는 코칭이 갖고 있는 일부 강점을 배워 본인 것으로 만들고, 자신의 내공을 강화하는 데 활용할 수 있게 된다. 또한 피코치는 호기심을 갖는다는 것이 무엇을 의미하고, 좀 덜 판단적이지 않다는 것이 무슨 의미인지를 배우게 된다.

4) 실행 촉진과 학습 심화

코칭에서 중요한 요소는 '학습'이다. 피코치가 코칭과정을 통해서 배운 것이 그들로 하여금 지속적으로 좀 더 나은 선택을 가능하게 하고, 결국에는 코칭에서 집중적으로 다루는 과제의 영역에서 보다 더 능력 있고 잠재력이 풍부하게 해준다. 이것이 바로 시간이 지나면서 지속적이고 효과적인 변화를 가능하게 하는 실행과 학습의 사이클(Cycle of action and learning)이라고 하는 것이다. 즉, 피코치가 실행을 하고 뭔가를 배우게 된다. 이후 피코치는 배운 것을 바탕으로 또 다른 실행을 한다. 코칭관계는 지속적이고 서로 밀접한 관계인 두 사람에 초점을 맞춰 설계된 것이기 때문이다. 모든 코칭스킬은 피코치의 실행 촉진과 학습 심화를 위해 사용되는 것이다.

피코치의 관점에서 중요한 것은 실행과 학습이다. 그러나 코치는 오히려 '촉진하다'와 '심화하다'에 초점을 두어야 한다. 실행과 학습은 피코치가 경험하는 것이고, 코치가 해야 할 일은 실행을 촉진하고 학습을 심화시키는 것이다. 코칭관계의 안전한 공간 안에서 코치와 피코치는 피코치를 위해 함께 작업한다. 피코치는 변화를 위한 어젠다를 가져온다. 그들이 이루고자 하는 욕구와 함께 깊이 탐험하겠다는 의지, 삶에 대한 다짐과 삶의 목적에 대한 헌신 등과 같은 다짐도 가져온다. 또한 변화를 위해 위험도 마다하지 않겠다는 용기도 가져온다.

가장 이상적인 코칭관계를 만들기 위해 코치는 다음 네 가지 영역에 그들 자신의 100퍼센트를 가져와야 한다. 진정성(Authenticity), 연대감(Connection), 생동감(Aliveness), 용기(Courage)이다.

(1) 진정성

암벽 등반에서 로프를 안전하게 잡아주는 것을 앵커(Anchor)라고 부른다. 코치가 바로 이런 앵커 같은 역할을 하는 것이다. 이런 앵커 코치는 피코치가 그들의 삶이라는 바위를 등반하기 위해 어쩔 수 없이 만나야 하는 온갖 위험들을 감당할 수 있도록 지지해 준다. 피코치가 앵커를 믿을 수 있고 그것이 실제로 있다는 것, 충분히 견고하다는 것, 신뢰할 수 있다는 것 그리고 자기를 지켜 줄 것이라는 사실을 아는 것이 중요하다.

당신은 피코치에게 위험을 감수하는 것이 어떤 것인지, 진실하고 정직하다는 것이 무슨 의미인지를 보여줄 수 있는 모델이 되어야 한다. 당신이 전문코치의 역할을 하는 것이 아니라, 진실로 당신 자신의 역할을 할 때 피코치는 그들의 삶에서 더욱 열정적인 삶을 살 수 있을 것이다.

(2) 연대감

코치가 해야 할 일 중의 하나가 피코치와 가능한 강력한 친밀관계를 만들고, 모니터하고, 유지하는 것이다. 이러한 신호의 강도는 특히 피코치가 그들의 일터나 삶에서 이전에 해보지 않은 새로운 분야로 움직이려고 할 때 더욱 중요하다.

코액티브 코칭 모델에서 이것을 2단계 경청의 자각 또는 친밀관계라고 부른다. 코치는 그 연결상태를 유지하기 위해 3단계 경청으로 친밀관계를 모니터하고 필요한 경우 조정을 하게 된다. 코칭을 하는 동안 코치는 피코치에게 도전하거나 어려운 진실을 말하는 등의 위험을 감수할 때가 있다. 만약 둘 사이의 친밀관계가 강하다면, 관계에 대한 신뢰가 오히려 피코치의 성공을 위한 더 큰 기회를 만들 수 있을 것이다.

(3) 생동감

코칭의 실행은 모든 코칭스킬과 방법론으로 이루어진다. 코칭의 존재라는 것도 있다. 즉, 코칭이 일어나는 환경을 말한다. 여기서 말하는 환경은 물리적 환경(코칭에서 중요한 역할은 하지만)을 의미하는 것은 아니다. 코치와 피코치 사이의 공간에서 느껴지는 일종의 느낌을 이야기하는 것이다. 즉, 매우 생동감 있는 느낌을 말한다.

매우 위대한 음악에서와 같이 조용함이 극적인 전개와는 대조적이어서 어떤 때는 믿을 수 없을 정도로 생동감을 줄 수도 있다. 코치는 때때로 코칭 대화는 부드럽고, 세련되고, 심지어 스마트해야 한다고 생각하기도 한다. 물론, 그럴 수 있지만 생동감을 희생해서는 안 된다.

(4) 용기

용감해지겠다는 당신의 의지는 피코치에게는 하나의 모델이 되고 거울 같은 역할을 할 것이다. 피코치를 위해 용감해질 때, 당신은 피코치만큼(어느 때는 피코치보다 더) 그들의 성공에 대해 헌신적이라는 것을 보여주게 되는 것이다. 코치는 피코치가 포기하려고 할 때 그들을 두려움과 패배의식으로부터 구할 수 있을 정도로 용감해져야 한다. 피코치 내면의 방해꾼의 소리를 무시하면서 피코치의 용감함에 호소하기 위해 거침없이 말하라는 것이다. 이렇게 하는 이유는 당신 자신의 에고를 위해서가 아니라 피코치의 삶과 가능성을 위한 것이다. 이것은 또한 피코치한테 미움을 받지 않기 위해서나 호응을 얻기 위해서가 아니고 피코치의 어젠다를 위해 헌신하겠다는 두려움 없는 다짐이기도 하다. 피코치에게서 지지를 받지 못하거나, 분노를 사거나, 심지어 해고될 수도 있는 크나큰 위험을 무릅쓰고 하는 것이다. 거침없는 용기(Fierce courage)는 피코치와 함께 끝까지 가겠다는 다짐을 보여주는 것이다.

5) 책임지기

코치가 해야 할 일은 피코치의 행동을 촉진하고 학습을 심화시키는 것이다. 코액티브 코칭 모델에서 피코치는 해답을 갖고 있고 코치는 그것에 집착하지 않는다는 것을 강조한다. 또한 피코치는 코칭 어젠다에 대한 책임을 갖고 있다고 말한다. 그러나 코치는 피코치의 행동을 촉진하고 학습을 심화시키는 데 1차적 책임이 있다는 것을 분명하게 이해하기 바란다. 그것이 바로 코칭의 책임지기(Taking charge)라는 것이다.

피코치는 코치가 이런 역할을 해 줄 것을 기대하고 의존하기도 한다. 코치는 여전히 피코치가 제시하는 해답과 춤을 추면서 그들을 더욱 촉진하고 심화시키는 방향으로 코칭을 나아가게 해야 할 것이다. 책임지기란 고집을 부리는 것이 아니다. 궁극적으로 피코치의 전진을 위한 것이다. 코치는 피코치 삶에서의 이러한 특별한 기회를 최대한 활용하기 위해 코칭의 책임지기 역할을 제대로 해야 할 것이다.

6) 책무

코칭을 차별적인 것으로 만드는 결정적 요소 중 하나가 책무이다. 책무는 피코치가 취한 행동을 측정하고 피코치가 배운 학습을 보고하는 수단이다. 우선

'책무'란 간단하게 이야기하면 '피코치가 그들이 취한 행동과 배운 학습을 설명하는 것'임을 명확하게 하자. 그것에는 어떠한 판단, 비난, 잔소리도 없는 것이다.

책무는 피코치로 하여금 그들이 행동을 계획하고, 그것을 하기로 약속하고 그들이 취한 행동, 어떤 경우에는 취하지 않은 행동으로부터 배우는 과정을 순조롭게 해 나가도록 도와준다. 또한 책무는 지속적으로 진행되는 코칭에 하나의 틀을 제공해 준다.

코치는 피코치가 약속대로 수행을 하는지, 얼마나 잘하는지를 지켜보는 것이 아니라 그들이 이루고 싶은 변화를 실현할 수 있도록 힘을 실어주어야 한다. 책무는 코칭 대화를 지속적으로 진행할 수 있도록 지탱해 주는 기초적인 틀이다.

7) 실패를 축하하기

실패는 가장 빠른 학습 방법 중 하나이다. 피코치가 그들의 삶에서 일어나서 걷겠다는 의지를 꺾지는 못한다. 피코치가 그들의 삶에서 일어나서 뛸 수 있게 하는 모험을 하려면 피코치는 넘어지고, 쓰러지고, 다시 일어나고 경험으로부터 배우겠다는 의지가 있어야 한다. 여기서 중요한 것은 학습이다. 어떤 행동에서의 실패, 심지어 행동도 하지 못한 실패에는 학습의 기회가 많이 있다. 우리가 피코치와 함께 축하하고 탐구하는 것은 바로 이런 배움의 기회를 위한 것이다.

실제로 피코치의 삶에서 의미 있는 변화를 만들기 위해 피코치는 자주 그들의 능력이나 재능을 최대한 끝까지 활용해야 한다. 때때로 그들은 너무 멀리 가서 실패를 하기도 한다. 또는 충분히 멀리 가지 않아 기회를 놓쳐 실패를 하기도 한다. 실패를 하든 성공을 하든, 중요한 목표 중의 하나는 언제나 경험을 통해서 얻게 되는 학습에 주의를 기울이라는 것이다. 그것이 우리가 실패는 가치 있는 일이라고 믿는 이유이다. 실패란 모험을 하고 실수를 하겠다는 용기와 다짐을 필요로 하기 때문에 존경할 만한 어떤 것이다. 피코치는 자주 일이 잘되는 것보다는 잘 돌아가지 않는 것으로부터 더 많은 것을 배우기도 한다.

8) 이끌어내기

코치로서 또는 코치의 역할을 하는 관리자로서 우리는 단지 문제를 풀기 위해 여기에 있지 않다는 것을 기억해야 한다. 우리가 여기에 있는 이유는 피코치나 직원들이 그들이 하는 일이나 삶에 있어서 더욱 잠재력이 풍부하고 능력 있는 사람이 될 수 있도록 도와주기 위한 것이다. 우리가 해야 할 일은 피코치에게서 이런 내면의 강점과 능력을 찾아내고 끌어내는 것이다. 우리는 피코치와 함께 그들이 겪는 일상의 이슈에서 그들의 행동을 촉진하고 학습을 심화시켜 그들이 좀 더 크고 기분 좋은 삶의 만족과 보상을 경험할 수 있도록 해야 한다. 이것이 진정으로 피코치에게 도움이 된다는 것의 의미이다.

우리가 피코치의 잠재력을 끌어내려면, 우리 자신의 잠재력도 끌어내야 한다. 때로는 망설이고, 조심스럽게 처리하고, 편하게 살고, 적은 것에 만족해서 살아가는 것이 더 쉽고 편할 때가 있다. 만약 코치인 우리가 그렇게 한다면 스스로의 양심을 배반하는 것이다. 오히려 그러한 때가 코치로서 우리가 피코치를 위해 용기를 내어 큰 소리로 이야기하고, 주장하고, 도전하고, 요구해서 피코치가 우리가 보고 있는 무한한 능력대로 살아갈 수 있도록 해야 할 때인 것이다. 우리는 사람들 속에 있는 최상을 끌어낼 수 있는 준비가 되어 있어야 한다. 그리고 때때로 그것은 우리 자신부터 시작해야 함을 의미한다. 즉, 우리 자신을 최상으로 끌어낼 준비가 되어 있어야 한다는 것이다.

9) 목표설정

뚜렷한 목표가 없으면 이런저런 많은 아이디어의 홍수 속에 둥둥 떠다니거나 끊임없이 표류할 수 있다. 목표를 설정함으로써 피코치는 무엇인가를 실현할 수 있는 행동계획과 구체적인 방향을 가질 수 있다. 당연히 목표란 피코치가 앞으로 나아가는 동안 시간이 지나면서 변할 수 있으나 우선 첫째로 해야 할 일은 목표나 최종 결과에 대한 생각을 명확하게 하는 것이다.

목표설정(Goal setting)은 크게 두 가지로 분류할 수 있다. 첫째는 미래 특정 시점에 실현할 목표이고, 둘째는 지속적으로 추진하는 목표이다.

코치의 역할은 피코치로 하여금 그들의 계획과 의도로부터 목표를 도출해 내는 것을 도와주는 것이다. 어떤 피코치의 경우에는 우선 그 목표를 관리 가능한 적절한 크기로 분할하는 것이 필요할 것이다. 분할하기 전에는 그들이 볼 수 있는 것은 모두 그들이 건너가야 할 큰 대륙이었지만, 목표를 분할한 이후에는 다수의 작은 여정으로 볼 수 있게 된다.

피코치에게 목표를 설정하는 기본적인 방법을 알려주면 그들이 성공하는 데 큰 차이를 만들 수 있게 된다. 가장 좋은 목표는 구체적이고, 측정 가능하고, 결과를 추적하거나 모니터할 수 있어야 한다. 심지어 하려고 하는 바가 정성적이라 하더라도 목표는 행동지향적(Action oriented)이어야 한다. 목표에 언제까지 하겠다는 일정이 함께 있을 경우 피코치는 더 많이 행동하는 것 같다.

목표설정이 그것을 당연하다고 생각하고 있는 코치에게는 너무나 기본적이고 당연한 것으로 보일 것이다. 그러나 그것이 기본적인 것이라 하더라도, 그 중요성과 가치를 평가절하해서는 안 된다. 코치인 당신은 목표설정 프로세스를 어떻게 다룰 것인지에 대해 피코치와 명확한 이해를 같이해야 할 필요가 있고 각각에게 가장 효과적인 방법을 찾아야 한다.

7. 해결중심 코칭스킬

해결중심 코칭은 1980년대 초 위스콘신의 가족치료운동을 기반으로 드 세이저(de Shazer, 1985)가 처음 제안한 해결중심치료에서 시작되었다. 해결중심치료는 간단한 치료로 알려져 있지만 그것이 의미하는 것은 시간의 양보다 시간을 잘 사용하는 것과 관련이 있다는 것에 가치가 있으며, 이것은 해결중심 세션에서의 모든 순간은 생산적이라는 의미이다(Yates, 2014). 해결중심 코칭은 피코치의 경험, 기술, 지식, 강점을 주로 다루면서 동시에 문제중심적 접근법과는 차이를 보인다. 해결중심 코칭에서 코치의 역할은 피코치가 작업해야 할 해결책을 이행하고 설계할 수 있도록 피코치를 격려하고 지원하며 명료화함으로써 문제를 풀어내도록 한다(O'Connell & Palmer, 2007).

해결중심 코치는 피코치의 경험을 독자적으로 해석하지 않고 피코치가 잘못해 왔던 해결방식에 대해서도 함부로 추측하지 않는다. 대신 피코치가 적절한 해결방법을 적용했던 경험을 통해 어떻게 성공했었는지를 더 잘 인식할 수 있도록 격려하고 돕는다(O'Connell & Palmer, 2007).

해결중심치료의 핵심 원리의 많은 부분이 코칭에서 광범위하게 수용되는 가정들과 유사하다. 피코치들은 많이 알고 있으며 그들 자신의 해결책을 가지고 있어 목표설정과 행동계획을 포함하며, 병리학적이 아닌 틀 안에서 작동되는 것에 중점을 두어야 한다는 생각을 포함하기(Yates, 2014) 때문이다. 이러한 해결중심 코칭은 피코치의 문제가 어떤 관계를 이루고 있는지 파악하고 그에 맞는 해결책을 제시하는 면에서 과거보다 미래에 집중하고 목표 지향적인 코칭의 정신과 일치한다(O'Connell & Palmer, 2007).

어떤 코치들은 단일한 기준으로 해결중심 코칭을 사용하기도 하였고, 어떤 코치들은 인지행동 접근과 통합하거나(Green, Oades, & Grant, 2006), 핵심모델로 해결중심 코칭을 사용하기도 한다(Berg & Szabo, 2005).

1) 성취와 행복

(1) 인간과 행복

인간은 새로운 생명을 가진 존재로 인정받으면서 태어난다. 대부분은 부모와 주위의 사랑과 관심을 받으면서 성장한다. 이처럼 사랑을 받으면서 양육되고 성장한 사람들은 사회에서 자신의 몫을 해내며 살아가고 있다. 옛말에 어린아이 한 명을 키우기 위해 온 마을 사람들이 필요하다는 말이 있다. 이처럼 한 사람이 성장하고 성숙되어 가는 과정에는 많은 사람들의 관심과 사랑이 있어야 한다는 말이다. 성인이 되어 가면서 인간은 각자가 선택한 삶의 모습으로 살아가게 된다. 어떤 사람은 자신의 꿈과 끼를 펼치면서 살아가는 사람이 있는 반면에 어떤 사람은 후회하면서 잘못을 남에게 돌리면서 살아가는 사람이 있다. 매번 결심을 하면서 실행을 못 하는 사람이 있는 반면, 자신이 결정한 것은 무조건 해내는 사람도 있다. 무엇 때문에 사람들의 인생이 달라지게 되는 것일까? 생각하게 된다.

인간이 삶에서 궁극적으로 추구하는 것은 무엇일까? 코칭을 배우고 코치로서 코칭을 통해 사람들을 만나면서 알게 된 사실이 하나 있다면 자신의 삶을 누구보다 자신이 제일 잘 살고 싶어 한다는 것이다. 자신이 하고 싶은 일을 스스로 하고 삶의 질과 좋은 관계를 맺으며 건강한 사회인으로 살아내고 싶은 마음을 가지고 있다. 학생들에게 가장 큰 고민이 무엇이냐고 물어보면 자신의 인생에 대한 고민을 가장 깊고 크게 한다. 인간으로서 인간다운 삶을 지향하는 모습은 인간만이 누릴 수 있는 가장 인간다운 모습일 것이다. 행복에 지도를 그릴 수 있다면 어떤 지도가 제작될지 궁금해진다. 행복에는 '기쁨', '만족', '즐거움', '평온', '재미', '희망' 등과 같은 긍정적인 감정의 요소가 들어 있다. 행복이라는 기준은 지극히 개인적이고 주관적인 감정이다. 내가 지금 이 순간 기쁨이 넘치지만 타인은 기쁘지 않을 수도 있다. 행복은 개인적인 만족감에서도 오지만 상대적인 부분도 있다. 자신의 욕구에 따라 인정받고 싶은 욕구가 큰 사람은 주변에서 인정하는 말을 듣는 순간 행복감을 느끼게 된다. 또 타인과의 관계 속에서 의미 있는 사람이 되는 순간에도 행복을 느끼게 된다. 자녀가 성장하여 첫 월급을 타서 부모에게 감사의 선물을 받는다면 그 순간에 행복을 느끼게 되는 것이다.

인간에게 행복은 중요한 삶의 목적 중 하나이다. 그만큼 우리는 스스로 행복을 추구해야 한다. 행복은 경쟁이 아니다. 누구보다 내가 더 행복해야 하는 것이 아니다. 자신 스스로 행복을 추구하고 느끼고 누리면 되는 것이다. 행복은 누가 가져다주는 것이 아니다. 스스로 성취하는 순간 자신의 내면에서 올라오는 진정한 행복을 누리게 될 것이다.

(2) 인간의 선택

인간은 매 순간 선택을 하게 되고, 현재의 선택에 대한 결과로 미래가 결정이 된다. 매번 학생들에게 진로코칭을 진행하면서 '선택'이라는 주제를 놓고 코칭을 하게 된다. 꼭 학생이 아니어도 성인들의 코칭 주제도 마찬가지이다. 선택을 놓고 끊임없는 고민과 고뇌를 반복하게 된다. 둘 중에 하나는 포기해야 하고 하나는 선택을 해야 하는 것이다. 자신의 내면에 답을 가지고 있지만 답을 내지 못한다. 여러 가지 이유가 있지만 지금 해야 하는 것과 하고 싶은 것에 대한 갈등이 가장 큰 이유일 것이다.

학생들은 학업에 대한 성과를 내고 싶어 한다. 좋은 성과를 가지고 자신이 가고 싶은 대학이나 전공분야를 선택하고 싶어 한다. 그 결과는 누구나 같다. 그러나 지금-현재 이 순간 어떤 선택을 하는가에 따라 각자 다른 결과를 가지고 오게 된다.

신념과 가치, 감정과 정서는 결정에 대해 선택하는 순간에 많은 영향을 미친다. 기독교 순교자들은 신앙의 신념을 가지고 순교자로서 생을 아낌없이 내놓았으며, 소크라테스, 토마스 모어, 성삼문 등 자신의 신념과 가치를 지키기 위해 모든 것을 내어 놓으며 신념을 지켰다. 신념은 인간에게 있어 가장 중요하게 생각하는 것이라 할 수 있으며, 때론 나 자신이라고도 할 수 있다. 신념은 자신이 가진 사적 논리(private logic)를 넘어서 인간이 가질 수 있는 높은 가치를 지향하며 사람들 사이에서 영향을 미치고 공동을 위한 삶을 추구하는 공동체감(common sense)을 추구하는 것이다.

NLP 관점에서 본다면 인간은 누구나 비슷한 능력을 가지고 태어난다. 즉, '인간은 누구나 자신에게 필요한 자원을 가지고 태어난다.'는 전제를 가지고 있다. 리더십이나 동기부여 능력, 학습능력, 사교성, 집중력 등 많은 잠재력을 가지고 있다는 관점에서 인간을 전인적인 관점에서 보는 것이다. 한 사람의 신념, 가치관이 어떻게 형성되었는지에 따라 사람의 선택이 달라지고 삶에 영향을 미치는 부분이 달라진다고 할 수 있다. 신념과 가치관은 자아정체성이 확립되게 하고 더 나아가 영성으로 승화되게 한다. 인간의 변화의 출발은 즉, 신념과 가치관의 체계에서부터 변화가 일어나게 되고 '선택'에 지대한 영향을 미치게 된다.

05
Chapter

코칭과 목표실행

1. 코칭목표의 중요성

코칭과정에서 가장 중요한 것은 무엇인가?

세 가지 핵심단어를 들라고 하면 목표, 방법 그리고 실행이라고 할 수 있다. 코칭은 간단히 설명하면 피코치가 원하는 목표를 잘 정하고 이를 달성할 수 있는 방법인 실행의도와 실행계획을 도출한 후 이를 실행해서 목표를 달성하는 과정이기 때문이다. 코칭과정에서 먼저 목표가 수립되어야 이후 해결방법 및 실행에 이르는 과정이 뒤따르기 때문에 피코치가 원하는 목표를 정하는 것이 무엇보다 중요하다.

목표는 일반적으로 개인이 노력을 통해서 달성하려고 하는 성과 또는 개인이 바라는 상태나 성과에 대한 내적 표상으로 정의할 수 있다. 코칭에서 목표설정은 매우 중요하다. GROW 모형에서 G가 Goal(목표)을 나타내고 있듯이 피코치가 원하는 목표를 잘 설정해서 이러한 목표를 달성할 수 있는 구체적 계획을 세우는 것이 코칭에서는 중요하기 때문에 코칭을 목표지향적 활동으로 간주하기도 한다.

Schmidt(2003)는 목표를 명확히 하는 것이 코칭을 성공으로 이끄는 데 가장 중요한 요인이라고 주장한바 있다. 또한 Smither와 Reilly도 목표설정과 목표달성을 위한 행동계획이 효과적인 코칭의 핵심요인이라고 주장하였다.

Gregory(2001) 등은 임원코칭에서도 목표설정과 피드백이 중요함을 강조하였다. 즉, 코칭을 통해 피코치가 스스로 목표를 설정하고 목표를 달성하기 위한 자신의 행동에 대해 타인으로부터의 피드백을 적극적으로 받아들이려는 노력을 하거나 또는 자기 스스로 점검하면서 자신에게 피드백을 주는 노력이 중요함을 강조하였다.

Gregory(2001) 등은 임원코칭의 성과를 높이기 위하여, 첫째, 가능한 한 피코치가 상위목표를 생각해 보도록 유도하고, 둘째, 처음에는 쉬운 목표를 설정하고 코칭이 진행되면서 좀 더 도전적인 목표를 설정하도록 하며, 셋째, 피코치의 자기효능감을 높이기 위한 노력이 필요하다고 하였다. Grant(2012)는 코칭과정에서 목표중심 코칭의 중요성을 입증하기 위하여 49명의 피코치를 대상으로

5회기 해결중심 인지행동코칭 프로그램을 실시하고 그 효과를 검증하였으며, 분석 결과 목표달성, 불안감소, 스트레스 감소 등에서 유의한 효과가 있는 것으로 나타났다.

1) 성과 창출을 위한 목표설정 5가지 원칙

피코치가 원하는 성과를 창출하기 위해서 분명한 목표를 정한다. 성과 창출이 가능하도록 하는 목표설정 원칙은 5가지가 있다.

(1) 피코치가 원하는 것을 구체적이고 긍정적으로 말하게 하라.

코칭세션에서 피코치가 원하는 목표를 말할 때 "커피를 마시고 싶지 않다. 담배를 끊고 싶다."라고 부정적인 단어로 말해서는 곤란하다. 목표를 말할 때는 구체적이며 긍정적인 문장으로 진술하는 것이 중요하다. 왜냐하면 우리의 뇌는 부정적인 문장을 처리하지 못한다. 즉, 부정적인 문장을 말하면 부정적인 문장을 그대로 받아들인다. 즉, "담배를 끊고 싶다."라고 한다면 "끊고 싶다"라는 부정적인 문장보다 '담배'라는 단어와 연결된 뇌 회로가 활성화된다. 그래서 "담배를 끊고 싶다."라고 목표를 말해도 우리의 뇌는 담배를 피우는 것을 생각한다. 따라서 피코치가 원하는 구체적인 행동이 떠오르도록 목표를 진술한다. 즉, "스트레스가 생기면 호흡을 알아차리며 심호흡을 세 번 한다."라고 원하는 목표를 진술하는 것이 효과적이다.

(2) 현재 상황을 말하게 하라.

피코치가 원하는 목표와 관련되어 현재 상황이 어떠한지를 말하게 한다. 피코치의 "스트레스가 생기면 호흡을 알아차리며 심호흡을 세 번 한다."라는 목표와 관련된 현재 상태를 말하게 한다. 즉, 피코치가 "지금은 스트레스가 생기면 여지없이 담배를 피웁니다. 하루에 30개비 정도의 담배를 피웁니다. 습관적으로 피우는 거죠."라고 말하도록 한다.

(3) 구체적인 성과(Outcome)를 말하게 하라.

피코치가 원하는 것을 성취하였을 때 무엇을 보고, 듣고, 느낄 수 있는지 말하게 한다. 마치 원하는 것이 현재 이루어진 것처럼 경험하면서 말하게 한다. 피코치가 "지금 상대방 때문에 스트레스를 받았습니다. 잠깐 눈을 감고 심호흡을 3회 하고 있습니다. 주변이 고요합니다. 몸과 마음이 편해진 것을 느낍니다."라고 상상으로 체험하면서 말하게 한다.

(4) 구체적인 증거를 정한다.

피코치가 원하는 목표를 달성했다는 증거가 무엇인지 확인한다. 앞에서 피코치가 구체적인 성과가 무엇인지 상상하면서 말하면 거기에 목표가 달성되었다는 증거를 발견할 수 있다. 즉, 목표 달성의 판단 기준을 정하는 것이다. "스트레스가 생겼을 때 3분 이내에 몸과 마음이 편해지기"로 목표 평가 기준을 정한다.

(5) 주변에 미치는 영향력(Ecology)을 확인한다.

피코치가 자신이 원하는 목표를 달성하면 자신과 주요 이해관계자 그리고 환경에 미치는 영향이 무엇인지 생각해 보도록 한다. "목표가 달성되면 나와 주요 이해관계자가 얻는 것은 무엇인지?", "잃는 것은 무엇인지?"에 대하여 생각해 보도록 질문한다.

2) 성취 가능한 미래의 성과(Outcome) 만들기

코치는 피코치가 원하는 것을 성취할 수 있도록 도와준다. 그러기 위해서는 코칭 초반에 피코치가 진정으로 원하는 것이 무엇인지와 어느 정도 수준으로 성취할 것인지 분명하게 정한다. 코치는 코칭 목표설정 절차와 방법에 따라서 피코치의 원하는 성과를 구체화하고 명확하게 한다. 코치는 "목표설정의 5가지 원칙"을 준수한다. 코치는 피코치가 말할 때 언어, 목소리 톤, 표정과 자세 등

행동에 보조를 맞춘다. 보조를 맞추면서 적극적으로 경청한다. 그러다 보면 코치와 피코치의 신뢰로운 관계가 만들어진다. 신뢰로운 관계가 형성된 것이 확인되면 코치는 효과적이고 강력한 질문으로 피코치가 코칭세션에서 성취하기를 원하는 것이 무엇이며 어느 정도 수준까지 성취할 것인지에 관하여 묻는다.

(1) 이루고자 하는 성과에 대해 긍정적이며 구체적으로 말하게 하라.

코치가 코칭세션에서 피코치가 무엇을 해결할 것인지, 성취할 것인지 말하게 한다. 즉, "○○님 5개월 동안 무엇을 성취하기를 원하시는지요?", "5개월 동안의 코칭세션에서 정말 성취되었으면 하는 것이 있다면 무엇인지요?", "조직에서 피코치의 리더십에 대하여 요구하는 것이 무엇인지요?" 등의 질문을 한다.

(2) 현재 상황을 구체적으로 말하게 하라.

피코치가 이루고자 하는 성과에 대하여 말했다면 코치가 질문한다. "그것을 성취하고자 하는데 현재는 어떤지요? 어떤 어려움이 있는지요?" 등으로 질문하여 피코치가 현재 상황을 구체적으로 말하게 한다. 피코치가 원하는 성과와 현재 상황을 구체적으로 말하면 원하는 것을 성취하고자 하는 내적인 동기가 생긴다.

(3) 성과를 구체화하라.

피코치가 원하는 성과를 달성했을 때 직접 그 자리에 있는 것처럼 말하게 한다. 그래서 성과는 "마치 지금 ~인 것처럼" 현재형으로 구체화되어야 한다. 또한 실현 가능해야 한다. 마치 성과가 달성되었을 때 오감으로 생생하게 체험하게 한다. "지금 원하는 것이 이루어졌을 때 어떻게 행동하고 있는가요? 뭐가 보이는지요? 어떤 소리가 들리는가요? 느낌은 어떤지요?" 등 오감으로 체험하도록 한다.

(4) 증거 절차들을 구체화하라(성과가 이루어졌을 때 나타나는 현상).

성과가 달성된 것처럼 상상하면서 체험한 것들에서 성과가 성취되었다는 기준을 정한다. 성취 기준을 정하는 것이다. 그것은 피코치가 이루고자 하는 목표가 된다.

(5) 바람직한 가치에 일치하는 것으로 일관성이 있는 것이 되도록 하라.

피코치가 이 성과로 무엇을 얻는지와 어떤 일을 할 수 있게 될지를 확인하도록 한다. 코치가 피코치에게 묻는다. “그것을 하고자 하는 의미는 무엇인지요? 그것을 성취하게 되면 무엇이 좋아지는지요? 그것을 성취하고자 하는 계기가 있다면 무엇인지요?” 등으로 피코치가 추구하는 가치를 명료하게 한다. 성취하고자 하는 것이 피코치가 중요하게 생각하는 가치에 부합되고 일관성 있는 것임을 알아차리도록 한다.

(6) 성과는 자기 주도적으로 하고 자기가 할 수 있어야 한다.

피코치가 자기가 진정으로 원하는 성과는 자기 주도적으로 작동한다. 자기가 정말로 원하는 것이기 때문이다. 자기가 원하는 것을 할 때 중요한 것이 있다. 자기가 할 수 있는 것에 집중하는 것이다. 자기가 할 수 없는 것, 즉 상대방이 해주기를 바라는 것이나 상대방을 바꾸려고 하는 것은 자기가 할 수 없는 영역이다. 조직에서는 자기가 할 수 있는 권한에 있는 것을 추구한다. 자기 권한 밖의 일을 하겠다고 하면 실행단계에 어려움이 생긴다. 자기 권한 밖의 일이기 때문이다.

(7) 성과가 맥락에 따라 적절한지 살펴본다.

피코치가 성과를 성취하였을 때가 언제인지, 어디에 있는지, 누구와 함께 하고 있는지 상상하게 한다. 그때 어떤 상황인지도 생각해 보게 한다. 피코치가 처해 있는 상태, 조직적인 상황 그리고 가족들과의 관계 등 시스템적으로 생각해 본다. 피코치가 처해 있는 시스템 속에서 맥락적으로 적절한지를 검토해 보게 한다.

(8) 어떤 자원이 필요한지 찾아본다.

피코치가 원하는 성과를 성취하는 데 필요한 자원이 무엇인지 찾아보도록 한다. 자원은 돈, 사람, 사물, 시간, 정보, 환경이다. 또한 피코치가 가지고 있는 자신의 특성, 경험, 강점 등도 중요한 자원이다.

(9) 반드시 Ecology(생태)에 미치는 영향을 검토한다.

성과가 달성되었을 때 나에게 미치는 영향을 알아본다. 즉, 그 성과가 이루어지면 생기는 것과 없어지는 것이 무엇인지를 말해 본다. 또한 그 성과가 이루어지지 않으면 생기는 것은 무엇인지, 없어지는 것이 무엇인지도 말해 본다. 피코치가 4가지 측면을 생각해 보면 자신이 원하는 것의 확실함을 알아차린다.

3) 코칭 목표설정 실습

코칭을 진행할 때 기본적으로 코칭 주제와 코칭세션에서 얻고자 하는 것이 무엇인지를 정한다. 3~5개월 동안 8~12회기 코칭을 진행한다. 1~2회기 코칭세션에서 피코치가 진정으로 원하는 주제와 기대수준(목표)을 설정한다. 코치는 피코치가 정한 코칭 주제와 목표를 가지고 매 회기 코칭한다. 매 회기 코칭할 때도 코치는 피코치가 원하는 주제와 세션에서 기대하는 수준을 설정한다. 대체적으로 코칭세션의 시간은 1시간이다. 1시간 코칭세션에서 다룰 수 있는 주제를 명확히 한다. 명료화된 주제에 대하여 피코치가 기대하는 수준이 어느 정도인지도 분명히 한다. 코칭 목표설정 실습은 8~12회기 코칭세션에서 1~2회기에서 다루는 주제와 목표이다. 3~5개월 동안 다룰 주제와 기대하는 목표 수준을 설정하는 실습이다. 실습 시간은 개인당 1시간이다. 주어진 질문에 스스로 코칭 목표를 작성해 본다.

① 당신은 구체적으로 실제 행동 차원에서 무엇을 원합니까?
(Outcome Frame)

② 지금 당신의 현재 상황은 어떠합니까?

- 원하는 상태를 못 이루게 방해하는 것은 무엇입니까?
- 당신에게 원하는 성과를 가져오게 하는 자원이 있다면 그것은 무엇입니까?

③ 목표를 달성했다는 것을 어떻게 알 수 있나요?
(오감에서 일어나는 경험과 상황을 생생하게 진술한다. 마치 목표가 달성된 상태를 지금 체험하고 있는 듯이 진술한다.)

④ 목표를 달성했다는 것을 나타내는 구체적인 증거는 무엇입니까? ③번 질문에서 목표가 달성된 것을 구체적으로 상상한 것 중에서 목표가 성취되었음을 확인하는 핵심요소는 무엇인가요?

⑤ 목표가 달성되면 당신에게는 어떠한 의미가 있습니까?
(Meta-outcome Frame)

- 목표가 달성되면 생기는 것은 무엇인가요?
- 목표가 달성되면 없어지는 것은 무엇인가요?
- 목표가 달성되지 못하면 생기는 것은 무엇인가요?
- 목표가 달성되지 못하면 없어지는 것은 무엇인가요?

2. 코칭목표의 종류

1) 목표위계(goal hierarchy)

(1) 목표위계의 개념

목표위계는 단순 회상에서 문제해결, 평가에 이르는 인지적 목표의 범위를 기술한 목표들의 위계화를 의미한다. 일상생활에서 개인의 목표는 계층화(goal hierarchy)되어 있다고 볼 수 있다. 즉, 상위의 목표가 있고 그 아래 상위의 목표를 달성하기 위한 하위목표가 있게 된다. 내년에 공무원 시험에 합격하겠다는 목표를 세웠다면 이를 달성하기 위한 구체적인 공부계획을 수립하게 되며 이 공부계획이 하위목표가 되는 셈이다.

(2) 상위목표의 중요성

코칭에서의 목표위계는 목표사다리로 표현될 수 있다. 목표사다리도 목표위계와 같은 의미로 해석할 수 있다. Jinks와 Dexter(2012)는 코칭과정에서 코치는 피코치가 언급한 코칭목표에 집중할 것이 아니라 피코치가 진정으로 삶에서 원하는 가치나 궁극적 목표(ultimate goal)에 대해 파악할 필요가 있다는 점을 강조하고 있다.

코치는 피코치가 제시한 코칭목표에만 머물지 않고 피코치의 상위목표를 탐색할 필요가 있다. 상위목표를 탐색하게 되면 결국 궁극적으로 피코치가 삶에서 진정으로 원하는 것을 다루게 되고 이를 최종목표로 두게 되면 피코치는 자신이 정말로 원하는 목표를 달성하기 위해서 더 많은 노력을 하게 되어 목표에 대한 몰입도가 높아지며 코칭과정에도 더 적극적으로 몰입할 가능성이 높아지기 때문이다.

코치는 피코치가 코칭 초반에 얘기한 목표를 너무 단순화해서 이를 구체화시키는 것이 중요하다는 생각만 가지고 코칭을 진행하는 것은 바람직하지 않을 수 있다. 결정은 코치의 몫이며, 목표설정 과정이 단순하지 않고 복잡한 과정이라는 점은 명심할 필요가 있을 것이다.

2) 목표의 종류

(1) 회피와 접근 목표

회피(avoidance) 목표는 목표를 제시할 때 부정적인 데서 벗어나는 것으로 표현하며 접근(approach) 목표는 긍정적으로 표현하는 것을 의미한다. 예를 들어, 반에서 꼴찌 하는 학생이 목표를 학교에서 꼴찌 하지 않는 것으로 정하면 회피목표가 되는 반면에 10등 올리기와 같이 긍정적으로 표현하면 접근목표가 된다.

일반적으로 코칭과정에서 코치는 피코치가 목표를 제시할 때 접근목표 방식을 활용하여 가능한 긍정적으로 표현할 것을 권유할 필요가 있다.

(2) 수행과 학습 목표

수행(performance) 목표가 강한 사람은 다른 사람으로부터 인정을 받기 위해 목표를 달성하려고 노력하는 반면에 학습(learning) 목표를 중시하는 사람은 새로운 것을 배우기 위해, 즉 자기 성장을 위해 목표를 달성하려고 노력한다.

(3) 보완과 경쟁 목표

코칭과정에서 피코치가 원하는 여러 목표가 서로 경쟁 또는 갈등을 일으키는 경우가 있다. 예를 들어, '가족을 위해 가정에서 더 많은 시간을 보내고 싶다.'와 '빨리 승진하고 싶다.'는 서로 갈등 또는 경쟁 관계에 있게 된다. 보완목표는 피코치가 언급한 다양한 목표가 서로 보완관계에 있어서 하나의 목표를 달성하면 다른 목표를 달성하는 데 도움이 되는 것을 의미한다. 코치는 코칭과정에서 피코치가 언급하는 여러 목표가 서로 경쟁관계에 있는지 또는 서로 보완관계에 있는지를 파악해서 이를 피코치가 이해하도록 만들 필요가 있다.

(4) 자기일치 목표

일상생활에서 개인은 수많은 목표를 세우게 된다. 목표가 개인이 진정으로 달성하기를 원하는 경우 이를 달성할 가능성이 높아진다. 메타분석 결과에 다르면 자기일치 목표의 경우 그 효과는 d= .37로 나타났다.

Koestner 등은 목표 달성을 위한 행동의 실행을 높이기 위해서는 실행의도 못지않게 자신이 세운 목표가 얼마나 자신이 원하는 목표인지가 중요하다는 결과를 보고하였다.

분석 결과 자기일치 목표는 목표달성과 유의미하게 관련되었으며 실험집단이 통제집단에 비해 목표달성이 높게 나타났다. 또한 집단과 자기일치 목표 간의 상호작용도 유의하게 나타났으며, 이는 자기일치 목표일수록 실행의도 집단에서 목표달성이 더 높게 나타났음을 의미한다.

코칭과정에서 코치는 피코치가 목표달성을 위해 구체적인 실행의도를 수립하도록 하는 것 이외에 피코치가 설정한 목표가 자기일치 목표인지를 확인하는 과정이 중요하다는 것을 시사한다. 코칭과정에서 코치는 피코치가 정한 목표가 앞서 기술한 네 가지 가운데 어떤 목표에 속하는지를 탐색해 보는 것도 필요하다. 이를 위해 피코치에게 왜 그러한 목표를 정하게 되었는지에 대한 이유나 해당 목표를 중요하게 생각하는 이유는 무엇인지를 물어보는 것이 도움이 될 수 있다. 예를 들어, 피코치가 공부를 열심히 하려는 이유가 단순히 부모로부터 용돈을 받기 위해서이거나 그렇게 하고 싶지는 않지만 학생이니까 공부를 해야 되기 때문이라고 답한다면 코치는 이를 자율적 목표로 수정하는 노력을 기울일 필요가 있다.

3. 코칭목표 실행

1) 실행의도 내용 및 효과

행동 변화에 관한 전통적인 연구들은 행동의도가 중요함을 강조한다.

Gollwitzer는 행동 변화가 일어나기 위해서는 단순한 목표 의도보다 특정 상황에서 목표를 구체적으로 어떻게 실행할 것인지를 결정하는 것이 더 중요함을 강조하였다. 즉, 단순히 살을 빼기 위해 조깅하겠다가 아니라 살을 빼기 위해 집 근처 공원에서 매일 아침 7시에 일어나 조깅하겠다와 같이 구체적인 계획을 세우는 것을 의미한다.

2) 실행의도의 효과 이유

이러한 실행의도의 효과와 관련해 앞서 기술한 연구 이외에도 많은 연구가 실행되었으며, 메타분석 연구에 따르면 실행의도와 행동 간의 관련성 d= .65로 나타나 실행의도의 효과가 큰 것으로 보고된바 있다.

실행의도의 효과와 관련된 연구에서 목표의도의 역할 또한 중요한 것으로 나타났다. 실행의도의 효과만 중요한 것으로 강조하다 보면 개인이 달성하려는 목표의도의 역할을 등한시할 수 있지만 연구 결과에 따르면 목표의도는 실행의도와 목표달성 간의 관계를 조절하는 것으로 나타났다. 즉, 목표의도가 강할 때 실행의도의 효과가 강하게 나타났다.

코칭과정에서 무엇보다 피코치가 수립한 목표를 달성하려는 의도가 강하고 또한 목표달성을 위한 실행의도가 강할 때 코칭의 효과가 크게 나타난다고 볼 수 있기 때문이다. 피코치의 목표의도가 강하도록 하기 위해서는 코치는 피코치가 앞서 기술한 자기일치 목표를 세우도록 이끌어 가고 적절하게 피드백을 제시하면서 점검할 필요가 있다.

3) 목표와 자기효능감

Luszczunska 등(2010)은 자기효능감이 행동 변화에 직접적인 영향을 주는 동시에 실행의도와 상호작용하여 행동 변화에 영향을 주는 것을 밝힌바 있다. 조절된 매개모형 검증을 통해 분석한 결과 목표의도는 실제운동에 유의한 영향을 미치지 못했으며 시작 시점에서의 운동활동, 구체적 계획수립 그리고 자기효능감은 실제운동에 유의한 영향을 미치는 것으로 나타났다.

코칭 진행 과정에서 피코치가 구체적인 실행계획을 제시할 때 코치는 피코치의 실행의지뿐 아니라 이를 실행할 수 있는 자기효능감이 있는지를 파악할 필요가 있으며, 실행 자기효능감이 낮은 경우 이를 높일 수 있는 방법을 모색한 후 코칭을 마무리할 필요가 있다.

4. 코칭목표 효과

1) 심리적 대조

목표설정 과정에서 목표를 달성하기 위해서는 목표에 대한 몰입도가 높아야 한다. Oettingen(1999)은 목표를 달성하기 위해 몰입하는 정도를 높이기 위해 심리적 대조라는 방법을 제시하였다. 이 방법은 개인이 자신이 생각하고 있거나 수립한 목표를 달성하게 되면 미래에 얻을 수 있는 긍정적 성과에 대해 생각해 보고 동시에 현 상황에서 이러한 성과를 얻는 데 장애요인으로 작용하고 있는 것이 무엇인지를 생각해 보게 하는 것이다. 이를 통해 괴리감을 인식하고 이를 해소하기 위해 목표에 몰입하게 된다는 것이다.

Oettingen, Pak과 Schnetter(2011)는 전체 집단을 심리적 대조를 하도록 한 집단, 미래의 긍정적 성과에 대해서만 생각하게 한 집단 그리고 현재의 부정적 장애요인에 대해서만 생각하게 한 집단 등 세 개의 집단으로 구분한 후 인지, 감정, 행동(노력, 수행정도) 등 다양한 종속변인에서 세 집단의 차이를 비교하였다. 분석 결과, 심리적 대조집단에서 모든 종속변인의 값이 가장 높게 나타나서, 미래의 긍정적 성과와 현재의 장애요인을 동시에 생각하는 것이 목표몰입도를 가장 높게 만드는 것으로 나타났다.

2) 시각화

목표관련 행동을 시각화하는 것도 목표를 달성하는 데 도움이 될 수 있다.

예를 들어, 다이어트를 위해서 체중을 10kg 감량하는 것을 목표로 삼고 매일 저녁 30분씩 근처 공원에서 걷겠다고 한 경우 이 걷는 모습을 시각화하여 머릿속에서 상상하게 하는 경우 효과를 볼 수 있다. Pham과 Taylor(1999)의 연구에서 시험공부하는 모습을 머릿속에서 시각화하도록 훈련받은 학생들은 더 공부를 많이 했고 성과도 더 높은 것으로 나타났다.

이와 같이 코칭에서는 목표설정과 목표달성이 중요하다고 설명할 수 있다. 위에서 기술한 내용 가운데 목표설정에 관한 내용은 목표위계와 목표의 종류로 볼 수 있다. 목표설정 시 코치는 피코치의 상위목표에 대해 물어보거나 목표를 제시할 때 회피가 아닌 접근목표로 제시하도록 이끌어 갈 필요가 있다. 또한 코치는 피코치가 얘기한 목표가 자기일치 목표인지를 확인할 필요가 있다.

목표달성과 관련된 내용은 먼저 실행의도를 들 수 있다. 코치는 피코치가 실행계획을 세울 때 구체적으로 어떤 상황에서 어떻게 행동하겠다고 얘기하도록 이끌 필요가 있다. 또한 코치는 피코치의 목표달성 가능성을 높이기 위하여 심리적 대조와 시각화 방법을 활용할 수 있을 것이다.

06
Chapter

습관행동 변화

1. 습관의 힘

1) 습관의 패러다임

인간이 불행한 것은 자기가
행복하다는 것을 모르기 때문이다.
이유는 단지 그것뿐이다.
오직! 그것을 자각한 사람은 곧 행복해진다. 일순간에!

-도스토옙스키

습관은 하나의 행동이 아니라 연속적으로 이루어지는 행동으로 이루어진다. 오늘 하루 했다고 해서 습관이라고 하지 않는다. 자신의 행동을 습관으로 바꾸고 익숙해지는 시간은 약 21일의 시간이 걸린다. 그만큼 한 동작이 우리의 뇌에 기억이 되고 저절로 행동으로 나오는 데까지는 수많은 지속 반복이 필요하다는 것이다.

끈기는 자신에게 의미 있는 목표에 대한 열정에 대한 지속력이다.

끈기는 굉장한 능력이다. 스누피의 아버지 찰스 슐츠는 다른 사람이 자신을 인정하지 않았다고 해서 결코 쉽게 포기하지 않았다. 그는 끈기 있는 사람이었다. 끈기라는 능력은 사람에 따라 익히기 쉽지 않는 능력이기도 하다. 모죽(毛竹)이라는 대나무는 아무리 성장에 필요한 영양분을 공급하더라도 심은 지 5년째까지는 눈에 띄는 변화가 없다고 한다. 그렇지만 5년이 지나면 하루에 70센티미터씩 자라기 시작해서 그 후 6주 동안 계속 자라나 결국에는 30미터가 넘는 키의 대나무가 된다. 그만큼 이 모죽(毛竹)은 준비하고 또 준비하여 자신의 기반을 닦은 후 '어느 순간' 결과를 내는 것이다. 우리가 어떤 결과를 내는 것도 모죽(毛竹)의 원리와도 같다. 일단 스스로 잠재력을 믿었다면 그 후에 바로 성과가 나지 않는다 하더라도 실망하지 않고 끈기 있게 나갈 때 분명히 우리에게도 성장과 성공의 그 어느 순간이 찾아올 것이다. 수없이 많은 '도끼질이 거대한 참나무를 쓰러뜨릴 수 있다(Many strokes fell great oaks).'라는 말처럼 아무리 거대한 목표나 당장에는 무리로 보이는 목표도 이 둘만 있으면 분명 마냥 바라보는 꿈이 아니라 언젠가 현실화될 수 있다.

코칭에서 긍정적 자기개념과 목표를 향한 끈기야 말로 성공을 위한 필수 조건이다. 나를 믿는 것은 인생에서의 목표를 달성하게 도와주는 자동 온도조절 장치에 해당한다. 우리의 콤플렉스를 극복하고 인생의 장애물을 넘어가기 위해서는 '나는 할 수 있다', '나는 가치 있는 사람이다'라는 사실을 진심으로 받아들이고 끈기를 가지고 나가야 한다(유지은, 2011).

끈기의 결과로 우리는 습관을 얻게 되고 이 과정을 통해 재능을 발견하기도 한다. 우리의 일상에서 신발 끈을 묶는 행동을 떠올려 보면 행동의 연속이면서 반복되고 의식하지 않고 스스로 하고 있는 행위이다. 운전을 하면서 가야 할 목적지가 있는데 습관처럼 평상시 가는 길로 가는 경우도 있다. 이런 행동들이 우리의 뇌에 기억이 되면서 습관이 되어 버린 것이다. 좋은 습관이란 무엇일까? 우리 모두 좋은 습관을 가지고 싶어 한다. 그것은 자신이 무엇인가 하고자 결심하면 바로 지속 반복적으로 꾸준히 해서 만족할 만한 결과를 만들어 내어 만족감을 가져다주는 것이 아닐까 한다. 그러나 우리가 하고 있는 행동의 습관은 좋은 습관만 있는 것이 아니다. 바꿔야지 하면서 바꾸는 것이 어려운 경우가 더 많다. 우리의 기억에서 이 습관은 나쁜 것이니까 삭제하고 싶다고 하여 삭제할 수 있는지 생각해 보자. 오랜 시간 동안 반복적으로 한 행동이 있다면 행동의 알고리즘은 이미 장기기억에 저장되어 있다. 〈습관의 알고리즘〉에 의하면 어떤 일을 겪으면서 기억의 형성이 시작되지만 오랜 시간 장기기억이 형성되려면 긴 시간에 걸쳐 '생물학적 프로세스'가 일어나야 한다고 한다. 이를 기억공고화(memory consolidation)라고 한다. 영속적인 기억의 형성된 과정은 뉴런 내에서 단백질 키나아제라는 소분자가 활성화되는 세포과정에서 시작되고 뉴런 간의 연결을 강화하여 장기적으로 기억을 유지할 수 있도록 뉴런의 구조를 변화시키는 데 관여한다고 한다.

이렇게 장기화된 기억은 우리의 머릿속에 하나의 지도를 만들어 놓는다. 이 지도를 우리는 패러다임이라고도 부르고 경험이라고도 한다. 패러다임은 우리가 세상을 바라보는 방식이다. 이때 바라보는 것은 눈으로 보는 것이 아닌 인지하고 이해하고 어떻게 해석하는가에 따라 각자 다르게 바라보는 것을 말한다.

코칭할 때 코치의 각자 설명하는 방식도 다르고, 하나의 사건을 바라보는 방식도 각각 다르다. 그리고 그 안에 부여한 자신만의 의미도 모두 다르다. "그 일은 당신에게 어떤 의미인가요?란 질문을 하면 자신이 바라보고 해석하는 의미에 대해 이야기한다. 자신만의 고유한 느낌을 말하는 것이다. 코칭에서 집중해서 경청해야 하는 것이 바로 이 패러다임의 깊은 의미를 듣는 것이라 할 수 있다.

부정적 패러다임으로 지도를 그렸다고 생각해 보자. 모든 행동과 해석하는 방식은 부정적으로 해석하게 된다. 남을 속이면서 살아온 사람은 다른 사람의 진정성을 부정하게 된다. 또한, 장기기억된 기억을 삭제한다는 것은 쉽지 않다. 어느 순간 비슷한 환경이 형성되면 자신도 모르게 장기기억에 저장된 행동과 생각을 하게 되기 때문이다. 이렇듯 오랜 시간 기억이 자리 잡고 나면 우리는 멈추는 것이 더 이상 결심만으로 되는 것이 아님을 알게 된다.

따라서 습관이 형성되는 과정까지는 무의식적인 행동과 의식적인 행동들이 수많은 반복을 거듭하며 형성된다. 변화가 일어난다는 것은 자신의 습관이 어느 순간 낯설게 느껴지는 것을 알아차리는 것이다. 코칭과정을 통해 세상을 바라보는 패러다임이 바뀌는 순간, 반복되는 감정을 알아차리게 되는 순간, 내면의 신념과 가치관이 변해 가는 순간들을 들여다보며 행복해지기 위한 습관을 스스로 만들어 갈 길을 찾아야 한다.

2) 선택은 습관이 되고 습관은 행동이 되고 행동은 삶이 된다

지금의 나는 어린 시절부터 형성된 습관의 결과라고 할 수 있다. 인간은 누구나 자신이 태어난 환경으로부터 영향을 받는다. 어떤 사람은 '가족 중에 좋은 대학을 나온 사람이 없다.'고 자신은 공부를 해도 소용이 없다고 생각한다. 자신의 환경을 탓하면서 스스로 할 수 있는 도전을 포기해 버리는 것이다. 그리고 내가 성장할 수 없던 이유를 환경으로 돌려버린다. 어떤 사람은 가족 중에 좋은 대학을 나온 사람이 없지만 나는 내 비전을 위해서 학업을 지속하고 도전해 보고 싶다는 사람도 있다. 그는 환경을 탓하기보다는 그 환경이 나에게 도전하는 데 더 힘이 되었다고 말할 것이다.

이처럼 패러다임에 의해 우리는 생각을 하게 되고 행동으로 이루어진다. 이 행동에는 그 일을 대하는 방식, 즉 '태도'라는 것도 포함되어 있다. 생각을 부정적으로 하는 것보다는 긍정적으로 하는 것이 자신이 달성하고 싶은 목표를 달성하는 데 더 도움이 된다. 긍정적인 태도는 관계에도 지속적 영향을 미치게 된다. 불평과 불만만 계속 이야기하는 사람과 몇 번 만나고 나면 그 사람을 다시 만나고 싶지 않다. 성공하는 사람들의 관계형성의 태도를 살펴보면 긍정적인 패러다임을 가지고 일을 하고 사람을 대한다는 것을 알 수 있다.

이렇듯 우리가 어떤 생각을 가지고 살아가는 것이 인간 내면의 본성에 오랜 시간이 내재되어 자신만의 원칙과 반복된 생각과 행동이 결합하여 습관이 되어 나를 만들고 삶의 형태를 만들어 가는 것이다. 스티븐 코비의 성공하는 사람들의 7가지 습관에서 자신의 삶을 주도하라는 내용은 결국 자신이 할 수 있는 것을 선택하고 행동하라는 것을 말한다. 자신이 원하는 목표에 다가서기 위해, 성공한 자신의 모습을 보기 위해, 행복을 느끼고 살아갈 나를 위한 선택을 지금, 이 순간에 하라는 것이다. 자극이 나에게 왔을 때 과거의 내가 선택한 것과 다른 선택을 해야 한다는 것을 말하고 있다. 우리가 살아가면서 우리에게 놓여 있는 환경을 무시할 수는 없다. 그러나 선택은 우리의 자유이다. 실패하던 습관을 선택할 것인가 아니면 나의 삶을 좀 더 풍성하게 만들고 매 순간 행복을 느끼며 살아갈 선택을 할 것인가는 결국 나의 몫이다. 해피 라이프를 위해 습관에서 행동 패턴을 파악하는 것은 아주 중요하다.

3) 행동 패턴이 가진 힘

자신의 삶의 패턴을 돌아다보면 반복적인 행동 패턴으로 생각하고 행동하고 말하고 있는 자신을 발견하게 될 것이다. 패턴의 반복은 자신의 내면과 생각에 객관적이고 중립적인 판단을 내릴 수 있는 기준을 주는 것이 아닌 주관적인 판단과 해석이 들어간 패러다임에 의해 다음의 선택에 어떠한 형태로든 영향을 미치게 된다. 이러한 패턴은 자신도 모르는 사이 다른 사람들과 비교하면서 열등감에 놓인 자신을 마주하게 된다. 이러한 열등감은 자존감, 리더십, 대인관계, 학업성적 등에 영향을 미치게 된다.

W. 휴 미실다인의 책『몸에 밴 어린 시절』은 우리가 어린 시절부터 살아온 방식이 습관이 되어 생활방식이나 관계형성 등 모든 면에 영향을 끼친다고 한다. 사람은 누구나 변하고 싶어 한다. 매년 새해가 되면 우리는 변하기 위한 새로운 결심을 하게 되지만 매년 연말이 되면 다시 내년에 꼭 할 거야 하면서 또 다른 새로운 결심을 하면서 반복된 행동을 한다. 우리가 결심을 했지만 이루지 못하는 것은 여러 가지 이유가 있을 것이지만 내면의 문제와 습관 형성이 되어 있지 않기 때문이다.『몸에 밴 어린 시절』은 9가지의 양육패턴을 소개하고 있으며 어린 시절부터 몸에 밴 패턴이 현재의 삶에 어떤 영향을 미치고 있는지 알려주고 있다. 그러나 우리가 어떤 영향을 미치는지 안다고 해서 쉽게 바꿀 수 있는 것은 아니다. 인지하고 있지 못하는 경우도 많지만 인지하더라도 이미 생각의 패턴은 익숙한 방법으로 생각이 흐르고 있어서 생각이나 행동이 나의 의도와 상관없이 나타나기 때문이다.

A씨는 어린 시절 많이 울었다. 엄마는 A씨가 우는 걸 싫어했다. 속상한 일이 있어서 울고 있으면 엄마는 늘 먼저 오셔서 문제를 해결해 주고 말로 상황 정리를 하셨다. 엄마의 의도는 자녀가 울거나 속상해하는 모습을 보는 게 쉽지 않았을 것이다. 그러나 A씨는 어른이 되어서 갈등의 상황이나 속상한 상황이 생기면 견디기 어려워졌고 누군가 와서 빨리 해결해 주기를 기다리고 있는 자신을 보게 되었다. 감정을 어떻게 다루어야 하는지, 나 스스로 어떻게 위로를 해야 하는지, 상황을 이기기 위해 무엇을 해야 하는지 방법도 생각이 안 나고 마음만 힘들어졌다. 해결하기 어려운 상황이 지속되면 무기력함을 느끼게 되고 포기하게 되는 자신을 보며 좌절감을 느끼게 되었다. 코칭을 진행하면서 익숙해져 버린 자신의 감정처리에 대해 이전과 다른 방법을 스스로 찾아보기로 했다. 여러 가지 시도를 해보면서 자신의 감정 처리의 방법을 하나하나 찾아가면서 자신감이 생겼고, 자존감이 올라갔다.

자신에게 주어진 능력을 자신이 가장 원하는 분야에서 펼치면서 살아가고 싶은 마음은 누구에게나 있다. 누구보다 능력이 있고, 성공적이고 꽤 괜찮은 사람으로 보이고 싶어 한다. 나를 가장 잘 아는 것은 내 안에 잠들어 있는 잠재력을 발견하고 발휘하지 못한 나를 만나는 것이다. 그만큼 내 안에서 만나지 못한 감정과 행동 패턴을 찾고 자신만의 방법을 찾아가면서 회복하는 것이 필요하다.

4) 습관의 변화

습관은 우리의 의지의 문제로 해결할 수 있는 것이 아니다. 우리는 매년 새로운 계획을 세우지만 달성하기는 어려워하고 매번 반복되는 실패를 반복하게 된다. 그 과정에서 우리 내면에는 자신에 대한 믿음이 약해지고 상실을 경험하게 된다. 왜? 나만 안 되는 것인가? 이 질문을 반복하다가 보면 결국 나는 무엇이든 못 한다는 생각을 하게 된다. 이처럼 습관은 더 이상 마음가짐에 대한 문제가 아니다. 마음가짐으로 해결하기 위해 수많은 시도를 했어도 성공률이 낮다는 것이 이를 증명한다. 행복해지기 위해 다짐을 하고 긍정적 생각을 하려고 수많은 노력을 한 번쯤 경험했을 것이다. 한때 '감사 찾기' 운동 통해 감사가 습관화되면 행복해진다고 믿고 반복해서 지속했었다. 감사를 찾으면 그 순간만큼 기분은 한결 나아지는 효과를 보게 된다. 그러나 잠시 나아지는 것으로 행복해지는 습관이 형성되는 것은 어렵다. 이것은 습관을 말로 고쳐 보려 했기 때문이다. 습관은 생각만 바꾸는 것이 아닌 바뀐 생각을 행동으로 옮기는 가장 큰 알고리즘이 빠져 있었기 때문에 습관화가 되기 어려웠던 것이다. 우리가 변화하고자 하는 부분의 습관에서 작은 성공을 경험해 보자. 작은 성공은 우리의 뇌에 긍정적 영향을 주어 다음 도전을 할 수 있도록 자동적으로 생각과 행동을 지지해 주는 방향으로 간다. 이러한 알고리즘을 통해 포기하지 않는 끈기와 지속력은 반복된 행동을 통해 습관이 된다.

습관의 변화를 위해 환경이 우리의 행동 변화에 영향을 미친다는 것을 알아야 한다. 우리에게 주어진 환경에 의해 행동을 선택하게 되고 반복된 행동은 습관이 된다. 습관은 하루에 만들어지는 것이 아닌 지속, 반복에 의해 뇌에 장기 저장이 되기 때문에 습관을 바꾸는 것은 어려울 수밖에 없는 과제이다. 무엇인가 자신의 변화를 원한다면, 평상시 하고 싶었지만 하지 못했던 일들, 개선하고 싶은 것들에 도전하고 이어 행동 변화를 원한다면 나에게 익숙한 환경을 바꾸는 노력이 필요하다. 또한, 자신이 진정 원하는 것을 찾아 지속 반복적으로 목표를 지향하는 것이다. 장기적으로 자신이 이루고 싶은 목표를 설정하고 지속적으로 끈기를 가지고 도전하는 것이다. 그 과정에서 나오는 행동의 알고리즘을 파악하여 자신의 목표에 유리한 알고리즘을 연결하는 것이 도움이 된다.

2. 습관 형성에 영향을 미치는 요인

습관은 모든 사람들에게 두 가지 얼굴을 가지고 다가온다. 하나의 얼굴은 부정의 습관이고 또 하나의 얼굴은 긍정의 습관이다. 우리는 성장하면서 습득된 경험이 다음을 선택하는 기준이 된다. 이 경험이 쌓여 반복된 부정적 행동을 하게 되는 결과를 얻게 된다. 이 결과는 나도 모르는 사이에 행동과 언어가 부정적으로 되어 있는 나를 만나게 될 것이다. 부정적인 말과 더불어 행동까지 부정적으로 한다면 당신 주변의 사람들은 멀리 떠나갈 것이다. 습관의 또 다른 얼굴은 긍정이다. 긍정을 매 순간 생각하는 것은 매우 어려운 일이다. 불평을 말하고 불만을 말하고 남의 탓을 하는 게 쉬운 해결법이기 때문이다. 그럼에도 불구하고 행복한 삶을 살아가기 위해 우리는 의도적으로 긍정적 생각을 하는 습관을 해야 한다. 우리 스스로 가지고 있는 내면의 밝은 면을 의도를 가지고 꺼내야 한다. 누군가를 용서하고, 상황이나 환경 속에서 긍정적 면을 찾으려 하며, 삶의 찬란한 부분과 축복의 부분을 찾아야 한다. 이러한 습관을 통해 긍정적 언어를 사용하고 있는 자신을 발견하게 될 것이다. 당신의 삶에서 행복을 추구하고 싶다면 매일 자동적으로 긍정적 사고가 일어나는 것을 목표로 삼아야 한다. 이렇듯 긍정적 습관은 관계, 환경, 상황에서 어려움을 극복하게 하는 데 큰 힘이 되도록 도와준다. 습관의 두 얼굴은 우리의 삶에 지대한 영향을 미칠 만큼 가까이 있다. 습관의 결과는 나의 선택에 있고 그 선택의 결과가 우리의 삶의 방향을 정하는 것이다.

3. 습관행동 변화 방법과 대안

1) 의미 있는 목표

사람들은 자신 스스로 선택하는 삶의 모습으로 살아가고 있다. 단지 스스로 선택하는 삶이라고 인지하지 못할 뿐이다. 어떤 사람들은 일을 평생의 목표로 살아가면서 그 안에서 자신만의 의미를 찾으며 헌신하면서 살아간다. 또 어떤 사람들은 가족을 위해 삶의 거의 모든 부분을 헌신하며 살아가는 데 의미를 두면서 살아가기도 한다. 그 내면을 살펴보면 자신만의 목표를 이루기 위해 최선의 선택을 하면서 노력한다.

자신의 목표를 '돈을 많이 벌자!', '멋지고 큰 집을 살 거야!' 등 대중적이고 일에 대한 목표만 향해서 최선을 다하는 사람은 언제가 자신의 목표에 대한 목적을 잃게 되는 순간 엄청난 허탈감에 빠지는 경우를 보게 된다. 이런 과정을 통해 번아웃이 찾아와 무기력을 느끼게 된다. 그때 추구한 목표가 잘못된 것은 아니다.

목표를 설정하는 데 자신만의 비전이나 사명을 정의할 수 있는 의미 있는 목적의식이 중요하다. 그 이유는 헌신적인 목표를 추구하는 과정에서 의미 있는 목표를 가지고 달성하기 위해 지속 반복하면서 견디는 과정을 통해 자신감과 능력을 얻게 되면서 자존감이 강화된다.

의미 있는 목표를 설정하기 위해 '왜?'라는 질문을 스스로에게 해보는 것이 필요하다. 이 질문에 반복적으로 답을 해보면 궁극적인 답을 스스로 찾아갈 수 있게 된다.

"그렇게 하는 이유는 무엇인가요?"
"그 이유가 당신에게 어떤 의미가 있나요?"
"그 의미가 당신에게 중요한 이유는 무엇인가요?"

스스로에게 이 질문을 반복적으로 해보자. 답변을 하는 가운데 자신의 내면에서 나오는 진정한 소리를 들을 수 있게 될 것이며 궁극적으로 자신이 원하는 최상의 목표에 다다르게 되는 것을 알게 될 것이다. 지금 이 순간 자신에게 스스로 질문을 해보자. 질문에 질문을 더하면서 답을 찾는 순간에 내면에서 올라오는 에너지를 느낄 수 있게 된다. 때로는 머릿속에 전구가 들어오듯, 산소가 들어오듯 명쾌해지고 환해지는 경험을 하게 될 것이다. 그러나 이 질문을 반복하는 과정에서 많은 에너지가 들게 된다. 스스로 대답을 하면서 자신을 격려하기도 하면서 에너지를 주는 지지를 통해 끈기를 발휘해 끝까지 반복하는 것을 권한다.

의미 있는 목표를 찾았고 그 목표가 내가 추구하는 가치와 맞을 때 우리는 행복과 즐거움을 느끼게 된다. 하지만 이 같은 질문을 하더라도 의미 있고 가치 있는 목표를 찾기 어렵다면 다음과 같은 질문을 해보자.

"나는 이 일을 통해 어떤 사람으로 기억되고 싶은가?"
"나의 삶에 남기고 싶은 것이 있다면 무엇을 남기고 싶은가?"
"나의 목표를 위해 우선순위를 설정한다면?"

습관은 삶을 살아가는 방식이라고 할 수 있다. 당신의 모든 행동 습관에 의미를 두어보자. 개인적으로 사람들에게 남기고 싶은 유산은 무엇인지 글로 써보면 더 명확해질 수도 있다. 손주를 키우는 할머니 한 분을 코칭한 경험이 있다. 자녀들의 부탁을 거절하기도 어렵고 자신이 자녀들을 위해 도와줄 수 있는 방법이 손주를 돌보는 것으로 생각하고 양육을 돕고 있었다. 그러나 시간이 지나면서 손주를 돌보는 일이 의미 없고 자신의 삶을 낭비한다는 생각이 들면서 더 이상 하고 싶지 않아 힘들어하셨다. 자신이 하는 일에서 의미 있는 가치를 찾지 못했기 때문에 손주를 양육한다는 목표 자체가 흔들리고 있는 것이다.

"어떤 삶을 살기 원하세요?"
"살고 싶은 삶의 모습은 어떤 의미가 있을까요?"
"지금 나 자신에게 가장 중요한 것은 무엇인가요?"
"손주에게 어떤 할머니로 기억되고 싶으세요?"
"후손에게 물려주고 싶은 정신적 유산은 무엇인가요?"

코칭 질문에 답을 하면서 할머니는 조용히 자신의 삶을 돌아보면서 지금 이 순간 가장 가치 있는 것이 무엇인지 찾게 되었다. 그리고 손주를 양육하는 과정이 목표가 아닌 손주에게 남길 것과 자신의 인생을 가치 있게 살아가기 위해 자신만의 시간을 갖는 것 등 다양한 방법을 찾으면서 얼굴에 웃음이 번져 갔다. 할머니는 코칭을 통해 의미 있는 목표를 찾으신 것이다. 인생의 유산을 자신과 후손에게 남기기 위해 삶을 대하는 습관을 긍정적으로 변하는 것으로 선택하셨다.

2) 가치관을 시간으로 전환

세계판촉물협회에서 미국인을 대상으로 플래너를 작성하면서 일정과 시간관리를 하는 사람들을 리서치한 결과 매일 일정과 시간을 관리하는 미국인은 전체의 3분의 1로 나타났다. 이 결과로 본다면 대부분의 사람은 시간을 계획하여 사용하기보다는 무의식적으로 반복된 행동패턴으로 형성된 습관으로 하루를 보내고 있다는 것이다.

모든 사람들에게 주어진 시간은 24시간 공평하게 주어진다. 이 같은 사실은 모두가 아는 것이다. 그러나 24시간을 어떻게 계획하고 사용하는가에 따라 사람마다 시간의 사용량이 달라지게 된다.

자신에게 주어진 시간을 어디에 사용할 것인가에 대한 선택은 본인의 자유이고 의지이다. 나에게 주어진 시간을 어떻게 사용할 것인지 습관화하여 생각해 본다. 내 시간을 스스로 가장 중요하게 생각하는 가치관에 맞추어 시간을 배분하고 사용한다면 당신의 삶은 어떤 모습이 될지 상상해 본다.

우리는 어느 순간 무엇인가 하고자 할 때 선택에 대한 갈등을 하게 된다. 그것은 '하고 싶은 것'과 '해야 할 것' 사이에서 갈등을 하게 된다. 내가 앞으로 살아갈 날에서 하고 싶은 것을 하면서 살아가고 싶다면 지금 이 순간 해야 할 것을 선택해야 한다. 그러나 대부분은 '하고 싶은 것'을 선택한다. 어떻게 보면 갈등은 '하고 싶은 것'을 선택하고 싶은 마음이 크기 때문이 아닐까 싶다.

하고 싶은 것을 선택하는 행동이 반복되어 습관이 되면 성장하면서 하고 싶은 일만 하게 되고 해야 할 것을 회피하고 하고 싶은 것만 충동적으로 하게 된다.

고등학생을 진로코칭하면서 많은 학생들이 친구들과 놀고 싶은 마음과 학업에 대한 갈등을 많이 한다. 머리에서는 지금 해야 하는 '학업'을 선택해야 하는 것을 알면서 선택은 마음이 가는대로 습관처럼 행동을 선택한다. 자신이 달성하고 싶은 목표에 초집중하여 가치를 형성한 학생들은 모든 시간과 환경을 자신이 이루고 싶은 목표에 집중하게 된다. 이 학생들은 자신이 이루고 싶은 것을 위해 지금 해야 하는 것을 선택하고 모든 가치를 쏟아붓는다. 자신이 가진 시간도 자신이 이루고자 하는 목표에 대한 가치에 우선순위 하여 사용한다. 지금 학생으로서 학업을 왜 해야 하는지, 이런 과정을 통해 얻고 싶은 결과가 무엇인지, 그 과정을 위해 시간을 어떻게 사용해야 하는지 알고 있고 시간을 사용한다. 시간을 마치 오랜 습관처럼 익숙하게 집중하여 사용하는 것을 보게 된다.

Russ Harris는 『행복의 함정』에서 "어떤 사람이 되고 싶은지, 무엇을 지키고 싶은지, 주변 사람들과 어떻게 소통하고 관계하고 싶은지" 생각하고 행동하는 것이 자신의 가치관이 반영된 것이라고 했다. 예를 들어 자녀에게 어떤 부모가 되고 싶은지, 부모로서 무엇을 전해주고 싶은지, 그러기 위해 가족들과 자녀들과 어떻게 소통하면서 살아갈 것인지, 어떤 부모로 기억되고 싶은지 이런 질문을 통해 가치관이 형성되는 것이다.

코칭은 자신이 중요하게 여기고 소중하게 생각하는 가치관을 다루는 일이다. 사람의 행동에 대한 변화는 결국 가치관의 변화인 것이다. 가치관은 삶의 모든 영역에서 적용이 될 수도 있지만 때로는 자신이 중요하다고 여기는 한 영역에서 적용되기도 한다. 다정한 부모, 배우자, 가족이 되는 것이 중요한 사람은 가정의 환경을 중요하게 생각하고 자신과 타인을 위하는 특징이 있다. 또한 자기계발, 운동, 다이어트 등 자신의 개인생활에 대해 중요하게 여기고, 지키고 싶어 한다. 이처럼 자신이 중요하게 생각하는 가치관에 의해 시간을 사용하게 되는 것이다. 우리가 시간을 쓰는 영역을 보면 자신의 인생 영역에서 하루를 어떻게 계획하는지, 내가 원하는 사람이 되기 위해 무엇을 해야 하는지, 더 구체적으로 생각하고 그 영역에서 필요한 시간을 확보하고 사용하며 습관화되도록 해야 한다.

자신의 인생 영역을 그림과 같이 분리하고 자신에게 셀프(self)코칭을 해보자.

"나를 위해 일정표를 세운다면 어떤 일을 계획하고 싶은가?"
"가치관을 더 잘 실현하기 위해 일정표에 변화를 주고 싶은 부분은?"
"오늘 만날 사람들에게 나는 어떤 유익을 주고 싶은가?"

이처럼 나에게 중요한 가치관을 습관화하여 행동으로 이어지려면 미리 계획을 세워서 해야 할 일에 집중해야 한다.

또한 나의 일정표에 내가 중요하게 여기는 가치관이 얼마나 반영되었는지, 실천할 시간을 확보해야 한다. 마지막으로 끊임없이 주기적으로 검토하고 개선해야 한다.

3) 긍정 정서 키우기

'행복하다'를 느낀다는 것은 뇌의 상태가 변화한다는 것이다. 뇌 안에는 삶에서 느끼고 경험한 많은 것들이 내재되어 현재 상황에서 부정적인 정서와 긍정적인 정서를 재생산하는 구조가 형성되어 있다. 따라서 우리의 정서도 하나의 기계처럼 자동적으로 느끼게 된다. 행복한 삶을 살고 느끼기 위해 부정적인 정서에 연결된 고리를 끊어야 한다. 동시에 긍정적 정서를 느끼기 위해 모든 감각을 이용하여야 한다. 즉, 행복해지기 위해 긍정적 정서는 키우고 부정적 정서는 줄이면서 나 스스로 조절할 수 있는 방법을 찾아 활용해야 한다.

정서는 6세 이전에 형성되며 성인이 되어서도 내면에서 자동적으로 감정이 생기고 나를 움직이게 한다. 내면 깊은 곳에서 자리 잡고 있는 자동적으로 올라오는 감정은 내면의 습관으로 자리 잡게 되고 나의 삶을 디자인해 버린다.

또한 긍정 정서를 키우기 위해 어려움을 직면했을 때 극복해 내는 회복탄력성을 키워야 한다. 누구나 살아가다 보면 어려운 상황을 만나게 된다. 어려운 상황을 만났다 하더라도 누군가는 포기하고 누군가는 견디면서 이겨 낸다. 이때 이기는 힘이 회복탄력성이다.

이기는 습관을 들이기 위해 긍정 감정을 찾기 위해 어떠한 상황에서도 긍정적인 면을 찾아서 자신에게 말을 해주면 뇌는 이겨 낼 수 있는 세팅을 스스로 하게 된다.

코칭을 본격적으로 공부하려고 강의를 듣기 위해 새벽부터 서둘러 서울로 향했다. 그날은 그해 가장 추운 날로 한파주의보가 내린 날이었다. 지하철에서 나와 강의장까지 걸어가는데 너무도 추워서 머리가 하얗게 될 정도였다. 살짝 짜증도 올라오기 시작했다. 3일간 이 추위를 견디면서 강의장까지 왕복 4시간을 투자해야 하는지에 대한 고민까지 하게 되었다. 강의장까지 걸어가면서 코치가 되기 위해 내 안의 긍정 정서를 꺼내 보자고 생각했다.

"춥다. 너는 지금 무엇을 위해 이 길을 걸어가고 있어?"
"지금 이 기분으로 강의를 듣는다면 어떻게 될까?"
"코칭에 집중하기 위해 감정을 어떻게 하고 싶어?"
"추위를 바꿀 수 없지만 너 스스로 바꿀 수 있는 건 무엇이지?"
"바꾼다면 무엇이 달라질까?"

셀프코칭(Self coaching)을 하면서 걸어가다 보니 어느 새 강의장에 도달해 있었다. 강의장 문을 열면서 새로운 사실을 알았다. 생각을 바꾸면서 더 이상 춥지 않은 나를 발견한 것이다. 질문에 답을 하면서 추위에 집중하지 않게 되었고, 이미 내 머릿속에는 강의에 집중하기 위해 내가 해야 할 긍정적 행동을 떠올리며 에너지가 올라오고 있었다.

수강자들은 추워서 짜증난 얼굴로 들어오는 사람들이 대부분이었으나 내 입에는 웃음이 번졌다.

셀프코칭을 통해 생각을 긍정적으로 바꾸게 되었고 긍정적 감정은 에너지가 되었으며 나의 정신을 맑게 했다. 스스로 화가 나는 감정을 이겨 낸 자신이 자랑스럽게 느껴졌고, 큰 깨달음으로 긍정적 생각을 통해 내면의 변화를 알아차리게 되었다.

4. 습관행동 변화를 위한 실제

1) 행복의 일기 쓰기

어린 시절 학교에서 매일 내주는 과제가 바로 일기였다. 선생님들은 일기를 왜 써야 하는지, 일기를 쓰면 어떤 점이 도움이 되고 좋아지는가에 대한 이야기보다는 일기를 쓰라고 하는 행동에 대해서만 말을 했다. 숙제처럼 일기를 써왔기에 그 안에 담아야 하는 내용도 과제용으로 제출했다. 코치로 성장하기 위해 셀프코칭을 하면서 일기에 대한 나만의 철학을 가지게 되면서 일기 쓰기의 진정한 의미를 비로소 깨닫게 되었다. 나는 행복해지기 위해 일기를 쓴다. 일기를 통해 나 자신이 긍정적인 존재임을 확인하게 되는 통로가 된다. 내 안의 잠재력이 일기 안에 숨어 있는 것이다. 일기를 쓸 때 나만의 철학은 "나를 위한 긍정적 면과 잠재력을 찾는 데 의미를 두고 작성을 하자"이다. 맨 처음 일기를 쓰면서 나 자신에게 던진 질문은 "행복은 나에게 어떤 의미일까?"였다. 행복이란 단어가 나와 상관없다고 생각한 시간 속에서 행복을 나의 시간으로 만들기로 결심하고서 행복을 적기로 했다. 행복은 나에게 어떤 의미일까? 란 질문을 한참을 생각하면서 내가 살아가고 싶은 미래의 모습과 그 미래의 모습을 이루기 위해 지금 현재 내가 해야 할 선택이 확실해지는 순간이 있었다. 내가 살아가고 싶은 미래는 행복하게 웃는 내 얼굴이었다. 나이가 들면 자신의 얼굴에 책임을 지어야 한다는 말이 나에게 늘 따라다니는 신념처럼 자리 잡고 있다. 적어도 심술궂은 얼굴을 하고 사람들에게 행복을 전하는 사람이 되고 싶지 않았다. 웃는 얼굴로 편안한 미소로 사람들 사이에서 코칭을 하면서 살아가고 싶었다. 내 미래의 모습을 떠올리니 지금 내가 행복해야겠다는 결심을 하게 된 것이다. 일기 속에서 나는 행복을 말한다. 앞으로 내가 이루어 나갈 비전과 미션을 떠올리면서 지금의 힘든 순간에 에너지를 주고 있다.

"나는 나를 얼마나 긍정적으로 대하고 있는가?"

이 같은 질문을 일기를 쓰면서 셀프코칭으로 많이 한다.

나에게 긍정적 에너지를 준다는 것은 결국 사람을 사랑하는 내면을 가지고 있다는 것을 알게 되었다.

코치로 활동하면서 가장 크게 깨달은 것은 코치는 기본적으로 사람을 사랑해야 한다는 것이다. 그때의 사랑은 전인적인 사랑의 모습이라고 할 수 있다. 나와 다른 사람을 얼마만큼 존중하고 소중하게 여기면서 배려하는가! 이것이 기본 철학의 베이스로 자리 잡고 있다. 타인을 행복하게 하기 위해 내가 먼저 행복해져야 한다. 스스로 행복해야 진정한 소중함이 무엇인지 알게 된다. 습관은 결국 자신을 소중하게 여길 때 긍정적 변화의 습관이 형성되고 완성되는 것이다.

일기를 쓰면서 자신에게 셀프코칭 질문을 던져 보자.

"축복을 받는 것은 나에게 어떤 의미인가?"
"나는 오늘 얼마만큼 긍정적으로 변했는가?"
"나는 몇 사람에게 칭찬과 인정을 했는가?"
"우연으로 다가온 일 중 긍정적 영향을 준 것은 무엇인가?"
"나는 지금 충만한 삶을 위해 무엇을 투자하고 있는가?"
"오늘 삶에서 가장 중요한 것은 무엇이었을까?"

2) 진실한 내면을 향한 질문

"나는 진정으로 무엇을 원하는가?"

나를 변화시킬 수 있는 질문 중 가장 핵심적인 질문이면서도 가장 두려운 질문이다. 내가 진정으로 원하는 것을 선택함에 있어 진실 되게 "네"를 말할 수 있을까? 인생의 매 순간마다 이 질문을 하면서 자신의 내면을 알아차림이 지속되어야 한다. 모든 습관은 순간의 선택에서 익숙해지는 것을 행동하는 것이다. 의식적으로 긍정적 감정을 선택하고 의식화하고 행동에 익숙해질 때까지 단련해야 하는 것이 행복한 삶으로 가는 습관인 것이다. 이 선택의 순간에서 다시 한 번 질문해 보자.

"나는 진정으로 무엇을 필요로 하는가?"
"지금 이 순간 무엇을 원하고 있는가?"
"자신감을 얻기 위해 무엇을 노력해야 하는가?"

아인슈타인은 "핵의 파괴로부터 이 세상을 구할 수 있는 시간이 한 시간만 주어진다면 당신은 무엇을 하겠느냐?" 질문에 55분은 문제를 분석하고 이해하는 데 사용할 것이고 5분은 아이디어를 떠올리겠다고 대답했다. 아인슈타인은 문제가 일어났을 때 똑같은 방식으로 사고를 해서는 그 문제를 결코 해결할 수 없다고 말했다.

내 삶을 충만하게 하기 위한 습관을 변화시키고 싶다면 지금까지 행동을 넘어서 새로운 창의적인 방법을 찾아 행동으로 실천해야 한다.

오프라 윈프리는 성장 과정에서 많은 아픔과 고통을 겪었지만 자신의 아픔을 이겨 내고 다른 사람에게 힘이 되는 세계적으로 영향력을 펼치는 여성리더이다. 오프라 윈프리는 자신에게 늘 질문을 한다.

"나는 지금 어디로 가고 있는가?"란 질문을 통해 깨어 있기 위해 끊임없이 노력한다. 자신의 인생 드라이버는 자신이라고 말하면서 스스로에게 운전자로서 어디로 가는지 질문하며 자신을 성장시키고 변화시킨다.

진실 된 질문은 이처럼 내면을 향하고 있다.

3) 관심 기울이기

관심은 어떤 것에 마음을 이끌리고 주의를 기울이는 것으로 세상의 사물이나 사람을 바라볼 때 무심히 바라보는 것이 아닌 감정이나 생각이 떠오르고 행동으로 이어지는 것이다. 관심을 기울이는 것을 타인뿐만 아닌 자기 자신에게도 물어보면서 관심을 가져보는 것은 나를 알고 사람을 알아가는 과정이라고 할 수 있다.

관심 기울이기의 질문을 통해 자신에게 먼저 해보자.

"나는 무슨 생각을 하고 있는가?"
"그 순간에 나는 어떤 말을 하고 있을까?"

"행동은 나에게 어떤 의미가 있을까?"

지금 이 질문을 자신에게 하면서 어떤 느낌을 받으셨나요?

우리가 눈으로 보는 것, 귀로 듣는 것, 맛을 보는 것, 신체로 느끼는 것, 생각하는 것 이 모든 것이 세상과 소통하는 방법과 연관되어 있다.

세상과 사람들과 소통하는 방식으로 먼저 나 자신과 소통을 하며 관심을 가질 때 나를 알아가게 된다.

내면의 들리지 않는 소리에도 귀를 기울여 보자. 습관에 대한 변화는 나를 관찰하며 나를 잘 알아갈 때 나를 움직이고 지속하는 힘의 원동력이 되는 것이다.

5. 변화단계 모델

코칭을 진행하는 과정에서 모든 피코치가 코칭 받을 준비가 되어 있거나 동기가 있는 것은 아닐 수 있다. 학습코칭이나 커리어코칭의 경우 대개 학부모들이 자녀들을 데리고 와서 코칭을 받도록 하는 경우가 자주 있는데, 이 상황에서 정작 해당 학생은 코칭을 받고 싶어 하지 않지만 부모 때문에 할 수 없이 코칭을 받게 되는 경우가 있다.

코칭을 받으려는 동기가 낮은 피코치를 만나게 되는 경우 코칭을 어떻게 진행하는 것이 좋을지, 변화하려는 동기가 거의 없는 개인이 어떠한 단계를 거쳐 최종적으로 행동 변화를 하게 되는지에 관한 모형을 살펴보고 이 모형을 코칭 장면에 어떻게 활용할 수 있는지에 대해 설명하려고 한다.

1) 변화단계 모형

이 모형은 Prochaska, Norcross, DiClemente(2004)가 건강관련 분야에서의 임상경험을 토대로 제안한 모형으로서 변화하려는 동기가 전혀 없는 상태에서부터 시작해서 변화가 일어나고 유지되기까지의 전체 과정을 다루었다는 점에서 의미가 있다. 또한 각 단계에서 임상대상자들을 치료하기 위해 적합한 기법을 제공하고 있기 때문에 이를 코칭을 진행할 때 활용할 수 있다는 장점이 있다.

(1) 무관심 단계

무관심 단계는 피코치의 행동 변화 의지가 전혀 없는 단계로서 변화하려는 생각조차 하지 않으며, 행동 변화 필요성을 느끼지 못하는 상태를 의미한다. 알코올중독자가 자신은 정도가 심하지 않기 때문에 중독치료를 전혀 받고 싶지 않은데, 가족들이 압력을 넣어 할 수 없이 치료를 받으러 오는 경우에 해당한다.

이 상태에서 중요한 것은 먼저 이들이 행동 변화 필요성을 인식하도록 만들어 주는 것이다. 즉, 술을 줄이거나 끊을 필요가 있다는 것을 스스로 인식할 수 있어야 다음 단계로 진행할 수 있게 된다. 이 단계에서는 무엇보다 피코치가 변화의 필요성을 인식하도록 만드는 것이 중요한데, 기법을 살펴보면 먼저 의식고양을 들 수 있다.

① 의식고양

의식고양은 피코치가 현 상황에 대해 정확하게 인식할 수 있도록 관련 정보를 파악하도록 하거나 제공함으로써 현재의 상황이 문제가 될 수 있음을 깨닫도록 하는 것을 의미한다. 기업의 임원을 대상으로 실시하는 리더십코칭에서 임원이 자신은 리더십이 우수해서 임원으로 승진했는데 왜 리더십 증진을 위한 코칭을 해야 하는지 모르겠다며 변화의지를 보이지 않는 경우가 있을 수 있다. 담배를 줄이거나 끊으려는 동기가 전혀 없는 사람들의 경우에도 담배가 사람에게 미치는 부정적 영향에 대해 잘못 알고 있어서 변화의 필요성을 느끼지 못할 수 있다. 이런 상황에서도 어느 정도 흡연할 경우 신체에 부정적 영향을 미치게 되는지에 관한 정확한 정보를 알려 주거나 본인이 찾아보게 함으로써 인식이 바뀌게 될 가능성이 있다.

코칭장면에서 코치가 의식고양 기법을 활용하여 무관심 단계에 있는 피코치에게 물어볼 수 있는 질문의 예로는 다음과 같은 내용이 있다.

"현재 당신의 리더십 역량이 문제가 된다고 생각하는지 1점(전혀 문제되지 않음)에서 10점(매우 문제가 됨) 중 점수를 주면 어느 정도 수준이라고 생각하십니까?" 낮은 점수를 준 경우, "그러한 점수를 준 이유는 어디에 있습니까?"

질문을 통해 다소 변화하려는 동기를 보인다면 마지막으로 "그렇다면 현 시점에서 행동 변화를 시도해 볼 필요가 있다고 생각하는 정도는 1점(전혀 필요 없다)에서 10점(매우 필요하다) 중 몇 점 정도입니까?"를 물어보면서 마무리할 수 있다.

② 사회적 시각

자신은 변화의 필요성을 느끼고 있지 못하지만 자신의 행동에 대해 사회에서 부정적인 인식을 가지고 있다는 것을 깨닫게 되면 변화에 대한 동기가 생겨날 가능성이 있다. 흡연에 대해 사회적으로 이를 문제 삼아서 대대적으로 직장이나 아파트 등에서도 금연을 하도록 하는 캠페인을 진행하고 있는 것을 알게 된다면 자신도 금연을 해야 하는지에 대한 생각을 가질 수 있을 것이다. 피코치의 문제행동에 대해 사회에서는 어떻게 생각하는지를 인식하게 함으로써 문제행동의 변화 필요성을 인식하도록 할 수 있을 것이다. 예를 들어, "당신의 지금 행동에 대해 사회에서는 어떻게 보고 있다고 생각하십니까?", "이러한 문제에 대해 고민하는 사람들이 사회에 얼마나 있다고 생각하십니까?" 등의 질문이 가능할 것이다.

2) 관심 단계

피코치가 자신에게 문제가 있음을 인식하고 행동 변화 필요성을 조금 느끼기 시작하지만 아직 확신을 하고 있지 못하는 단계이다. 여기서는 일반적으로 자신이 추구하는 가치가 문제행동과 어떤 갈등을 일으키는지 인식토록 하는 것이 중요하며, 문제행동 변화를 통해 발생할 수 있는 긍정적인 결과뿐 아니라 부정적 결과에 대해서도 생각해 보도록 질문할 필요가 있다.

(1) 의식고양

① 정확한 정보제공

정확한 정보제공은 변화에 대한 양가감정을 가지고 있는 개인에게 자신이 직면한 이슈에 대해 정확한 정보를 제공함으로써 변화동기를 높이는 방법을 의미한다. 정확하지 않은 정보를 통해 지금 정도의 흡연량이면 큰 문제가 되지 않으니 굳이 금연할 필요가 있을까 하는 양가감정을 가질 수 있다. 이 경우 현재의 흡연량이 문제가 될 수 있다는 정확한 정보를 제공함으로써 금연에 대한 동기나 의지를 높일 수 있을 것이다.

피코치가 다이어트를 하려는 경우 "50세 성인 남성이 하루에 필요한 칼로리 양은 어느 정도라고 생각하시나요?", 술을 줄이려는 피코치의 경우 "하루에 마시는 술의 적정량은 어느 정도이며 그렇게 생각하는 근거는 어디에 있으신가요?", 리더십코칭을 받는 피코치의 경우 "부하들이 당신의 리더십에 대해 어떻게 평가하고 있다고 생각하십니까?" 등의 질문이 가능할 것이다.

② 기능분석

관심 단계에서 효과적으로 사용할 수 있는 또 다른 기법은 기능분석이다. 이 방법은 ABC(Antecedent, Behavior, Consequence) 분석으로 알려져 있으며 피코치가 특정 행동에 대한 원인과 결과를 명료하게 분석함으로써 특정 행동을 하지 않아도 자신이 원하는 결과를 얻을 수 있다는 사실을 인식하도록 만드는 것이다.

예를 들어, 금연에 대해 양가감정이 있어 금연을 망설이고 있는 개인에게 흡연을 하는 행동에 대해 원인과 결과를 분석하게 한다. 이 개인은 흡연의 원인과 결과에 대해 별다른 생각을 해 본 적이 없는 경우 단순히 담배가 맛이 좋아서 흡연을 한다고 생각했을 수 있다. 하지만 기능분석을 통해 흡연을 하는 원인에 대해 진지하게 생각해 본 결과 직장에서 받는 스트레스 때문에 흡연을 하는 것 같고 흡연을 하게 되면 결과적으로 마음이 편해지는 것을 느낀다고 대답할 수 있다. 이러한 상황에서 다시 한 번 개인에게 스트레스가 원인일 때 할 수 있는 행동과 결과적으로 마음이 편해질 수 있는 방법이 흡연밖에 없는지를 생각해 보게 하면 흡연이 아니라 다른 행동(예: 명상이나 인지변화 등)을 통해서도 스트레스를 줄이며 마음이 편해질 수 있다는 것을 깨닫게 되고 흡연을 줄이려는 동기를 갖게 될 것이다.

(2) 정서 촉발

정서 촉발은 개인의 정서 촉발을 통해 변화가 필요하다는 것을 인식하게끔 만들어 주는 방법을 의미한다. 흡연이나 알코올이 암을 일으키는 동영상 시청과 같은 공포를 유발하는 방법은 효과가 없을 수 있다. 왜냐하면 이러한 동영상을 시청할 경우 많은 사람은 "이런 건 예외적인 경우야. 나는 그렇게 술, 담배를 많이 하지 않아서 괜찮을 거야." 등과 같은 반응을 보이며 이를 수용하지 않는 경우가 자주 있기 때문이다. 이와 같이 단순한 방법보다는 문제행동과 관련된 동영상이나 영화를 보면서 정서적으로 뭉클해서 자연스럽게 변화 필요성을 느끼도록 만드는 것이 중요하다.

(3) 자기재평가

자기재평가는 개인이 현재 문제가 되는 행동에 대해 인지적으로 어떻게 생각하고 있고 정서적으로 어떻게 느끼고 있는지를 평가해 보는 방법을 의미한다. 가장 대표적인 구체적인 방법은 의사결정 저울이 있다. 이 방법은 현재 자신이 하고 있는 행동에 문제가 있어서 새로운 행동을 하려는 경우 나타날 수 있는 긍정적 및 부정적 결과에 대해 고려해 본 후 이 두 결과를 비교 평가해 보는 것을 의미한다.

금주를 할 경우 자신과 타인에게 나타날 수 있는 긍정 및 부정적 결과를 기술한 후 두 결과를 비교하면서 어떤 쪽이 상대적으로 비중이 더 큰지를 판단하는 것이다. 이 경우에서와 같이 금주를 할 경우 긍정적인 부분이 더 많다는 것을 인식하게 되며 이를 통해 금주를 할까 말까 하는 양가감정에서 벗어나서 금주를 하려는 의지를 다지게 된다.

3) 준비 단계

피코치가 행동 변화가 필요하다는 것을 확신하고 행동 변화를 위해 몰입하는 단계로서 이 단계에서 피코치는 행동 변화를 위한 구체적인 행동방법을 수립하게 된다. Prochaska(2004) 등이 기술한 준비(preparation) 단계에서 적합한 변화기법은 다음과 같다.

(1) 자기재평가

준비 단계에서 활용할 수 있는 변화기법으로는 관심 단계에서도 사용했던 인지적 방법 가운데 하나인 자기재평가 방법이 있다. 이 기법을 코칭장면에 활용할 경우 "행동 변화에 성공하면 삶이 어떻게 변화할 것인지 생각해 보고 얘기해 주십시오.", "행동 변화로 인해 나타날 긍정적인 부분을 얘기해 주십시오.", 그리고 "이 행동 변화가 현재 해야 할 우선순위 가운데 몇 번째입니까?" 등의 질문이 가능할 것이다.

(2) 몰입

몰입(commitment) 기법은 피코치의 변화행동에 대한 의지를 높이는 것으로서 변화행동을 잘 실행해 나갈 수 있다는 의지를 증진시키는 것이 중요하다. 이를 위해 가장 목표 달성을 위해 구체적인 행동계획을 수립하도록 하는 것이 가장 일반적인 방법이다.

코칭장면에서 활용할 수 있는 방법은 피코치가 목표 달성을 위해 구체적인 실행계획을 세우도록 요구하면서 또한 누구에게 자신의 계획을 알릴 것인지를 물어보는 것도 좋은 방법이다.

4) 실행 단계

피코치가 행동 변화를 위해 준비 단계에서 자신이 하겠다고 한 계획을 실제로 실행(action)하는 단계를 의미한다. Prochaska 등이 기술한 기법은 다음과 같다.

(1) 대체하기

대체하기는 현재 문제가 되는 행동을 대체할 수 있는 행동을 찾아서 이 행동을 실행하는 방법을 의미한다. 예를 들어, 흡연자가 금연을 하려는 경우 흡연행동을 대체할 수 있는 전자담배를 피우거나 껌을 씹는 행동을 실행하는 것을 의미한다.

코치는 피코치에게 "변화를 위해 현재 당신의 문제가 되는 행동을 대체할 만한 행동으로는 어떤 것이 있겠습니까?"와 같은 질문을 할 수 있을 것이다.

(2) 환경통제

환경통제(environment control) 기법은 문제가 되는 행동과 관련이 높은 환경을 바꿈으로써 문제가 되는 행동을 하지 않도록 하는 기법이다.

① 회피(avoidance)

회피는 문제행동을 유발하는 환경을 제거하는 방법을 의미한다. 예를 들어, 흡연자 집 안에 흡연을 유발하는 담배와 재떨이를 두지 않음으로써 흡연을 막는 것을 의미한다. 코칭장면에서 코치는 "당신의 문제행동을 유발하거나 조장할 가능성이 있어서 가능하면 피하는 것이 좋을 환경 요인은 어떤 것들이 있습니까? 그리고 어떻게 피하면 좋겠습니까?"와 같은 질문이 가능할 것이다.

② 상상 속 대처하기(cues)

상상 속 대처하기는 문제행동을 유발하는 환경에 대처하는 모습을 상상하도록 하는 것을 의미한다. 이를 통해 문제행동을 유발하는 실제 상황에 처할 때 적절하게 대처함으로써 문제행동을 하지 않도록 하는 것이다. 금주를 하려는 사람에게 음주를 유발하는 환경(예: 회식자리 등)에서 어떻게 대처할 것인지를 생각해 보도록(예: 음주를 권할 경우 약을 복용한다고 하면서 피한다 등) 하는 것이다.

③ 상기시키기(reminder)

상기시키기는 피코치가 문제행동을 줄이겠다는 것을 잊지 않도록 해당 내용을 피코치에게 자주 알려 주는 시스템을 도입하는 것을 의미한다. 흡연자가 사무실이나 집 책상 앞에 금연이라고 크게 써서 붙이게 되면 자주 보면서 기억할 수 있게 되고 이를 통해 금연 실행의지를 높이게 된다.

(3) 보상 활용

① 자기보상

보상방법은 주로 자기보상을 의미한다. 즉, 자신이 수립한 실행계획을 실행할 경우 자신에게 다양한 방법으로 보상(reward)을 주는 것을 말한다. 자신에게 "이런 일을 해내다니 너 참 대단해."와 같은 긍정적인 말을 하든지 또는 맛있는 음식을 사먹거나 멋있는 옷을 사 입는 것도 자기보상 방법에 포함될 수 있다. 코칭질문으로는 "보상 차원에서 자신에게 어떤 말을 해 주겠습니까?", "긍정적 피드백 이외에 자신에게 어떤 보상을 주시겠습니까?" 등이 가능하다.

② 계약서 작성

계약서 작성은 실행 단계에서 자신의 실행의지를 높이기 위하여 자신이 결심한 것을 달성할 경우 무엇을 하겠다는 내용의 계약서를 작성(contraction)하고 사인하는 것을 말한다. 다이어트를 계획하고 이를 실행하려는 경우 '3개월 내에 체중을 5kg 감량할 것을 약속한다.' 또는 '5kg 감량할 때 자신에게 새 옷을 사주겠다.' 등의 내용을 작성하고 서명하는 계약서를 작성하는 것을 의미한다.

5) 유지 단계

유지(maintenance) 단계는 변화를 위해 행동을 실행한 후 오랫동안 변화된 행동이 유지되도록 하기 위해 노력하는 단계를 의미한다. 여기에는 앞서 실행 단계에서 기술한 것과 유사한 방법들이 있다.

(1) 환경통제

현재 실행하고 있는 행동을 지속적으로 유지하기 위해서는 특정 행동을 유발하는 환경을 피할 필요가 있다. 금연을 지속적으로 유지하기 위해서는 흡연을 유발할 가능성이 있는 회식을 가능한 한 피하는 것이다.

(2) 대체하기

코칭상황에서는 "문제가 되는 행동을 대체하는 새로운 행동을 하고 계십니까? 그렇지 않다면 어떤 것이 좋겠습니까?"와 같은 질문이 가능하다.

(3) 생각 점검하기

생각 점검하기는 문제행동 변화에 대해 아직도 계속 긍정적인 생각을 가지고 있는지를 점검하는 것을 의미한다. 코칭상황에서는 "문제행동 변화에 대해 지금은 어떤 생각을 갖고 계십니까?"와 같은 질문이 가능하다.

(4) 자기효능감 점검

행동 변화의 지속적 유지를 위해서는 이러한 변화에 대한 자기효능감이 높을 필요가 있다. 코칭장면에서는 "현 시점에서 문제행동을 완전히 제거할 수 있다는 자신감이 어느 정도 되십니까?"와 같은 질문이 가능하다.

6. 코칭에서의 적용

피코치의 변화동기 또는 코칭 준비도가 어느 정도 수준인지를 파악하고 현재 피코치가 변화단계에서 어떤 단계에 있는지를 이해할 필요가 있다.

피코치와 코칭을 진행하려고 할 때 여러 가지 이유 때문에 피코치가 코칭을 받으려는 준비가 되어 있지 않을 수 있다. 무관심이나 관심 단계에 있기 때문일 수도 있을 것이다. 코칭준비도 척도는 피코치의 현재 코칭을 받으려는 태도, 정서, 동기 수준을 파악함으로써 코치가 코칭전략을 수립하는 데 도움을 주는 용도로 적절하게 활용될 수 있다.

예를 들어, 피코치의 태도수준(예: 개방성, 수용성, 자율성, 책임감)이 낮은 경우 코칭이 효과적이기 위해서는 무엇보다 피코치의 능동적 참여가 중요함을 충분히 설명하여 피코치의 참여를 끌어내는 전략이 필요할 수 있다. 피코치의 정서수준(예: 불안과 우울)이 낮은 경우 코치는 코칭과정에서 피코치와의 라포를 형성하는 데 더 많은 노력을 기울여서 코치에 대한 신뢰를 증진시킬 필요가 있다. 또한 피코치의 동기 수준(예: 변화자신감, 변화중요도, 변화준비도)이 낮은 경우 변화단계 모형에서 기술한 다양한 기법을 적절하게 활용할 수 있을 것이다.

1) 모형에 대한 검증

행동 단계까지 왔다 하더라도 실행 과정에서 지속하지 못하고 다시 관심이나 준비 등의 앞 단계로 돌아가는 경우가 발생한다. 따라서 이 변화단계 모형은 지속적으로 앞으로 나아가는 직선적 모형이 아니라 경우에 따라 앞으로 돌아갔다 다시 앞으로 나아가는 일종의 나선형 모형으로 이해할 필요가 있다. 하지만 일반적으로 유지 단계까지 왔다가 무관심 단계로 돌아가는 경우는 거의 없고 대부분 관심이나 준비 단계로 돌아간다.

정재희와 탁진국(2018)은 Prochaska(1992) 등이 제시한 변화단계 모형을 기반으로 중학생의 학업지연행동극복을 위한 그룹코칭 프로그램을 개발하고 그 효과를 검증하였다. 프로그램은 행동 변화에 유용한 의식의 고양, 정서적 각성, 자기 재평가, 전념, 보상, 대체, 환경통제, 주변의 도움 등 8가지 변화기법과 자신감 증진으로 구성하였다.

분석 결과 학업지연행동조절 의사결정 균형 중 학업지연행동조절 손실 인식과 학업지연행동조절 자기효능감, 학업지연행동 변화단계, 학업지연행동에서 통계적으로 유의미한 차이가 있었으며 추후에도 코칭의 효과가 유의하게 지속되었다. 학습지연이나 습관과 같이 변화가 쉽지 않은 행동의 경우 변화단계 모형을 토대로 한 코칭 프로그램이 효과가 있음을 보여주는 결과로 해석할 수 있다.

2) 변화동기 도출을 위한 가치탐색 기법

Miller와 Rollnick은 동기강화상담에서 변화하려는 동기가 거의 없는 내담자들을 대상으로 상담을 진행할 때 먼저 이들의 변화동기를 높이는 것이 중요함을 강조하며 변화동기를 끌어올릴 수 있는 방법에 대해 설명한바 있다.

이러한 상황에서 적용할 수 있는 코칭 진행 방법에 대해 탁진국 등이 동기강화상담이론을 토대로 개발한 모형을 토대로 일부 수정한 내용을 소개하고자 한다. 먼저 이 이론에 의하면 코칭을 시작할 때 변화동기가 낮은데도 불구하고 코칭을 받으러 온 피코치에게 이들이 경험하는 불편함이나 어려움에 대한 정중한 공감을 표현하는 것이 중요하다. 힘들고 불편해도 피코치가 코칭을 받으러 와 준 것에 대해 코치는 감사를 표시하는 것으로부터 시작하는 것이 필요하다. 이후 대화를 통해 피코치의 변화동기를 이끌어 내는 것이 중요하다.

(1) 변화동기 수준 탐색

삶에서 중요한 가치를 바로 물어볼 경우 피코치에 따라 답하기 어려워하는 경우가 있을 수 있다. 따라서 피코치에게 바로 가치를 물어보는 것보다 피코치가 살아오면서 경험했던 다양한 사건 가운데 기억이 아는 것을 생각해 보게 하고 그로부터 가치를 찾는 활동을 해 보게 한다.

활동 1. 10대부터 지금까지 각 연령대별로 기억나는 사건을 기술하고 오른쪽에는 그 사건이나 경험을 통해 깨닫게 된 것은 무엇인지, 즉 삶에서 중요하게 생각하게 된 것은 무엇인지를 기술하도록 한다.

활동 2. 과거 성공 경험을 물어보는 것도 가능하며 이를 통해 느끼거나 깨닫게 된 것이 무엇인지를 물어볼 수 있다.

활동 3. 피코치가 삶에서 중요시하는 가치를 선택하기 위해서 제시한 가치 목록이다. 여기서는 피코치가 대략 5개 정도의 가치를 선택하도록 한다. 가치를 선택한 후 코치는 피코치에게 다음과 같은 질문을 통해 피코치가 선택한 가치를 명료화시키는 과정이 필요하다.

5개의 가치를 고른 이유는 무엇입니까?

각각의 가치는 어떤 의미가 있습니까?

언제부터 이 가치가 중요하게 되었나요?

"이 가치에 따라 죽기 전에 자서전을 쓴다면 자서전의 제목은 무엇으로 하고 싶으신가요?"와 같은 질문을 할 수도 있다.

나는 작은 일에도 매사에 최선을 다하는 성실한 삶을 산다(성실).

나는 모든 일을 즐겁고 유쾌하게 한다(재미).

나는 내가 베풀 수 있는 것을 베풀며 산다(관대함).

(2) 변화 필요성 확인

불일치를 인식하는 것이 중요하기 때문에 피코치가 앞에서 선택한 5개 가치별로 최근 한 달 사이에 이와 관련되는 활동이 무엇인지를 적게 한 후 다음은 이러한 가치가 충족된 정도를 10점 척도(1: 전혀 충족되지 않았다, 10: 완전히 충족되었다)를 사용하여 적절한 점수를 적게 한다. 마지막 칸에는 피코치의 가치가 충족된 정도가 높지 않다고 인식할 경우 가치 충족을 위해 향후 어떤 활동이나 행동을 하면 좋을지를 구체적으로 적게 한다. 이를 통해 피코치가 현재 자신이 중요시하는 가치가 충분히 충족되지 못하고 있음을 인식하게 하고 새로운 변화가 필요함을 깨닫도록 한다.

다음은 피코치가 변화를 해야 할지 아니면 현 상태로 계속 있어야 할지에 관한 양가감정으로 인해 갈등을 경험할 가능성이 있기 때문에 변화의지를 높이기 위한 추가적인 활동에 관한 내용이다. 변화내용에는 피코치가 작성한 향후 필요한 활동 가운데 가장 중요한 것을 먼저 기입하면 된다. 해야 할 활동들이 여러 가지가 있으면 추가 활동지를 통해 작성토록 한다. 다음은 변화를 통한 장단점을 얻을 수 있는 것과 잃을 수 있는 것을 통해 기술한 후 이를 비교해 보고 마지막으로 자신은 어떤 결정을 할 것인지를 적어 보도록 한다.

다음은 계속해서 피코치의 변화의지를 높이기 위해 변화진술문을 쓰도록 한다. 변화활동을 통해 자신이 추구할 수 있는 미래 비전에 대해 구체적으로 기술하도록 한다. 마지막으로 변화의지와 변화 활동에 대한 실행가능성을 10점 척도를 사용해서 물어보면서 마무리한다.

① **공감 표현하기**

- 가치와 일치하는 행동을 했을 때 기분이 어떤가요?
- 만약 그런 행동을 하지 않았더라면 기분이 어떨까요?
- 지난 일주일 동안 이 가치와 일치하지 않는 행동을 했다면 어떤 행동인가요?

② **저항과 함께 구르기**

- 현재 행동이 미래의 가치와는 어떤 관련이 있을까요?
- 현재 행동과 관련해 걱정되는 것은 무엇인가요?
- 아무 문제도 없는데 주변 사람들은 왜 걱정을 한다고 생각하나요?

③ **불일치감 만들기**

- 현재의 행동을 계속하는 자신의 모습을 상상해 보면 어떤 기분이 드나요?
- 현재 행동을 계속하게 되면 자신이 원하는 가치를 달성할 수 있을까요?
- 현재 행동을 하는 자신의 모습을 상상해 보세요. 그게 진짜 자신의 모습인가요?

④ **자기효능감 지지하기**

- 만약 현재의 행동을 조금 줄인다면 어떻게 될까요?
- 그럴 경우 누가 가장 좋아할까요?
- 현재의 행동 이외에 기분을 좋게 만드는 행동에는 무엇이 있을까요?

3) 의도적 변화이론

Boyatzis(2006)는 오랫동안의 연구를 통해 의도적 변화이론(intentional change theory)을 제시하였다. 이 이론에 따르면 개인은 이상적 자아(ideal self)와 현실적 자아(real self) 간의 차이를 인식하고 그 차이를 극복하기 위해 행동 변화를 가져온다는 것이다. 여기서 이상적 자아는 개인은 자신이 바라는 것이 이루어진 미래의 이상적인 모습을 의미하며 가능한 좀 더 구체적인 모습을 상상하는 것이 좋다.

유명한 강사가 되어 TED프로그램에서 강의를 하는 모습을 그려 본다. 다음은 현재 자신의 모습을 돌아다보면 차이가 있음을 인식하게 되며 이러한 차이를 극복하고 이상적 자아를 달성하기 위한 변화동기가 발생하게 된다. 이 이론도 변화동기가 낮은 피코치들을 대상으로 코칭을 진행할 경우 변화동기를 높일 수 있는 기법으로 활용할 수 있다.

07
Chapter

정서코칭과 강점자원

1. 정서에 대한 이해

1) 정서개입의 이해

정서(emotion)는 일상생활을 유지하고 조절하는 데 있어서 비합리적이고 비조직화되어 있는 것처럼 보이지만 삶을 살아가는 데 있어서 중요한 요인이다(이경희, 김봉환, 2010). 1980년대를 지나면서 정서에 대한 관심이 많아졌고 정서와 사고가 분리된 것이 아니라 서로 연관되어 있으며 정서가 주는 정보를 유용하게 사용할 수 있다고 보았다(조성은, 오경자, 2007). 그러므로 상담에서는 정서 활용이 개입의 한 방식으로 강조되어 왔다.

정신역동 이론에서는 정서의 역할을 강조하고(Greenberg & Mitchell, 1983), 전이 관계에서 내담자가 핵심 정서 갈등을 해소하고 재경험하게 하는 것이 치료의 핵심이라고 보았다(Luborsky, 1984; 김영근, 2014). 인지행동치료에서는 전통적으로 정서를 증상과 문제의 결과 차원에서 합리적인 사고를 통해 통제되어야 하는 것으로 여겨졌는데, 인지치료의 창시자인 Beck도 정서 변인이 인지치료에 있어서 중요하다고 하였다(Beck, Emery, & Greenberg, 1985; 김영근, 2014). 전통적인 상담 이론에서 정서를 연구해 왔는데도 치료 과정 내에서 정서를 다루기 시작한 것은 비교적 최근의 일이다.

정서를 보다 구체적이면서 포괄적인 이론적 배경으로 이해하기 위한 시도는 정서표현과정모델이라는 이름으로 Kennedy-Moore와 Greenberg, Wortman (1991)이 제안하였다. 이 모델은 정서과정을 정서강도, 정서의식, 정서주의, 정서인식, 정서표현결정의 5단계로 이루어졌다고 하였다(Watson & Kennedy-Moore, 1999). 정서표현과정모델은 정서과정의 각 단계에서 개인이 어떻게 정서를 처리하느냐에 따라 최종적으로 개인이 느끼는 정서가 달라질 수 있다고 설명한다.

예를 들어, 한 어머니가 자녀의 옷을 세탁기에 넣다가 아들의 옷 주머니에서 영화표를 발견한다. 고등학생인 아들은 그날 분명히 자신에게 도서관에 있다가 새벽에 들어온다고 했다.

이 상황을 정서표현과정모델로 설명해 보면 첫 단계인 정서강도는 정서유발 자극에 대한 신체적 반응이다. 이 단계는 정서가 느껴지기도 전에 무의식적으로 신체적 반응이 시작되는 것이다. 예를 들어 옷 주머니에서 영화표를 발견하는 순간, 어머니는 멈칫하게 된다. 생각이나 느낌이 들기도 전에 그 행동 자체로 어머니는 무엇인가 잘못되었다는 느낌을 받는다. 그다음 단계인 정서의식은 경험한 정서강도를 의식적으로 지각하게 되는 것이다. 즉, 심장이 빨리 뛰거나 손이 떨리는 증상을 통해 자신이 매우 스트레스 상황임을 깨닫게 되는 것이다. 세 번째 단계는 정서주의로 자신이 인식한 정서적 경험이 상당히 잔인하기 때문에 신체적으로 인식할 뿐 아니라 정서적이라는 사실을 안다. 즉, 자신의 손이 떨리는 것이 배신감을 느끼기 때문이라는 사실을 인식하게 되는 것이다. 네 번째 단계는 정서반응을 해석하는 정서인식단계로 자신의 경험을 내적, 외적 신념이나 목적 등에 비추어 본다. 이러한 인지적 해석이 개인의 정서에 영향을 주게 된다. 아들의 행동이 정직성에 비추어 볼 때 어긋난다면 어머니의 기분은 더 나빠질 것이고, 만약 자유로운 십대의 상황으로 보아준다면 어머니는 그다지 기분이 상하지 않을 수도 있다. 마지막 단계는 정서표현결정단계로 자신의 정서표현이 사회적 맥락에서 적절한지를 평가하여 정서표현 여부를 결정한다. 자신이 할 수 있다고 생각하는 선에서 자신이 느낀 부정적 정서, 예를 들어 배신감이나 부정직하다는 불쾌감을 마침내 표현하게 된다. 만약 이 어머니가 배신감을 느꼈다면 저녁에 집에 들어오는 아들에게 영화표를 내던지며 소리를 지를 수도 있고, 정직하지 못했다고 판단이 되면 이 사실을 안 즉시 전화를 해서 무슨 일이 있었는지 캐물을 수도 있다. 반면에 십대의 상황으로 자신을 속인다고 생각했다면 나중에 서로 기분이 좋을 때 지나치는 말투로 물어볼 수도 있을 것이다. 이렇게 다양한 생각에 따라 정서는 인식되고 표현되며, 이렇게 인식되고 표현되는 모든 과정에서 그 개인의 내적, 외적인 환경이나 신념 등이 반영된다.

정서표현과정모델은 단계별로 어떤 정서표현이 발생하는지 결정할 뿐 아니라 정서가 어떤 식으로 표현되는지도 결정하게 된다. 사례에서 나타난 것처럼 이 어머니가 구체적으로 자신의 정서에 대해 어떻게, 무엇을 표현할지는 자신의 경험과 환경에 대한 인식, 해석, 평가에 달려 있다는 것이다(Watson & Kennedy-Moore, 1999).

이전의 상담이론이나 정서 지능이론에서는 정서 자체를 있는 그대로 표현하거나 수용하기 보다는 인지적으로 이해하거나 고쳐야 할 대상으로 정서를 개념화하거나 개입했다면 정서표현과정모델에서는 정서를 있는 그대로 수용하고 해석하기 시작했다는 데 그 의의가 있다. 즉, 사람의 사고와 행동이 변화되기 위해서는 이 사고와 행동을 동기화하는 정서를 변화시켜야 한다는 것이다. 사람이 화나는 생각을 하거나 자신을 무가치하게 여기는 생각을 할 때 이 생각을 바꾸기 위해서는 단순히 자료나 논리에 기반한 인지적 변화가 아니라 감정적인 변화가 기반이 되어야 결국 그의 태도가 변화된다는 것이다(Greenberg, 2015). 그러므로 이러한 정서의 중요성은 정서를 중심으로 하는 개입의 필요성을 촉진하였다.

정서를 있는 그대로 수용하고 해석하는 정서표현과정모델을 치료 장면에 적용한 것이 바로 정서중심치료이다. 정서중심치료를 주창한 Greenberg는 정서를 충분히 경험하는 과정을 통해 심리적이면서도 생리적인 반응을 수용하고 자신이 경험한 정서에 담긴 의미를 발견하고 이해할 수 있다고 보았으며 이 과정 자체가 변화를 일으킨다고 보았다(Greenberg, 2002). 정서의 중요성뿐 아니라 그 치료적 의미에 대해서 Safran과 Greenberg(1987)는 '정서는 인지 작용처럼 표현되지 않는 암묵적 가치를 가지는데 의사소통에서도 알 수 있듯이 그 중요성이 인지작용에 앞선다. 즉, 사람들은 자신이 무엇을 응답하려고 하는지에 대해 인식할 시간도 없이 바로 상대의 정서 반응을 읽고 반응하기 때문이다. 그러므로 치료적 개입을 할 때, 치료 관계를 통해 정서 반응을 탐색하는 자체도 치료적 의미를 가지며, 나아가 정서 반응을 부적응적인 것에서 적응적인 것으로 변화시킬 수 있고, 새로운 정서 경험을 찾아 통합해 나가는 방향으로 나아갈 수 있다'고 주장하였다(김영근, 2014).

정서중심치료의 배경에는 경험주의, 체계이론, 애착이론 등이 중요한 이론적 기반이며, 현재 관계에서의 상호작용과 정서를 통해 구성원 간의 균열과 갈등을 회복하는 데 그 효과를 인정받고 있다. Greenberg와 Safran(1987)은 특별히 정서의 허용과 수용에 있어서 서로 구별이 되는 정서를 제시하였는데, 첫 번째 정서의 유형은 "분노나 슬픔"과 같이 적응적인 일차적 정서로, 정서는 개인이 자신의 내적인 모습과 불일치하기 때문에 허용하지 못한다. 이 과정은 비교적 단순하기 때문에 "단순한 허용과 수용"이라 하였다. 한 개인이 이런 느낌을 경험하면 즉각적으로 불안이 느껴지기 때문에 자동적으로 회피하려고 한다. 두 번째 유형의 정서는 "절망감이나 혼란스러움 같은 스트레스를 주는 느낌의 상태"이다. 정서는 생물학적으로 적응적인 행동 경향보다는 복잡한 과정의 허용을 통해 치료가 일어난다고 보았다. 이런 종류의 정서에 대해 수용하는 과정에서 Greenberg와 Safran(1987)은 고통스러운 경험을 허용하고 수용하는 것이라고 하였다(김영근, 2014).

사람은 자신의 삶을 위협하는 경험에 대해 회피함으로써 얻어지는 일시적인 안도감이 아니라 정서가 자신의 고통스러운 감정을 극복해 나가는 과정이라는 것을 알게 되면 희망을 갖게 되고 적응적 반응을 하게 된다. 내담자가 자신의 정서를 피하지 않고 그것에 집중을 하게 되면 자신의 정서 밑바닥에 흐르는 정보가 드러나 비로소 정서가 경험되고 수용되게 된다.

이러한 정서 경험에는 핵심적인 인지(hot cognition)나 직관적 평가가 수반되게 되는데, 일단 자신의 정서가 수용이 되면 적응적이 되어 결국 행동의 변화로 이어진다는 것이다(김영근, 2014). 고통스러운 정서에 대한 수용은 희망과 같은 새로운 적응적 반응이 뒤따른다. 이러한 정서수용은 자신이 비슷하게 경험했던 과거의 몇 가지 에피소드를 이야기함으로써 이루어질 수 있다. 이 과정은 대개 그 사람 자신이 경험한 고통스러운 정서와 관련된 에피소드에 대해 회상하고 이에 수반되는 자신의 정서를 되살려내는 과정에서 이전에 경험하지 못했던 핵심 정서와 신념에 대해 의식적으로 접근해 이를 수용하는 과정으로 이어진다(Cordova & Kohlenberg, 1994). 또한 고통스러운 기억의 재구성은 기억이 나는 활성화가 일어나야만 변화로 연결될 수 있다(Lane et al., 2014; 김영근, 2014).

2) 정서개입의 단계

정서개입은 단계를 거쳐 회복탄력성을 향상시킬 것이다. 이 개입은 그룹코칭 형식을 통해 구현될 것이다. 정서중심 개입이 상담 이론에서 발전되어 왔기 때문에 그룹코칭으로 발현되기 위해서는 몇 가지 기준이 필요할 것이다. 기본적으로 코칭에서 말하는 "사람들의 잠재력과 성취도를 최적화시키는 것(Whitmore, 2002)", "사람들이 자신이 원하는 수준까지 성장하는 것(Evered & Selman, 1989)", "자신의 목표를 이루도록 초점을 맞추고, 동기 부여하고, 지지하는 것(Parsloe & Wray, 2000)"이 코칭 내용에서 드러나야 할 것이다.

즉, 그룹코칭에 참가하는 피코치들 각자의 목표가 분명하고 그 목표가 치료적이라기보다는 성장지향적이어야 할 것이다. 동시에 그룹코칭을 이끄는 코치는 참여하는 피코치의 사고를 촉진하고 인식을 높이는 등 전반적으로 피코치의 능력을 개발하는 역할을 감당해야 할 것이다(Ives, 2006).

또한 Britton(2015)이 그룹코칭의 경우, 4명에서 8명으로 구성된 소그룹으로 매우 친밀한 대화가 이루어지고, 폭넓고 풍성하게 공유가 이루어지며, 멤버의 숫자가 추가될수록 더 촉진적인 분위기가 형성된다는 기준을 만족해야 할 것이다. 또한 그룹 분석가이자 코치인 Thornton(2010)은 그룹코칭의 필수 요건으로 참가자들의 적극적인 상호작용, 3명에서 10명까지의 소그룹, 전체 코칭 기간, 코치가 아니라 참가자 주도적인 학습 등을 제시하였다(Thornton, 2013). 그러므로 그룹코칭은 코치가 중심이 아니라 피코치 주도적이고 자신의 목표와 그룹의 목표를 달성하고자 하며, 3명에서 최대 10명까지의 참가자들이 상호작용을 통해 배우고, 스스로 학습하는 특징을 가진다. 그러므로 회복탄력성이라는 특정 주제로 그룹코칭을 진행할 때 피코치 간 관계가 친밀하게 형성되고, 대화를 통해 촉진적인 분위기에서 자신의 인생에서 힘들고 고통스러웠던 것에 대한 깊이 있는 공유가 이루어질 때, 내면에서 진정한 배움이 일어날 것이다.

특히 그룹을 역동적 관점에서 분석한 Thornton(2010)은 그룹에서 일어나는 학습은 감각적이고 감정적 관계에 기초한다고 보았으며 이런 감각과 역동성이 그룹 안에서 일어나는 학습을 촉진하다고 하였다. 사람들은 자신이 왜 곤경에 처했는지 머리로는 알지만 발전을 가로막는 감정적 장애물을 파악하지 못해 변화를 실천하지 못하는 경우가 많은데 이렇게 이성과 감성, 직감을 모두 동원하는 학습이 바로 그룹 안에서 일어날 수 있다고 하였다. Thornton(2010)은 인지적 요소와 감정적 요소가 통합된 학습이 그룹 안에서 일어나기 위해서는 기본적으로 '포용과 교류'를 끎고 있는데, 먼저 포용은 감당하기 어려운 감정을 이해해 주고 어쩔 수 없이 그룹 내에서 그 어려운 감정이 등장했을 때 안정적으로 수용해 주는 것을 의미한다. 감당하기 어려운 감정이라는 의미는 부정적인 감정들이 대부분이다. 이 부정적인 감정을 그룹 안에서 안정적이고 포용적으로 수용해 줄 때 참가자들은 감정과 생각을 구분하게 되고 지적이면서도 확신에 찬 선택에 좀 더 접근하게 된다는 것이다. 이는 '포용은 통합 과정'이라는 말로 요약되었듯이 감정 경험이 감정을 변화시킴으로써 사람을 앞으로 나아가게 해준다고 설명하고 있다. 그러므로 이 과정을 겪은 참가자들이 이후의 변화도 좀 더 쉽게 받아들일 수 있고 코치나 다른 참가자들의 개입에도 열린 마음이 되고 수용적이 된다고 보았다(Thornton, 2013).

3) 정서중심 그룹코칭

정서중심 그룹코칭은 정서중심개입의 3단계 과정을 포함하고 있다. 즉, 1단계는 치료자와 긍정적인 치료적 동맹을 형성함으로써 현재 참가자의 불편한 관계 이면의 주요 정서 탐색(결합 및 인식), 2단계는 상호작용 태도 변화단계로 주요 정서를 효과적으로 상호작용함으로써 방어를 낮추고 긍정적인 상호작용으로 안정적인 유대 강화(활성화), 3단계는 변화의 강화와 통합으로 자신에 있었던 문제를 새롭게 해결방법을 탐색하고 예전의 행동패턴과 새로운 행동패턴 간 차이를 찾아 적응적 방법을 습득(정서의 재구성)하는 것이다(Bloch & Guillory, 2011; 박보라, 최정숙, 2014).

정서중심 개입을 잘 구현하기 위한 코칭은 현실에서 주관적 시각을 가짐으로써 도전과 변혁에 대한 잠재능력을 활성화시킴으로써 피코치 스스로 목표를 개념화하게 하는데, 코치는 처음에 결합에서 시작하여 결과인 변혁 단계에 이르기까지 모든 수준에서 개입이 가능하다. Carroll(2004)은 이런 코치를 3세대 코치라고 하면서 "서로 다른 수준의 학습을 촉진하는 전문가(Brockbank, 2008)"라고 하였다. 코칭에서 코치와 피코치와 사이에서 신뢰가 구축될 때, 피코치가 자신의 학습과 발전 등 모든 과정에서 자신의 세계를 인식함으로 잠재적 변혁이 일어날 때 비로소 학습이 된다고 하였다(Brockbank, 2008).

또한 다양한 코칭 모델과 개입을 종합적으로 연구한 Maynard(2006)는 결론적으로 코칭에서 추구하는 것을 네 가지로 정리하였다. 첫 번째는 코치와 피코치 간의 상호적이고 진솔한 '관계'가 바탕이 되어야 한다고 보았고, 두 번째는 이 코칭을 통해 달성할 수 있는 피코치의 과제라고도 할 수 있는 '목표', 세 번째는 코칭을 통해 일어나는 통찰 혹은 경험적 '학습', 이 모든 과정을 통해 결국은 '변화'가 일어난다고 보았다(Maynard, 2006). 정서중심 그룹코칭에는 이 네 가지 과정이 모두 바탕이 되고 있다.

인간의 다양한 인생 사건을 극복하기 위해 회복탄력성이라는 능력이 필요한데, 이 능력을 향상하기 위해서는 코치와 피코치 간 관계가 결합되고, 피코치가 자신에 고통스러운 정서와 감정을 인식하고, 정서를 활성화한 후에 새로운 의미로 정서를 재구성하는 작업을 통해 고통스러운 감정을 해소하고 새로운 관점을 갖고 앞으로 나아가게 된다. 이 저변에는 코치와 피코치 간의 관계, 피코치의 목표, 경험적 학습 그리고 궁극적인 변화가 일어나게 되는 것이다.

2. 성격 강점의 이해

1) 강점 연구 배경

많은 사람이 '행복'을 가장 가치 있는 목표로 꼽는다. 우리가 공부하고, 일을 하며 자신을 개발하고 여행을 떠나는 이유도 궁극적으로 행복하게 살아보기 위해서 아닌가, 그럼 행복이란 무엇일까? 행복은 긍정적인 정서와 연결되는 것으로, 어떤 것의 결과로 생긴 기분을 말한다.

피코치의 긍정적 정서는 창의성과 세상에 대한 호기심과 관심을 증가시키고, 건강을 증진시키며, 대인관계를 개선시키고, 낙관주의를 유도한다. 코칭에서 피코치의 긍정적인 정서를 높일 수 있다면 코치는 피코치를 최고의 상태로 만들 수 있는 토대를 만들었다고 할 수 있다.

20세기 들어 여러 심리학자들이 인간의 긍정적 특질에 대해 관심을 지니기 시작했다. 야호다(Jahoda, 1858)의 『긍정적 정신 건강의 현대적 개념(current concepts of positive mental health)』에서 긍정적 정신 건강의 공통 요소를 정리하여 소개했다. 이 요인들은 (1) 자기수용, (2) 성장과 발달, (3) 성격 통합, (4) 자율성, (5) 정확한 현실 지각, (6) 환경적 통제 등이다. 그 후 정신분석학자 에릭슨(Erikson, 1963/1968/1982)은 인간의 심리사회적 발달 단계 이론을 제시하면서 인생의 단계마다 겪는 도전적 과제와 그 결과로 생성되는 긍정적인 성격 특징을 주장했다. 그는 신뢰, 자율성, 주도성, 근면성, 자기정체성, 친밀감, 생산성/공헌성, 자기 통합을 긍정적 특성으로 분류했다.

그리고 인본주의 학자 매슬로(Maslow, 1970)는 인간의 욕구위계설을 주장하면서 자아실현 욕구를 강조했다. 특히 자아실현을 한 사람들에게서 16가지 특성을 밝혀냈다. 즉, 정확한 현실 지각, 자기수용, 자발성, 문제중심적 태도, 사생활 욕구, 자율성, 심미안, 절정 경험, 자애 및 타인 존중, 동료 의식, 깊이 있는 대인 관계, 윤리 의식, 수단보다는 목적에 초점을 두는 성향, 공격적이지 않은 유머 감각, 창의성, 개방적 태도 등이다.

리프(1989/1995)는 여러 이론가들이 주장하는 심리적 행복의 구성 요소를 통합해 다음과 같이 정리했다. 심리적 행복의 구성 요소는 (1) 자기수용, (2) 타인과의 긍정적 관계, (3) 자율성, (4) 환경적 통제, (5) 인생의 목적의식, (6) 개인적 성장으로 구성되었다.

최근 성격심리학자들은 성격의 개인차를 잘 나타내는 모형 혹은 이론을 고안하고 이를 측정하는 검사를 개발하고 있으며 여러 연구 결과를 통해 5요인 성격 모형(big five personality traits)을 개발했다. 인간의 성격은 다섯 가지 성격 요인으로 구성되어 있는데, 외향성, 개방성, 우호성, 성실성, 신경증적 성향이다. 이와 같이 최근에 긍정심리학자들은 그동안의 연구 결과를 종합해 성격적 강점과 덕성에 관한 요인을 밝히고 분류 체계를 밝히려는 노력을 하고 있다.

행복에 대한 연구를 주도한 과학자인 바버라 프레드릭슨 박사는 긍정적 정서는 더 많은 자기수용으로 이어진다고 했다. 즉, 긍정적 정서를 가지고 있는 사람은 그 덕에 다른 이에게서 더 많은 사회적 지지를 얻고, 인생에 더 많은 의미가 있다고 여긴다. 그렇기에 병에 걸려 고생하는 일도 적다. 물론 부정적 정서의 순기능도 간과할 수 없다. 하지만 행복이라는 가치를 증대시키는 것은 역시 긍정적 정서의 역할이다. 영구적 행복 증진의 가능성을 연구한 심리학 교수이자 『행복의 신화』의 저자인 소냐 류보머스키 박사팀이 수행한 대규모 메타분석에 의하면, 긍정적 정서는 대처 능력을 뛰어나리만큼 향상시킨다고 한다. 아울러 다른 이들이 더 많이 신뢰하도록 만들며, 정서의 '연쇄적 상승'도 촉발한다고 했다.

3. 성격 강점과 덕성

1) 성격 강점과 덕성 분류

심리학에서 정신병리적 진단 체계는 DSM(Diagnostic and Statistical Manual of Mental Disorders)이라는 방대한 체계로 몇 차례의 개정 작업을 거치며 발전하고 있지만, 인간의 강점에 대한 분류 체계의 발달은 상대적으로 부족했다. 피터슨과 셀리그먼(Peterson & Seligman)은 DSM에 상응하는 심리적 강점과 덕성에 대한 분류 체계인 VIA(Virtues in Action)를 개발했다. 이 분류 체계는 6개의 범주와 24개의 감정과 덕성으로 나누고 있다.

성격적 강점 연구의 프로젝트는 미국의 메이어슨(Mayerson) 재단 이사장인 닐 메이어슨(Niel Mayerson)이 1999년에 셀리그먼의 긍정심리학에 관한 신문 기고를 읽고 깊은 인상을 받으면서 태동했다. 메이어슨이 셀리그먼에게 연구 프로젝트를 제안하고, 처음 연구 주제는 청소년의 행복과 정신 건강 증진을 위한 프로그램의 개발과 보급 사업으로 했다. 그리고 희망과 낙관주의에 관한 세계적인 권위자 크리스토퍼 피터슨(Christopher Peterson)이 대학 휴직을 하고 셀리그먼과 함께 3년간 성격적 강점과 덕성의 분류 체계를 개발하기 위해 노력했다. 그들은 강점 요인을 선정할 때 다음과 같은 기준을 따랐다.

- 보편성: 이러한 강점은 대다수 문화에서 긍정적 덕목으로 여겨지고 있는가?
- 행복 공헌도: 이러한 강점은 다양한 긍정적 행동과 성취를 촉진함으로써 그 소유자와 다른 사람의 행복에 기여하는가?
- 도덕성: 이러한 강점은 그 자체로 도덕적 가치를 지니는가?
- 타인에의 영향: 이러한 강점이 한 사람에 의해 표현될 때 다른 사람에게 부정적인 영향을 미치지는 않는가?
- 반대말의 부정성: 이러한 강점의 반대말이 부정적인 것으로 간주되는가?
- 측정 가능성: 이러한 강점이 측정될 수 있도록 개인의 행동(생각, 감정, 행위)으로 표출되는가? 또한 상황과 기간의 변화에도 안정을 나타내는가?

- 특수성: 이러한 강점이 다른 강점과 잘 구별되는가? 다른 강점들로 분해될 수 있는 것은 아닌가?
- 모범의 존재: 이러한 강점이 모범적인 인물에 의해 구체화될 수 있는가?
- 결핍자의 존재: 이러한 강점이 현저하게 부족한 사람들이 존재하는가?
- 풍습과 제도: 사회는 이러한 강점을 육성하기 위해 풍습이나 제도를 지니고 있는가?

2) 핵심 덕목

이러한 기준을 잘 충족시키는 6개의 핵심 덕목과 24개의 강점으로 구성된 분류 체계를 구성했다. 그들에 의해 밝혀진 요인들은 다음과 같다.

(1) 지혜(wisdom)

- 창의성(creativity): 어떤 일을 하면서 새롭고 생산적인 방식으로 생각하는 능력으로서 참신한 사고와 생산적인 행동방식을 포함한다.
- 호기심(curiosity): 한 개인이 겪는 모든 경험에서 별다른 이유 없이 신기함, 다양성, 도전을 추구하는 것이다.
- 개방성(open-mindedness): 사물이나 현상을 다양한 측면에서 철저하게 생각하고 검토하는 능력으로서 모든 증거를 동등하게 취급하고 새로운 증거에 따라 신념을 수정하는 태도를 포함한다.
- 학구열(love of learning): 새로운 기술과 주제, 지식을 배우고 숙달하려는 동기와 능력을 의미한다.
- 지혜(wisdom): 사물이나 현상을 전체적인 관점에서 생각하고 다른 사람에게 현명한 조언을 제공하는 능력을 말한다.

(2) 자애(humanity)

- 사랑(love): 다른 사람과의 친밀한 관계를 소중히 여기고 실천하는 능력을 뜻한다. 즉, 다른 사람을 사랑할 수 있고 다른 사람으로부터 사랑을 받을

수 있는 능력을 의미한다.

- 친절성(kindness): 다른 사람을 위해 호의를 보이고 선한 행동을 하려는 동기와 실천력으로서 다른 사람을 돕고 보살피는 행동을 포함한다.
- 사회 지능(social intelligence): 자신과 타인의 동기와 감정을 아는 것으로서 새로운 사회적 상황에 적응하기 위해 어떻게 행동하는 것이 적절한지를 아는 능력을 의미한다.

(3) 용기(courage)

- 용감성(bravery): 위협, 도전, 난관, 고통으로부터 위축되지 않고 이를 극복하는 능력을 의미하며, 저항이 있더라도 무엇이 옳은지 이야기하고 인기가 없을지라도 신념에 따라 행동하는 것을 포함한다.
- 끈기(persistence): 시작한 일을 마무리해 완성하는 능력을 말하며, 난관을 딛고 일련의 계획된 행동을 지속하거나 과업을 성취하는 과정에서 기쁨을 느끼는 것을 포함한다.
- 진실성(authenticity): 진실을 말하고 자신을 진실한 방식으로 제시하는 능력으로서 자신을 거짓 없이 드러내고 자신의 행동이나 감정을 수용하고 책임지는 것을 포함한다.
- 활력(vitality): 활기와 에너지를 가지고 열정적으로 삶과 일에 임하는 태도를 의미하며, 생기와 생동감을 느끼고 삶을 도전적으로 사는 것을 포함한다.

(4) 절제(temperance)

- 용서(forgiveness): 나쁜 일을 한 사람들을 용서하는 능력으로서 잘못을 행한 자를 용서하고, 사람들에게 다시 기회를 주며, 앙심을 품지 않는 것을 포함한다.
- 겸손(modesty): 자신이 이룬 성취에 대해 불필요하게 과장된 허세를 부리지 않는 태도로서, 자신의 성취나 업적을 떠벌리지 않고, 세인의 주목을 구하지 않으며, 스스로를 특권적인 존재로 생각하지 않는 것을 포함한다.
- 신중성(prudence): 선택을 조심스럽게 함으로써 불필요한 위험을 초래하지

않으며 나중에 후회할 일을 말하거나 행하지 않는 능력을 말한다.

- 자기 조절(self-regulation): 자신의 다양한 감정, 욕구, 행동을 적절하게 조절하는 능력을 의미한다.

(5) 정의(Justice)

- 시민정신(citizenship): 자신이 속한 집단의 이익을 추구하고자 하는 책임의식으로서 사회나 조직 속에서 자신에게 주어진 임무와 역할을 인식하고 부응하려는 태도를 뜻한다.
- 공정성(fairness): 편향된 개인적 감정의 개입 없이 모든 사람을 동등하게 대하고 모두에게 공평한 기회를 주는 태도를 의미한다.
- 리더십(leadership): 집단 활동을 조직화하고 그러한 활동이 진행되는 것을 파악하여 관리하는 능력으로서 구성원을 고무해 좋은 관계를 창출하고 사기를 진작해 각자의 일을 해내도록 지휘하는 것을 포함한다.

(6) 초월(transcendence)

- 감상력(appreciation of beauty and excellence): 다양한 삶의 영역에서 나타나는 아름다움, 수월성, 뛰어난 수행을 인식하고 평가하는 능력을 의미한다.
- 감사(gratitude): 좋은 일을 잘 알아차리고 그에 대해 감사하는 태도를 뜻한다.
- 낙관성(optimism): 최선을 예상하고 그것을 성취하기 위해 노력하는 태도를 의미한다.
- 유머(humor): 웃고 장난치는 것을 좋아하며 다른 사람에게 웃음을 선사하는 능력을 말한다.
- 영성(spirituality): 인생의 궁극적 목적과 의미에 대한 일관성 있는 신념을 가지고 살아가는 태도를 보인다.

24개의 성격적 강점을 평가하기 위한 자기보고형 검사인 VIA 강점 척도(Values in Action Inventory of Strengths, VIA-IS)는 각 강점당 10문항씩 배정하여 총

240개 문항으로 구성되어 있다.

이러한 성격적 강점과 덕성에 대해 많은 실증적 연구가 이루어졌다. 삶의 만족도는 학구열, 창의성, 개방성과 같은 '지성적 강점'보다 활력, 감사, 낙관성, 사랑과 같은 '감성적 강점'과 더 밀접한 관계를 나타냈다. 가장 빈번하게 보고된 강점은 친절함이었으며, 그다음으로 공정성, 진실성, 감사, 개방성이 뒤를 이었다. 반면에 가장 드물게 보고된 감정은 신중성, 겸손, 자기 조절이었다.

4. 클립톤 강점 확인(Clifton Strengths Finder)

클립톤 강점 확인(Clifton Strengths Finder) 프로그램이 있다. 이 프로그램은 갤럽(Gallup)에 의해 개발된 강점 확인 프로그램으로 온라인에서 이용할 수 있다. 모두 34가지 강점(개발자, 개인화, 경쟁, 공감, 공평, 관계자, 긍정성, 매력, 맥락, 미래 지향, 복구자, 분석가, 사고, 성취자, 신념, 신중함, 연결성, 의사소통, 자기 확신, 적응력, 전략, 조정자, 조화, 중요성, 질서, 착상, 책임, 초점, 최상주의자, 탐구심, 포괄성, 학습자, 행동주의자, 명령)을 측정하는데, 가장 높은 점수를 받은 '5가지 대표 테마'에 대한 정보만 제공한다. 개인적인 결과는 시간이 지남에 따라 변할 수 있지만 안정적으로 유지되는 편이다. 이 검사는 개발할 수 있는 잠재력이 가장 큰 강점 영역을 알려주고 자신의 강점에 대해 설명할 어휘를 제공한다는 점에서 의미가 있다.

1) 성격 강점 검사

긍정심리학을 기반으로 개인의 성격 강점을 측정하여 자신의 성격 강점을 정확하게 인식하고 이를 활용함으로써 성공적인 삶을 살아갈 수 있도록 하기 위해 권석만, 유성진, 임영진, 김지영(2010)이 개발한 검사이다. 대학생 및 청년을 대상으로 한 자기보고형 검사이다. 성격적 강점과 덕성에 대한 VIA 분류 체계(Peterson & Seligman, 2004)에 근거하고 있으며, 지혜, 인간애, 용기, 절제, 정의, 초월이라는 6개 핵심 덕목의 24개 하위강점과 피험자의 반응경향성을 평가하기 위한 사회적 선호도까지 포함하여 총 25개의 하위척도로 구성되어 있다.

각 핵심 덕목에 따른 24개 하위강점은 다음과 같다. 지혜 관련 강점으로 창의성, 호기심, 개방성, 학구열, 지혜가 있으며, 인간애 관련 강점으로는 사랑, 친절성, 사회지능이, 용기 관련 강점으로는 용감성, 끈기, 진실성, 활력이 있다. 그리고 절제 관련 강점은 관대성, 겸손, 신중성, 자기조절이, 정의 관련 강점으로는 시민의식, 공정성, 리더십이, 초월 관련 강점으로는 심미안, 감사, 낙관성, 유머감각, 영성이 있다.

하위척도는 각각 10문항씩 총 250개 문항으로 구성되어 있다. 피험자는 각 문항의 내용이 자신의 개인적 성향과 얼마나 비슷한지에 따라 4점 리커트 척도(0=전혀 아니다, 1=약간 그렇다, 2=상당히 그렇다, 3=매우 그렇다)로 평정한다. 24개 성격 강점 중에서 원점수가 상대적으로 가장 높은 5개를 대표 강점으로 해석한다. 하위척도의 내적 합치도 크론바흐 알파값은 .76~ .92였으며, 검사-재검사 신뢰도는 .65~ .87이었다.

2) 성격 강점 검사지

긍정적 정서의 이점을 살펴보면 다음과 같다(류보머스키와 킹 디너의 2005년 연구).

- 이직률이 감소한다.
- 피코치 서비스에 대한 평가가 좋아진다.
- 관리자의 평가가 좋아진다.
- 정서적 피로도가 감소한다.
- 직무 만족도가 높아진다.
- 자원봉사를 더 많이 한다.
- 더욱 다정하고, 더욱 확신에 차 있으며, 더욱 자신만만하다는 인상을 준다.
- 연봉이 오른다.

- 더 오래 산다.
- 질병, 또는 부상에서 빨리 회복된다.
- 협력을 통해 갈등을 해결할 가능성이 더 많다.
- 의욕이 증가한다.
- 의사 결정 효율성이 높아진다.
- 창의적 사고가 증가한다.
- 다른 이에 대해 더욱 포괄적으로 사고한다.

이처럼 긍정적 정서에 대해서는 많은 연구가 이루어졌다. 또한 위의 긍정적 정서의 이점을 통해서도 알 수 있기에 코치는 긍정적 정서를 높이는 방법을 확실히 기억해 두고 코칭을 통하여 이를 활용하며 피코치가 인생에서 또는 직장에서 원하는 결과를 얻을 수 있도록 도와주어야 한다. 그렇다면 피코치의 긍정적 정서를 어떻게 높여 줄 수 있을까?

긍정적 정서를 조성하기 위한 유용한 방법은 다음과 같다.

첫째, '감사하기'를 연습한다.

먼저, 자기 자신에게 감사를 표현하는 연습을 한다, 자기 자신에게 감사하는 마음을 가져야 자기를 존중할 수 있고, 이로써 다른 사람에게 진심으로 감사하는 마음을 전할 수 있기 때문이다. 자기 자신에게 대한 감사의 일환으로 노트에 매일매일 자신에게 감사할 만한 일이나 경험 등을 기록한다. 감사는 습관화되어야 한다. 자기만의 감사의 노하우를 개발하고 주변 사람들과 자기 자신에게 끊임없이 감사를 구체적으로 표현하며 적용하는 것이 중요하다.

둘째, '자신의 비전 그려보기'를 연습한다.

비전은 우리가 미래에 존재하기를 원하는 어떤 것에 대한 분명한 그림으로 이룰 수 없는 허황된 꿈이 아니라 아직 실현되지 않은 현실이다. 그렇기에 미래에 무엇이 될 것인가 데드라인이 있는 목표를 구체적으로 정하는 것이 중요하다. 그러기 위해서는 자신의 미래 모습이나 성취한 모습을 그려본다거나, 훌륭한 결정을 내리는 자신을 떠올려 보는 것이다.

자신의 비전을 그려보다 보면 의욕이 고취되고, 열정과 잠재력이 깨어난다. 즉, '자신의 비전 그려보기'는 내면에 숨겨진 핵심가치를 체크하고, 자신의 성장을 위한 어젠다를 제시하는 연습인 것이다.

미래의 나 자신의 모습을 자주 상상하라. 자신이 갖춘 역량이나 성장을 위한 여러 기회를 상상하라. 자신이 일이나 삶에서 어떤 결정을 내리고, 또한 어떤 목표를 달성했는지도 한번 상상해 보라.

- 미래의 나의 얼굴 모습을 그려보라.
- 미래에 내가 살고 있을 곳을 묘사해 보라.
- 미래가족들, 사람들과의 관계 등을 그려보라.
- 미래에 성취하고 싶은 중요한 것들을 묘사해 보라.
- 자신이 원하는 것을 성취했을 때의 모습을 그려보라.

이 밖에도 미래에 일어날 수 있는 많은 것을 코치 자신은 물론, 피코치들에게도 그려보게 하라. 그래야만 자신이 원하는 행복에 한 걸음 더 다가갈 수 있는 찬스를 얻으며 긍정적으로 상상한 것만큼 삶의 목표도 달성할 수 있을 것이다.

5. 긍정심리자본의 구성요인

Snyder(2000)는 자신감이 높은 사람은 어려운 일이나 부정적 사건을 경험할 때 이를 극복하고 이전 상태로 복원될 가능성이 그 반대인 사람보다 높고 희망수준이 높으면 자신의 직무에 보다 높은 자신감을 가진다고 보고하고 있다. 이로써 일시적인 무력감으로부터 신속하게 빠져나올 수 있다. 이와 같은 선행연구는 긍정심리자본의 구성요인인 자기효능감, 희망, 복원력, 낙관성 개념들을 개별적으로 이해하기보다는 하나의 통합된 심리적 요인으로 보는 Luthans 등(2005)의 선행연구와 그 맥락을 함께 하고 있다. 이렇게 통합된 개념으로 이해될 때 심리적 요인들 사이의 긍정적인 상호 작용이 발생되어 더 높은 설명력과 효과성을 보일 수 있다. 이러한 4가지 하위차원들은 과업 성취를 위해서는 긍정적으로 동기부여되는 공통점을 갖고 있는데 각 하위차원들의 정의와 특징, 선행연구들을 다음과 같다.

1) 자기효능감(self-efficacy)

자기효능감은 주어진 상황에 대하여 뜻한 대로 이루어 낼 수 있다는 스스로의 능력에 대한 굳센 믿음의 마음으로 개인의 신념이라 설명할 수 있다. 즉, 동기를 부여할 수 있는 능력과 인지적 자원을 동원할 수 있는 능력에 대한 믿음, 특정한 과업(task)을 성공적으로 수행하는 데 필요한 행동에 동원할 수 있는 행동 절차로 정의할 수 있다(Luthans & Youssef, 2004).

자기효능감을 가진 사람은 도전적인 과업을 선택하고 목표를 성공적으로 달성하기 위해 노력을 기울이며 장애요인이 발생하면 적극적으로 극복하려고 하는 경향이 있어 POB기준에 가장 잘 부합되는 개념이다. 또한 자아효능감은 인지적 자원이지만(Renko et al., 2016), 주어진 상황이나 과업에 따라 달라진다는 점에서 자아존중(self-esteem)과는 비교되는 개념이다(Kevill et al., 2017). 이러한 자기효능감의 특징은 첫째, 개인이 어느 특정 과업에 자신이 있다면 이러한 자신감은 반복적 연습에 의한 숙달일 확률이 높은 특징이 있다. 둘째, 영역특수성으로 익숙하지 않는 영역에는 부족한 결과나 과정을 보일 수 있다. 셋째, 타인의 피드백이 있다면 그것으로 인해 자기효능감 형성에 영향을 미친다. 넷째, 다양한 요인들에 의해 영향을 받는 특성으로 목표달성 과정에 필요한 지식과 능력, 기술 습득처럼 개인 관리가 가능한 것들도 있다. 마지막으로, 교육이나 훈련 등의 과정을 통해 개선의 여지가 있는 특징으로 설명할 수 있다(Luthans et al., 2005). 조직행동의 선행연구에서 자기효능감은 114개의 메타분석을 통해 적극적이고 능동적인 과업수행과 리더십 개발에 긍정적 영향을 미치며 목표선택과 직무 성과에 영향을 주는 변수, 의사결정과정, 직무태도, 창조성 등에도 긍정적인 영향을 미치고 있다(Stajkovic & Luthans, 1998).

한편 Tierney와 Farmer(2002)의 연구에서 자기효능감은 창조적 생산성(creative productivity, CP)의 선행변수라고 보고하고 있다. 이와 같이 보고하고 있는 이유는 더욱 높은 수준의 창조적 자기효능감(creative self-efficacy, CSE)을 보유하고 있는 개인이 혁신과 같은 도전적인 문제에 임할 경우에는 보다 높은 수준의 인내와 열정, 노력을 가지고 임하게 되고, 이러한 과정에 있어 자기효능감은 개인으로 하여금 부정적인 근무환경 요소의 해결 및 완화를 위해 창의적인 해결책을 탐색하게끔 유도하기 때문이다. 한편 자기효능감은 다양한 측면에서 확고하게 확립된 이론적 근거와 실증적 연구를 통해 성과와 관련성이 입증되었다는 점에서 긍정조직행동 변수의 조건을 충족하고 있다(이동섭 외, 2009). 자기효능감을 충족히 보유한 개인은 긍정적인 심리상태에서 발휘되는 자신감을 통해 상황이 불확실하거나 단기적으로 가시적 성과가 없더라도 장기적 관점에서 성과를 이끌어 낼 가능성에 대한 믿음을 높게 갖고 있다. 이러한 믿음은 개인의 목표수준 설정과정에 영향을 미치고 설정된 목표에 대한 몰입 수준을 높인다. 이와 같은 목표설정 과정과 성취의 결과들은 다시 다음 단계의 자기효능감으로 피드백 되는 긍정적 순환으로 이어진다(Luthans, 2002).

2) 희망(hope)

희망이란 긍정적인 동기부여 상태로 목표 지향적 에너지와 계획으로 어떤 일을 이루거나 얻고자 기대하는 마음으로 정의할 수 있다. 높은 희망을 가진 사람들은 일반적으로 자신이 원하는 것을 얻기 위한 방법이나 새로운 대안을 개발하는 데 적극적인 능력을 소유하고 있다(Luthans & Youssef, 2004). 또한 도전적으로 목표를 설정할 때 현실적인 다양한 문제와 환경에 대한 감각을 유지하면서 목표 달성이 가능한 다양한 경로를 계획하는 역량을 희망으로 정의하였다(Luthans, 2002).

일반적으로 희망이라 하면 본인이 원하는 것을 생각하는 것으로 사용되기도 하지만 긍정심리자본 구성요인으로서의 희망은 목표를 이루기 위해 지속적으로 노력하면서 최선의 대안을 찾으려는 마음으로 설명할 수 있다. 이처럼 목표에 대한 동기 부여와의 관련성으로 보면 자기효능감과 비슷하지만, 목표를 성취하는 과정에서 혁신적인 경로를 기획하려는 의지와 같이 행동에 영향을 준다는 측면에서는 자기효능감과 구별되는 개념이다.

이상에서 검토한 것을 다음 3가지로 정리할 수 있는데 첫째, 인간의 행동은 본질적으로 긍정적 기대를 토대로 목표 지향적인 성향이 있음을 가정하여 개인이 취하는 행동은 원하는 목표달성을 위한 행동과 관련 있다. 이때에 긍정적인 기대는 희망과 연관되어 있다.

둘째, 의지(agency)로써 구체적인 상황에서 주어진 과업을 성공하려는 동기부여 또는 목표 지향적 에너지를 포함하는 개념이다. 셋째, 과업이나 목표를 달성하기 위한 수단이 되는 목표 경로(pathway)로써 목표나 하위목표를 확인하는 것을 넘어 목표에 도달하기 위한 방안까지 포함하는 개념으로 설명할 수 있다(Snyder et al., 1991).

희망 수준은 목표 성취를 위한 동기부여와 의지력을 창출하는 내재화된 통제력과 목표달성 과정에서 생성되는 장애 극복을 위한 구체적 경로와 대안적 계획을 세우는 능력에 의해 종합적으로 평가되는 특징이 있다(이동섭 외, 2009). 희망은 안정적 특성 변수로 보기도 하지만 목표설정 훈련을 통해 도전적 목표설정과 목표의 단계적 설계를 통해 목표 달성, 비현실적 목표를 구분하는 등의 훈련이나 교육과 같은 조직적 개입을 통해 개발 가능성이 있는 점에서는 상태변수로 볼 수도 있다(Snyder, 2000).

한편 일반적으로 새로운 대안이 제시되었다 해서 그 대안이 반드시 조직성과에 유용하다 볼 수는 없지만 희망 수준이 높은 개인의 경우 자신이 선택한 방법이 효과적이지 못했음을 깨달았을 때 희망수준이 낮은 구성원보다 새롭고 유용한 아이디어와 해결책을 탐색하는 일을 보다 빈번히 제시하는 경향이 있다. 더불어 희망 수준이 높은 종사원들은 목적추구 그 자체를 즐기기 때문에 그들은 더욱 내재적으로 자연스럽게 긍정적인 동기유발이 생성된다. 따라서 목적지향적인 에너지를 실천할 때 더욱 창의적인 방식을 추구하는 경향을 보인다(Zhou & Ren, 2012).

3) 복원력(resilience)

복원력은 어떠한 힘겨운 역경 상황이나 갈등, 실패 등을 극복하고 온전한 원래 상태로 되돌아오거나 새롭게 도약하는 역량으로 임상심리학에서 정립된 개념이다. 복원력이 있는 사람이란 개인 삶의 가치에 대한 신실한 믿음이 있으며 의미 있게 판단되는 변화에 대해서는 즉흥적으로 수용하는 포용력 있는 사람이라는 의미이다. 또한, 복원력은 부정적인 사건을 성공적으로 조절하려는 의미로써 고난을 극복하거나 어려운 상황에 성공적으로 적응하려는 것과 정신적 외상으로부터 벗어나는 빠른 회복을 의미한다(Luthans, 2002). 임상심리학 측면에서는 일부 특별한 사람들만 가지는 예외적 역량을 의미하지만 POB 관점에서는 대부분 구성원들이 학습에 의해 개발되는 특성으로 간주하여 복원력이 높은 사람들은 위험요소를 위협으로 받아들이기보다는 도전의 기회로 받아들여 긍정적인 가치를 부여하는 성향을 보인다(Masten, 2001).

한편, 복원력은 생태학에서 뿌리를 두고 다양한 상황에서 여러 정의가 개발되어 왔는데 사회심리학적 관점에서 회복력은 인지적 개발 능력으로 정의되기도 한다(Corner et al., 2017).

Sinclari와 Wallston(2004)의 연구에서 복원력의 특성은 개인이 역경과 스트레스에 반응하여 마침내 적응된 대처 행동을 실행하는 과정이라고 보고하고 있다. 복원력은 변화의 불확실성이 높은 어려운 상황에서 즉흥적인 대응이나 유연함과 적응력이 요구되는 상황일 때 그 가치가 더욱 커지는 특성이 있다(이동섭 등, 2009). 복원력의 여러 긍정적인 특성을 정서적 연구에서 논의되는 용수철효과(spiraling effects)와 같은 개념으로 해석하고 있는데(Fredrickson & Joiner, 2002), 복원력 수준이 높게 나타난다면 역경이나 갈등과 같은 부정적 상황이 깊어 갈수록 그만큼 더 긍정적 상황으로 대처하고 적응하는 특성이 있다. 이로써 희망, 낙관주의, 자기효능감과 함께 상호작용하여 긍정적인 시너지(synergy)로 발휘되어 긍정적 반응성 수준이 더욱 높아진다고 보고하고 있다(Richardson, 2002). 선행연구에서 복원력에 관한 개발이 가능한 경로는 일상생활에서 겪게 되는 위험과 도전에 따르는 스트레스를 긍정적으로 관리하는 것으로 시작된다. 이러한 긍정적인 태도는 다양한 역경으로부터 원래의 안정적인 상태로 되돌아올 수 있도록 돕는 복원력을 수행하고 있음이 확인되었다. 이렇듯 복원력이 강한 개인들은 급변하는 조직 환경에서 발생하는 여러 스트레스 근원에 더 잘 대처하기 때문에 피할 수 없는 역경 상황에서도 보다 감정적인 안정감을 보여준다. 이러한 안정감은 구성원의 성과 및 직무만족과 조직 몰입 그리고 다운사이징에 따른 스트레스 상황 대처 등에 긍정적인 영향을 주고 있음을 보고하고 있다(Luthans & Youssef, 2004). Karatepe와 Karadas(2014)도 호텔 산업에서 복원력이 높은 종사원들은 반대인 경우의 종사원보다 다양한 상황에 대해 보다 안정되고 효과적인 대응과 적응력을 펼친다. 이로써 긍정적인 문화를 창출하며 자신이 맡은 업무에 더욱 열중하고 만족한다고 보고하고 있다.

4) 낙관성(optimism)

Scheier와 Carver(1985)는 낙관성을 자신의 인생은 대부분 긍정의 결과를 경험하게 될 것이라는 신념으로 정의하였다. Luthans와 Youssef(2004)의 연구에서도 어떤 일에 도전했는데 실패의 결과로 이어졌다고 해도 그대로 좌절하는 것이 아니라 실패한 원인을 살펴보아 다음 기회에는 궁극적으로 잘 될 수 있을 것이라는 마음으로 재도전해 보고자 하는 것을 신념이라고 정의하였다. 이런 정의는 나쁜 일과 좋은 일이 왜 생기는가에 대해 합리적으로 수용하는 개인의 스타일로 귀인이론과 관련된 긍정 심리적 특성으로 설명할 수 있다. 이러한 측면에서 Seligman(2011)은 낙관적인 종업원과 보험 판매 성과 간에 정적의 관계를 검증하였는데 낙관주의적 성향의 개인이 현재와 미래를 포함하여 성공에 관하여 긍정적이고 내재적이며 안정적인 귀인을 한다고 보고하고 있다. Carver와 Scheier(2002)는 낙관주의가 기질적인 특성을 갖고 있지만 무기력이 학습되듯이 조직적 차원의 긍정적인 개입을 통해 발전할 수 있다는 측면에서 POB 변수의 기준을 충족하고 있으며 인지-행동요법(cognitive-behavior therapy) 과정을 겪으면서 비관주의자들을 낙관적인 사람으로 변화시킬 수 있는 상태적 특성도 갖고 있다고 보고하고 있다. 끝으로, 낙관주의는 긍정적 성과에 대해 자신의 기여도와 외부 기여 요인을 균형 있게 연결하며 어려운 상황일지라도 도전해야 한다는 책임감을 수용하고 책무를 인정하는 개인의 긍정적 특성으로 나타난다 (Luthans et al., 2004).

5) 자기주도학습

역사적으로 자기주도학습은 성인학습의 주요 이론이며 실천적 행위로 Knowles(1975)에 의해 소개된 안드라고지(andragogy)의 첫째 가정인 '성인은 성숙

할수록 자기주도적이다.'에 기초하여 발전하였다. 안드라고지는 성인(andros)과 지도하다(agogus)를 합쳐 성인교육을 지칭하는 단어로써 성인들의 학습을 돕는 과학으로 소개되었다. 이후 자기주도학습에 대한 원칙과 가정, 이론 및 지침 등의 관점에서 상이하고 다양한 논쟁의 과정을 거치면서 성인을 위한 보다 효과적인 학습과정 설계와 구성의 필요성에 따라 성인교육은 개인적인 성장에 초점을 두게 되었다. 이러한 성인교육에 대한 개인적 성장의 활성화는 최근 급변하는 경영환경에 신속히 대처하고 구성원을 통한 조직 경쟁우위 획득을 위해 이들의 전문성 향상과 관련된 학습능력이 강조되고 있다. 이러한 학습능력은 구성원들의 성장을 통해 조직성과에 기여하면서 HRD 분야에서도 자기주도학습 변수로서의 관심이 증가하고 있다(Cho & Kwon, 2005). 이러한 관심은 자기주도학습에 영향을 미치는 다양한 요인들을 찾고 자기주도학습 능력이 높은 경우에 조직차원에서 어떤 효과가 있는가를 밝히는 노력들로 확장되고 있다고 할 수 있다.

자기주도학습에 관한 선행연구는 행동주의 심리학에서 학습 외적보상 역할을 강조하거나 자기실현 동기나 내적 동기를 강조하는 인본주의 심리학에서 이론적 지지를 받아왔다(Zimmerman, 1989). 그러나 이와 같이 학습자의 자기통제능력에 초점을 맞추는 성격적, 동기적 접근만으로는 학습자 내적 인지와 학습 과정이 어떻게 작용하고 또는 작용해야 하는지에 관한 자기주도학습의 근본이 되는 특성에 대한 정보를 제공받기 어렵다. 또한 그와 같은 접근으로는 자기주도 학습 능력 개발을 위해 어떤 환경이나 학습 방안을 제공해야 하는가에 대한 정보도 도출해 내기 어렵다. 이러한 선행연구를 기업 측면에 적용해 보면 기업에서 환경이나 학습 방안 등을 제공해야 하는 이유는 구성원들이 스스로 학습을 통제하고 과제를 찾아 지속적인 학습을 통해 성과에 기여하는 능력은 자발적으로 어떤 발달 단계가 되어 저절로 나타나는 능력이 아니기 때문이다(Chi et al., 1989).

최근 급변하는 경영혁신 가운데 신속한 지식 습득을 통해 경쟁우위를 차지하는 데 있어 조직차원에서 자기주도학습이 핵심요인으로 자리매김하면서 HRD 관점에서도 두각을 나타내고 있다(배을규, 이민영, 2010). 기존에 주로 개인적 성장과 발달 측면을 강조하는 성인교육 분야와 달리 HRD 분야는 환경과의 상호작용과 구성원 간의 정보공유와 협력을 통한 학습 중요성을 강조한다. 자기주도학습 능력이 높은 조직 구성원일수록 다양한 자기주도학습 수행과 지식 창출이 활발하며 상호작용의 중요성을 인식하고 다른 구성원과 지식을 공유하면서 이와 관련된 새로운 인간관계 활성화 경향이 있음을 보고하고 있다(Rowland & Volet, 1996).

또한 학습효과와 효율성 증진을 통해 교육훈련 비용 절감과 조직 목표 수행을 통한 성과 창출과 개선을 극대화시킬 수 있다(Guglielmino & Guglielmino, 2001; Guglielmino & Guglielmino, 2008). 이는 개인에 대한 생애사적 관점뿐만 아니라 조직 관점에서도 매우 중요한 개념임을 알 수 있다. 이에 자기주도학습 능력이 활성화되어 있는 능동적인 구성원으로 이끌 수 있는 구체적인 HRD 실천 전략을 강구할 필요가 있음을 예상할 수 있다. 조직구성원의 자기주도학습에 관한 선행연구 위주로 살펴보면 Yang 등(2004)은 자기주도학습은 조직 내 개인학습 활동이 집단 참여를 통해서 변화과정을 겪은 후 점차 집단과 조직학습으로 확대되고 있다고 보고하고 있다. Cho(2002)도 자기주도학습은 개인성장의 일차적 목표를 갖고 있지만 자기주도학습의 상호의존적이고 집단적 측면과 같은 학습조직 핵심 특성들과 일치되면서 조직구성원 사이 협력과 상호작용하는 과정이 중요한 역할임을 강조하고 있다. 이것은 자기주도학습과 학습조직이 서로 연계되어 있음을 의미한다. 이에 조직구성원의 자기주도학습이 그들의 상호작용과 지식 공유, 네트워크 구축 경향을 발휘하면서 학습조직을 구축하는 기반으로 확대되고 있다(김지영, 장원섭, 2010; 이재영, 임규연, 2013).

Clardy(2000)는 직무와 관련된 자기주도학습 연구에서 다음 3가지 형태로 자기주도학습이 과업에 대한 문제해결 과정에 긍정적 영향을 미치고 있음을 밝혔다. 첫째, 긍정적 영향은 현재 자신의 능력수준과 성취해야 할 능력 사이에 의식된 불균형을 의미하는 것으로서 구성원에 의해 시작되는 유도형 자기주도학습이다. 둘째, 학습하고 싶은 잠재된 개인 욕구로 시작되는 자유의사형 자기주도학습이다. 셋째, 구성원이 갖고 있는 잠재된 학습능력이 향상되어야 하는 새로운 조직 상황에서 생기는 시너지형 자기주도학습이다. 이는 학습문화 정착을 위한 조직적 실천 시스템을 갖춘 조직에서 시너지형과 자유의사형이 다수 도출되었음을 알 수 있다.

한편, 국내 대기업 K사 영업사원 대상의 연구에서 학습조직과 직무성과 관계에서 자기주도학습의 조절효과를 검증하였다(이재영, 임규연, 2013). 또한 자기주도학습이 경력 만족에 긍정적 영향과 경력 정체에 관한 인식 수준을 감소시키고 경력 정체에 대한 구성원 인식수준은 자기주도학습과 경력 만족 관계를 완전 매개하는 것으로 보고하고 있다. 배을규와 이민영(2012)은 통합적 관점에서 자기주도학습 능력을 갖춘 구성원은 스스로 학습에 흥미 갖고 동기부여 되어 참여한다. 이러한 학습 과정에서 학습에 필요한 환경을 조성하고 경력개발에 필요한 지식과 기술을 습득함으로써 경력 만족도는 높아지는 것으로 보고하고 있다. 요컨대, 선행 연구를 살펴본 결과 최근 기업은 지식이 조직성공의 주요 원동력이며 지식을 얻고 실천하는 주체로서 구성원들을 대하고 있으며, 구성원들의 자기주도학습 능력 함양에 관한 중요성을 인식하고 있다는 것을 확인하였다. 자기주도학습 능력의 중요성은 자기주도학습을 통해 새로운 지식이 공유되고 활성화되어 조직성과를 극대화시킨다는 점을 배경으로 한다(Guglielmino & Guglielmino, 2008). 또한, HRD 차원에서 자기주도학습은 1960년대 중반부터 성인교육과 평생교육 연구 분야를 중심으로 성인 학습 특징을 설명하는 대표적 개념 중 하나가 되었다(Hogg, 2008).

Knowles(1980)는 자기주도학습 개념에 대한 기반을 본격적으로 다진 학자로서 학교 교육(pedagogy)과 구분되는 성인 교육(andragogy) 특성으로 파악하여 자기주도학습(Self-Directed Learning)의 연구 발판이 되는 정의와 가정을 제공하고 있다. 그에 의해 자기주도학습이란 용어가 처음으로 제시되었는데 타인의 조력 여부와 관계없이 개별 학습자가 주도권(initiative)을 가지는 학습과정으로 학습자는 학습목표설정과 학습자원을 확인하고 주요 학습전략을 선택하여 학습결과의 평가로 이어지는 일련의 작업수행 과정으로 정의하였다. 이것은 부분적으로 인본주의 심리학 영향을 받은 것으로 다음 5가지 가정을 제시한다. 첫째, 자기주도학습은 인간 능력 측면에서 성장한다. 둘째, 학습자 경험은 학습에 있어 풍부한 자원을 제공한다. 셋째, 개별 학습자는 자신의 삶을 영위함에 있어서 필요 활동을 수행한다. 넷째, 성인 학습자의 본래적 특성은 문제중심 학습이며 마지막으로, 자기주도학습자는 자존감과 호기심, 성취욕 등의 내적 유인 체제에 의해 동기화된다는 것이다.

08
Chapter

긍정심리와 행복

1. 긍정심리의 개념

최근 인간의 강점 및 경쟁력 향상에 초점을 둔 긍정심리학에 대한 관심이 증가하고 있다(Seligman & Cskszentmihalyi, 2000; Snyder & McCullough, 2000). 이는 인간 심리를 연구하는 데 있어서 병리 중심에서 일반인에 대한 적용으로 초점이 옮겨가고 있다는 사실을 시사한다. 긍정심리학은 개인의 행복, 만족감, 번영으로 갈 수 있는 조건에 초점을 두는 최적의 기능에 대한 과학적 연구(Linley & Harrington, 2006)를 의미하며 더 나아가 강점 이론을 발전시키는 긍정심리학자들의 노력(Snyder & Lopez, 2002)까지 포함한다. 세부적인 연구내용을 보면 다양한 구성원 사이의 상호적인 관계형성(Lazarus, 2003), 웰빙, 목표 성취 및 만족, 자기 일치 사이의 관계(Sheldon & Elliot, 1999), 웰빙과 같은 구성을 측정(Ryff & Keyes, 1995), DSM과 같은 강점 분류법(Peterson & Seligman, 2004) 등을 포함한다.

긍정심리학은 무엇보다 행복에 목표를 둔다. 행복은 무언가를 통해 얻게 되는 유익이 아니라 그것 자체가 유익이며, 궁극적인 목표라기보다 목표를 수행하는 데 동원되는 수단이다. 이러한 행복, 웰빙, 긍정적 삶에 대한 연구는 앞으로도 계속될 것이다. 긍정심리학자들이 주장하는 것처럼 수많은 사람들이 이제는 병리적인 증세보다도 행복하고 잘 사는 것에 관심이 많기 때문일 것이다.

긍정심리학이 코칭과 결합되어 활용되고 있는 긍정심리코칭(Positive Psychology Coaching, PPC)은 긍정심리학의 이론과 경험적 연구 결과를 토대로 개인의 안녕을 증진하고 강점과 성과를 향상시키면서 가치 있는 목표를 성취하도록 돕는 과정이다(Kauffman, Boniwell & Silberman, 2010; 김은정, 2010).

긍정심리학은 기존의 심리학이 그동안 인간의 부정적인 측면에만 지나치게 초점을 맞추어 온 것에 대한 반성으로 Seligman(1998)은 '심리학이 나아가야 할 새로운 방향과 입장'을 제시함으로써 출현하였다(Seligman & Csikszentmihalyi, 2000). 긍정심리학이라는 용어는 사람들이 자기 자신의 긍정적 정서, 긍정적 경험 그리고 긍정적 성격적 특질들을 찾아내어 더욱 발전시킬 수 있도록 격려해주는 다양한 많은 기술들과 분야들을 포괄하는 매우 폭넓은 용어이다.

긍정심리코칭은 피코치의 웰빙을 증가시키고, 피코치의 강점을 증대시키고 적용하며, 수행을 개선하고 가치로운 목적을 달성하도록 돕는 과학적인 근거를 가진 접근이다.

제2차 세계 대전 이후 미국 심리학은 정신질병을 평가, 이해, 치료하는 것을 그 주요 사명으로 택하였다. 그 이후 과거 반세기 이상 동안 이 사명에 있어서 훌륭한 진보를 가져왔고 정신병리의 뿌리가 되는 원인 및 치료에 관한 연구는 폭발적인 증가를 보였다(Duckworth, Steen, & Seligman, 2005). 부정적 사건들 및 타고난 취약성들에 초점을 맞춤으로써 연구자들과 임상가들은 정신장애의 병인론을 이해하는 일에서 많은 결실을 맺어 왔다.

그러나 이와는 대조적으로 정신 장애의 예방과 치료에서 긍정적 정서나 강점이 어떤 역할을 하는지 알아내는 일에는 경험적 연구가 진행된 것이 거의 없었다. 이에 반해 긍정심리학은 고통 및 고통의 직접적 감소를 넘어서 임상심리학의 초점을 넓히는 것을 목적으로 한다. 긍정심리학은 강점, 안녕감, 최적의 기능에 대해 과학적으로 연구하는 학문 분야이다.

긍정심리학에서 묻고 있는 질문이나 관심을 갖는 문제는 이 시대에 새롭게 출현한 것은 아니다. 고대의 Socrates, Plato, Aristotle 시대 이래로 좋은 삶에 대한 관심은 철학적이고 종교적인 의문의 주요 주제였다. 또한 1960년대에 Carl Rogers, Abraham Maslow, Henry Murray, Gorden Allport, Rollo May와 같은 인본주의 심리학의 대가들도 오늘날 긍정심리학이 추구하는 것과 똑같은 많은 질문들에 답하려고 고심했었다(Sheldon & Kasser, 2001). 즉, 좋은 삶이 무엇인지? 언제 개인들은 그들의 최선의 상태에 있는지? 어떻게 우리는 우리 자신과 타인들의 안에 있는 성장을 격려할 수 있는지? 진실하다는 것은 무엇을 의미하는지? 와 같은 질문들에 답하기 위해 고심하고 있었다. 여러 가지 면에서 긍정심리학은 인본주의 심리학의 주요한 원리에 기초한다(Harvard Medical School, 2008). 예를 들자면, Carl Rogers의 내담자 중심 치료는 사람들이 진정한 자기 자신을 표현함으로써 자신의 삶을 향상시킬 수 있다고 하는 이론에 기초하고 있으며 Abraham Maslow는 몇몇 긍정심리적 개입들에서 사용되고 있는 성격적 강점들의 개념과 유사한 자아실현한 사람들의 특질들을 밝혀내었다.

긍정심리학은 인간경험의 세 가지 영역에 과학적 연구의 초점을 맞추는데(Seligman & Csikszentmihalyi, 2000), 긍정적인 주관적 상태, 긍정적인 개인적 특질, 긍정적인 조직과 기관들이 그것이다. 긍정적인 주관적 상태는 행복, 사랑, 친밀감, 만족감과 같은 긍정적 정서와 미래에 대한 건설적인 생각, 낙관주의, 희망, 활기, 확신 등을 포함한다(Compton, 2005).

긍정적인 개인적 특질은 용기, 인내심, 진실성, 지혜와 같은 계속적으로 사람들에게서 관찰되는 더 영속적이고 일관된 행동 양식에 대한 연구로서 긍정심리학의 핵심인 강점과 미덕은 물론 지능이나 운동능력과 같은 개인의 능력까지 포함한다. 긍정적 조직과 기관들에 대한 연구에서는 미덕을 장려해 주는 민주주의 사회, 건강한 가족의 형성, 자유로운 연구단체, 건강한 직업 환경에 대한 연구, 긍정적 지역사회 등에 대한 이슈들을 다룬다.

이러한 과학적이고 실증적인 연구를 위한 노력의 결과 중 하나가 긍정적 특질에 대한 분류체계인 VIA(Values in Action)를 개발하여 성격적 강점과 덕성을 분류하였다는 점이다. 심리학이 전통적으로 병리에 초점을 맞추어 오던 것에 대해 대항하기 위해 Seligman과 Peterson(2004)은 'Character Strengths and Virtues: A Handbook and Classification(CSV)'라는 책을 완성하고 이 책 속에 긍정심리학의 원리들을 공식화하였다. 이 책은 'Diagnostic and Statistical Manual of Mental Disorders, Fifth Edition(DSM-5)'에 대한 상대역할을 할 수 있도록 창조된 것으로 DSM-5가 정신과적 장애의 다양한 범위를 분류하는 것과 마찬가지로 CSV는 인간이 번영할 수 있도록 해주는 다양한 강점들 및 긍정적 특질들에 대한 상세한 설명과 분류체계(Values in Action, VIA)를 제공한다.

비록 처음에는 건강한 사람들의 안녕감과 최적의 기능을 향상시키기 위한 방법으로 발전되긴 하였지만 긍정심리학의 기술들은 이제는 보다 전통적인 형태의 치료들에 보조자의 역할로 위치가 올라가고 있다(Harvard Medical School, 2008). 긍정심리학 분야의 선구자 중의 한 사람인 유명한 Harvard 정신과 의사 George E. Vaillant(Harvard Medical School, 2008, 재인용)는 긍정심리학은 분노나 슬픔과 같은 부정적 정서들에 초점을 두는 심리치료를 보조하여 환자들이 긍정적 정서에 초점을 맞추고 강점을 개발하도록 격려해 주는 방법이라고 보았다. 즉, 긍정심리학은 인간의 긍정적인 심리적 측면을 과학으로 연구함으로써 인간의 행복과 성장을 지원하는 심리학의 한 분야라 할 수 있다. 즉, 인간이 주관적으로 경험하는 긍정적 심리상태, 개인의 긍정적인 성격 특성과 강점, 구성원의 행복과 자기실현을 지원하는 긍정적인 조직을 연구하여 개인과 집단 사회의 발전을 촉진하고자 하는 학문이다.

2. 긍정심리와 행복감 모델

모든 사람은 행복한 삶을 원한다. 긍정심리학이 추구하는 궁극적 목표도 행복증진과 안녕 추구이다(Seligman, 2002). 행복한 삶이 무엇인지에 대한 견해는 시대와 문화 및 학자에 따라 의미하는 바가 조금씩 다르며 한마디로 합의된 정의는 부족한 상황이다(Park & Peterson, 2009). 행복에 대한 고대 그리스 사상은 쾌락주의(hedonism)와 자아실현주의(eudaimonism)의 두 가지 입장으로 나뉜다. 쾌락주의적 접근에서는 행복한 삶의 기본적 구성요소로 유쾌함에 중점을 둔다. 즉, 즐거움과 만족스러움을 극대화하고 고통은 최소화함으로써 행복을 성취할 수 있다는 입장이다. 이러한 관점에서는 쾌락이 절대 선이며 고통이 절대 악이라는 이분법적 가치로 행복을 보았다.

그리고 개인의 욕망과 욕구 충족을 위해 적극적이며 즉각적인 만족을 추구하고 쾌락의 주인이 되어 지배하고 즐길 줄 아는 사람이 행복을 누릴 수 있는 현명한 사람으로 여겨졌다. 이 같은 쾌락주의적 관점에서 행복이란 개인이 자신의 삶에 대해 주관적으로 경험하는 마음의 상태이며 자신이 원하는 것을 얻었을 때의 긍정적 정서를 동반한 인지상태이다(이경민, 2009). 반면, Aristoteles에 의해 대표되는 자기실현적 입장에서 행복한 사람이란 바랄 만한 가치를 가지고 있으며 인생에서 가질 만한 가치가 있는 것을 가진 사람이다(Compton, 2005). 행복에 대한 이러한 접근은 행복의 덕성 이론이라고 일컬어졌는데 이 이론은 개인이 가지고 있는 특정한 덕성의 계발과 발달이 최고의 안녕 상태로 한 사람을 이끌고 결국 그것이 풍성한 삶으로 향하게 된다는 생각에 기초한다. 즉, 한 사람이 중용에 맞게 행동하며 그의 가장 바람직하고 최고선을 가장 잘 나타내는 가치와 덕성에 따라 인생을 삶으로써 자신의 잠재력을 확장하고 자신의 성장 및 타인에게 의미 있는 삶을 구현하는 것이 행복을 이루는 방법이라고 하는 입장이다.

요약하면 쾌락주의적 접근에서 행복은 유쾌함을 주는 경험을 추구하고 불쾌함을 주는 경험을 피하는 능력을 의미하며 자아실현적 접근에서 가치를 추구하고 덕성을 계발하는 도덕적 삶을 통해 행복을 추구한다고 말한다. 오늘날 심리학계에서는 '행복'이라는 용어를 주관적 안녕감, 심리적 안녕감, 삶의 만족도,

삶의 질 등으로 바꾸어 행복한 삶의 상태를 과학적인 방법으로 측정하고 관찰함으로써 행복에 대한 과학적 연구가 활발히 진행되고 있다.

행복에 대한 쾌락주의적 접근에 의거하여 행복을 연구하는 학자들은 행복이라는 용어 대신 주관적 안녕감이라는 용어를 사용하기도 한다. 이들은 행복이란 개개인이 스스로 선택한 준거에 따라 자신의 삶을 긍정적으로 평가할 때 느끼는 심리상태라고 본다(이훈구, 1997). 주관적 안녕감은 다양하게 정의되고 있지만 여러 연구들은 주관적 안녕감이 정서적 요인과 인지적 요인으로 나누어짐을 보여준다(Diener & Diener, 1995; Emmons & McCullough, 2003). 정서적 요인은 정적 정서와 부적 정서를 포함하며(Diener et al., 1985), 인지적 요인은 삶의 만족도를 말한다. 인지적 요소인 삶의 만족도란 개인이 설정한 기준과 비교하여서 자신의 삶의 질을 평가하는 인지적 판단 과정을 말한다(Sin & Lyubomirsky, 2009). 자신이 설정한 기준과 자신이 지각하는 삶의 여건들을 비교하여 삶의 여건들이 기준과 일치하는 경우 삶의 만족도는 높을 것이다. 종합적으로 보면, 주관적 안녕감이 높은 사람은 높은 삶의 만족도, 높은 정적 정서적 경험 낮은 부적 정서적 경험을 하고 있는 사람이라고 볼 수 있다.

한편, 몇몇 연구자들(Schmutte & Ryff, 1997)과 Ryff(1989)는 삶의 질을 주관적 안녕감으로 이해하려는 위와 같은 입장에 대해 근본적인 비판을 가하면서 삶의 질이 높다는 것이 단지 행복한 삶만을 의미하는 것은 아니라고 제안한다. 대신 이들은 삶의 질이 높다는 것은 사회의 구성원으로서의 한 개인이 얼마나 잘 기능하고 있는가를 기준으로 삼아야 하며 이러한 기준을 구성하는 요소들은 바람직한 삶에 관한 임상, 상담, 그리고 발달 심리학에서의 여러 이론들에서 찾아볼 수 있음을 주장한다. 구체적으로 Ryff(1989)는 여러 심리학적 이론들을 기초로 하여 개인의 삶의 질을 측정할 수 있는 6개의 차원으로 이루어진 척도를 개발하였고 이것이 측정하는 삶의 질을 '심리적 안녕감'이라 칭하였다. 이 6개의 차원은 자아수용, 긍정적 대인관계, 자율성, 환경에 대한 통제력, 삶의 목적, 개인적 성장을 포함한다(김명소, 김혜원, 차경호, 2001). 따라서 심리적 안녕감에서 개념화하고 있는 삶의 질이 높은 사람은 자기를 있는 그대로 수용하고 긍정적 대인관계를 유지하고 자신의 행동을 독립적으로 혹은 스스로 조절하는 능력이 있고 주위환경에 대한 통제력이 있고 삶에 대한 목적의식이 있으며 자신의 잠재력을 실현시키려는 동기가 있는 사람을 말한다. 이상의 설명을 고려해 볼 때 심리적 안녕감의 개념은 고대 그리스의 행복에 대한 2가지 입장 중 자기실현적 접근과 일맥상통하는 입장이라고 할 수 있다. 정리하여 말하자면, 주관적 안녕감의 구성 개념은 행복의 쾌락주의적 입장과 유사한 맥락이고 심리적 안녕감의 구성 개념은 행복의 자아실현적 입장과 유사한 맥락이라고 볼 수 있다.

한편, 긍정심리학자들은 긍정심리학의 목표인 행복한 삶에 관해 나름대로의 견해를 제시하고 있으며 그중 긍정심리학의 창시자인 Seligman(2002)은 '행복'이 과학적으로 좀 더 다루기 쉬운 세 가지 구성 요소들인 긍정적 정서(즐거운 삶), 적극성(적극적인 삶), 의미(의미 있는 삶)로 나누어질 수 있다고 제안하였다. 다시 말해서 행복은 즐거운 삶, 적극적인 삶, 의미 있는 삶을 통해 얻어질 수 있다고 주장하였다. Seligman(2002)이 제안한 행복이론은 위의 두 연구 흐름(쾌락주의적 입장과 자아실현적 입장)을 통합한 입장이라고 볼 수 있다.

Chiasson, Dube와 Blondin(1996)의 연구에서는 행복의 요소에 대해 중미와 북미 사람들의 견해를 비교하였는데 그 결과, 개인주의적 성향이 강한 북미 피험자들은 쾌락적 요소와 행복에 대한 개인적 영향력을 빈번히 언급한 반면 집단주의적 성향이 강한 엘살바도르인들은 종교적 가치와 사회정치적 여건들을 빈번히 언급하였다. 이 같은 결과들은 동양 문화권과 같은 집단주의적 문화에서는 개인들 간의 상호의존성이 중요하지만 서양 문화권과 같은 개인주의 문화권에서는 자기 자신에게 더 많은 주의를 기울이고 자신의 개인적인 특성들을 표현함으로써 타인과의 독립성을 유지하는 것을 더욱 중요하게 여기기 때문이라 해석할 수 있다(Markus & Kitayama, 1991). 이 같은 비교 문화적 연구들의 결과들을 숙고해 볼 때 행복에 대한 관점은 문화권 간에 차이가 있을 것임을 짐작해 볼 수 있다.

따라서 김명소 등(2003)은 한국 성인 남녀들이 생각하는 행복한 삶의 구성요소들을 탐색하기 위해 20대에서 60대에 이르는 한국 성인 남녀들을 대상으로 FGI(Focused Group Interview)를 실시하여 한국인의 행복한 삶을 구성하는 요소로 경제력, 성취 및 자기수용, 여가, 사회적 지위 및 인정, 자기계발 및 목표추구, 자립성, 사회 · 정치 · 문화 환경, 종교, 이타심, 자녀의 바른 성장, 부모 및 친지 간의 원만한 관계, 배우자(이성)와의 사랑 및 신뢰, 대인관계, 외모, 긍정적 인생관, 건강의 16개 요인을 확인하였다. 요인별 중요도 분석 결과, 자녀요인이 가장 중요도가 높은 것으로 나타났고 그다음으로 부모 및 형제와의 관계, 배우자와의 사랑 및 신뢰 순으로 높아 가족 간의 관계 특성이 한국인의 행복한 삶에 가장 중요한 것으로 나타났다. 이러한 16개 요인들을 전체적으로 볼 때, Ryff(1989)가 제안한 심리적 안녕감의 6개 요인들을 모두 포함하고 있음을 알 수 있으며 또한 동시에 배우자 및 이성, 자녀, 부모, 친지, 사회적 지위 및 인정 사회 · 정치 · 문화 환경적 여건, 종교 등이 서양 문화권에 비해 빈번하게 언급되는 등 집단주의적 문화권의 특징을 드러내었다(김명소 등, 2001). 즉, 한국인의 행복한 삶을 구성하는 요인들은 서양 문화권의 경우와 유사성을 가지고 있으면서 집단주의적 문화의 특징을 반영하는 요소들이 동시에 중요시 여겨지고 있음을 알 수 있다.

그러나 행복을 어떻게 지속적으로 증가시킬 수 있을 것인가의 문제는 여전히 어려운 방법론적 접근을 요구하고 있다. 이는 고대로부터 최근에 이르기까지 수많은 종교와 철학, 예술 및 과학 분야에서 논의되는 궁극적 문제이다. 이 같은 물음에 대해 Lyubomirsky(Lyubomirsky, Sheldon, & Schkade, 2005)는 "지속 가능한 행복모델(sustainable happiness model)"을 제안했다. 이 모델에 의하면 한 개인의 만성적 행복수준을 결정하는 것은 크게 세 가지 요소들인데 이들은 첫째, 유전적으로 이미 결정된 '행복-설정점', 둘째, 삶의 환경, 셋째, 의도적 활동이나 노력에 의한 행동들이다. 즉, 한 개인의 주관적 안녕감 수준의 대략 50% 정도는 그 개인이 이미 가지고 태어난 유전적 기질 및 심리생물학적인 특징들에 의해 설명이 되고, 성별, 인종, 수입, 건강 상태, 주거환경 등과 같은 환경적 요인이 설명하는 변량의 부분은 약 10% 정도이며 주관적 안녕감의 변량의 나머지 40% 정도는 그 개인이 자신의 매일매일의 일상생활에서 수행하는 의도적이고 노력을 기울이는 활동들에 의해 설명된다고 하면서 이 주장을 뒷받침하여 주는 지금까지 연구된 많은 연구 결과들을 제시한다(Lyubomirsky, Tkach, & DiMatteo, 2006; Lyubomirsky & Tucker, 1998; Lyubomirsky, Tucker, & Kasri, 2001; Schwartz et al., 2002). 지속 가능한 행복모델(sustainable happiness model: Lyubomirsky et al., 2005)은 어떻게 행복을 증가시킬 것이며 또한 어떻게 행복을 유지할 것인가에 대한 실험적인 개입 연구를 할 수 있도록 이론적 틀을 제공하여 준다.

Boehm과 Lyubomirsky(2009)는 선천적으로 행복한 사람과 선천적으로 불행한 사람들 간의 몇몇 차이점들이 있음을 제시한다. Lyubomirsky(2001)는 행복한 사람들은 자신의 환경에 대해 불행한 사람들과는 다르게 지각하고 해석하는 경향이 있다고 제안한다. 연구 결과들(Lyubomirsky & Tucker, 1998; Seidlitz, Wyer, & Diener, 1997)은 행복한 사람들은 세상을 상대적으로 좀 더 긍정적이고도 행복을 촉진하는 방식으로 바라보는 경향이 있음을 만성적으로 행복한 사람들은 또한 자기 자신과 타인들을 평가할 때 긍정적인 관점(perspective)을 사용하는 경향이 있음이 발견되었고(Lyubomirsky et al., 2006) 행복 수준이 높은 사람들은 사회적 비교상황에서 타인들의 수행에 대한 피드백에 덜 민감했는데 이는 행복 수준이 높은 사람들의 정서 및 자기 평가가 불행한 사람들에 비해 타인들과의 비교에 의해 영향을 훨씬 덜 받고 덜 취약하다는 것을 제안하여 준다(Boehm & Lyubomirsky, 2009). 이에 비해 불행한 사람들은 특히 실패한 상황에서 집단적 정보나 개인적 정보에 좀 더 민감하다(Lyubomirsky, 2001). 또한 결정을 내려야 하는 상황에서 행복한 사람들은 이대로 충분히 좋은 선택에 대해 쉽게 만족하는 경향이 있었는 데 비해 불행한 사람들은 절대적인 최상의 선택을 얻으려고 최선을 다해 분투하는 경향을 보였는데, 불행한 사람들의 이러한 경향성은 그들의 삶에 대한 만족도 및 안녕감을 낮추는 경향이 있었고 이러한 경향성은 보다 강화되는 경향을 보였다(Iyengar, Wells, & Schwartz, 2006). 그 외에도 행복한 사람들은 불행한 사람들에 비해 자기 자신에 대해 과도하게 빠져 생각하고 숙고하는 경향이 훨씬 덜한 경향을 보였다(Lyubomirsky et al., 2007; Lyubomirsky & Kasri, 2006).

이상과 같은 발견들을 종합해 볼 때, 행복한 사람들이 삶의 사건들을 처리하는 전략은 긍정적 정서를 좀 더 오래 지속시키고 보존하도록 도와주는 데 비해 불행한 사람들이 택하는 전략은 긍정적 사건들과 연합되어 있는 내재적인 긍정성을 약화시키고 부정적 사건들과 연합되어 있는 부정적 정서를 더욱 높이도록 하는 경향이 있다(Boehm & Lyubomirsky, 2009).

그렇다면, 선천적으로 덜 행복한 성향의 사람들이 좀 더 커다란 안녕감과 행복을 달성하기 위하여 의도적인 전략들을 배우는 것이 가능할까? 행복을 증진시키고 유지하는 것이 가능한지에 대해 의심하게 하는 몇몇 잠정적인 장애물들이 존재하는데, 이를 테면 유전, 쾌락적 적응, 성격이 그것이다(Boehm & Lyubomirsky, 2009). 횡단적 연구로서 쌍생아 연구 및 입양아 연구들은 유전이 행복이나 안녕감을 설명하는 변량의 대략 50% 정도를 차지함을 보여준다(Lykken & Tellegen, 1996). 종단적 연구들에 의하면, 긍정적 사건이나 부정적 사건을 경험하는 것이 단기적으로는 그 개인의 행복 수준을 높일 수도 있고 낮출 수도 있지만 사람들은 매우 명백하게 자기들의 원래의 행복 기저선 수준으로 신속히 돌아가는 경향이 있었다(Suh, Diener, & Fujita, 1996). 이는 유전적으로 이미 결정되고 잘 변화되지 않는 경향이 있는 행복에 대한 독특한 설정점이 존재함을 암시한다. 또 다른 잠정적인 장애물은 쾌락적 적응 현상인데 이 입장은 사람들이 자신의 환경적 변화 특히 긍정적 변화에 쉽게 적응하기 때문에 이전에 행복을 제공하여 주던 긍정적인 환경적 변화가 쉽게 더 이상 행복감을 제공하여 주지 않게 된다는 설명이다. 이 입장에 의하면 사람들은 동일한 정도의 행복감을 얻기 위해 이전보다 더욱 높은 정도의 환경적 변화를 원하거나 수시로 새로운 환경적 변화를 원하게 된다는 것이다(Lucas, Clark, Georgellis, & Diener, 2003). 행복 증진과 유지를 방해할 수 있는 마지막 잠정적 장애물은 성격의 안정성이다(Diener & Lucas, 1999). 성격적 기질은 상대적으로 고정적이고 시간의 흐름에도 불구하고 잘 변화하지 않기 때문에 행복은 한 개인의 안정적인 성격이며 의미 있는 변화를 이루어 내기가 쉽지 않은 구성개념이라고 본다(Costa, McCrae, & Zonderman, 1987).

Lyubomirsky 등(2005)은 이러한 의구심에 도전을 가하면서 행복과 안녕감을 증진시키는 데에 몇몇 장애물들이 있는 것은 사실이지만 그럼에도 불구하고 다양한 종류의 의도적이고도 노력이 들어가는 활동들을 익히고 자발적인 의지와 결단을 가지고서 이러한 활동들을 연습 및 실행함으로써 덜 행복한 사람들은 좀 더 행복해지기 위해 성공적으로 노력할 수 있다고 하는 낙관적인 관점을 제안한다. 그들의 지속 가능한 행복모델에 의하면 만성적 행복 수준 또는 한 개인이 삶의 특정한 기간 동안에 보여주는 행복 수준은 세 가지 요인에서 행복 설정점, 삶의 환경, 의도적 활동들에 의해 영향을 받는다. 앞서 언급했듯이 설정점은 만성적 행복 수준에서의 개인차의 변량을 대략 50% 정도 설명해 주며 타고난 자연환경, 인문환경, 주거환경, 성별, 인종, 국적, 과거의 외상적 사건, 결혼 유무, 교육 정도, 건강상태, 수입정도, 외모 등을 포함하는 한 개인의 환경적 변인들은 만성적 행복 수준에서의 개인차의 변량을 약 10% 정도밖에 설명해 주지 못한다. 그 이유는 이러한 삶의 환경적 변인들은 변화가 불가능한 것은 아니지만 변화시키기가 쉽지는 않으며 사람들은 그들의 환경적 변화에 쉽게 적응이 되어 일단 익숙해지면 행복에 미치는 영향력이 상대적으로 적어지기 때문인 것으로 보인다. 그렇다면 만성적 행복 수준의 변화에 영향을 미치는 가장 유력한 요인은 대략 40%의 변량을 설명해 주는 의도적 활동이다. 이러한 의도적 활동이 행복 수준에 영향을 미치는 데 유익한 이유는 그것들은 쉽게 변화 가능하고 행동자의 자발적인 의도에 따라 시작하는 시점과 마치는 시점을 다르게 조절할 수 있으며 그 활동의 길이, 빈도 실시, 기간 실시 대상, 실시 방법의 세부적인 요령 등을 조절하거나 변형할 수 있다는 점이다. 즉, 사람들은 계속적으로 변화하는 대상에 대해서는 적응되기가 훨씬 더 어렵다. 따라서 여기서는 이러한 행복 증진을 위한 의도적 활동들이 최적의 행복과 안녕감을 가져오도록 하기 위한 조절변인을 찾는 것이 결정적인데(Boehm & Lyubomirsky, 2009) 이를 테면 활동의 시기, 다양성, 활동에 들어가는 노력, 행복에 대한 동기와 같은 조절변인들은 이미 연구되었고 Boehm와 Lyubomirsky(2009)는 행위자와 특정한 의도적 활동 간의 "적합도(fit)" 가까운 사람들로부터의 사회적 지지 문화 등과 같은 잠정적인 조절변인의 효과에 대해 추후 연구가 필요함을 제안하였다.

이상에서 행복에 대한 용어의 정의는 학자마다 견해가 다르고 행복한 삶을 구성하는 요인들도 개인적, 문화적, 사회적 차이에 따라 다르게 정의되나 긍정심리학은 인간의 행복증진과 안녕을 추구하는 데 의의를 갖는다.

3. 긍정심리 기반 상담중재 방법

최근 상담은 사회과학 분야에서 실천적 중재방안으로 인식되고 있으며 보편적으로 적용되는 추세이다. 다양한 상담기법의 근거가 되는 이론들 중 긍정심리학은 인간이 근본적으로 행복과 성장을 추구하는 존재라는 가정에 근간을 두고 있다. 인간은 누구나 행복하기를 원하며 편안하고 만족스러운 삶을 추구하는 동시에 자신의 잠재능력 계발을 통한 성장의 욕구를 지닌다(권석만, 2008).

긍정심리학자인 Seligman(2009)은 "심리학은 인간의 약점과 장애를 다루는 학문뿐만 아니라 인간의 강점과 미덕에 대한 학문이기도 하다"고 언급하였으며 기존의 심리학 연구는 인간의 부정적 정서와 정신장애 등에 초점을 두어 연구가 이루어지기 때문에 상대적으로 인간의 긍정적 정서인 행복한 삶을 돕는 것에 대해 주의를 기울이지 않았음을 지적하였다.

Seligman(2002)에 따르면 긍정심리학의 궁극적 목표는 행복증진과 심리적 안정이나 다수의 긍정심리학자들은 인간의 부정적인 면을 고치는 것에 중점을 두기보다 긍정적인 특성을 확립하고 변화를 촉진하는 데 초점을 둔다(Seligman & Chikszentmihalyi, 2000).

긍정심리학의 핵심적 탐구 주제 중 하나는 긍정적인 성품이다. 인간의 행복을 증진하기 위해 긍정적인 성품인 긍정특질을 밝히는 것은 중요하며 인간은 개인의 재능과 강점을 충분히 발휘할 때 더욱 행복한 삶을 누릴 수 있다(권석만, 2008). 이러한 긍정심리학에서 인간의 행복과 풍요로운 삶을 위해 세 가지 주제에 초점을 맞추고 있다. 그것은 긍정상태, 긍정특질, 긍정기관으로서 '긍정심리학의 세 가지 기둥'이라고 불린다(Seligman & Chikszentmihalyi, 2000).

첫째, 긍정심리학은 인간이 경험하는 다양한 긍정적인 심리상태를 연구하는데 이는 행복감, 안락감, 만족감, 사랑, 친밀감 등과 같은 긍정적 정서와 자신과 미래에 대한 낙관적 생각, 희망, 몰입, 열정, 인생의 의미 등을 포함된다.

둘째, 긍정심리학은 인간이 지속해서 지니는 긍정적인 성품과 행동양식, 성격 강점과 미덕, 탁월한 재능을 의미하는 긍정적인 특질(창의성, 지혜, 끈기, 진실성, 겸손, 용기, 열정, 리더십 낙관성, 유머감각, 영성 등)의 연구에 초점을 맞추고 있다(김진영, 고영건, 2009).

셋째, 긍정심리학은 구성원의 행복과 긍정적인 기관과 조직에 관해서 관심을 지닌다. 긍정기관은 구성원의 행복과 능력발휘를 지원하는 가족, 학교, 직장, 지역사회 등의 조직을 의미하는데 개인과 조직은 불가분의 관계에 있기 때문에 상호 영향을 미친다(권석만, 2011).

Lyubomirsky 등(2005)은 기준점, 삶의 환경, 의도적 활동이라는 세 가지 요소에 의해 행복이 결정된다고 언급하였다. Lyubomirsky 등(2005)은 행복을 결정하는 기준점은 유전에 의한 것으로 행복수준의 50%를 결정하고 외부적 환경을 의미하는 삶의 환경은 행복수준의 10%를 결정하며 행복을 결정하는 나머지 40%는 선택된 의도적인 활동인데 이는 개인의 동기와 의지에 의한 것이라고 주장하였다. 이 연구를 통해 행복의 상당 부분은 개인의 노력을 통해 얻어질 수 있음을 시사한다. 즉, 개인의 동기와 의지에 따른 긍정적인 경험은 인간의 행복에 긍정적인 영향을 준다.

긍정심리치료는 긍정심리학에서 추구하는 궁극적인 목표인 강점과 행복증진에 초점을 둔 치료이다. 또한, 긍정심리치료는 인간의 긍정적 정서를 강화하고 강점을 발전시키며 인간의 내면에 발현되지 않은 긍정적인 변화를 위한 것들을 확인할 수 있도록 돕는 치료이다(Compton, 2005).

Seligman 등(2006)은 긍정심리학의 이론을 적용한 치료방법으로 긍정심리치료(positive psycho therapy, PPT)를 개발하였다. 이들은 행복치료, 웰빙치료, 삶의 질 치료의 결과들을 토대로 심리치료를 위한 체계적인 긍정심리치료 프로그램을 구성하여 그 효과를 보고하였다. 그러나 긍정심리치료는 기존의 부정적 증상에 초점을 맞추는 심리치료와는 달리 이미 존재하는 인간의 긍정적인 측면들을 강화하는 것을 목표로 하며 궁극적으로 인간의 긍정적 정서 함양과 행복증진을 돕기 위한 치료이다.

한편, 긍정심리학의 창시자인 Seligman은 인간의 행복한 삶을 위한 긍정심리치료의 핵심 요소로 즐거운 삶, 적극적인 삶, 의미 있는 삶을 제시한다. 첫째는 긍정심리치료에서 즐거운 삶이다. 과거, 현재, 미래에 대해서 긍정적인 감정을 느끼며 살아가는 삶이다. 즐거운 삶은 수용과 감사를 통해서 과거에 삶에 대한 만족감을 느끼며 지금 이 순간의 경험에 대한 적극적 참여와 몰입을 통하여 현재의 삶에서 유쾌함, 즐거움을 경험하고 도전의식과 낙관성을 통해서 미래의 삶을 기대하며 살아가는 삶이다(Seligman et al., 2005).

Lyubomirsky 등(2005)은 즐거운 삶을 위한 구성요소와 개입방법은 다음과 같다고 소개하였다. 첫째, 과거에 대한 긍정적 정서의 함양을 위한 방법으로 감사하기, 용서하기와 같은 활동이 있다. 또한, 현재에 대한 긍정적 정서는 긍정적 경험을 통한 만족이며 향유하기와 같은 활동이 있으며 미래에 대한 긍정적인 정서는 희망, 낙관주의와 같은 활동들이 있다. 이러한 다양한 긍정적 활동은 그 경험의 빈도가 증가할수록 행복감이 증가하게 되고 이는 인간이 즐거운 삶을 살아갈 수 있도록 돕는다.

둘째, 긍정심리치료에서 추구하는 것은 적극적인 삶이다. 이는 우리의 일상생활의 영역으로 일하는 것, 친밀한 관계, 여가활동 등의 매일의 삶을 사는 동안 자신이 원하는 것에 몰입하며 자신의 성격 강점을 확인하고 발현하여 자기실현을 이루는 삶이다. Seligman 등(2006)에 의하면 긍정심리학은 부정적인 것에 주의를 기울이는 대신 긍정적이고 희망적인 것으로 주위를 옮기는 일을 목표로 하는데 이러한 작업을 위해서 먼저 자신의 강점을 확인하고 그 강점을 실생활에서 활용함으로써 인간은 개인의 적극성과 몰입을 더욱 강화하는 것이 중요하다. 적극적인 삶을 위한 구성요소와 개입방법은 낙관적인 사고와 강점 등을 통하여 긍정적인 정서를 증진하고 일상적인 것에 긍정적인 의미를 부여하기, 긍정적으로 생각하기, 문제를 적극적으로 해결하기, 자신의 강점을 발견하고 사용하기, 집단과 긍정적인 경험에 대해 공유하기, 친절해지기 등이 있다. 이러한 다양한 개입방법을 사용하는 긍정심리치료는 내담자가 적극적으로 자신의 초점을 두어 탐색하도록 하여 그들의 행복 증진을 돕는다.

셋째, 긍정심리치료에서는 의미 있는 삶을 추구한다. 인간은 즐거움 속에서 열정적인 삶을 영위하려 하나 그 속에서 의미를 발견할 수 없는 경우에는 진정한 행복감을 느끼기 어렵다. 삶의 의미는 자신을 넘어 관계 속에서 발견될 수 있으며 가족, 직장, 지역사회, 국가 등을 위해 봉사함으로써 자신의 존재 가치를 느낄 수 있고 더 큰 행복을 경험할 수 있다(권석만, 2008). 긍정심리의 의미 있는 삶을 위한 구성요소는 일, 관계 친밀감, 영성, 초월 등이 있으며 사랑과 친밀감 증진하기, 시간이라는 선물, 건설적 행동하기, 충만한 삶 살아가기, 행복에 이르는 길, 행복한 삶 등의 개입방법이 있다고 하였다.

결과적으로 즐거운 감정을 느끼고 적극적으로 자기 일에 몰입하며 삶을 통해 그 의미를 발견할 수 있을 때 진정한 행복을 누릴 수 있다고 하였다. 진정한 행복 이론을 바탕으로 한 초기 긍정심리치료는 구조화된 치료로 한 회기에 한 시간 반 정도 소요되며 6주 동안 진행되는데 내담자는 자신의 강점을 발견하고 그 강점의 구체적인 활용 방법에 관련된 이야기하는 등의 활동을 한다(Parks, 2004). 또한, 긍정심리치료는 회기별로 다양한 주제를 사용하여 활동을 진행하는데, 예를 들면 매일 자신에게 일어나는 세 가지 좋은 일들에 대해 생각하고 이야기하는 활동 등이 있다(Seligman et al., 2005).

한편, Seligman 등(2006)이 만든 14회기 긍정심리치료 프로그램을 근간으로 하여 국내 · 외에서 많은 연구가 이루어지고 있다.

Seligman 등(2006)은 우울한 외래환자를 대상으로 14회기 프로그램을 구성하였는데 회기별 주제는 다음과 같다.

1회기에서는 긍정심리치료의 소개하기, 2회기에서는 대표강점 발견하기, 3회기에서는 대표강점 활용하기, 4회기에서는 부정적 기억과 긍정적 기억하기,

5회기에서는 용서하기, 6회기에서는 감사하기, 7회기에서는 치료 및 중간점검하기, 8회기에서는 만족감과 회복력 점검하기, 9회기에서는 낙관주의와 희망 알기, 10회기에서는 사랑과 친밀감 증진하기, 11회기에서는 강점의 가계도 그리기, 12회기에서는 향유와 음미하기, 13회기에서는 시간이라는 선물하기, 14회기에서는 마무리와 같은 내용이다.

이러한 긍정심리 프로그램은 심리적 문제를 겪는 환자를 도울 뿐만 아니라 행복 증진과 삶의 만족감 삶의 질 등을 증진하는 데 효과적인 치료로 알려져 있다(Reis & Gable, 2003). 그에 따라 긍정심리치료는 최근 연구가 더욱 활발하게 이루어지고 있으며 아동에서부터 노인에 이르기까지 다양한 대상을 상대로 그 효과성을 입증하고 있다.

Hoggard(2005)는 Ricahrd Stevens 등이 제안한 '행복헌장 10계명'을 소개하였다. 이는 피험자들의 행복을 증진하기 위해 주 3회 이상 운동하기, 매일 감사한 일 다섯 가지 떠올리기, 매주 1시간 이상 가족이나 친구와 대화 나누기, 친구나 지인에게 연락해서 만나기, 하루에 한 번씩 유쾌하게 웃기, 자신에게 매일 선물하고 즐기기, 타인에게 친절 베풀기로 이루어졌다. 피험자들은 이를 실천하였고 이는 영국 BBC 방송을 통해 그들의 실제 삶에서 행복감이 33% 향상되는 것이 방영되었다(고영미, 2010). Seligman 등(2005)은 강점, 긍정적 정서, 미소, 대인관계, 유전, 감사 등의 여섯 가지 행복의 키워드를 제시하였고 내담자의 긍정적 감정과 행복에 초점을 맞춘 긍정심리치료 프로그램을 개발한 후 우울증을 겪고 있는 대학생을 대상으로 6회기의 긍정심리치료를 시행하였다. 그 결과 참가자들의 삶의 만족도가 유의미하게 향상되고 우울 경향이 감소함을 보고하였으며 그 효과는 1년 후 추후평가에서도 지속하였음을 보고하고 있다. Sin과 Lyubomirsky(2009)는 긍정심리치료가 주관적 만족감과 우울 증상 감소에 영향을 미치는지 알아보기 위한 연구를 하였는데 연구 결과 긍정심리치료는 주관적 만족감을 유의미하게 향상하고 우울증상을 감소시키는 것으로 나타났다.

최근 국내에서의 긍정심리치료의 연구에서 김근향(2011)은 정신과 입원환자의 적응기능 향상을 목적으로 총 6회기(주 2회) 동안 긍정심리치료 프로그램을 시행하였는데 그 결과 정신과 입원환자의 적응기능이 향상됨을 보고하였다. 고영미(2010)는 초등학생을 대상으로 긍정심리학을 기반으로 한 행복증진 집단상담 프로그램을 실행하였는데 그 결과, 초등학생의 행복감이 유의미하게 향상되었으며 특히 자아존중감, 낙관주의, 가정환경 점수에서 의미 있는 향상이 있었음을 보고하였다. 김종환(2013)은 청소년을 대상으로 8회기의 긍정심리치료 프로그램을 시행하였는데 그 결과 프로그램을 받은 집단의 우울 수준은 유의미하게 감소하였으며 자아존중감과 행복감 지수는 유의미하게 향상되는 결과를 보고하였다.

백순복(2010)도 긍정심리학적 이론에 근거한 집단 상담을 시행한 결과 전문계고 학생들의 학교생활 적응력과 사회적 관계능력에서 긍정적인 결과를 보고하였다.

긍정심리치료를 내담자들에게 8~12주 동안 개별로 시행했을 때 전통적 심리치료집단(Treatment As Usual, TAU) 및 TAU에 더하여 약물치료를 받은 집단(TAUMED)에 비해 우울 증상의 호전 정도가 유의하게 컸다(채정호, 2009). 그리고 중증도 이하의 우울증을 겪고 있는 대학생들에게 5~7주 동안 집단으로 긍정심리치료를 시행한 후 웹 기반으로 치료효과를 측정하였을 때 우울증상이 현저하게 호전되었을 뿐만 아니라 삶의 만족도 역시 증가되었으며 이러한 효과는 치료가 끝난 뒤에도 최소 1년간 지속되었다(Seligman et al., 2006). 그 외에도 개별 긍정심리치료를 웹-기반으로 4주 이내의 단기로 자가 시행한 연구에서는 프로그램 참여 후 우울증상과 행복에서 유의미한 변화가 있었다(Seligman et al., 2005). 또한 우울증상을 호소하는 대학생을 대상으로 한 국내연구(임영진, 2010)에서는 강점을 중심으로 한 집단 긍정심리치료를 7주간 받은 집단이 인지행동치료를 받은 통제집단에 비해 우울증이 현저하게 호전되었을 뿐만 아니라 삶의 만족도와 긍정 정서도 역시 증가되었으며 이러한 효과는 치료가 끝난 뒤 5주 동안 지속되었다. 정신과 환자를 대상으로 한 국내연구(김근향, 2011)에서는 긍정심리치료를 통해 통제집단에 비해 적응기능이 유의하게 향상되었다.

청소년들에게 실시한 집단 긍정심리치료 역시 행복도를 증가시켰다(Rashid & Anjum, 2008). 긍정심리치료의 효과검증 연구결과들을 종합하면 긍정심리치료는 중증도 이하의 우울을 호소하는 내담자에게 실시되었을 경우 치료 참여 후에 우울을 호전시키고 삶의 만족도 및 긍정적 정서를 높였으며 그 치료효과는 5주에서 1년까지 지속되었다. 또한 주요 우울증을 호소하는 성인에게 개별적으로 시행되었을 때 TAU와 TAUMED보다 우울증 회복률이 유의하게 높았다. 따라서 긍정심리치료는 우울 보호요인을 향상시켜 우울증을 호전시키는 데 효과적이었음이 시사된다(성미혜, 천성문, 임옥경, 김은경, 2012). 이와 같이 긍정심리학에 기반한 긍정심리치료는 다양한 대상들의 부정적 정서의 완화뿐만 아니라 긍정적 정서의 증진에 유용한 치료이다.

한편, 감정노동 등 부정적 심리 해소를 위한 긍정심리치료는 다음의 변화기제에 근거하여 변화를 꾀한다(정영은 외, 2008). 첫째, 긍정심리치료는 긍정적인 것에 주의를 기울이고 긍정적인 사건을 보다 잘 기억할 수 있도록 도움으로써 부정적인 것에 주의를 기울이며 부정적인 일을 더 잘 기억하는 습관에서 벗어날 수 있도록 한다. 예를 들어 행복 일기와 감사 일기를 통해 하루 중 좋았던 일과 감사한 일을 적어 봄으로써 긍정적인 경험에 주의를 기울이고 이를 기억하는 기회를 가질 수 있다. 또한 감사 편지 쓰기를 통해 자신의 일과 주변 사람들에 대한 사랑을 다시 확인하도록 한다. 둘째, 긍정심리치료에서 행하는 다양한 기법들은 참가자들에게 중요한 대처방법을 가르쳐 주며, 긍정적 정서에 영향을 주는 유용한 기술을 제공할 수 있다.

특히 낙관적인 사고 방법을 알려 주는 중요한 예가 된다. 셋째, 긍정심리치료를 통해 참가자들은 자기 안에 있는 강점을 부각시키도록 격려 받는다. 예를 들어 행복 증진 활동을 살펴보면 참가자는 이미 스스로 2-3가지 방법을 활용하고 있는 경우가 많으므로 상담과정에서 다른 사람에게 공감을 하도록 하거나 조언을 해주면서 자신은 이미 많은 어려움을 몸소 해결했으며 조언을 해줄 만한 지혜를 이미 갖고 있음을 깨닫도록 한다. 또한 행복이라는 것이 어떤 조건이 아니라 주어진 상황을 있는 그대로 수용하고 감사하는 것임을 알아야 할 것이다.

Ryff(1989)는 행복은 쾌락적인 측면에만 초점을 두면 다양한 측면의 심리적 기능을 파악하는 데 무리가 있다고 강조하였고 행복한 삶이라는 것은 단지 정서적 측면의 충족뿐만 아니라 한 개인이 사회의 일원으로서 원활하게 기능하는가를 반영할 필요가 있다고 제시하였다(김명소 외, 2001; 차경호, 2004). 삶의 질을 구성하는 자아수용, 긍정적 대인관계, 자율성(autonomy), 환경통제력, 삶의 목적 그리고 개인적 성장으로 구성된 6가지 요인을 바탕으로 행복감 측정 개발 척도인 Psychological Well-Being Scale(PWBS)을 Ryff(1989)와 Keyes(1995)가 미국에 거주하는 1,098명을 대상으로 확인적 요인분석을 통해 초기의 연구(Ryff, 1989)와 동일한 결과를 얻어 PWBS의 6가지 요인의 구조가 행복감을 측정하는 데 적합한 구성임을 검증하였다. 또한 우리나라의 성인을 대상으로 PWBS를 적용한 연구에서 우리나라 일반 성인에게도 적합한 구조를 가지는 것으로 확인되었다(김명소 외, 2001).

4. 행복의 의미

1) 행복의 정의

행복이란 무엇인가?

행복의 사전적 의미는 '욕구와 욕망이 충족되어 만족하거나 즐거움을 느끼는 상태, 불안감을 느끼지 않고 안심하거나 또는 희망을 그리는 좋은 감정으로의 심리적인 상태'를 의미한다(위키백과 사전).

또한 옥스퍼드 영어 사전은 행복에 대해 세 항목으로 설명하고 있다.

첫째, 인생 또는 특수한 사건에서의 행운, 성공, 번영, 둘째, 성공 또는 좋은 것으로 간주되는 것으로부터 오는 마음의 만족한 상태, 셋째, 성공적 또는 알맞은 적성, 적당, 적합성, 적절성, 경사 등이다. 즉, 행복이라는 말은 행운에서 쾌락에 이르기까지 다양한 의미로 쓰인다.

"행복했던 때를 말해 주시겠어요"라는 말을 들으면, 거의 다 그 표정이 달라진다. "행복"이란 신비한 명약이다. 누구나 행복이란 것을 좋아한다. 사람은 행복을 갈망한다. 누구나 행복할 권리를 가진다.

모든 국민은 인간으로서의 존엄과 가치를 가지며, 행복을 추구할 권리를 가진다. 국가는 개인이 가지는 불가침의 기본적 인권을 확인하고 이를 보장할 의무를 진다(대한민국 헌법 제10조).

행복을 추구할 권리는 인간이 가지는 핵심적인 권리들 중 하나임을 헌법이 인정하고 있다. 행복해지려는 사람들의 열망은 강하다.

행복은 손에 쥐어지는 실체일까? 아니면 추상적인 그림일까?

어떻게 하면 행복해질 수 있는가. 더 행복해질 수 있을까?

행복은 조건의 충족일까? 아니면 행복 그 자체로 의미를 가지는 것일까?

무엇이 행복인지는 철학자들이 말하는 것과 심리학자들이 말하는 것이 주관적인 경험일까? 객관적으로 측정할 수 있을까?

행복은 각자의 마음속에 있는 '서로 다른 색깔'의 무지개일 수도 있으며, 모든 사람이 공감할 수 있는 행복론을 이야기하는 것은 매우 어렵다. 그럼에도 불구하고 모든 인간이 공유하고 있는 가치들이 있으며, 이러한 공통분모를 중심으로 인간의 행복을 논하는 것은 매우 큰 의미를 갖는 것이기도 하다. 인간의 삶이, 어쩌면 인간이라는 존재 자체가 의미 있는 것이 되기 위해서는 한편으로 행복에 대한 확고한 -저마다의- 가치관이 필요할 것이지만, 다른 한편으로는 더불어 사는 사회 속에서 다른 사람들의 행복에 대한 배려도 필요하기 때문이다.

그것은 무엇보다 행복추구권이라는 추상적이고 포괄적인 인권이 갖는 법적 권리로서의 한계성에서 비롯되었다. 수많은 사람들이 행복추구라는 추상적 범주 속에 각자의 가치관에 따라 온갖 내용을 넣고자 하는 요구는 거꾸로 행복추구가 갖는 의미를 심각하게 약화시켰던 것이다.

행복의 색깔은 사람마다 다를 수 있으며, 이러한 차이를 전제한 행복의 추구는 개별화 · 구체화를 통해서만 더 잘 보장될 수 있다. 행복추구권은 행복해지려는 사람들의 모든 문제를 한 번에 해결하는 만병통치약이 아니다. 마치 병명이 잘 알려진 것들은 각 분야의 전문의에게 보내야 하듯이, 서로 다른 방식의 행복추구에 대해서 해당되는 개별적 자유권을 통해 행복추구를 보호하는 것이 더 합리적이라는 점을 생각할 때, 앞으로도 행복추구권은 새로운 인권의 탄생을 통해 그 덩치를 줄여나감으로써 오히려 행복추구에 더 크게 기여할 수 있을 것이다.

행복의 역사, 행복의 의미, 행복의 가치 - 행복이란 무엇인가?

고대로부터 현대에 이르기까지 철학자들의 물음에서 무엇이 인간의 행복을 보장하는가? 심리학자들의 연구도 포괄적인 개념이다. 모든 좋은 것을 한 마디로 아우르는 말이다.

종종 '웰빙' 또는 '삶의 질'로도 표현하기도 한다.
좁게는 '삶에 대한 주관적 만족'을 의미한다.

'행복이란 우리의 마음상태가 좋은 상태이고, 마음상태가 좋다는 것은 두 가지로 구성되어 있다. 하나는 자기 삶 전체에 대해서 내리는 평가가 좋을 때와 다른 하나는 순간순간의 감정적인 반응들이 부정적이기보다는 상대적으로 긍정적일 때를 의미한다.'

심리학에서 '행복'이라는 주제 아래 수행되었던 연구들을 개관하였다. 행복에 관한 지금까지의 연구들은 크게 쾌락주의(Hedonism)와 행복주의(Eudaimonism)의 철학 전통을 따르는 것으로 구분할 수 있다. 쾌락주의 전통을 따른 것으로는 주관적 안녕감(Diener, 1984)과 삶의 질에 관한 연구들을 들 수 있다. 정적, 부적 감정의 체험 및 만족감, 즉 행복의 현상적 요소를 측정하는 주관적 안녕감은 외향성과 밀접한 관련성이 있음이 밝혀졌다. 특정 집단(예: 노인)을 대상을 한 삶의 질에 관한 연구들의 그 나름의 유용성이 입증되었다. 진정한 자기의 구현과 덕을 강조하는 행복주의의 전통을 따르는 것으로는 Ryff(1989b)의 심리적 안녕감과 '몰입경험'에 관한 연구를 들 수 있는데 상대적으로 연구가 적으며 후속 연구가 필요한 영역으로 지적되었다.

지구상의 모든 인간은 행복해지기를 바란다. 고대 그리스 때부터 최근까지의 행복에 관한 수많은 서적들만 보아도 이러한 사실을 알 수 있다. 그렇다면, 행복이란 무엇이며 어떻게 평가할 수 있는가?

사회과학자들은 객관적인 GNP, 주택 보급률, 교육 수준 등의 사회지표를 행복지수로 채택했다(김명소, 김혜원, 차경호, 2001). 이상의 지표들을 행복을 위한 필요 요소로 포함시킨 것이다. 이러한 지표는 정부의 정책반영을 염두에 두고 만든 것으로 모든 사람들에게 동일하게 적용하게 된다. 따라서 한 개인의 주관적인 행복의 정도를 평가하기는 힘들다. 한편, 심리학자들은 30여 년 전부터 삶의 질, 주관적 안녕감, 삶에 대한 만족 등의 용어로 개인의 행복정도를 평가하기 위해 노력해 왔다. 미국과 유럽에서 먼저, 연구가 대다수 수행되었다.

유럽에서는 '삶의 질'이라는 용어로 사회복지에 관심을 갖고 연구를 해오고 있다. 특히, 신체적 혹은 정신적 질병을 가지고 있는 환자나 노인들의 생활개선을 위한 연구가 주류를 이루고 있다.

심리학에서 행복에 관한 체계적인 연구는 Wilson(1967)에 의해 시작되었다고 볼 수 있을 것이다. 그는 이전의 논문을 개관하면서 두 가지 결론을 내렸다. 먼저, "행복한 사람은 젊고, 건강하며 좋은 교육을 받았고, 돈을 잘 번다. 그리고 외향적이고, 낙천적이며, 걱정이 없고, 종교를 가지고 있고, 결혼을 했다. 또한 자신감이 있고, 직업에 대한 의욕이 강하고, 적절한 기대 수준을 갖고 있으며, 성과 지능과는 무관하다". 다음으로, 그리스 철학 이후로 2000년 동안 행복에 관한 이론의 진보는 거의 없었다고 할 수 있다. Wilson의 논문은 행복에 영향을 미치는 요소에 있어 사회경제적 측면, 인구학적 측면만을 다루고 있다는 한계를 가지고 있다.

'행복이 무엇인가'에 관한 관심은 고대 그리스 때부터 시작되었다고 할 수 있다. 이때 두 가지 중요한 철학적 관점이 세워졌다고 볼 수 있다. 첫 번째는, 쾌락주의적 관점으로서 행복을 개인의 주관적인 경험이며, 자신이 원하는 중요한 것을 얻었을 때의 정적인 정서를 동반한 인지적 상태로 정의한다(Kraut, 1979). 이러한 쾌락주의는 기원전 3세기경 Cyrene의 Aristippus에 의해 발전되었다. 그는 쾌를 그 원인에 상관없이 '좋다'라고 느끼는 상태로 정의했으며, 신체적이고 순간적인 쾌도 함께 포함시켰다(Tatarkiewicz, 1976). 두 번째, 행복주의적 관점은 행복을 모든 인류가 공유한 덕과 자신만의 타인과 구별되는 독특함을 깨닫고 실현하는 것으로 여기고(Waterman, 1990a, 1990b), 이러한 상태를 진정한 자기(self)와 일치된 것으로 보고 있다. 이 관점은 Aristotle의 Nicomachean 윤리학에서 잘 다루어져 있다. 행복론에 관한 논의는 최근 May(1969), Norton(1976) 그리고 Waterman(1984, 1990a)에서 더 확장되었다.

2) 행복의 영역

행복은 다양한 영역을 포함하고 있어서 행복에 대한 정의도 다양하다. 행복(幸福)은 그 사전적 의미가 '생활에서 충분한 만족과 기쁨을 느끼는 흐뭇한 상태(국립국어원), 마음에 차지 않거나 모자라는 것이 없이 기쁘고 넉넉하며 푸근함 또는 그런 상태'로 볼 수 있다.

역사적으로 보면 행복은 인간의 오랜 고민이자 숙제였던 것으로 보인다. 시대를 거슬러 고대 그리스 철학에서 그 기원을 찾아볼 수 있는데, 심리학에서는 행복을 바라보는 데 있어 두 가지 입장을 취하고 있다. 하나는 쾌락에 초점을 둔 견해이고, 다른 하나는 선 혹은 미덕에 관심을 둔 견해이다. 이를 두고 전자는 쾌락적 접근(hedonic approach), 후자는 자기실현적 접근(eudaimonic approach)이라 부르고 있다. 쾌락주의적 입장으로서 행복은 개인이 주관적으로 경험하는 유쾌한 상태라는 관점이다. 행복은 개인이 자신의 삶에 대해서 만족스럽게 느끼는 주관적인 상태이다(권석만, 2008). 다른 하나는 자기실현적 입장으로서 행복은 개인의 잠재적 가능성을 충분히 발현하는 것이라는 관점이다. 성격적 강점과 덕목을 충분히 계발하고 발휘함으로써 인생의 중요한 영역에서 의미 있는 삶을 구현하는 것이 행복이라는 생각이다(권석만, 2008). 전자의 입장에서 행복을 탐구하는 심리학자들은 긍정적인 주관적 경험들(주관적 안녕감, 행복감, 삶의 만족도 등)에 초점을 맞추고 있다. 반면에 후자의 입장을 중시하는 심리학자들은 인간의 긍정적 특질, 즉 성격적 강점과 덕목(지혜, 용기, 창의성 관용, 절제, 영성 등)의 연구에 초점을 맞추고 있다(권석만, 2008).

행복에 대한 연구가 쉽지 않았던 것은 행복을 어떻게 측정하는가의 문제 때문이었다. 이 문제를 해결하는 방법으로 매우 단순하고 직접적인 접근을 사용했다는 것이다. 연구자들은 연구에 참가한 피험자들이 스스로 이 용어를 정의하도록 했다. 즉, 한 개인이 얼마나 행복한가를 판단하는 주체는 바로 그 개인이 되었다(Myers & Diener, 1995). 연구자들은 행복의 평가란 주관적인 현상이기 때문에 주관적인 보고로 측정되어야 한다고 판단하였다. 그러므로 연구자들은 피험자에게 단순히 "당신은 행복하십니까" 혹은 "당신은 얼마나 행복하십니까" 라고 묻고, 피험자들의 대답을 유효한 데이터로서 그들의 연구에 사용하였다 (Compton, 2007).

행복이라는 개념은 사람, 시간, 장소에 따라 그 의미가 달라지므로 명확히 규정짓기가 어렵다(김경민, 2011). 행복에 대한 개념적 혼란을 피하기 위해서 긍정심리학자들은 조작적 정의와 그에 상응하는 측정방법으로 행복을 연구하는 것이 바람직하다고 하였다(Peterson, 2006; Seligman, Steen, Park, & Peterson, 2005). 이는 행복이라는 개념을 과학적으로 측정할 방법을 찾기 위하여 사회과학자들이 행복을 주관적 안녕감, 심리적 안녕감 등의 용어로 사용하게 되었다.

행복에 관한 초기 이론가 Bradburn(1969)은 행복을 개인이 체험하고 있는 긍정적 정서와 부정적 정서를 비교하여 얻어지는 전반적인 평가로 보았다. 개인은 오랜 기간 동안 긍정적인 정서와 부정적인 정서를 경험해 오면서 균형을 유지할 수 있을 때 행복을 느낀다는 것이다. 그 이후, 주관적 안녕감의 이론가인 Diener(1984)는 1960년대와 70년대에 행복에 관련된 문헌을 중심으로 행복에 관한 정의를 인지적인 측면과 정서적인 측면으로 구분하였다. 심리적 안녕감의 이론가인 Veenhoven(1991)은 행복을 포괄적으로 정의하였는데, 그는 행복을 크게 전반적 개념과 세부적 개념의 두 가지로 구분하였다. 전반적 개념에는 생활만족(life satisfaction), 욕구충족(contentment), 기쁨수준(hedonic level) 등이 포함되며, 세부적 개념에는 직무만족(job satisfaction), 자아존중감(self-esteem), 통제신념(control belief) 등이 포함된다(박영선, 2006).

주관적 안녕감은 삶에 대한 만족과 그에 대한 지속적인 정서 반응을 포함하는 개인의 자기 삶에 대한 전반적인 평가이다(Diener, 1994). 그러나 주관적 안녕감은 그 구조에 대한 이론적 근거가 부족하여 행복에 대한 폭넓은 의미를 담고 있지 못하고, 행복은 단순히 삶에 만족하는 정도만으로 측정할 수 없다는 비판을 받았다(Ryff, 1989; Ryff & Keyes, 1995; Ryff & Singer, 1998).

심리적 안녕감은 주관적 안녕감의 대안으로 제시되었지만 여러 연구에서 심리적 안녕감을 주관적 안녕감과 동일하거나 비슷한 용어로 사용하고 있다(한승진, 2009). 조윤주(2007)의 연구에서도 심리적 안녕감이 주관적 경험에 기초하는 정서 상태를 뜻하는 것이므로 주관적 안녕감과 동일한 의미로 간주하고 있다.

3) 행복의 특성

행복에 대한 정의는 사람의 수만큼이나 다양하게 정의를 내릴 수 있는 주관적인 특성을 가지고 있지만 일반적 특징은 다음과 같다.

첫째, 행복은 주관적이라는 것이다. 건강, 부, 명예, 육체적 안락 등과 같은 외적조건은 행복에 영향을 미칠 수 있지만 외적조건 그 자체가 행복은 아니다.

둘째, 행복은 삶의 긍정적이고 적극적인 측면을 반영한다(Bradburn, 1969). 긍정 정서를 많이 경험하는 삶이 즐거운 삶이며, 즐거운 삶은 긍정 정서를 최대화하고 부정 정서를 최소화하는 삶으로서 행복에 대한 쾌락주의적 입장을 반영하는 것이라고 할 수 있다. 그러나 부정적인 정서가 없다는 것이 행복감의 지표가 되는 것은 아니며, 긍정적인 정서와 생활만족도가 주관적 행복감을 측정하는 주요변인에 포함된다(Seligman, 2002).

셋째, 행복은 삶의 모든 측면에 대한 전반적이고 통합적인 평가이다. 이러한 주관적 행복은 삶에 대한 태도로서 기본적으로 '정서적 특성'과 '인지적 특성'이 포함되어 있다. 정서적 · 인지적 특성의 구분은 대부분 어느 것을 평가하느냐에 따라 좌우된다. 이 둘은 상반되는 것이기보다는 서로 독립된 차원임이 최근의 연구들에서 밝혀지고 있다(Diener, 1984). 이에 대해 자세히 살펴보면 다음과 같다.

행복의 정서적 특성상 일상생활의 경험에 대한 긍정적 또는 부정적 정서반응을 의미한다. 행복에서 정서적 특성이 중요한 첫 번째 이유는 사람들이 깨어 있는 대부분의 순간 동안 정서를 경험하기 때문이고, 두 번째 이유는 정서가 사건에 대한 평가에 의해서 유발되기 때문에 자신의 삶이 바람직한 사건들로 구성되었다고 해석하는 사람들은 불쾌 정서보다 쾌 정서를 지속적으로 더 많이 경험할 것이기 때문이다(Diner & Lucas, 2000). 이러한 정서적 경험은 빈도와 강도로 구분되는데 전반적 행복과 관련이 깊은 것은 정서의 강도가 아니라 빈도이다. 개인의 행복에서 빈도가 강도보다 중요한 이유는 다음과 같다. 첫째, 강한 정서는 드물게 경험되기 때문에 정서의 강도보다는 지속시간이 개인의 행복에 더 큰 영향을 미친다. 둘째, 긍정적 정서를 강하게 경험하는 사람은 부정적 정서 또한 강하게 경험하기 때문에 강한 정서들은 서로의 효과를 상쇄시킨다(Larsen & Diener, 1987). 이러한 점에서 행복한 사람은 강한 정서를 느끼는 사람이라기보다는 대부분의 시간 동안 적절한 수준의 유쾌한 정서를 느끼는 사람이라고 볼 수 있다.

행복의 인지적 특성은 자신의 전반적인 삶에 대한 만족도이다. 자신이 설정한 기준과 자신이 지각하는 삶의 여건들을 비교하여 삶의 여건들이 자신의 기준과 일치한다면 삶의 만족도는 높을 것이다. 그러므로 삶의 만족도는 삶에 대한 의식적이고 인지적인 판단이다(Andrews & Withey, 1976; Diener, 1984). 사람들은 자신의 삶을 판단할 때 전적으로 정서에만 의존하는 것이 아니라 인지적인 판단을 하며 이러한 판단은 정서에 의해서 간접적인 영향을 받지만 정서 자체와는 구별된다. 삶의 전반적 만족 평가에서 어떤 삶의 영역이 중요한가는 개인 또는 문화마다 차이가 있다. 예를 들어, 행복한 사람은 자기 삶에서 긍정적인 영역들을 중요하게 고려하는 반면에 불행한 사람들은 좋지 않은 영역들을 더 중요하게 고려한다(Diener, Lucas, Oishi, & Suh, 2002). 행복은 높은 긍정적 정서와 높은 생활만족도를 느끼는 상태라고 볼 수 있다.

5. 행복의 결정요인

행복 관련 변인들에 있어서 무엇이 행복을 초래하는가에 대한 주요한 이론을 분류하면 다음과 같다.

첫 번째, Seligman(2002)이 연구한 행복의 결정요인으로 유전적 요인, 환경적 요인, 자의적 통제요인(낙관성, 자존감, 외향성, 통제감, 대인관계, 목적의식)이 있다.

두 번째, 주관적 안녕감의 결정요인으로 개인적 요인(자존감, 통제감, 외향성, 낙관성), 사회적 요인(사회적 관계, 학업성취, 학교생활)이 있다.

세 번째, Ryff(1995)가 연구한 심리적 안녕감의 결정요인으로 자아수용, 타인과의 긍정적인 관계, 자율성, 환경에 대한 지배감, 인생의 목표, 개인의 성장이 있다.

네 번째, 행복의 결정요인으로 자기존중감, 내적통제성, 인간관계가 있다.

박성수(1997)는 청소년이 느끼는 행복의 결정요인으로 휴식, 가족관계, 좋은 친구를, 박상권(2010)은 자기효능감, 대인불안을 들었으며, 김미란(2006)은 행복요인으로 자신에 대한 만족감, 가족과의 관계, 학교생활, 친구들과의 소통, 정서적인 안정감을 연구하였으며, 조진형(2009)은 초등학생의 삶의 질에 끼치는 영향으로 가정환경(부모의 사회경제적 지위, 부모의 기대수준), 사회적 지원(부모지원, 교사지원, 친구지원), 자기효능감, 포부수준 및 학업성취도를 꼽았다, 전민경(2012)은 자기효능감, 학습활동의 즐거움, 대인관계, 심리적 안정, 환경만족을, 김애희(2010), 남현주(2012)는 자아행복감, 가족행복감, 친구행복감, 학교행복감, 환경행복감을, 강하남(2013)은 자기존중감, 친구관계, 교사관계를, 임채원(2012)은 자신에 대한 만족감, 가족과의 관계, 학교생활, 친구들과의 소통, 정서적인 안정감을 행복의 결정요인으로 연구하였다.

1960년대에 들어와서 사회과학자들은 인구사회학적 변인들이 행복과의 관계에서 개인의 행복을 충분히 설명하지 못하는 것으로 보고되었다(이정화, 2005). 즉, 생태적인 변인(거주 지역, 주택소유, 가족 형태)과 생물학적 변인(연령과 성별) 그리고 사회경제적 변인(직업, 교육수준, 소득)이 행복을 설명하는 변량은 그다지 높지 않았다. 그러나 초등학생의 경우는 다르게 나타났다.

행복하기 위해 무엇이 가장 필요하다고 생각하는가의 질문에 대한 아동의 응답 중 가장 많은 것은 마음이었고 다음으로 경제력을 들었다. 부모의 경제력이 초등학생의 행복의 결정요인이 된다. Myers(2000)는 의식주나 질병 치료 같은 기본적 욕구가 해결될 때 행복 수준에 중요한 영향을 미치는 것으로 나타났다. 차경호 외(2002)는 행복에 영향을 미치는 영역으로 경제적 안정을 들었다. 김은정, 오경자, 하은혜(1999)는 소득 혹은 경제적 풍요로움이 개인의 행복에 영향을 미친다고 보고하고 있다. 김지영(2008)은 경제적 수준이 높을수록 행복에 영향을 미친다고 하였다.

부모의 교육수준에 따른 양육태도의 차이에 관한 연구에서 교육수준이 높을수록 자율성을 많이 부여하고, 교육수준이 낮을수록 거부 및 통제의 정도가 심하고 자녀를 과보호하는 경향이 있다고 하였으며, 아버지의 학력이 대졸인 경우 더 애정적이고 자율적 태도, 즉 긍정적인 양육태도를 보였다고 하였다.

자아존중감은 어렸을 때의 어머니의 양육방법에 따라 많은 영향을 받는다고 한다(Piaget, 1963). Satir(1972)도 자기존중 의식은 어린 시절부터 주변에 있는 사람들과 체험 그리고 인간으로서의 그의 존재 가치에 대한 중요한 타인들의 메시지를 바탕으로 형성된다고 하였다. 자아존중감의 형성은 어릴 때 오랜 시간을 함께 보낸 사람들에 의해서 영향을 받는다(이중석, 1992). 자기존중감은 자신의 가치에 대한 평가, 태도, 감정으로 주어진 상황에서 개인의 적응수준을 결정하는 주된 요인으로 간주되는 개념이며 자기존중감의 형성은 아동기 발달의 중심 과제 중 하나이다. 자기존중감은 자아개념, 자아지각, 자기존경, 자기평가, 자기평정, 자기수용, 자아유능감, 자기효능감으로 다양하게 지칭되어 왔다(김미란, 2002).

내적통제성은 가족관계에 의해 가장 큰 영향을 받아 초등학생기에 형성된 후에는 일정하게 안정적인 경향을 보이며, 다른 외적 기관이나 작용에 의하여 영향을 받지 않고 오히려 그 후의 과정, 즉 학교, 직장, 결혼 등의 과정에 영향을 미친다. 또 내적통제성이 긍정적인 성격, 긍정적인 대인관계, 긍정적인 사회적 결과, 인내하는 능력 등에 영향을 준다.

부모와의 상호작용 속에서 습득한 자존감은 교우관계 속에서 나타난다. 초등학생들의 교우관계는 행동이 주요 부분으로서 작용하며, 행동은 초등학생이 성장함에 따라 변화되고 초등학생들은 특히 상호성과 협동을 통해 대인관계들에 대해 배우기 시작한다(이정은, 2002). Sants(1984)에 의하면 매우 발달된 교우관계의 개념들을 가진 초등학생들은 덜 발달된 개념들을 가진 초등학생들보다도 다른 초등학생들을 묵살하고, 그들을 조직화하거나 통제하려고 들기가 더 쉬우며, 그렇게 하는 데 성공을 거둔다고 하였다. 또 Mages(1969)는 교사와 학생과의 관계는 학습속도에 영향을 준다고 하였다. 초등학생 중기의 또래관계는 그 후의 적응과 상당한 관련이 있으며 초등학생의 행복과 건강한 발달에도 매우 중요한 역할을 한다. 또래와 어울리기 어려운 초등학생은 심리적 문제를 갖거나 학교 공부에 뒤처지고, 비행 초등학생이 되기 쉽다.

초등학생 시절에 자아존중감, 내적통제성, 인간관계의 형성이 성인이 되어서도 자기 자신의 행복에 큰 영향을 주는 것으로 보인다.

초등학교 고학년 학생들은 신체적 · 생리적 성숙과 더불어 여러 가지 사회적 역할을 확장해 가면서 부모의 영향권에서 벗어나 친구와의 관계를 형성해 심리적으로 발달해 가는 시기이며, 상호작용을 통해 사회적 유능성을 획득하게 된다. 이 시기에는 여러 가지 감정 변화를 경험하게 되고 친밀감이나 도움 등 다른 관계 특성과 더불어 상당한 갈등을 지각하게 되는데, 또래집단인 학급 내 교우관계의 형성은 초등학생의 대인관계와 자아존중감 형성 및 내적통제성에 중요하다. 초등학생들은 학년이 바뀜에 따라 많은 낯선 또래들을 만나고 이들과의 여러 가지 상호작용을 통해 성장과 발달을 이루게 되며 또래들로부터 자신의 욕구충족 및 사회적 · 정서적 지지를 받으려고 한다(김태희, 2005). 이때, 자아존중감이 높은 학생들은 긍정적이고 주도적인 또래관계를 맺게 되지만 그렇지 않은 학생들은 또래관계에서도 소극적이기 때문에 자신이 욕구를 충분히 충족시키지 못하고 심하게 배척당하기도 한다. 이처럼 자아존중감과 또래관계는 부메랑과 같이 서로에게 영향을 주고받는다고 할 수 있다(박선미, 2009).

그러므로 행복의 결정요인으로 사용된 개인 관련 변인인 자아존중감, 내적통제성과 관계적 변인인 인간관계 그리고 학생들의 발달단계에서 필요한 인구사회학적 변인인 부모의 사회, 경제적 지위 등과 행복의 관계를 탐색하려고 한다. 또한 행복의 결정요인으로 정리하면 첫 번째, 긍정심리학에서 결정요인인 유전적 요인은 프로그램에서 향상시킬 수 있는 부분이 아니므로 제외하며, 환경적 요인은 인구사회학적 변인으로 포함하고, 낙관성은 긍정적인 부분이므로 자아존중감으로, 자존감은 자아존중감으로, 외향성은 타인의 교제나 상호작용으로 타인의 관심을 끌고자 하는 부분으로 인간관계로, 통제감은 내적통제성으로, 대인관계는 인간관계로, 목적의식은 삶의 의미와 목적으로 종교성을 측정하는 부분이 있어서 제외하였다. 두 번째로 주관적 안녕감에서 결정요인인 자존감은 자아존중감으로, 통제감은 내적통제성으로, 외향성은 인간관계로, 낙관성은 인간관계로, 사회적 관계는 청소년에 있어서 친구관계와 관련이 있어 인간관계로, 학업성취는 여운옥(2004), 김영애(2008)의 연구 결과 행복에 유의미하지 않음으로 인하여 제외하였으며, 학교생활은 성공적인 인간관계의 생활과 밀접하다(김의철 외, 2008)는 의견에 의해 인간관계로 결정했다. 세 번째로 심리적 안녕감에서 결정요인으로 자아수용은 자아존중감으로, 타인과의 긍정적인 관계는 인간관계로, 자율성은 특정한 방식의 생각과 사회적 압력에 저항하며 내적으로 행동을 통제하는 부분이 있어서 내적통제성으로, 환경에 대한 지배감은 환경과 관련이 있어서 인구사회학적 변인으로 포함하고, 인생의 목표나 개인의 성장은 긍정심리학의 결정요인인 목적의식처럼 삶의 의미와 목적으로 종교성을 측정하는 부분이 있어서 제외하였다. 기타에서는 휴식은 제외하고, 가족관계와 좋은 친구는 인간관계로, 자기효능감은 자신의 능력과 성취에 대한 긍정적인 믿음이 있어서 자아존중감으로, 대인불안은 인간관계로, 자신에 대한 만족감과 정서적인 안정감은 자아존중감으로, 가족과의 관계, 학교생활과 친구들과의 소통은 인간관계로 초등학생의 삶의 질에 끼치는 영향으로 가정환경(부모의 사회경제적 지위, 부모의 기대수준)은 인구사회학적 변인으로, 사회적 지원(부모지원, 교사지원, 친구지원)은 인간관계로, 대인관계는 인간관계로, 심리적 안정은 자아존중감으로, 환경만족은 인구사회학적 변인으로, 자아행복감은 자아존중감으로, 가족행복감, 친구행복감과 학교행복감은 인간관계로, 환경행복감은 인구사회학적 변인으로 자신에 대한 만족감과 정서적인 안정감은 자아존중감으로 가족과의 관계, 학교생활과 친구들과의 소통은 인간관계로 행복의 결정요인을 정했다.

6. 행복과 낙관주의

1) 낙관주의 개요

낙관주의는 미래에 대한 긍정적인 생각과 감정으로서, 만족감과 즐거움은 높이고 불안과 우울감은 줄이는 효과가 있다. 낙관주의는 성격과 유사한 특성을 지니고 있어 유전적인 영향을 강하게 받으며, 인생 전반에 걸쳐 중요한 영향을 미친다. 낙관주의를 지닌 사람은 인생의 긍정적인 면을 보므로 난관에 부딪쳐도 용기와 희망을 잃지 않으며, 목표를 이루고자 적극적으로 노력한다. 그리고 그러한 목표는 자기충족적 예언의 효과로 인해 달성될 가능성이 높다. 반면에 부작용도 있는데, 비현실적인 낙관주의를 가질 경우 실패가 초래될 수 있다는 점에서 늘 긍정적인 것만은 아니다.

낙관주의는 미래에 대한 긍정적인 신념, 태도 및 사고방식을 의미한다. 세 측면에서 나누어 보면 다음과 같다.

- 목표에 도달할 수 있다는 믿음: 이러한 믿음은 현실의 어려움을 정확히 직시하면서도 '그럼에도' 나의 목표는 이루어질 것이라 믿는 것으로, 근거 없는 희망과는 거리가 있다.
- 목표를 향한 과정에 대한 태도: 목표를 향해 가는 과정에서 자신이 옳다고 생각하는 방식으로 온 힘을 다해 노력하면서도, 결과에 대한 강박 없이 과정 자체에 몰입하는 태도이다.
- 사건의 결과를 귀인하는 방식: 부정적이고 불쾌한 사건의 결과가 나 자신, 장기적 원인, 일반적인 원인에서 기인했다고 생각하는 대신 '외적이고, 일

시적이며, 특수한 원인'에 돌리는 사고방식이다.

이처럼 낙관주의는 현실의 부정적 사건을 긍정적으로 다시 재조합하는 비현실적인 사고방식이 아니다. 오히려 낙관주의는 지옥도 천국도 아닌 실제 현실에 적극적으로 대응하는 방식이다(서울대학교 행복연구센터 홈페이지).

2) 낙관주의의 역사

심리학에서 낙관주의가 긍정적인 관심을 받게 된 것은 비교적 최근의 일이다. 낙관주의에 대한 전통적인 심리학의 입장은 프로이트를 통해 잘 알 수 있다. 프로이트는 낙관주의에 대해 종교적 형태의 낙관주의는 인간의 가능성을 높일 수 있지만, 이는 본질적으로 인간의 본성과 현실을 부인하는 것이므로 그 대가를 지불하게 될 것이라고 했다(Freud, 1928). 즉, '현실을 왜곡하여 바라보게 하는 허황된 기제'라는 입장이 심리학계의 보편적인 분위기였다(유성경, 조하나, 2003).

그러나 이런 낙관주의는 1990년대에 들어서 긍정적인 인간의 기질로 파악되어 개인의 적응과정, 심리적, 신체적 건강에 긍정적으로 작용하는 변인으로 연구되기 시작했다(Seligman, 1991). 사실 이러한 낙관주의에 대한 심리학의 조명은 더 큰 흐름으로서 긍정심리학(positive psychology)의 경향과 맞물려 있다(권석만, 2008).

3) 긍정심리학과 낙관주의

인간은 행복과 성장을 추구하는 존재라는 가정으로 인간의 행복과 강점을 과학적으로 연구하는 긍정심리학에서 가장 관심 있게 보는 주제 중 하나가 낙관주의이다. 왜냐하면 이러한 낙관주의는 사람들을 행복하게 만들어 주는 가장 강력한 요인 중 하나이기 때문이다. 이런 낙관주의가 사람들의 행복을 증진시키는 심리적 요인은 다음과 같다(서울대학교 행복연구센터 홈페이지).

(1) 성공 가능성의 증진

사람들은 목표에 도달할 수 있다고 생각하면 더 많은 노력을 투자할 것이고, 상대적으로 목표 달성 가능성이 커진다. 또 목표가 도달 가능하다고 생각하는 사람들은 현실적 어려움이 있을 때에도 더 많은 끈기와 인내와 열정으로 고난을 돌파하며, 이 역시 목표 달성 가능성을 높인다. 더 나아가 목표 도달 성공 경험은 사람들에게 더 높고 많은 목표를 설정하고 열정적으로 노력하게 하고, 이는 인생을 더 높은 곳으로 끌어올린다. 이 결과 생기는 열정, 끈기, 사교 능력, 과정에 대한 몰입, 직업에서의 성공 등이 어우러져 사람들은 더 행복해진다.

(2) 효과적인 문제 대처

낙관주의는 능동적이고 효과적으로 문제에 대응하게 한다. 즉, 어려운 상황이 닥쳤을 때 비관주의자보다 낙관주의자가 계획을 세우고 문제해결을 위한 행동을 할 동기를 발휘할 가능성이 높다. 또 고난 극복, 문제해결 행동을 더 장기적으로 지속한다. 다시 말해 낙관주의자들은 위험과 스트레스에 대응하는 능력이 뛰어난 사람들이다. 이 결과 낙관주의자들의 상황이 더 빨리 개선되는 경향이 있으며, 설사 그렇지 못하더라도 문제해결 과정에서 생기는 자기 통제감이 행복지수를 높인다. 이는 극심한 스트레스 상황에서도 개인의 정신건강과 신체건강 상태를 양호하게 유지하게 하고, 문제 대처 능력을 더 높인다.

(3) 삶의 활력

낙관주의는 긍정적 기분, 생기, 열정, 사기의 원천이 된다. 낙관주의자들은 통제력, 자존감을 더 많이 느끼고 우울, 불안감을 덜 느낀다. 낙관적인 기대와 현재에 대한 몰입은 삶 속에 열정과 활기를 불어넣고, 동기를 고취하며, 삶에 활력과 열정과 동기를 불어넣는다. 그 결과 낙관적인 사람들은 타인에게 호감을 사고, 자존감도 더 높으며, 그래서 더욱 행복해진다.

4) 낙관주의의 심리적 특징

(1) 긍정적인 측면

낙관주의자들은 비관주의자들에 비해 학교에서 더 우수한 수행을 보일 뿐만 아니라 직장과 스포츠 활동에서도 더 좋은 수행을 나타낸다. 낙관주의자들은 어려운 과제를 수행하면서 더 강한 끈기를 나타내고(Dweck, 1975), 비관주의자들보다 부정적 정보나 피드백을 더 잘 수용하면서 인간관계의 문제들을 더 잘 해결한다(Aspinwall, Brunhart, 2000). 그리고 낙관적인 청소년들은 불쾌한 사건에 대해 덜 분노하며 약물 남용에 덜 빠져든다(Scheier & Carver, 1993).

(2) 부정적인 측면

낙관성이 가진 부정적인 측면은 위험을 경시하는 경향으로 대표된다(Weinstein et al., 1989). 예를 들어, 낙관적 귀인 양식을 지닌 사람은 암이나 심장마비와 같은 심각한 신체적 질병이 자신에게 발생할 가능성을 평균 이하로 과소평가한다(Peterson & Vaidya, 2001). 이러한 편향성은 예방적 또는 치료적 대응을 소홀하게 함으로써 문제를 야기할 수 있다. 그러나 이러한 사람들이 위험의 가능성을 인정했을 때에는 효과적으로 잘 대처한다.

5) 학습된 낙관주의

학습된 낙관주의(learned optimism)는 학습된 무기력감에 반대되는 긍정심리학의 주제이다. 마틴 셀리그먼(Martin Seligman)은 1990년 그의 책『학습된 낙관주의(Learned Optimism: How to change your mind and your life)』에서 기쁨을 느끼는 재능이 다른 정신적 요소들과 마찬가지로 길러질 수 있다고 주장한다. 낙천적인 사람은 더 높은 성취를 이루며 전반적인 건강 상태가 더 좋은 등, 낙관적 전망의 이점은 크다. 반면 비관론자는 역경에 포기하거나 우울증으로 고통 받을 가능성이 일반적으로 더 높다. 셀리그먼은 역경에 대응하는 방법으로 낙관주의자의 심리적 방법을 의식적으로 학습할 것을 제안한다. 즉, 낙관론자는 실패를 성격 특성으로 생각하지 않으며, 많은 목표들 중 하나일 뿐 영구적이지 않은 좌절로 생각한다는 점을 강조한다.

6) 비현실적인 낙관주의

비현실적인 낙관주의(낙관적 편견)는 자신이 다른 사람에 비해 위험에 처할 일이 적다고 믿는 편견이다. 이러한 예는 자신이 범죄 피해자가 될 위험이 적다고 믿는 것(Chapin & Coleman, 2009), 흡연자가 자신은 폐암 등 담배에 기인한 질병에 걸릴 확률이 낮다고 믿는 것, 처음으로 번지점프를 시도하는 사람이 자신은 다른 사람보다 부상당할 위험이 적다고 생각하는 것(Weinstein et al., 1996), 투자자들이 시장에서 자신은 손해를 덜 볼 것이라고 예측하는 것(Elder, 1993) 등이다.

현실적인 낙관주의는 그 자신이 부정적인 사건을 딛고 다른 사람보다 성공적인 투자 결과를 얻으리라고 믿게 하는 등 긍정적인 사건과 관련되지만, 더 많은 연구들이 알코올 중독 문제 등 부정적인 사건에 연계될 가능성이 크다는 점을 지적한다(Gouveia & Clarke, 2001).

7) 낙관성 증진 방법

- 과거에 실패했던 일들을 생각해 보고 그로 인해 오히려 도움을 받았던 경우를 생각해 본다.
- 나의 비관주의적인 생각들을 생각해 보고, 그것에 저항한다.
- 곤경과 좌절을 딛고 성공한 사람들에 관한 책을 읽는다.
- 매주 두 번씩 최소한 15분간 낙관적인 사고를 하는 시간을 갖는다. 그 생각들을 기록하고 이를 실현하기 위해 필요한 행동들을 작성한다. 그 생각을 친구들과 공유하고 친구들로 하여금 조력자가 되도록 한다.
- 곤경에 처했을 때 주위의 낙관적이고 미래 지향적인 친구들과 함께한다.
- 과거에 성취했던 세 가지 일을 상세히 기록함으로써 이로부터 영감을 얻는다.

7. 행복과 심리적 안녕감

1) 심리적 안녕감의 정의 및 구성

기존의 주관적 안녕감이 심리적인 행복의 구조에 관해 아무것도 이야기해 주지 않으며, 오히려 연구 수행기간에 일어난 사회변화에 초점이 맞추어져 있다(개인이 행복을 판단하는 데 있어 외부의 사건들이 영향을 줌)는 주장이 제기되었다(Ryff, 1989b). 또한 행복주의(Eudaimonism)를 happiness로 번역하는 것은 쾌락주의와 구별하지 않은 처사이며, 행복주의(Eudaimonism)와 쾌락주의(Hedonism)를 구별해야 한다고 주장하였다(Ryff, 1989b). 그는 심리적 기능이 건강하고 원활한 상태를 행복으로 정의하고 심리적 안녕감이라는 용어를 사용했다. 사회 구성원으로서의 한 개인이 얼마나 잘 기능하고 있느냐를 삶의 질의 기준으로 삼아, 이러한 기준을 구성하는 요소들을 기존의 심리학 이론으로부터 도출하였다(Ryff & Keyes, 1995 ; Schutte & Ryff, 1997). 건강한 심리적 기능을 암시해 줄 수 있는 개념으로는 Maslow(1968)의 자기실현(self-actualization), Rogers(1961)의 완전하게 기능하는 인간(fully functioning person), Jung(1933)의 개성화(individuation), Allport(1961)의 성숙(maturity)의 개념 그리고 생애발달 관점에 따라 삶의 주기별로 구분한, Erikson(1959)의 심리사회적 발달 단계, Buhler(1935)의 '만족스러운 삶을 향한 기본적인 성향', Neugarten(1968, 1973)의 성인기와 노년기의 성격 변화, Jahoda (1958)의 심리 건강의 기준을 참조하였다.

Ryff(1989a)는 성격, 정신건강, 임상 등의 이 개념들을 통합하여 여섯 가지 요인을 찾아냈다. 첫 번째는 자기수용으로 성숙, 자기실현의 핵심적인 특징이다. 자기와 과거 삶에 대한 수용을 의미한다. 두 번째는 타인과의 긍정적 대인관계로 대인관계에서 신뢰, 따뜻함의 문제이다. 공감능력, 애정, 깊은 우정을 가질 수 있는가를 의미한다. 이 요소는 특히 정신건강에 중요하다. 세 번째, 자율성을 자기 결정권, 독립성, 행동의 규제를 의미한다. 네 번째, 환경에 대한 통제력은 심리적 상태에 따라 환경을 선택, 창조해 낼 수 있는가의 문제이다. 다섯 번째, 삶의 목적은 삶이 목적이 있고 의미가 있는 느낌, 방향성을 의미한다. 마지막으로 개인적 성장은 자신의 잠재력을 계발, 성장, 자기 확장, 경험에 대한 개방성을 의미한다. 이 요인들을 척도로 만들기 위해 Ryff(1989b)는 각각의 요인들이 점수가 높을 때와 낮을 때를 예상하였다. 이 예상을 바탕으로 문항을 구성하여 요인분석, 요인 간 상관, 타 척도와의 상관을 연구했다(Ryff, 1989b). 그런데 자기수용과 환경에 대한 통제력, 자기수용과 삶의 목적, 삶의 목적과 개인적 성장 간에 서로 .70 이상의 상관관계가 나타났다(Ryff, 1989b). 아마도 사람들이 실제로 척도의 질문들을 받아들일 때는 두 요인의 질문들이 거의 비슷한 내용으로 해석되기 때문일 것이다. 그러나 그는 원래 이론에서 추출할 때 서로 다른 개념이었으며 항목을 추출한 자료 범위가 다르기 때문에 다른 요인들로 보아야 한다고 주장한다(Ryff, 1989b).

2) 인구학적 변인과의 상관성

주관적 안녕감과 마찬가지로 심리적 안녕감 역시 인구학적 변인과의 관련성에 관해 연구되었다. 먼저, 성별 차이는 있는 것으로 드러났다. 여성이 남성에 비해 긍정적 대인관계 및 개인적 성장 점수가 높게 나왔다(Ryff, 1989b). 한편, 우리나라의 연구에서는 남성이 자율성, 개인적 성장 점수가 더 높게 나왔다(김명소 등, 2001). 두 번째, 학력이 높을수록 환경에 대한 통제력, 개인적 성장, 삶의 목적, 긍정적 대인관계, 자아 수용 등 전반적인 요인에서 높게 나왔고, 세 번째, 수입이 높을수록 환경에 대한 통제력, 자아수용, 긍정적 대인관계의 점수가 높게 나왔으며, 네 번째, 미혼인 사람이 기혼인 사람보다 개인적 성장 점수가 높았다(김명소 등, 2001). 마지막으로 연령에 있어서도 역시 차이가 있었는데, 개인적 성장을 대체로 노년기가 되면 점수가 떨어졌으나, 환경에 대한 통제력은 오히려 노년기로 갈수록 상승했고, 삶의 목적은 중년기에 최고점을 보이다가 노년기에 급격히 떨어졌으며, 자율성은 중년기에 가장 높았다(Ryff, 1989b). 주관적 안녕감이 대체로 인구학적 변인과 큰 상관이 없는 데 비해 심리적 안녕감은 상관을 보여주고 있다. 이유는 아마도 요인의 특성들 때문인 듯하다. 개인적 성장, 환경에 대한 통제력은 빈부에 따른 차이가 예상되는 요인이며, 자기수용은 특히 노년기에도 적합한 요인으로 보인다.

3) 성격과의 관련성

심리적 안녕감은 성격 요인들과의 관련성에 관해 연구되었다(Schmutte & Ryff, 1997). 자기수용과 환경에 대한 통제력 그리고 삶의 목적은 신경증, 외향성, 성실성과 상관이 있고, 개인적 성장은 경험에 대한 개방성, 긍정적인 대인관계는 우호성과 상관이 있었다. Schmutte와 Ryff(1997)는 심리적 안녕감과 성격의 구성개념 및 이를 위한 원천의 중복 때문에 상관이 높은 것으로 설명한다. 구성개념의 측면에서, 어떤 정서적 상태(well-being)를 자주 경험한다면 그것은 정서 경험의 어떤 패턴(성격)을 만들어 내게 될 것이고, 궁극적으로 지속적인 어떤 정서 패턴의 경험이 성격이므로 우리가 어떤 개인의 정서적 특징을 파악한다면 그의 성격을 파악한 것이라 할 수 있기 때문이라는 것이다. 원천의 측면에서도, 성격의 측정방식이니 정서의 측정방식에 있어서 자기 보고, 배우자에 의한 보고, 얼굴 표정으로 동일하다. 그러나 이와 같은 설명은 아마도 부적절할 것이다. 심리적 안녕감은 주관적 안녕감과는 달리 정서가 아닌 심리적 기능을 강조하여 제작되었다. 정서라는 변인을 매개로 성격과 심리적 안녕감의 연관을 설명하려는 시도는 애초의 취지가 희석된 듯하다. 오히려 위의 결과가 발생하는 이유는 애초에 척도가 제작될 때, 성격변인을 측정하는 문항과 유사한 문항들이 많았기 때문일 것이다. 예를 들면, '가족이나 친구들과 친밀한 대화를 나누는 것을 즐긴다'는 문항은 성격검사의 외향성을 측정하는 문항과 유사하고, '미래의 계획을 짜고, 그 계획을 실현시키려고 노력하는 것을 즐긴다'와 '나는 시간을 잘 활용하여 해야 할 모든 일들을 제때에 잘 처리해 갈 수 있다'는 문항은 성실성을 측정하는 문항과 유사하다. '현재의 생활방식을 바꿔야 할 새로운 상황에 처하는 것을 싫어한다'는 문항은 경험에 대한 개방성을 측정하는 문항과 유사하다.

몰입경험에 대하여

행복주의에서는 덕이 있는 삶을 강조한다. 이러한 삶은 단순히 삶에서의 즐거움을 바라는 것 이상으로 어떤 가치 있는 것을 바라고 그러한 삶을 사는 것이라 할 수 있다(Telfer, 1980). 가치로운 삶은 진정한 자기와 일치하는 것이며, 자신의 잠재력을 계발하기 위해 어떤 일에 몰입함으로써 가능할 것이다(Waterman, 1993).

Privett(1983)는 Peak Performance로, Csikszentmihalyi(1975)는 Flow로 개념화하고 있다. Csikszentmihalyi(1975)의 설명에 따르면 이러한 경험은 내적으로 동기화된 행동에 의해 이루어지며, 다음의 두 가지 특징을 갖는다. 첫 번째, 행동과 의식이 함께 융해되어 행동과 관련한 장의 자극들에만 주의가 제한되어 있다는 점이다. 두 번째, 자신과 환경이 융해되어 있는 느낌, 시간의 흐름을 잊는 것 같은 느낌을 갖는다는 점이다.

Waterman(1990a)은 이 경험에 대해 활동에 대한 몰입, 이 활동이 특별하다는 느낌, 자신이 누구인지 깨닫는 느낌을 가진다고 설명하였다. 이 경험은 기술이나 재능을 계발하거나 삶의 목적을 향해 나갈 때 자기실현이 이루어지는 순간으로 여겨지기도 한다.

Csikszentmihalyi(1975, 1982)는 이 순간을 명백한 규칙과 목표 피드백이 존재하며 정보 처리가 끊임없이 흘러가는 과정으로 정보처리 원리로 이해하려 하였다. 아쉬운 점은 위 연구자들이 주장하는 경험에 관한 실증적인 연구가 없다는 것이다.

8. 행복과 성장마인드셋

1) 성장마인드셋 정의

Dweck과 Leggett(1988)은 내현이론(implicit theory)을 토대로 개인의 지능 또는 능력의 변화에 대한 믿음에 따라 각기 다른 목표지향성과 행동 변화를 가져온다고 주장하였다. 이들은 자신들의 주장을 토대로 사람들을 지능이나 능력이 고정적이어서 노력해도 향상되지는 않는다는 고착마인드셋(fixed mindset)을 가진 사람과 지능과 능력은 가변적이어서 개인의 노력에 따라 향상될 수 있다고 믿는 성장마인드셋(growth mindset)을 가진 사람으로 구분하였다.

또한 Dweck과 Leggett(1988)은 각각의 마인드셋을 가진 사람들의 특성에서의 차이점에 대해 설명하였다. 먼저 목표지향성에서 차이가 나는데, 고착마인드셋을 가진 사람은 수행목표(performance goal)를 추구하며 성장마인드셋을 가진 사람은 학습목표(learning goal)를 추구한다. 수행목표를 추구하는 사람들은 목표를 추구하는 주요 이유가 목표를 달성해서 자신의 유능감에 대한 인정을 받기 위해서이다. 반면, 학습목표를 추구하는 사람들은 새로운 것을 배워서 지금보다 더 성장하고 유능해지려는 것이 중요한 목표 추구 이유이다.

성장형의 사람은 지능이나 능력이 변화 가능하다고 믿기 때문에 목표를 달성하지 못해서 그 시점에서 인정을 받지 못한다 하더라도 그 과정에서 도움이 될 만한 것을 배운 것이 있으며, 이를 통해 차후에 노력을 하게 되면 인정을 받을 수도 있다는 생각을 하게 된다. 또한 이 사람들은 주변 사람의 인정보다는 목표를 달성하기 위해 노력하는 과정에서 무엇을 학습했고 이를 통해 자신이 성장했는지가 중요하기 때문에 인정에 대한 관심이 낮다.

두 번째로는 도전적 행동에서의 차이이다. 고착형 사람은 도전적 행동을 보이는 경향이 있는데, 이는 도전했다가 실패하면 능력이 없는 사람으로 인정받게 되고 이렇게 되면 영원히 자신은 무능력자로 인식되는 것을 두려워하기 때문이다. 하지만 성장형 사람은 도전했다가 실패하더라도 주변의 인정에 대한 관심이 적고 도전을 통해서 무엇인가 새로운 것을 학습하는 것을 즐기고 중요시하기 때문에 적극적인 도전적 행동을 보이게 된다.

2) 성장마인드셋의 효과

Dweck과 Leggett(1988)은 성장마인드셋을 가진 사람들이 학습목표 지향적 태도를 가지고 있고 도전적 행동을 보인다고 주장하였다. 성장마인드셋과 관련된 연구에서 성장마인드셋의 긍정적 효과가 보고되고 있다. Blackwell, Trzesniewski와 Dweck(2007)은 중학교 1학년생을 대상으로 한 연구에서 성장마인드셋을 가진 학생은 향후 2년간 성적이 상승하였으나 고착형 학생은 변화가 없었다. 또한 중학교 1학년생을 대상으로 한 또 다른 연구에서 성장형 마인드셋에 대한 강의를 진행한 후 실험집단 학생들의 학습동기는 강의를 받지 못한 통제집단 학생에 비해 긍정적으로 증가한 것으로 나타났다. 또한 통제집단 학생들의 성적은 지속적으로 떨어졌지만 실험집단 학생들의 성적은 지속적으로 향상된 것으로 나타났다.

Van Vianen, Dalhoeven과 De Pater(2011)가 직장인을 대상으로 실시한 연구에서 마인드셋은 성별, 교육, 나이와는 관련이 없는 것으로 나타났다. 또한 고착형일수록 훈련 및 개발의 의지가 낮고, 도전적 업무에 대한 회피 경향이 강한 것으로 나타났으며 반대로 성장형일수록 훈련 및 개발의지가 높고 도전적 업무를 회피하려는 경향이 약한 것으로 나타났다.

국내에서 이정아와 탁진국(2018)은 직장인 6명을 대상으로 8회기로 구성된 일대일 성장마인드셋 코칭 프로그램을 실시하고 그 효과를 검증하였다. 효과 검증을 위해 성장마인드셋, 학습목표지향성 그리고 직무 스트레스를 종속변인으로 두고 측정하였다. 코칭 프로그램은 성장의 의미와 필요성 그리고 성장마인드셋으로의 변화 필요성을 인식하고 성장목표를 설계하며 이를 달성하기 위한 실행계획을 수립하는 과정으로 진행되었다.

조진숙과 탁진국(2018)은 성장마인드셋 개념을 학습코칭 분야에 적용하여 학습부진 남자고등학생을 대상으로 11회기로 구성된 일대일 학습코칭 프로그램을 실시하였다. 분석결과 성장마인드셋, 내재적 학습동기, 자기효능감, 학업적 자기효능감 등 모든 종속변인에서 시점과 집단 간의 상호작용 효과가 유의한 것으로 나타났다. 즉, 통제집단에서는 사전과 사후 검사에서 유의한 변화가 없었으나 실험집단에서는 유의한 차이가 나타났다. 이러한 결과는 학습코칭 분야에서도 학생들의 성장마인드셋 변화를 통해 학생들이 노력하면 자신의 지능이나 능력이 변화될 수 있다는 믿음을 갖도록 만드는 것이 학습동기를 높이고 결과적으로 코칭 프로그램의 효과를 증진시키는 데 기여한다는 것을 시사한다.

최근 연구에서 성장형 마인드는 자기조절을 증진시키는 것으로 나타났다(Mrazek et al., 2018). 이들은 개인이 자기조절 변화가 가능하다고 믿는 성장형 마인드를 가지게 되면 노력에 대한 인식을 바꾸게 되고 이를 통해 자기조절이 증진된다고 가정하였다. 대학생을 대상으로 한 Mrazek 등(2018)의 연구에서 자기조절능력이 노력에 의해 변화 가능하다고 믿는 성장형 마인드 훈련을 받은 학생들은 단순히 관계훈련을 받은 학생에 비해 자기조절(불가능한 단어를 만들어 내는 인내력으로 측정)이 더 향상된 것으로 나타났다. 또한 이 연구에서 매개변인에 대한 분석 결과 피로귀인이 성장형 마인드가 자기조절에 영향을 미치는 과정을 매개하는 것으로 나타났다. 즉, 자기조절능력이 노력에 의해 변한다고 믿을수록 실험과정에서 나타나는 피로를 자기조절능력이 증진됨에 따라 나타나는 현상으로 귀인하였으며, 이로 인해 결과적으로 자기조절이 향상된 것으로 해석할 수 있다.

이들은 다른 대학생을 대상으로 성장형과 고착형 집단으로 구분하고 각 집단에게 성장형과 고착형 마인드에 관한 기사를 각각 보여주고 실험을 진행하였다. 분석결과 연구 1에서와 동일하게 성장형은 피로귀인을 매개로 하여 자기조절에 영향을 주는 것으로 나타났다. 성장형 마인드 집단은 고착형 집단에 비해 자기조절이 더 높게 나타났다.

이러한 결과는 자기통제 증진을 위해서는 무엇보다 자기통제능력이 노력에 의해 변화 가능하다고 믿는 것이 중요함을 시사한다. 개인은 이러한 믿음을 통해 노력하려는 의지가 증진되고 자기조절을 발휘하는 과정에서 나타는 피로감을 자기조절능력이 증진된다고 긍정적으로 해석하는 경향이 강하며 이로 인해 지속적으로 노력해서 결과적으로 자기조절능력이 향상되는 것으로 해석할 수 있을 것이다.

3) 성장마인드셋의 변화

개인의 마인드셋을 변화시켜서 성장마인드셋을 갖도록 하기 위한 다양한 방법에 대해 살펴보기로 한다. Keating과 Heslin(2015)은 최근 연구에서 종업원들의 업무 몰입을 높이기 위한 개인자원으로 성장마인드셋의 중요성을 인식하고 이를 증진시키는 방법에 대해 기술하였다. 첫 번째는 뇌의 성장잠재성을 강조하는 것으로서 종업원들에게 뇌와 근육을 서로 연계되어 있다는 것을 인식토록 한다. 구체적으로는 새로운 것을 배울 때 뇌에서 새로운 연합이 생성된다는 신경심리학 분야의 연구결과를 인용하면서 뇌와 능력은 근육과 같아서 적절한 연습을 통해 성장할 수 있다는 것을 인식하도록 한다. 피코치의 성장마인드셋을 증진시키는 것이 목적인 코칭과정에서 코치는 피코치에게 이에 대한 설명을 하고 피코치 본인을 포함해 주변의 다른 사람들이 나이가 먹어서 새로운 능력을 개발한 사례를 생각해 보도록 한다거나 피코치가 천재라고 알려진 세계적으로 유명한 사람들을 떠올리게 하고 실제 이 사람들이 얼마나 많은 노력을 했는지를 이해하게 한다.

두 번째 방법은 피코치가 처음에는 힘들어했으나 지금은 잘하고 있는 영역을 파악하도록 하는 것이다. 지금에 이르기까지의 과정을 생각해 보고 구체적으로 어떤 과정을 거쳤는지 얘기해 보도록 한다. 이를 통해 현재 피코치가 어려워하고 있는 분야에 있어서도 동일한 노력을 하면 가능할 수 있다는 것을 성찰해 보도록 한다.

세 번째는 피코치에게 자신의 주변 사람들 중 능력이나 지능이 변화되기 힘들다고 생각하는 사람을 생각해 보도록 하고 그 사람에게 능력은 충분히 변화할 수 있다는 내용을 담은 글을 2~3장 써 보도록 한다. 이 과정에서 코치는 피코치가 변화 가능한 이유를 자신이나 다른 사람의 예를 활용해서 쓰도록 한다.

네 번째는 인지부조화를 이용하는 방법으로서 코치는 피코치에게 자신이 알고 있는 사람 가운데, 거의 성공하기 힘들 것으로 생각했는데 막상 새로운 것을 배우는 데 성공한 사람을 떠올리게 한다. 이를 통해 피코치가 사람의 능력에 관해 의심을 갖는 것의 시사점이 무엇인지를 깨닫게 하는 것이 목적이다.

마지막 기법은 역할연기로서 피코치에게 과거 도전적인 과제에 직면했을 때 고착화된 마인드를 가지고 접근해서 제대로 일을 처리하지 못한 때를 떠올리게 하며 이때 속으로 어떤 생각을 했는지를 자신에게 직접 얘기하게 하고 이를 녹음하도록 한다. 다음은 성장형 마인드를 통해 접근할 경우 자신에게 할 얘기를 하고 이를 녹음하도록 한다. 이 두 가지를 비교하면서 어떠한 차이가 있는지를 인식하도록 한다.

4) 성장마인드셋 측정

성장마인드셋을 측정하는 기존의 문항은 단순히 능력이 변화하지 않는다고 생각한다(Chiu, Hong, & Dweck, 1997). 이 척도는 마인드셋의 기본적인 구성개념을 측정한다는 장점이 있지만 이러한 마인드셋을 가진 사람들의 특성은 측정하고 있지 못하다는 단점이 있다. 국내에서 경일수, 서은영, 김혜균, 탁진국(2018)

은 이러한 기존 척도의 단점을 보완하기 위하여 개인의 성장마인드를 측정하는 성장지향성 척도를 개발하고 타당도를 검증하였다.

경일수 등(2018)은 척도개발을 위하여 선행연구와 기존 척도를 고찰하여 성장지향성 개념을 확립하고 여섯 개 요인 53문항을 선별하여 예비문항을 작성하였다. 이후 고등학교, 대학교, 성인 등 총 684명을 대상으로 예비조사를 실시하고, 신뢰도와 타당도를 확인한 후 다섯 개 요인 34문항을 도출하였다.

최종적으로 성장지향성 척도의 구성개념타당도와 준거관련 타당도를 검증하기 위해 중학생과 고등학생, 대학생 및 성인 등 총 986명을 대상으로 본 조사를 실시한 후 전체 집단을 두 집단으로 나누어 첫 집단의 자료는 탐색적 요인분석을, 두 번째 집단의 자료는 확인적 요인분석을 실시하였다. 요인분석 결과 28문항으로 구성된 다섯 개 요인구조 모형이 적합한 것으로 나타났으며, 두 번째 집단을 통한 확인적 요인분석 결과 다섯 개 요인구조 모형의 부합도가 높게 나타나 성장지향성의 구성개념타당도가 입증되었다. 최종 다섯 개 요인은 지능신념, 과정지향수행태도, 실패/스트레스 회복탄력성, 운명신념, 재능신념으로 나타났다. 성장지향성 척도의 준거관련 타당도 분석을 위해 상관분석을 실시한 결과 다섯 개 각 요인과 전체 점수는 세 개의 준거변인(삶의 만족도, 주관적 행복, 자기효능감)과 모두 유의하게 관련되었다.

다섯 개 요인 가운데 지능신념, 운명신념 그리고 재능신념은 각각이 변화될 수 있다고 믿는 정도를 측정한다. 과정지향수행태도는 결과나 성과보다는 노력하는 과정에서 새로운 것을 배우는 것을 중시하는 태도를 의미하며 마지막으로 회복탄력성은 실수나 실패로 인해 크게 실망하거나 좌절하지 않고 적절하게 대응하는 태도를 측정한다.

결핍심리학-성장심리학 (deficiency psychology-growth or being psychology)

결핍심리학은 인간의 부정적 심리에 주목하여 정신병리의 원인과 치료에 초점을 둔 심리학이고, 성장심리학은 인간의 강점과 잠재능력을 개발하고 삶의 질을 향상시키며 인간의 보다 긍정적인 성장에 주목한 심리학이다.

제2차 세계 대전이 발발하기 전 심리학의 주요 과제는 크게 정신질환의 치료, 사람들의 삶이 더 생산적이고 충만해지도록 돕는 것, 재능을 발견하고 육성하는 것이었으나 전쟁 후 심리학은 인간기능에 대한 질병모델을 사용하여 주로 손상된 부분을 교정하는 데 초점을 맞추었다. 이러한 심리학의 접근은 정신질환 과정의 이해와 치료분야에 큰 발전을 가져왔다. 하지만 이 같은 발전이 심리학의 다른 두 가지 과제, 즉 사람들의 삶을 보다 풍요롭게 하는 것과 재능을 길러 주는 것에 대한 관심을 잊게 하였다는 점에 주목하면서 심리학자들은 삶을 가치 있게 하는 강점과 자원에 대한 과학적 접근으로서 사람들이 삶에서 가장 좋은 특성을 개발하여 성장하고 발달하는 방향으로 변화될 수 있도록 하는 데 초점을 두기 시작하였다. 이때 질병모델에 근거한 심리학을 결핍심리학이라고 본다면 성장모델에 근거한 심리학을 성장심리학이라고 부를 수 있다.

긍정심리학 혹은 성장심리학은 긍정적이고 바람직한 인간의 특성으로서 희망, 지혜, 창조성, 용기, 영성, 책임감과 같은 개념에 주목하고 연구를 시작하였으며, 행복에 관심을 가지고 행복의 3대 조건으로 즐거움과 몰입, 삶의 의미를 제시하기도 하였다. 최근에는 성장심리학 혹은 긍정심리학 관점에서 긍정적 상태 및 믿음이 지니는 본질과 결과가 성취, 발달, 친밀한 관계, 집단 간 과정, 대처, 일, 건강 등의 다양한 맥락에서 어떻게 관련되는지 연구가 이루어졌다. 이 연구들은 긍정적인 믿음과 상태를 통해 현실적 사고와 건설적 행동이 촉진된다는 충분한 증거를 보여주었다. 이처럼 성장심리학은 인간 자신의 행동과 경험에 대하여 가장 높은 자각상태를 유지하고 자아실현을 추구하기 위하여 행동하는 것으로, 절정경험(peak experience)과 자아실현(self-actualization)이라는 특성을 가지고 있다. 이와 관련된 개념은 성장동기, 성장인지, 성장가치, 성장사랑 등이다.

성장동기는 일차적으로 현재 상태에 대하여 만족감과 즐거움을 느끼면서 긍정적으로 가치가 있는 목표를 추구하는 것이다. 성장동기는 기본적 욕구가 충족된 후에 발생하며, 개인마다 고유한 삶을 지향하는 자아실현의 동기이다. 성장인지는 환경을 보다 정확하고 효율적으로 지각하도록 하는데, 이는 기본적 욕구가 충족된 사람에게 더 잘 나타나고 지각을 왜곡하는 경향이 적다. 성장인지를 지닌 사람은 비판단적, 비평가적이며 있는 그대로를 인식하는 경향이 강하고, 독립적인 태도로 대상을 바라보면서 외부대상 그 자체에 가치를 부여한다. 결핍심리학과 성장심리학은 심리학에서 부정과 긍정의 통합과 균형의 필요성 및 중요성을 보여준다.

행복의 요소인 주관적 안녕감, 삶의 질, 심리적 안녕감에 관한 연구를 중심으로 살펴보았다. 그러나 실제 심리학 내에서는 주관적 안녕감과 이것의 구성요소인 정서와 삶의 만족에 관한 연구가 대부분이며 행복이 지표로는 주관적 안녕감이 가장 널리 이용되고 있다. 주관적 안녕감 척도에서 다루고 있지 않는 행복의 또 다른 측면의 가능성을 제시하는 논문은 부족한 실정이다. 뿐만 아니라 연구의 바탕이 되는 이론적인 측면이 아직 그리 탄탄하다고도 할 수 없는 편이다. 심리적 안녕감 척도를 보면, 기존의 심리학 이론들을 단지 집합시켜 놓았다는 인상을 피할 수 없다. 몰입 경험에 관한 연구 역시 그것이 어떤 현상인지 실증적으로 검증되지 않았다.

주관적 안녕감과 몰입 경험이 지금까지는 명백히 다른 것으로 취급되어 왔지만, 최근 연구에서는 실제 상황에서 거의 구분되지 않으며, 통합되어 경험된다는 연구도 있다(Omodei & Wearing, 1990). 자신의 원하는 일에 몰입할 때는 자신의 재능과 기술을 향상시켜 잠재력이 발현되는 순간이기도 하지만, 쾌를 느끼는 순간이기도 하다. 두 개념의 구분과 관련성에 관한 문제부터 해결되어야 할 필요가 있다.

우리가 바라는 삶은 경제적으로 여유롭고, 즐거우며, 의미 있다고 여겨지는 삶일 것이다. 예를 들어, 직업에 있어서 즐거움과 의미 및 연봉은 모두 중요한 요소일 것이다(King & Napa, 1998). 우리는 감각적인 즐거움을 비롯하여 자신이 가치 있다고 여기는 일을 함으로써 느낄 수 있는 정신적 차원의 즐거움까지 이 모두를 누리기를 원한다고 볼 수 있다. 따라서 행복의 유발 요소로서 생리적, 친애, 성취 욕구를 비롯하여 자존감, 창의성, 삶의 의미 욕구 등 다양한 인간의 욕구를 고려하는 것이 좋을 것이다.

09
Chapter

행복코칭과 뇌

19세기에 들어서면서 뇌의 국소적인 기능에 대한 연구가 활발해진다. 시초는 골상학으로, 대표적인 학자는 갈(F. J. Gall)이다. 골상학이란 사람의 성격이나 성향이 뇌의 특정 부위의 기능에 의해 나타나며, 그 결과 머리뼈의 모양이 달라진다는 학설이다.

뇌가 정신의 발생지이며, 뇌에는 각 기능에 따라 여러 개의 기관이 있다고 했다. 또 정신을 여러 가지 기능에 따라 구분하고, 이 각각의 기능을 수행하는 뇌의 기관을 지정해 주었다. 그리고 뇌의 모양은 머리뼈의 모양과 일치하기 때문에 머리뼈의 모양을 보고 그 사람의 성향이나 성격을 판단할 수 있다고 했다. 골상학 이론은 유럽뿐만 아니라 미국에서도 선풍적인 인기를 끌었고, 학자들 사이에서는 머리뼈 수집 열풍이 일었다. 1809년에 음악가 하이든의 시신을 확인하기 위해 관을 꺼냈을 때 시신에는 머리가 없었고, 모차르트의 머리뼈 역시 끔찍한 운명을 겪었다.

당시 갈의 이론에 대한 반발도 많았다. 종교계는 정신에 대한 유물론적인 연구 자체에 대해서 반발했다. 정신에 대한 연구는 신학이나 철학의 분야이지, 결코 의학이나 생리학의 분야가 아니라는 것이다. 철학자 헤겔은 다음과 같은 비유로 갈의 이론을 비판했다. "사람들은 어떤 이웃이 지나가거나 돼지고기를 먹으면 비가 온다는 사실을 경험할 수 있다. 비와 이웃 혹은 돼지고기의 관계는 정신과 머리뼈의 관계처럼 필연적인 관계가 아니다." 헤겔의 지적대로 이후 갈의 이론은 근거가 없는 것으로 폐기되었다.

헤겔부터 철학은 자연과학과 분리되기 시작했고, 19세기 중반 독일의 분트(W. Wundt)가 인간의 정신을 실험실로 가져옴으로써 '심리학'도 철학에서 분리된다. 이제 인간의 마음, 의식, 정신 등이 과학적으로 탐구되기 시작했고, 감각과 지각은 개념적으로 분리되었다. 이전에는 감각과 지각이 구별 없이 혼용되었지만 1890년에 제임스(W. James)는 "요즈음에는 감각에 제시되는 특정한 사물에 대한 의식을 지각이라 부른다."라고 했다.

현대 신경학은 1860년대 프랑스의 브로카(P. Broca)에 의해서 시작된다. 그는 환자 사례를 통해 왼쪽 아래이마이랑이 손상되면 말을 하지 못한다는 사실을 밝혔다. 왼쪽 아래이마이랑은 나중에 그의 이름을 따 브로카 영역(베르니케 영역과 함께 언어중추를 구성한다)이라고 불린다. 이로써 뇌의 특정 영역이 특정한 정신 기능을 수행한다는 것이 분명해졌다. 이후 뇌에 대한 대대적인 연구로 정신적인 기능이 뇌에서 그에 상응하는 영역, 즉 물질적 대상을 가지고 있다는 것이 확실해졌다. 이 이론은 오늘날 신경학의 기본 토대이다.

1920년대에는 인간 뇌에서 뇌파가 기록되기 시작하면서 뇌의 전기적 현상을 이해할 수 있게 되었고, 1960년대에는 신경세포 간의 신호전달물질이 발견되면서 정신 질환을 약물로 치료할 수 있는 길이 열렸으며, 1970년대부터 신경에 관련된 유전자 구조가 규명되면서 뇌에 대한 이해가 한층 넓어졌다. 1980년대 이후 뇌 과학은 새로운 전기를 맞는데, 양전자방출 단층촬영술(PET)과 기능적 자기공명 촬영술(fMRI) 등 방사선의학의 발달로 살아 있는 뇌 기능을 영상으로 직접 볼 수 있게 되었다.

1. 두뇌의 이해

일반적으로 인간의 두뇌가 실제로 정보를 처리할 때에는 외부의 물체와 상황을 수용하기 위하여 감각, 지각 과정을 활용하고, 기억과 여러 가지 문제해결 전략에 의존하며, 이를 근거로 하여 사고와 판단을 행동으로 옮기게 된다. 이러한 인간의 두뇌는 물(78%), 지방(10%), 단백질(8%) 등으로 구성되어 있다. 성인 두뇌의 무게는 약 1,350g 정도로서 두뇌의 크기는 두 주먹을 맞대었을 때와 거의 비슷하다. 또한, 두뇌는 인간의 전체 체중의 약 2% 정도 차지하지만, 신체가 소모하는 에너지의 약 20% 정도로 소모한다. 이는 신체 기관 중에서 두뇌가 고도의 복잡한 작용을 수행하여 가장 많은 에너지를 소비하기 때문이다.

1) 두뇌의 외부

두뇌의 외부는 4개의 엽, 운동피질, 체감각피질, 소뇌 등으로 구성되어 있다. 그중에서 대뇌 피질은 오렌지껍질 두께로 두뇌를 주름으로 감싸고 있어 넓은 피질이 두개골 안에 들어갈 수 있다. 이러한 피질의 넓이는 한 페이지 분량의 신문지 크기에 해당한다.

먼저, 대뇌피질의 앞부분에 있는 전두엽(frontal lobe)은 이마 바로 뒤에 놓여 있는 부분으로, 전두엽피질(prefrontal cortex)이라고도 한다. 이러한 전두엽은 계획과 사고를 처리하는 기능을 수행하는 부위로서, 고차원적인 사고를 조정하고 문제해결을 지휘하며 정서 체제를 조절하는 뇌의 이성 및 집행 통제 기관이다. 또한 작업기억의 대부분이 전두엽에 위치하기 때문에 전두엽은 주의집중이 발생하는 영역이다. 최근에는 전두엽이 성격, 인성, 도덕성과 관련된다는 연구결과도 있다.

다음으로 두뇌 뒷부분의 중심부 아래에 위치한 후두엽(occipital lobe)은 시각 자극을 처리하기 위한 두뇌센터이다. 이러한 후두엽은 여러 개의 작은 부위들로 나누어지며, 외부 세계에서 두뇌에 들어오는 시각 자료를 처리하는 데 중요한 역할을 한다. 즉, 입력되는 정보가 이들 부위에 모아지면 2차적인 시각영역 또는 시각 연합영역으로 가서, 그 정보를 전에 본 적이 있는 정보와 비교한 후 우리가 보고 있는 사물을 정확하게 인지하고 판단할 수 있다. 이러한 사실은 두 사람이 동일한 것을 보고도 각기 다른 것에 주의집중하거나 동일한 것을 보면 쉽게 알 수 있다.

또한, 귀 바로 윗부분의 양쪽에는 후두엽에서 전두엽 아래로 구부러져 있는 두 개의 엽, 즉 측두엽(temporal lobe)은 청각처리와 언어처리를 수행한다. 이러한 측두엽의 일차적인 청각영역이 자극을 받았을 때, 소리를 감각하게 된다. 더욱이 청각 연합영역은 일차적인 청각영역 및 다른 두뇌부위들과 연결되어 있어서, 청각정보에 대한 지각을 도와주어 우리가 무엇을 듣고 있는지를 알게 해준다.

끝으로 두정엽(parietal lobe)은 두뇌의 맨 위에서 뒷부분에 걸쳐 있고 고차적인 감각처리와 언어처리를 담당한다. 특히, 우리가 언제, 어떻게 움직여야 할지에 대해 신체에 있는 근육에 정보를 보내야 할 때처럼, 우리는 우리 환경의 촉각과 온도에 대한 정보, 피부에서 오는 통각과 압각 및 사지의 위치에 대한 정보도 받을 수 있어야 한다. 이런 일들은 체감각피질, 즉 감각자극의 수용을 담당하는 부위에 의해 이루어진다. 따라서 두정엽 부위가 손상되면, 촉각과 통각을 인식할 수도 없고 공간상에서 자신의 위치도 알 수 없다. 두정엽의 뒷부분은 공간인식에 대한 감각을 제공해 주기 위해 이런 모든 정보들을 끊임없이 분석하고 해석한다. 또한, 두정엽의 이 부위가 손상되면 물체를 잘 조작하지 못한다. 이외에도 두정엽은 주의를 집중하거나 공간적인 주의를 유지한다. 개인이 특정 자극에 주의 집중할 때나 주의를 바꾸어야 할 때 두정엽이 활성화된다.

지금까지 살펴본 바와 같이, 대뇌는 4개의 엽으로 구성되어 〈표 9-1〉과 같이 다른 기능을 담당한다.

표 9-1 대뇌의 구조(4개 엽)

구분	위치	기억	기능	특징
전두엽	뇌 앞 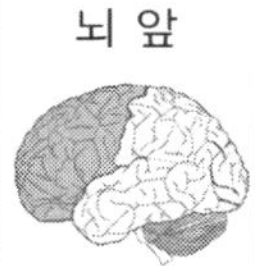	작업 기억	기억, 계획, 문제해결	• 실행적 이성(통제)센터 • 양쪽 대뇌반구의 약 50% • 계획 및 사고, 고차적 사고, 문제해결, 주의집중, 창의성 • 변연계와 관련 • 동작피질: 동작 조절 • 전전두엽: 인성, 호기심, 의사결정, 반성, 정서 조절
측두엽	귀 위 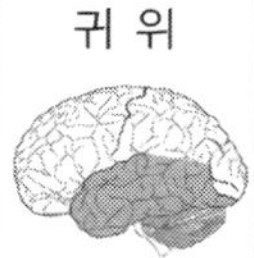	장기 기억	언어, 청각, 기억	• 언어센터(좌반구) • 음악, 얼굴 및 사물 인지 • 듣기, 기억, 의미, 언어 담당
후두엽	뇌 뒤 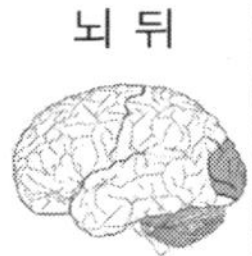		시각정보 수용/처리	• 시각처리
두정엽	머리끝 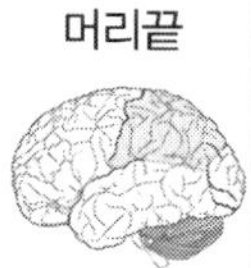		공간, 공감각, 단기기억	• 공간지각, 계산, 인지 담당, 고차적인 감각처리, 언어처리

한편, 두뇌의 외부는 4개 엽 외에도 운동피질과 체감각피질로 구성되어 있다(〈표 9-2〉).

표 9-2 운동피질과 체감각피질의 특징 비교

구분	위치	특징
운동피질	두정엽과 전두엽 사이 앞쪽	• 신체운동 조절 • 운동기능 학습 • 소뇌와 협력
체감각피질	운동피질 뒤 두정엽 앞	• 신체 부위에서 온 촉각 신호 처리

이 외에도 모든 동작을 조절하여 두뇌 무게의 약 10% 정도 차지하는 소뇌는 주름이 깊은 유기적 구조로서, 나머지 두뇌 부위에 있는 모든 뉴런보다 더 많은 뉴런이 존재한다(〈표 9-3〉).

표 9-3 소뇌의 특징

구분	위치	특징
소뇌	대뇌(뇌간) 뒤	• 균형, 자세유지, 운동 협응 담당 • 사고, 정서, 감각, 기억 조절 • 자동화된 운동기억 저장 • 대뇌 한쪽 반구와 유사

두뇌 외부 구조를 그림으로 나타내면 [그림 9-1]과 같이 도식화할 수 있다(김유미, 2008). 특히, 외부에서 온 감각 신호는 감각 신경을 지나 뇌의 뒤쪽에 있는 수용기로 들어가고 두뇌의 중앙(변연계, 두정엽, 측두엽)으로 가서 통합한 후 두뇌의 앞부분인 전두엽에서 해석하는 과정을 거친다(Sousa, 2003).

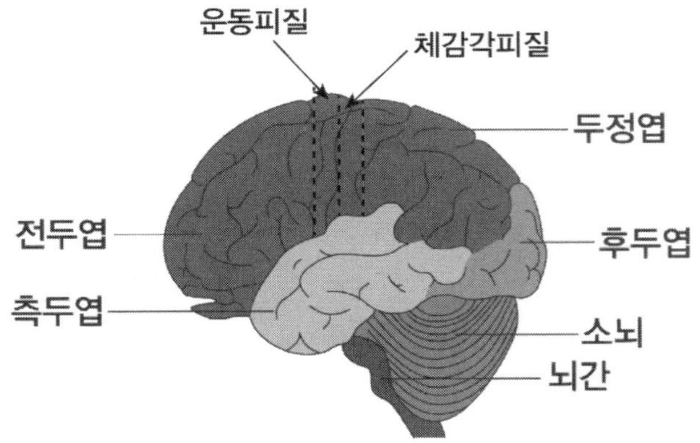

그림 9-1 **두뇌 외부 구조**

2) 두뇌의 내부

두뇌의 내부는 뇌간, 변연계(시상, 시상하부, 해마, 편도 등), 대뇌, 뇌세포 등으로 구성되어 있다(〈표 9-4〉).

표 9-4 두뇌 내부의 특징

구분	특징
뇌간	• 파충류 뇌 • 가장 오래되고 깊은 곳 • 몸에서 뇌로 가는 12개 신경 중 11개 이동 • 맥박, 호흡, 체온, 소화 등 생명유지, 신체기능 통제 • 생존의 위해 무의식적으로 조절 • 망상체: 각성 수준 조절 • 망상활성화 체계(RAS): 감각수용기에 들어온 자극 여과기 역할, 흥분 수준 조절 • 중뇌(위), 뇌교(가운데), 연수(아래)로 구성
변연계 (중뇌)	• 포유동물 뇌 • 뇌간과 대뇌 사이 • 전체 두뇌 크기의 20% 차지 • 정서유발, 정서기억 기능 수행 • 정서와 이성 교류 가능 • 학습과 기억에 관여 • 시상: 후각 제외한 모든 감각정보, 인지활동 관여, 외부 유입 정보 모니터 • 시상하부: 내부체계 모니터, 신체 정상 유지, 호르몬 분비, 수면 · 섭식 · 수분섭취 등 신체기능 조절

구분	특징
	• 해마: 학습내용 공고화, 작업기억 정보를 검토하여 기존의 기억과 비교(의미 형성), 작업기억을 장기기억으로 전환 • 편도: 공포와 관련된 정서 관여, 환경과 개인의 상호작용 조절, 정서기억(해마와 상호작용)
대뇌	• 인간 뇌 • 두뇌 무게의 약 80% 정도 차지 • 연한 회색, 깊은 주름 • 좌반구(우반신)와 우반구(좌반신), 뇌량(두반구 교류 · 활동 조정) • 사고, 기억, 언어, 근육운동 담당
뇌세포	• 신경세포(뉴런), 지지세포(교세포)로 구성(1조 개) • 신경세포(뉴런): 약 1,000억 개 • 지지세포(교세포): 여과기 역할, 뉴런 결합 및 보호, 혈뇌장벽 형성, 영양분 운반, 면역체계 조정 등 • 뉴런 전달 과정: 수상돌기(세포체, 전기신호) → 축색돌기(수초) → 시냅스(소낭, 화학신호) → 신경전달물질(아세틸콜린, 에피네프린, 세로토닌, 도파민 등) → 수상돌기(수용기)

한편, 뇌는 기능에 따라 크게 상위 뇌, 중위 뇌, 하위 뇌로 구분할 수 있다(Mark et al., 2007). 상위 뇌는 전두엽(frontal lobe), 두정엽(parietal lobe), 측두엽(temporal lobe) 및 후두엽(occipital lobe)으로 구분되고 중위 뇌는 기저핵(Basal Ganglia), 변연계(Limbic System), 시상(Thalamus), 시상하부(Hypothalamus)로 구성되어 있다. 먼저, 기저핵은 자연스런 미소와 같은 불수의적 운동의 일부분과 수의운동의 선택, 조절, 시각 및 기억에 관여하는데 그 위치는 뇌의 중간 부분, 즉 대뇌 피질과 간뇌의 사이에 있다. 기저핵은 대뇌피질, 특히 전전두 피질과 두정엽 피질의 조정을 받는다.

또한, 변연계는 먹기, 마시기, 성 활동 그리고 공격성 등과 같이 동기화된 행동과 정서행동에 특히 중요하다. 이러한 변연계는 중위 뇌와 상위 뇌의 다양한 구조물을 연결해 주는 중간 매개체로서 작용한다. 전전두엽을 비롯한 대뇌 피질은 성장하면서 단계적으로 발달하는 데 비해 정서중추인 변연계(limbic system)는 일찍 발달한다.

다음으로 시상은 두 개의 아보카도가 나란히 붙어 있는 것과 비슷하게 생긴 구조로 하나는 왼쪽 대뇌반구에, 다른 하나는 오른쪽 대뇌반구에 있다. 대부분의 감각 정보는 먼저 시상으로 들어가 처리된 다음에 대뇌 피질로 입력된다.

또한, 시상하부는 시상의 복측인 뇌의 기저부에 있다. 시상하부 여러 신경핵의 활동은 매일매일 일어나는 활동과 수면의 주기 그리고 동기화된 행동 및 정서 행동의 다양한 측면을 통제한다. 시상하부 신경 핵이 손상되면 먹기, 마시기, 체온 조절, 성 행위, 싸움, 또는 활동 수준 등과 같은 여러 동기화된 행동에 이상이 나타난다. 이러한 시상하부는 50여 종의 신경전달물질을 이용하여 내분비 기능과 자율신경 기능의 조절과 어울려 감정, 포만감과 공복감, 체온, 체내 수분량, 생식과 관련된 행위 등을 조절한다(윤일심, 2012).

지금까지 살펴본 두뇌의 내부 구조를 도식화하면 [그림 9-2]와 같다(김유미, 2008).

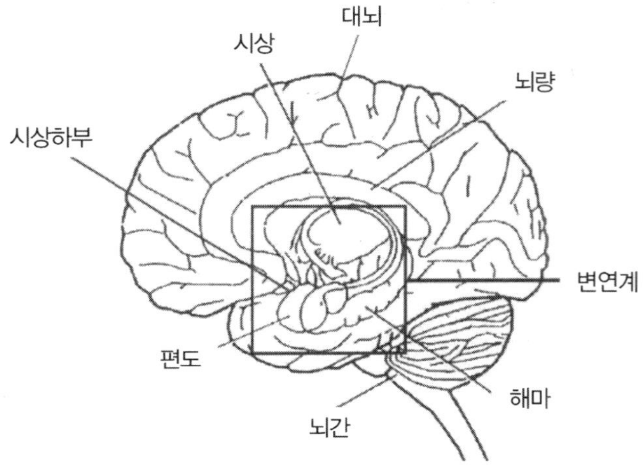

그림 9-2 두뇌 내부 구조

한편, 우리가 누군가의 무엇에 공감할 때 그리고 누군가의 무엇을 따라 할 때 우리의 뇌에서는 거울 뉴런(mirror neurons)이라는 신경세포가 있어 타인의 상황이나 정서에 대한 인식에 토대하여 타인의 상황이나 정서에 대한 인식에 토대하여 타인의 정서나 상황을 함께 느끼고 경험하여 공감대를 형성한다. 이러한 거울 뉴런을 통해 타인의 행동을 관찰하는 것만으로도 그의 행동을 온몸으로 이해할 수 있는 인지적 공감능력과 감정에 이입하고 반응하는 정서적 공감능력이 일어나며 그 행위를 나의 운동계획과 비교해 실행으로 바꾸는 과정을 용이하게 함으로써 타인의 행동에 모방을 가능하게 한다. 따라서 거울 뉴런의 관점에서 바라볼 때 인성적으로 매우 탁월한 전인격적 인간을 모델로 선정한 후 학습자들이 그 모델의 행동을 관찰 및 모방, 연습하면서 타인과 공감하고 소통하는 학습활동이 필요하다.

2. 신경전달물질

1) 도파민

일반적으로 도파민은 운동, 주의, 학습에 영향을 미치며 균형이 깨지면 사람들과 어울릴 에너지가 부족하여 사랑, 기쁨, 슬픔, 분노의 감정을 잃어버린 듯이 보인다. 주의력결핍장애 증상을 보일 수 있고, 사회성이 부족하기도 하며, 파킨슨병과 정신분열증의 원인이 되기도 한다(백기자, 2011). 도파민 체질은 세계 인구의 약 17% 정도 차지하고 있다. 이러한 도파민이 균형을 이룰 때, 도파민 체질은 다음과 같은 공통점을 가지고 있다(윤승일, 이문영, 2009).

첫째, 자신이 원하는 것과 그것을 얻는 방법을 정확히 아는 의지가 강한 사람일 가능성이 높다.

둘째, 걸음이 빠르고, 자신만만할 뿐만 아니라, 매우 이성적이고, 느낌과 감정보다는 사실과 숫자에 더 능하다.

셋째, 스스로를 비판적으로 평가할 줄 알면서도, 타인의 비판이나 부정적인 평가는 잘 받아들이지 못한다.

넷째, 일에 강한 집중력을 보이고, 일에 대한 자부심이 강하다. 이들의 전략적 사고, 주도적 역할, 혁신성, 문제해결능력, 비전, 실용주의는 사람들에게 활기를 불어넣으며, 스트레스도 잘 극복한다.

다섯째, 복잡한 지식이나 치밀한 계획을 세워야 하는 직업, 즉 의사, 과학자, 연구원, 발명가, 엔지니어, 군사령관, 건축가 등이 적합하다.

여섯째, 지적 활동에 가장 흥미를 느낄 수 있기 때문에 체스를 두거나 오디오북을 듣거나 글자 맞추기 놀이를 좋아할지 모른다.

일곱째, 무산소 운동이나 근력 운동을 좋아하고 테니스, 수영, 스키처럼 경쟁적인 개인 종목을 좋아한다.

그러나 도파민이 과다할 때나 결핍될 때에는 〈표 9-5〉와 같은 증세가 나타날 수 있다.

표 9-5 도파민의 과다 및 결핍 증상

구분	특징
과다 증상	–지나치게 긴장하고, 몰아붙이며, 충동적 –흥분과 힘을 주체하지 못해 폭력 행사 –범죄자, 연쇄성범죄자
결핍 증상	–에너지가 떨어져 힘이 없는 경우 –생각이 전보다 또렷하지 못할 경우

따라서 도파민이 부족할 경우에는 티로신이라는 아미노산이 도파민의 합성에 쓰인다. 이러한 티로신이 많이 함유된 음식은 닭고기, 오리고기, 생선, 두부, 치즈, 죽순, 참깨 등이다. 또한, 정제당과 정제밀로 만든 제과류와 카페인 음료는 먹지 않는 것이 좋다.

2) 아세틸콜린

1915년 영국의 생리학자인 헨리 할레 데일(Henry Hallett Dale)에 의해 처음 밝혀진 물질로, 당시에는 심장박동을 느려지게 하는 물질로 밝혀졌다. 그 후 1921년에 독일의 생리학자인 오토 뢰비(Otto Loewi)에 의해 그 기능의 중요성이 밝혀졌고, 뢰비는 데일과 함께 1936년에 노벨상을 받았다. 아세틸콜린은 혈관확장제로서 작용하여 심장박동 및 수축을 감소시켜 심혈관계를 포함한 수많은 신체기관에 영향을 미친다. 또한 위의 연동운동 및 소화기의 수축 폭을 증가시켜 위장관계에도 영향을 미치며, 방광의 용량을 감소시키고 수의(隨意) 방뇨압(放尿壓)을 증가시키는 작용을 하여 비뇨계에 영향을 미친다.

또한 호흡계에도 영향을 미치며, 부교감신경의 신경충격을 전달받는 모든 샘[腺]들도 아세틸콜린에 의해 분비작용이 촉진된다. 아세틸콜린은 신경정보가 뉴런의 끝에 다다르면 시냅스 주머니에 저장되어 있다가 방출되어 다음 뉴런의 수용체와 결합하여 신경정보를 전달하는 물질로 작용한다는 사실이 확인되었다. 아세틸콜린은 또한 기억력과 학습활동에 있어서도 중요한 역할을 하며, 뇌에 아세틸콜린이 정상인보다 적게 공급되면 알츠하이머병에 걸린다.

일반적으로 아세틸콜린은 해마에서 집중적으로 발견되기 때문에 기억에 관여한다. 학습장애의 원인이 되기도 하며, 작은 스트레스에도 영향을 받으며, 객관적인 판단능력이 부족하게 된다(백기자, 2011). 아세틸콜린 체질은 세계 인구의 약 17% 정도 차지하고 있다. 이러한 아세틸콜린이 균형을 이룰 때, 아세틸콜린 체질은 다음과 같은 공통점을 가지고 있다(윤승일, 이문영, 2009).

첫째, 일을 감각적으로 처리하는 데 능하고, 세상을 감각적으로 바라보기 때문에, 매우 창조적이다.

둘째, 생각이 빠르고, 끊임없이 타인을 고려하는 사람으로서, 무언가를 할 때 어떤 수고가 따르더라도 최선을 위해 몸을 바친다.

셋째, 유연성, 창조성, 추진력을 갖고 있어 새롭고 흥분된 일이라면 무엇이든 해보려고 한다.

넷째, 직관적이고 혁신적이기 때문에 말, 생각, 대화와 관련된 모든 것에 즐거움을 느끼고, 자신의 열정을 타인과 공유할 줄 아는 능력이 있다. 상담가, 명상가, 두뇌 집단의 구성원, 요가나 명상 강사, 종교 지도자, 공익 단체의 구성원 등이 대표적인 직업이 될 수 있다.

다섯째, 두뇌의 속도가 창조성에 영향을 미치기 때문에 예술가, 작가, 광고인, 배우 같은 직업을 가질 수 있다.

여섯째, 사교적이고 카리스마가 있기 때문에 만나고 인사하며 새 친구를 사귀는 것을 좋아한다.

일곱째, 직장에서나 동네에서나 가정에서나 주변 관계에 많은 에너지를 쏟고 그것으로 보람을 느낀다.

여덟째, 이타주의와 선한 마음씨 덕분에 인기가 많다.

그러나 아세틸콜린이 과다할 때나 결핍될 때에는 〈표 9-6〉과 같은 증세가 나타날 수 있다.

표 9-6 아세틸콜린의 과다 및 결핍 증상

구분	특징
과다 증상	• 남들에게 도가 넘치게 베풀기만 하기 때문에 자학적인 단계에 빠질 수 있음 • 세상이 자신을 이용하고 있다는 피해망상에 빠질 수 있음 • 사람을 고립으로 몰고 갈 수 있음
결핍 증상	• 뇌 속도가 느려지고, 뇌는 다음 번 자극이 몰려오기 전에 새로운 자극을 이미 저장된 정보와 연결할 시간이 없어짐 • 어떤 정보는 처리되기도 전에 사라져서 기억이 나지 않음 • 빨리 감각 자극에 반응하지 못하게 되면, 뇌가 새 자극을 이미 저장된 기억이나 생각과 연결하지 못해 망각이 일어남 • 기억력 저하 및 상실

따라서 아세틸콜린이 부족할 경우에는 카르니틴이라는 아미노산이 아세틸콜린의 합성에 쓰인다. 이러한 콜린이 많은 식품으로는 소고기 살코기, 소간, 계란 노른자, 연어, 아몬드, 양배추, 마늘, 김 등이다. 콜린이 많은 식품은 주로 지방이 많은 식품이며, 무리한 다이어트나 살이 마른 아이들은 콜린이 부족할 수 있다.

3) 가바

일반적으로 가바는 안정과 관련되며 균형을 이룰 때는 타인의 요구를 잘 알아차린다. 이러한 가바가 부족할 경우 분위기, 관계, 정체성, 욕구 등을 잘 통제하지 못하고, 충동적이거나 폭력적인 성향이 있을 수 있다(백기자, 2011). 가바 체질은 세계 인구의 약 50% 정도 차지하고 있다. 이러한 가바가 균형을 이룰 때, 가바 체질은 다음과 같은 공통점을 가지고 있다(윤승일, 이문영, 2009).

첫째, 일관성, 사회성, 타인을 위한 배려심이 많다.

둘째, 목표를 세우는 능력, 프로젝트나 활동 스케줄을 만들어서 실행하는 능력 등이 매우 우수하다.

셋째, 시간 엄수, 실용성, 객관성, 냉철함, 자신감 등이 있다.

넷째, 관리자, 회계사, 경호원, 간호사, 기술자, 항공관제사, 뉴스리포터, 응급구조대원, 행사기획자, 버스기사, 주부 등 근본적으로 관리와 보살핌을 필요로 하는 직업을 가진다.

다섯째, 분별력이 있고 안정되어 있으며, 감정의 기복이 심하지 않고 화를 내지 않는다.

여섯째, 여럿이 함께하는 활동도 좋아하지만 그보다는 일대일의 관계를 더 즐긴다.

일곱째, 전통과 체제에 순응하고 그 안에서 자신의 임무에 충실하다.

여덟째, 역사책이나 전기를 좋아한다.

아홉째, 주변에서 일어나는 소동에 동요하지 않는다.

그러나 가바가 과다할 때나 결핍될 때에는 〈표 9-7〉과 같은 증세가 나타날 수 있다.

표 9-7 가바의 과다 및 결핍 증상

구분	특징
과다 증상	• 보호 본능이 점점 강해짐 • 자신의 욕구가 충족되지 않아 상처를 받으면서도 보살핌과 사랑을 베풀기 위해 노력함 • 배우자나 권위자의 조언에 지나치게 의지하는 나머지 그들의 판단에 좌지우지됨
결핍 증상	• 불안, 초조, 신경질적인 반응 등이 나타남 • 인체 혼란 및 정서 불안정이 나타남 • 두통, 트림, 짜증, 어지러움, 불면증 • 숨이 차고, 손발이 차며, 수면장애

따라서 가바가 부족할 경우에는 글루타민이라는 아미노산이 가바의 합성에 쓰인다. 이러한 글루타민이 많은 음식으로 동물의 내장(간), 통밀, 야채, 오렌지, 토마토, 버섯류 등이다.

4) 세로토닌

세로토닌은 중추신경계에서는 중뇌의 봉선핵(縫線核, Raphé핵)에 근원을 둔 세로토닌 뉴런의 신경전달물질 후보로 되어 있고, 장에서는 장관운동을 촉진하는 호르몬으로서의 역할을 하고 있다. 혈소판에도 고농도로 존재하며, 혈소판이 혈관 벽에 점착할 때 방출되어 모세혈관을 수축시키기 때문에 지혈 기구에 관여한다. 송과체에서는 송과체 호르몬인 멜라토닌 생합성의 중간체가 된다. 세로토닌은 수용체를 매개로 하여 작용하며, 현재까지 14종류의 5HT 수용체가 알려져 있다. 이 중 5HT3 수용체는 이온채널형 수용체, 다른 대부분은 G단백질 공역형 수용체이다. 세로토닌의 자외선 흡수 특성, 형광 특성은 5-히드록시트립토판과 유사하다(강영희, 2008).

세로토닌은 억제에 중요한 역할을 하는 신경전달물질이다. 세로토닌과 노르에피네프린에서의 불균형은 심각한 우울증과 관련이 있으며, 불안장애, 강박장애, 섭식장애, 공격성, 자살, 조현병(정신분열증) 및 알코올중독과 같은 다른 수많은 장애와도 관련이 있다. 이외에도 뇌에는 약 100가지 정도의 화학물질이 신경전달물질로 활동하고 있으며, 아직도 새로운 신경전달물질이 계속해서 발견되고 있다.

세로토닌은 우울증을 치료하기 위해 SSRI(세로토닌 재흡수 억제제)를 투여하는 과정에서 체중 감소효과가 부수적으로 나타나 비만치료제로 부각되었다. 세로토닌이 부족하면 우울증, 불안증 등이 생긴다. 또한 세로토닌은 식욕 및 음식물 선택에 중요한 조절자로 작용하며 탄수화물 섭취와 가장 관련이 있는 것으로 알려져 있다. 국소적으로 세로토닌이 증가하면 식욕이 떨어지고, 감소하면 반대 현상이 나타난다. 이와 같은 세로토닌의 역할을 이용한 비만치료제로는 '리덕틸'이 있다. 리덕틸은 뇌에서 섭취할 음식의 양과 소모할 에너지를 조절하는 세로토닌과 노르아드레날린이라는 신경전달물질의 흡수를 억제하여 쉽게 포만감을 느끼게 함으로써 결과적으로 음식물 섭취가 줄어들어 체중이 감소한다.

일반적으로 세로토닌은 각성, 수면과 꿈, 기분 등에 관여하며, 부족하면 감수성이 부족해지며, 변덕이 심하거나, 우울, 부정적인 경향을 띠게 된다(백기자, 2011). 세로토닌 체질은 세계 인구의 약 17% 정도 차지하고 있다. 이러한 세로토닌이 균형을 이룰 때, 세로토닌 체질은 다음과 같은 공통점을 가지고 있다(윤승일, 이문영, 2009).

첫째, 현실주의자이며, 감각적인 것에 민감하게 반응한다.

둘째, 천성이 즐겁게 노는 것을 좋아하며 직장에서나 여가활동 중에도 목적을 위해서보다는 즐거움을 위해 활동에 참여한다.

셋째, 일을 신속히 처리함으로써 성취감을 느낀다.

넷째, 변화를 추구하여 일을 바꾸거나, 같은 일을 새로운 방식으로 시도한다.

다섯째, 몸과 마음이 모두 자극을 잘 받아들이고, 육체적으로 조화를 이루며, 기지가 매우 뛰어나다.

여섯째, 운동신경, 눈과 손의 협조, 유연성, 위기관리 능력이 요구되는 직업에 가장 적합하다.

일곱째, 온갖 종류의 기구나 도구에 능하기 때문에 건설근로자, 오일정비공, 트럭과 구급차 기사, 군인, 헤어스타일리스트, 바텐더, 조종사, 컴퓨터 프로그래머 등과 같이 최첨단 도구를 다루는 직업을 가진다.

여덟째, 파티나 축하연, 컴퓨터나 비디오 게임, 카지노 같은 곳을 자연히 좋아한다.

아홉째, 무언가 흥분을 느끼는 요소가 있는 것이라면 무엇이든 해보려고 노력한다.

열째, 낙천적이고 명랑하며 편안하고 함께 대화를 하면 재미가 있다.

그러나 세로토닌이 과다할 때나 결핍될 때에는 〈표 9-8〉과 같은 증세가 나타날 수 있다.

표 9-8 세로토닌의 과다 및 결핍 증상

구분	특징
과다 증상	• 극도로 불안해짐 • 머뭇거리고, 산만하며, 비판에 발끈하고, 사람들이 자신을 싫어할까 봐 병적으로 불안 • 심하게 수줍음을 타거나 자신을 형편없고 열등한 존재로 생각하는 사람도 있을 수 있음 • 너무 두려운 나머지 사람들과의 교류를 시도조차 하지 못함
결핍 증상	• 우뇌와 좌뇌의 균형도 깨져 몸의 균형을 잃은 듯한 느낌이 듦 • 심한 피로를 느끼거나, 자신을 통제하지 못하거나, 잠을 편히 자지 못하는 증상이 나타남 • 수면 장애 증상 • 매우 소극적, 열등감, 우울, 불면증

따라서 세로토닌이 부족할 경우에는 트립토판이 세라토닌의 합성에 쓰인다. 이러한 트립토판이 많은 음식으로는 바나나, 맥아, 치즈, 메밀, 우유, 요구르트 등이 있다.

지금까지 살펴본 바와 같이, 신경전달물질은 신경세포 사이의 연결 부위인 시냅스에서 화학적 신경정보 전달의 매개체 역할을 하는 분자들을 말한다. 신경전달물질의 성분은 일반적인 내분비 호르몬과 동일하나, 이들이 시냅스에서의 정보 전달 과정의 매개체로 사용되는 경우 신경전달물질이란 이름을 얻게 된다. 현재 약 50 내지 100가지 종류의 신경전달물질이 존재하는 것으로 추정되고 있으나, 감성을 전달하는 데 보다 많이 활용되는 신경전달물질에는 에피네프린(epinephrine), 코르티솔(cortisol), 노르에피네프린(norepinephrine), 세로토닌(serotonin), 엔도르핀(endorphin), 도파민(dopamine) 등이 있다. 신경전달물질의 종류와 작용에 대해 살펴보면 〈표 9-9〉와 같이 정리할 수 있다.

표 9-9 신경전달물질의 종류와 작용

신경전달물질	주요 작용
에피네프린 (아드레날린)	• 정신과 의식을 명료하게 유지하는 각성 작용 • 심장과 혈관 및 근육의 작용을 촉진시킴 • 공포나 긴장을 느낄 때 방출 • 활성산소를 발생시킴 • 공격성을 자극
코르티솔	• 면역세포의 DNA를 파괴하는 효소의 생성을 촉진시켜 면역세포를 없앰 • 해마의 세포를 파괴하여 기억 장애를 유발함 • 뇌와 신체를 생존 지향적으로 만듦 • 해마에 영향을 가함 • 학습과 기억을 감소시킴 • 스트레스를 받으면 농도증가
노르에피네프린 (노르아드레날린)	• 흥분이나 각성수준을 결정하며 수면과 각성상태, 기분을 조절함 • 혈관 및 근육을 적절하게 긴장시킴 • 투쟁-회피 반응의 각성 기제 • 동공확대, 맥박을 빠르게, 소화억제 • 연결통로: 시상하부, 소뇌 및 전두엽 • 화, 분노의 감정에 동반됨
세로토닌 (serotonin)	• 정서, 수면, 기억, 식욕의 조절에 기여함 • 도파민의 활동을 억제함

신경전달물질	주요 작용
	• 정서를 안정시키는 신경전달물질 • 기억, 수면, 식욕조절 및 체온조절 • 연결통로: 대뇌피질, 시상하부, 해마 • 스트레스 상황에서 감소됨 • 부족: 우울증, 충동적, 공격적 행동
엔도르핀 (endorphin)	• 통증을 억제하고 즐거운 마음을 유발함 • 면역력과 인내력을 향상시키고 기억력을 강화시킴
도파민 (dopamine)	• 복잡한 정서와 의식적인 동작을 조절함 • 전두엽에서 고도의 정신 기능을 수행하고 창의성을 유발함 • 의식적인 동작활동을 조절 • 뇌의 보상체계 자극, 즐거운 감정 촉진 • 사랑과 존중을 받을 때 분비 • 학습동기에 영향을 줌 • 연결통로: 시상하부, 전두엽 • 부족: 정서에 둔감, 마비, 파킨슨병

일반적으로 학생들의 뇌는 에피네프린, 노르에피네프린, 코르티솔 등의 신경전달물질이 일정 범위의 농도를 유지하며 생성되고 소모될 때 가장 안정적인 감성상태가 유지된다. 노르에피네프린의 농도가 지나치게 낮으면 우울증이 유발될 수 있고, 반대로 지나치게 높으면 육체 전반에 강한 스트레스성 반응이 촉발되는 요인이 될 수 있다. 보통 노르에피네프린과 코르티솔은 육체적으로 위험한 상황에서 다량으로 분비되어 심장박동을 늘리고 근육을 수축시키는 방어작용에 사용된다. 적절하게 낮은 수준의 코르티솔, 그와 병행하여 적절하게 분비되는 세로토닌과 엔도르핀은 학생들의 행복감을 높이며 자신의 학습에 대해 긍정적인 감정을 지니게 한다.

특히 엔도르핀은 행복감을 증가시키면서 고통을 느끼는 정도도 감소시킨다. 반면에 코르티솔의 농도가 만성적으로 높을 경우 변연계의 일부이자 장기기억으로의 전환 중추인 해마(海馬, hippocampus)의 신경망이 손상될 가능성이 있다(Sylwester, 1995).

더욱이, 신경전달물질은 학습 과정에서 학습자가 가지게 되는 자아인식에 영향을 준다. 긍정적인 사고와 성공적 경험을 많이 하는 학습자의 뇌에서는 세로토닌(serotonin), 엔도르핀(endorphin), 도파민(dopamine) 등이 피질의 전두엽 등을 중심으로 하여 대량으로 생성되고 활용된다. 그렇게 됨으로써 긍정적인 자아인식을 가지게 될 뿐만 아니라 뇌에서의 인지적 활동의 효율성도 높아지게 된다. 반면에 실패를 반복적으로 경험하면 스트레스 대항성 호르몬인 에피네프린(epinephrine), 코르티솔(cortisol), 노르에피네프린(norepinephrine) 등이 지나치게 많이 분비될 수 있다. 이것들이 필요 이상으로 분비되고 축적되는 경우, 학생들은 진취적이고 창의적인 사고를 하며 학습에 적극적으로 참여하기보다는 부정적인 감정만을 떠올리며 학습에 소극적으로 참여하게 된다.

신경전달물질은 시냅스 전(pre-synapse) 뉴런의 축색 말단에 있는 소낭이라고 하는 작은 주머니 안에 담겨 있다. 시냅스 전 뉴런이 신호를 전달하면 소낭들이 터져서 그 안에 있던 신경전달물질이 시냅스로 쏟아져 나온다. 신경전달물질은 연구결과 지금까지 대략 9개 정도가 밝혀졌는데, 아세틸콜린, 도파민, 노르에피네프린, 에피네프린, 세로토닌, 히스타민, 글루타메이트, 글라이신, GABA(Gamma Amino Butyric Acid)가 해당된다. 특히 아세틸콜린은 최초로 발견된 신경전달물질로 신경충격을 신체의 근육으로 전달하는 데 관여한다. 중추신경계에서는 주의과정, 수면장애와 알츠하이머병에 관여한다.

도파민은 운동행동 및 보상과 관련된 활동에 중요한 것으로서 흥분제와 같이 남용된다. 도파민 활동은 파킨슨병이나 조현병(정신분열병)과 관계가 있다. 엔케팔린은 뇌에 있는 아편수용기, 즉 아편과 이와 관련된 약물의 영향을 받는 부분으로 작용하는데, 이는 신체의 자생약물이다. GABA는 뉴런발사를 억제하며 뇌에서 거의 배타적으로 작용하는 신경전달물질이다. 불안을 억제하는 진정제는 GABA의 활동을 증가시킴으로써 작용한다. 노르에피네프린은 자율신경계에서 심장박동률과 혈압의 증가와 같은 투쟁과 도피반응의 유발에 관여한다. 중추신경계에서는 위험에 대한 기민성을 활성화하며 공포장애와 우울에도 관여한다.

뇌교육에서는 행복을 매우 명확하게 정의한다. 행복이란 '뇌의 현상'이다. 행복은 외부 조건에 따라 반사적으로 일어나는 감정 반응이 아니라, 정보에 대한 뇌의 주체적인 반응이라는 의미다. 행복뿐만 아니라 모든 느낌이나 감정은 정보 자극에 따라 일어나는 뇌의 현상이다. 이러한 뇌의 작용을 알면 행복의 실체를 볼 수 있고, 행복을 적극적으로 창조할 수 있다(이승헌, 2010).

뇌교육이 강조하는 것은 '주인됨'이다. 뇌교육에서는 행복하기 위해서 뇌를 얼마나 활용할 수 있으며, 생각과 감정을 얼마만큼 자신의 뜻대로 다룰 수 있는가를 묻는다.

사람들은 저마다 자기 나름의 행복의 조건들을 가지고 있지만 실제로 그러한 조건들이 행복을 만들지는 않는다. 사람의 욕구는 끝이 없고 그에 따라 행복의 조건들도 계속 달라진다. 무엇 무엇이 이루어지면 행복하고 어찌어찌되면 행복할 것이라고 생각하지만, 그러한 조건들이 이루어져도 행복한 느낌은 잠시뿐이다. 실제로 행복은 자신이 존재하는 상황에 대한 해석이고 그것은 결국 선택이다. 행복은 선택이다(이승헌, 2002).

3. 창의성과 뇌과학적 개요

창의성의 일반적 개념을 '사회적 맥락이나 개인의 경험을 기준으로 새로우면서도 적절한 아이디어를 산출하는 과정에서 나타나는 인간의 보편적인 능력 또는 성향'이라고 정의하였다. 창의성의 뇌과학적 정의를 이해하기 위해서는 창의성의 일반적 개념이 설명하고 있는 내용에 대한 뇌과학적 이해가 선행되어야 할 것이다. 창의성의 일반적 개념은 사고 및 학습을 전제하고

있다. 그리고 사고 및 학습과 창의성의 발휘는 근본적으로 서로 연계된 현상이므로 인간의 사고와 학습에 대한 뇌과학적 이해가 필요하다.

뇌에서 사고가 일어난다는 것은 뇌 안에서 정보의 전달이 일어난다는 것을 의미한다. 인간의 뇌는 약 1000억 개의 신경세포인 뉴런(neuron)과 약 1조 개의 교세포(glia), 그리고 크고 작은 혈관 등으로 구성되어 있다. 인간의 뇌는 특수하게 발달된 신경세포와 신경세포끼리의 연합, 그리고 신경세포 내에서의 '전기적 전달'과 신경세포끼리의 '화학적 전달' 방식을 통하여 정보를 전달한다(손유정, 2000).

하나의 신경세포는 세 부분으로 나뉜다. 세포의 중심인 세포체, 메시지를 세포체로 받아들이는 수상돌기, 세포체 안에서 결정된 메시지를 다른 신경세포에 전하는 축색돌기가 그것들이다. 축색돌기의 끝은 다른 뉴런의 수상돌기와 연결되어 있는데, 이 지점을 시냅스(synapse)라고 한다. 신경정보를 전달하는 세포와 전달받는 세포 사이에는 아주 미세한 시냅스 공간이 있음을 전자현미경으로 살펴볼 수 있다.

뇌 안에서 나타나는 정보 전달의 방법 중 '전기적 전달' 방법은 세포 안 전달 방식이다. 하나의 신경세포는 안과 밖 사이에 전하의 차이가 있어서 안쪽은 밖에 비하여 음(-)전하를 띠고 있다. 신경세포가 외부에서 자극을 받게 되면 세포막의 투과성이 변하여, 세포막 밖의 양(+)전하를 띤 나트륨 이온이 안쪽으로 유입된다. 이는 안팎의 전하의 차이에 급격한 변화를 일으켜 그 결과 분극화가 깨지는 탈분극화가 이루어진다. 그리고 탈분극화는 양(+)전하의 활동전위(action potential)를 발생시킨다. 이렇게 발생된 활동전위는 인접세포막의 전하상태를 변화시키고 그를 통해 축색을 따라 정보가 전달되는 것이다.

활동전위가 축색의 끝까지 이동하면 그곳에 있는 소낭의 신경전달물질이 시냅스로 분비된다. 방출된 신경전달물질들은 건너편의 신경세포 세포막의 해당 수용기로 건너가서 특정 수용기에 배정되어 정보를 전달한다. 이것이 바로 세포 사이에서 이루어지는 '화학적 전달'이다. 화학적 전달은 약 100여 종의 신경전달물질이 맡고 있다. 신경전달물질은 정보의 종류와 강도에 따라서 종류와 양을 달리하여 각자의 기능을 수행하며 뉴런을 흥분시키기도 하고 억제시키기도 하며 뉴런의 활동을 조정하기도 한다.

사고와 학습을 뉴런의 활동을 통해 설명하면 다음과 같다. 첫째, 새로운 내용에 대한 학습은 이전에 서로 연계되지 않았던 뉴런과 뉴런 사이에 시냅스가 형성되는 것이다. 이렇게 시냅스를 통해 관련 세포들이 새로운 정보에 관련하여 신경망을 형성하여 정착됨으로써, 학습 흔적이 되는 것이다(조주연, 2001). 둘째, 이미 존재하는 시냅스와 관련된 학습, 즉 반복적인 학습은 신경세포 간의 시냅스 회로를 더욱 활성화시켜 학습의 효율을 높인다. 이 시냅스 회로의 활성화가 일어날 때 신경전달물질의 분비가 증가된다. 신경전달물질의 분비가 활성화되면서 시냅스 회로를 이루고 있는 단백질에 의해 시냅스 회로의 구조적인 변화가 동반된다. 즉, 시냅스부가 더욱 넓어지고 두터워지며 시냅스 가지를 더욱 뻗어서 정보 전달과 저장이 용이하게 된다. 이처럼 인간의 사고와 학습은 뇌 안에서의 정보의 전달로 설명할 수 있다.

그리고 모든 정신활동의 복합체이며 고차적 사고인 창의성 역시도 이 설명을 전제로 하고 있다. 그러므로 뇌과학적으로 볼 때, 창의성은 '유기체 뇌 안에서 신경망이 기존의 연결과는 다른 유형으로 재구성됨으로써, 문제해결이나 창조를 위한 새로운 아이디어 생성을 이루는 성향 또는 능력'이라고 정의할 수 있다

(조주연, 2001).

창의성에 영향을 미치는 다양한 요소들을 개인 내적 요소, 과정적 요소, 결과적 요소, 환경적 요소로 나누어 설명하였다. 여기에서는 각 요소들이 창의성 발현에 어떤 의미를 가지는지 뇌의 작용에 근거하여 설명하고자 한다. 창의성의 구성 요소별로 관련되는 뇌의 부위와 작용을 분석해 봄으로써 창의성의 발현에 각 요소들이 어떤 영향을 끼치는지 과학적으로 이해할 수 있다.

1) 개인 내적 요소의 뇌기제

창의성을 발현하기 위해 개인에게 요구되는 인지적, 정의적 특성을 개인 내적 요소로 정의하였다. 그리고 인지적 요소는 지적 능력과 지식으로 설명할 수 있으며, 정의적 요소는 개인에게 요구되는 내적 동기나 태도, 성격 등으로 설명할 수 있다. 이제 개인의 인지적 정의적 특성이 창의성 발현에 어떻게 작용하는지 그 뇌기제를 알아보고자 한다.

2) 인지적 요소의 뇌기제

인지적 요소란 창의적인 아이디어를 생성하는 인지적 능력이나 사고과정을 의미하는 것으로, 인지적 요소를 지적 능력과 지식으로 구분하여 설명했다.

첫째, 지적 능력은 인지적 사고 능력을 말하는 것으로 '확산적 사고'와 '수렴적 사고'로 나누어 생각할 수 있다. 확산적 사고란 문제를 다양한 각도에서 탐색하여 새로운 대답을 많이 생성하는 사고를 의미한다. 반면에 수렴적 사고는 생성된 아이디어를 분석하여 최선의 아이디어를 선택하는 사고를 의미한다. 이 두 사고방식의 차이는 인간의 대뇌의 양쪽 반구의 구조적 : 기능적 차이에서 비롯된다.

여러 실험 연구를 통하여 확인된 두뇌 양반구의 뇌기능분화 양상은 다음과 같다. 우반구는 직관적, 묵시적, 즉흥적, 시 · 공간적, 전체적인 사고를 한다. 이러한 우반구적 사고의 특징을 아날로그적 사고방식이라고 한다. 반면에 좌반구는 논리적, 외현적, 언어적, 계열적, 직선적 정보처리를 하며, 수렴적이고 분석적인 사고를 한다(안은미, 2008). 이러한 좌반구적 사고의 특징을 디지털적 사고방식이라고 한다. 이 두 반구는 신경섬유 다발로 된 뇌량으로 연결되어 있어서 두 반구에서 들어오는 정보가 신속히 교환되며 통합된다.

확산적 사고는 뇌의 우반구적 사고인 아날로그적 사고로 설명할 수 있다. 아날로그적 방식은 확산적이고, 수평적이며, 충동적이거나 주관적인 것, 구체적인 사물, 비직선적 형태, 입체적인 것, 암시적인 것, 직관적인 사고방식을 의미한다(손유정, 2000). 문제에 대해서 광범위하게 탐색하고, 독창적인 생각을 많이 생성하는 능력은 아날로그적 사고라고 할 수 있다.

반면에 수렴적 사고는 뇌의 좌반구적 사고인 디지털적 사고이다. 디지털적 방식은 수렴적이고 수직적 · 분석적이며, 직선적인 것, 합리적이고 논리적인 것, 명시적이고 계열적인 것을 의미한다. 수렴적 사고는 확산적 사고 과정을 통해 생성한 많은 아이디어들을 분석 · 비교 · 선택해서 적절한 답을 찾는 사고과정으로 디지털적 사고로 볼 수 있다.

둘째, 인지적 요소의 '지식'은 간접적으로 책들을 통해 이미 알려진 내용들을 아는 것과 직접적인 경험을 통해 아는 것과 누군가의 가르침을 통해 이론적으로 아는 것을 총칭하는 의미이다. 이러한 지식은 뇌과학적으로 볼 때, 기억의 메커니즘으로 설명할 수 있다. 지식을 가지고 있다는 것은 경험하고 배운 내용을 저장해 두었다가 회상해 내는 능력인 기억능력을 가지고 있다는 것을 의미하기 때문이다.

기억은 저장되는 시간의 길이에 따라 감각기억, 단기기억, 장기기억으로 나눌 수 있다. 이 세 가지 종류의 기억을 자세히 살펴보면 다음과 같다.

감각기억은 우리 몸에 분포되어 있는 여러 감각기관들을 통해 들어온 자극이 신경정보로 전환된 후, 계속적으로 처리대상이 될 것이냐, 소멸될 것이냐가 결정되는 동안에 약 2, 3초 동안 유지되고 있는 것을 말한다(조주연, 1998). 감각기억의 용량에는 한계가 없으나 곧바로 처리되지 않은 정보는 바로 소멸된다.

단기기억은 짧게는 30여 초에서 길게는 몇 시간까지 유지되는 기억을 말한다. 이 시간 안에 적극적으로 신속하게 처리되지 않은 정보는 장기기억으로 되지 않고 사라진다. 해마(hippocampus)는 단기기억을 장기기억으로 변환하는 데 중요한 역할을 한다. 해마는 두 개의 손가락 크기만 한 구조들이 통합된 형태를 하고 있으며, 중요한 단기기억을 장기기억으로 전환하는 구실을 한다(박만상, 2007). 그 기억 내용에 대한 반복적 경험을 통해 해마에서 단기기억을 장기기억으로 전환한다.

장기기억은 거의 평생 동안 언제든 쓸 수 있게 완전히 정보가 유지된 기억을 의미한다. 대뇌피질의 일부인 측두엽에서 개념이나 원리, 사실에 관련된 지식들을 주로 저장하고, 후두엽과 두정엽에서도 상당부분을 저장한다. 그리고 대뇌의 기저핵(basal ganglia)과 소뇌 피질, 그리고 뇌간의 중뇌(midbrain)에서는 어떤 일이나 작업을 수행하는 과정 및 방법에 관한 지식을 저장한다.

창의성의 구성 요소 중 인지적 요소의 '지식'은 장기기억과 관련이 깊다. 기억이 단기기억에 머무르지 않고 장기기억으로 저장되면 우리가 그 기억을 필요할 때 재생할 수 있고, 한 단계 더 나아가 새로운 생각도 할 수 있기 때문이다. 이렇게 기억이 장기기억으로 저장되기 위해서는 첫째, 신경세포 간의 연접부가 두껍고 튼튼하게 연결되어야 하고, 둘째, 시냅스 부위의 신경전달물질의 유리와 분비가 원활하게 이루어져야 하며, 셋째, 단순한 경로의 신경세포의 연결보다는 보다 많은 신경세포와의 의미조직망을 가져야 한다(천유영, 2007). 따라서 충분하고 반복적인 학습이 시냅스 연결 부위의 연결을 튼튼히 하고 신경전달물질의 유리와 분비를 활발하게 할 것이다.

새로운 사고가 떠오르기 위해서는 그만큼의 정보가 측두엽에 쌓여 있어야 한다. 학습을 통해 기억의 정보량이 어느 정도 축적되지 않으면 새로운 사고도 일어나지 않기 때문이다. 기억을 마지막으로 처리하는 곳은 뇌의 대뇌피질 가운데서도 측두엽이다. 전두엽에서 정보를 요청하면 측두엽에서 기억을 환기하여 생각이 떠오르는 것이다.

기억은 기억한 것을 그저 재현하는 것이 아니라, 이해를 거쳐 편집된 것을 재생하는 일이다(이경덕 역, 2007). 이해를 거쳐서 편집된 것을 재생한다는 것은 기존의 지식에 새로운 해석을 추가한다는 의미이다. 뇌과학적으로 보면 기존의 지식을 통해 형성된 신경세포의 연결을 보다 확장하여 넓은 의미조직망으로 형성하는 것이다. 즉, 기억을 한다는 것 자체가 창의적인 사고라고 할 수 있다. 따라서 기억의 축적이 풍부하면 할수록 그것을 소재로 삼아 창의성을 발휘할 수 있는 가능성이 높아질 것이다.

3) 정의적 요소의 뇌기제

창의성의 정의적 요소에는 민감성, 자발성, 독자성, 근면성, 호기심, 개방성, 과제 집착력 및 집중력 등이 있다. 그리고 내적 동기와 함께 상승 작용을 갖는 외적 동기도 창의성의 중요한 요소이다. 창의성의 정의적 요소의 뇌기제는 해부학적인 관점과 신경전달물질로 설명할 수 있다.

첫째, 해부학적 관점에서 창의성의 정의적 요소와 관계된 뇌의 주요한 부위는 변연계와 우반구 부분의 전두엽이다. 변연계는 본능적이고 원초적인 감정을 일으키는 부위로서 시상하부(hypothalamus), 편도체(amygdala), 해마(hippocampus), 송과선(pineal gland) 등의 구조물들을 하나로 묶어 부르는 집합체이다. 특히, 변연계의 여러 하부 조직 중에서 편도체가 순간적인 초기 감정을 일으키는 것으로 알려져 있다(조주연, 이병승, 2001). 우반구의 전두엽 부위에서는 변연계에서 보내는 감정을 통제하고 조정하여 보다 세련되고 사회화된 감정으로 바꾸는 역할을 한다. 변연계 부위의 반응은 거칠고 빠른 반면에 전두엽의 반응은 느리고 섬세하다. 전두엽은 변연계로부터 오는 어떤 신호에는 반응하지 않음으로써 감정을 완화시키고, 보다 구체적이고 이성적인 반응 행위를 창출한다. 새로운 문제 상황에 대한 호기심과 같은 초기의 감정을 지속적인 관심과 끈기 있는 노력으로 만드는 힘이 전두엽에서 비롯된다고 할 수 있다.

변연계의 하부조직 중에서 해마는 기억의 중추이지만 편도체와의 근접성 때문에 창의성의 정의적 요소와도 깊은 관련이 있다. 대뇌변연계 고리의 아래 부분에 있는 조직 중 편도체는 뇌간의 바로 위에 좌, 우 한 개씩 존재한다. 편도체 바로 옆에는 해마가 있는데, 해마는 두 개의 손가락 크기만 한 구조들이 통합된 형태를 하고 있다. 해마에 정보가 전달되는 경로에는 두 가지가 있다(강금희 역, 2007). 하나는 감정 처리의 중추인 편도체를 경유해 해마로 가는 경로, 나머지 하나는 후주위 피질을 경유해 해마로 가는 경로이다. 이 경로들 중 정보가 감정 처리의 중추인 편도체를 경유해 해마에 전달된다는 것은 감정과 기억의 깊은 관련을 의미한다. 편도체는 가까이에 있는 해마의 활동에 영향을 끼친다. 즉, 강한 감정을 일으켜 편도체를 활성화하면 해마 또한 활성화되어 기억에 잘 저장된다. 강렬한 감정의 작용이 일어나면 그만큼 그에 대한 기억이 강해진다. 새로운 문제를 만나거나, 새로운 사고가 번뜩이는 순간에 놀라움과 강한 정서 작용이 일어나기 때문에 그만큼 해마를 통한 기억의 저장도 확실하게 이루어진다.

새로운 사고가 떠오를 때의 강한 정서 작용이 기억에 저장되는 순서는 이렇다. 새로운 사고가 떠오른다는 것은 신경세포가 동시에 활성화되면서 신경세포들 사이에 시냅스 결합이 강화됨을 의미한다. 이러한 새로운 정보에 제일 먼저 편도체를 중심으로 정서를 담당하는 부위가 반응한다. 그 영향을 받아서 해마가 최종적으로 측두엽에 저장해야 할 기억을 골라낸다. 그다음에 대뇌피질의 느리지만 섬세한 정보처리가 마무리된다.

둘째, 창의성의 정의적 요소는 신경전달물질 중에서 도파민(dopamine)의 작용과 관련이 깊다. 도파민은 뇌를 각성시켜서 쾌감을 일으키는 역할을 하는 A계 신경의 신경전달물질로서 활동하고 있다(박희준 역, 1990). 특히 A10신경에서 도파민이 다량으로 분비된다. A10신경은 뇌간의 중뇌에서 욕망의 중추인 시상하부, 희로애락을 양성하는 대뇌변연계로 신경을 뻗고, 지(知)를 관장하는 전두엽과 측두엽으로 나아가며 최종적으로 인간의 정신을 창출하는 전두연합령에서 끝난다. 일부는 대뇌피질 가운데에서도 측두엽의 안쪽에 있는 내와피질(內窩皮質)이라는 장소로 들어가는데, 여기가 인간에게 최고의 쾌감을 느끼게 하는 장소라고 생각되고 있다.

전두연합령과 그 주변의 A10신경은 '자가수용체(auto receptor)'가 없다. 자가수용체는 자기가 방출한 신경전달물질을 스스로 다시 회수하여 감지하고, 신경전달물질의 분비를 억제·조절하는데, 이러한 현상을 '마이너스 피드백'이라고 한다(손유정, 2000). 자가수용체가 없는 전두연합령과 그 주변의 A10신경 신경은 마이너스 피드백이 듣지 않아 도파민이 과잉으로 분비된다. 창의성은 A10신경에 의한 과잉 각성과 쾌감에 의해 창출되는 것이다. 인간은 제한을 받지 않는 상태에서 자유롭게 발상하고 독창적인 창의성을 발휘할 수 있게 된다. 그리고 창의성과 쾌감은 연관되어 있으므로 창의적인 사고를 할수록 기분이 좋아지고, 계속적으로 새로운 사고를 할 수 있게 된다.

특히 도파민의 활성화는 불확실함과 관련이 깊다. 불확실성은 새로운 생각이 떠오르게 하는 기본 배경이다. 모든 것이 확정된 상황이라면 새로운 생각이 나타날 필요가 없다. 우리의 두뇌는 불확실한 상황에서의 감정에 대응하는 방식을 가지고 있다. 그것은 두뇌 보상중추(報償中樞)와 관련된 감정의 작용이다. 즉,

불확실한 상황에서 학습을 이끌어 내는 것은 뇌에게 '보상'을 주는 감정시스템이다. 이 보상은 뇌 속에서 기쁘거나 즐거운 일이 있을 때 분비되는 도파민의 작용에 의한 것이다. 수학자가 정리가 맞는지 모르면 모를수록, 또한 풀 수 있을지 없을지 모르면 모를수록 더 열심히 생각하듯이 불확실한 상황은 인간에게 도전 의식과 동기를 제공한다. 불확실성 자체가 뇌에서 도파민을 발생시키는 즐거운 보상이 될 수 있다.

4) 환경적 요소의 뇌기제

창의성의 환경적 요소란 창의적인 사고 과정이 자극되어서 산출물로 완성되기까지의 과정을 유지하도록 도움을 주고 북돋울 수 있는 총체적이고 복잡한 상황을 말한다. 즉, 환경은 창의성을 자극하고 지원하는 데 관련된다. 환경적 요소가 창의성에 어떻게 영향을 주는지 그 뇌기제를 살펴보면 다음과 같다.

첫째, 창의성의 발현에 도움이 되는 적절하고 풍부한 학습 환경은 '뇌 가소성'과 깊은 관련이 있다. 뇌 가소성이란 뇌가 외부 환경의 양상이나 질에 따라 스스로의 구조와 기능을 달리 변화시킬 수 있다는 특성을 말한다. 즉, 이미 형성된 대뇌 피질의 모듈 안에서 각각의 뉴런 간의 구체적인 연접 관계가 강화되거나 약화되는 것을 말한다(조주연, 1994).

환경이 주는 정보에 의해 뉴런 간의 신경 회로망이 변하고 학습이 일어난다. 창의성 발휘를 위해서는 창의성을 발휘하고자 하는 분야에 대한 기본적이고 전문적인 학습이 필요하다. 뇌 가소성의 관점에서 볼 때 특히 아동기에는 신경 회로망이 집중적으로 만들어지므로 환경으로부터 균형 잡힌 정보 입력이 필요하다.

둘째, 가정, 사회, 학교 등에서 이루어지는 타자와의 상호작용은 사회적 뇌(social brain)의 발달을 촉진한다. 인간은 타자와의 상호작용을 통해 보다 다양한 사고를 할 수 있으며, 인간의 뇌에는 이렇게 타자와의 상호작용이나 사회적 환경을 다루는 부분이 있다. 이러한 과정의 학습이 뇌들 간의 학습(inter-brain learning) 또는 사회적 뇌의 학습 과정이다(성균관대학교, 2002).

다른 구성원들과의 상호작용을 통해 사회적 뇌가 발달하며, 결국 사회적 뇌의 발달은 창의적 문제해결 상황에서 보다 다양하고 적절한 해결책을 모색하도록 한다. 가정, 사회, 학교 등에서 아동은 다른 사람들의 생각과 행동으로부터 다양한 지적인 자극과 도전을 받게 된다. 환경 속에서 지식의 공유가 일어나고, 아동 개개인의 지식이 더욱 정교해진다. 또한 대화를 통해 자신의 지식을 공유하고 정교하게 할 수 있다. 지식의 공유와 정교화는 보다 많은 신경세포들을 활성화시키고, 복잡한 신경망 형성에 도움을 준다. 그리고 뇌 안에서 신경망이 기존의 연결과는 다른 유형으로 재구성됨으로써, 문제해결이나 창조를 위한 새로운 아이디어가 만들어진다. 이 과정에서 아동은 보다 고차원적인 사고인 창의적인 사고를 발휘할 수 있다.

셋째, 적절한 환경은 아동에게 즐거움을 주어서 창의적 사고의 동기를 자극한다. 학습의 환경이 즐겁고 편안할 때, 일반적으로 학습자는 정서적으로 안정이 된다. 이러한 긍정적인 환경에서 아동들은 새로운 문제에 대한 두려움을 극복하고 자신 있게 문제 상황에 몰입할 수 있다. 그리고 몰입은 새로운 경험과 새로운 지식을 끊임없이 추구하고자 하는 창의성의 내적 동기를 자극한다.

긍정적인 환경에서 느끼는 아동들의 행복감과 즐거움은 뇌의 신경전달물질 중 엔도르핀(endorphin)과 관련된다. 엔도르핀은 우리가 하는 행동에 즐거움을 느끼게 하고, 과제에 몰두할 수 있도록 한다. 그리고 이러한 엔도르핀은 자신감 있고 보람 있는 학습 경험과 긍정적 사회관계 속에서 다량 생산된다(조주연, 이병승, 2001). 그러므로 긍정적인 환경은 아동의 정서를 안정시키는 데 도움이 되는 신경전달물질을 촉진시키고, 정서를 불안하게 하는 신경전달물질이 나오는 것을 방해함으로써 아동이 학습 활동에 몰입할 수 있도록 도움을 준다(최지영, 2006).

4. 행복과 뇌교육

1) 뇌교육의 개념

뇌교육(Brain Education)은 뇌와 교육을 통합시킴으로써 인간의 문제를 해결하고자 하는 관심에서 출발한 새로운 교육이론이자 교육방법이다(이승헌, 2002). 그러나 뇌교육은 창시자의 수행학적 체험을 토대로 정립되었기 때문에 이론보다는 방법론이 발전되어 있는 학문이다. 그동안 뇌교육의 최종 목적인 홍익인간을 대중에게 확산시키고 실천하기 위해 다양한 교육방법들을 개발해 왔으며 시대적인 요구에 발맞추어 여러 가지 변화들을 모색하여 왔다. 이러한 변화의 모색은 뇌교육을 지칭하는 이름의 변화에서도 잘 드러나고 있다.

뇌교육은 '단학'과 '뇌호흡'이란 이름을 함께 사용하고 있다. '단학'은 뇌교육 초창기에 사용된 이름으로, 단전 강화를 통해 몸과 마음과 정신의 단련을 추구하였으며 2000년에 들어서면서 뇌과학의 지식들을 적극적으로 받아들이면서 '뇌호흡'이라는 이름으로 개칭하게 된다. '뇌'와 '호흡'을 함께 사용하면서 뇌가 단순히 신체의 일부분으로만 존재하는 것이 아니라, 인간 그 자체로서 인간 존재의 본질을 담고 있음을 드러내고 있다. 그리고 2006년 '뇌교육'이라는 이름으로 개칭하면서 더욱더 광범위한 영역에 뇌교육을 확산시키고 있다. 이러한 뇌교육의 역사를 볼 때, 단학과 뇌호흡은 뇌교육의 전신이라고 볼 수 있으며, 뇌교육은 단학과 뇌호흡을 포함하는 포괄적인 의미로 이해할 수 있다(신혜숙, 2009). 신혜숙(2006)은 뇌와 교육을 연결하는 세 갈래의 큰 흐름, 즉 뇌에 관한 지식을 이해하는 교육영역인 '뇌지식교육(brain-knowledge education)'과 뇌를 직접 체험하는 교육영역인 '뇌체험교육(brain-experience education)', 그리고 뇌와 관련된 지식을 토대로 교육실천을 개선하고자 하는 교육영역인 '뇌기반교육(brain-based education)'을 제시하였다.

그러나 교육의 궁극적 목적이 인간의 가능성 실현이라고 볼 때 위 세 가지 흐름은 부분이면서 전체로 볼 수 있다. 즉, 교육에서 뇌과학적 지식을 가져오려는 것과 뇌과학에서 교육을 접목하려는 것은 공통적으로 인간의 가능성과 잠재력의 개발에 초점을 맞추고 있기 때문이다. 이 세 갈래의 흐름은 뇌교육이라는 극히 최근에 나타난 새로운 흐름에 합류하고 있는 것으로 보인다(신혜숙, 2006). 즉, 뇌교육은 위 세 가지 흐름과 영역을 하나로 통합하는 원리와 방법론을 제시하고 인간성 회복을 뇌와 교육의 만남에 있어서 궁극적 목적으로 제시하는 새로운 교육영역인 것이다(하태민, 2009).

뇌교육은 뇌를 효과적으로 운영하고 활용할 수 있도록 하는 새로운 체험적 교육방법론이며 교육철학이다(이승헌, 2006). 뇌의 기본구조와 기능에 기초를 두고 기 에너지에 대한 감각을 이용하여 직관적이고 체험적으로 뇌를 개발하는 교육이다. 즉, 뇌에 의식을 집중하고 상상을 통해 뇌를 자극하고 운동시킴으로써, 뇌의 긴장을 이완하여 심신의 편안함을 유도하는 연상기법에 의한 이미지 명상이다. 명상은 마음과 몸에 통합적으로 작용함으로써 뇌를 관리하는 좋은 훈련법으로 우울, 불안, 분노, 피로감, 스트레스 증상 등을 감소시키고, 활력감이나 긍정적인 정서를 증가시키며, 잠재력이나 창의력 개발에도 긍정적인 영향을 끼친다고 하였다. 그러므로 청소년들의 정신건강 증진과 자기효능감이 향상된다(브레인, 2011).

뇌교육에 대한 개념은 뇌 자체가 인간의 모든 활동을 총괄하기 때문에 다양한 측면의 개념으로 정의되고 있다. 먼저 뇌의 기능적인 면에서의 뇌교육은 뇌를 어떻게 잘 쓰느냐 하는 활용적인 면을 강조하여 뇌에 관한 지식을 추구하는 것이 아니라 뇌에 기반을 둔 체험을 통해 뇌의 실제적 변화를 추구한다. 몸과 에너지와 정보의 자극에 반응하는 뇌는 정보의 처리 능력을 높이기 위해 뇌세포 간, 그리고 뇌와 몸의 연결성을 강화하여 기능을 활성화하게 한다. 뇌의 역량적인 면에서의 뇌교육은 뇌가 가진 무한한 잠재능력을 이끌어 내고 저마다 지닌 두뇌의 재능을 개발하는 교육이다. 개인의 삶 속에 필요한 문제해결력, 창의력, 인간관계능력, 자신감, 건강과 행복, 평화를 만들 수 있는 힘을 기르는 것, 다시 말해 뇌를 잘 쓰고 활용할 수 있는 능력을 개발하는 것이다. 이는 곧 '파워브레인(power brain)'을 만드는 것이며 '생산적이고 창조적이며 평화로운 뇌'를 가진 홍익인간을 양성함을 목표로 하고 있다. 수행학적 측면에서의 뇌교육은 뇌에서 일어나는 생각과 감정에 반응하며 살고 있는 자신에 대한 반성적 자각에서 타인과 사회, 그리고 인류의 평화를 자신과 연결시키는 의식의 확장까지를 포함하는 과정으로 '뇌의 주인'이 되는 교육이다. 수행학은 신체와 정신을 통합하는 내향적인 활동을 통해 신경계의 발달을 최적화하고자 하는 체험중심적인 학문으로서 한국선도와 그로부터 파생 발달한 현대적인 여러 가지 심신수련체계를 통해 그 특징을 찾아볼 수 있다(이승헌, 신희섭, 2006; 신혜숙, 2009). 개인적 차원에서의 뇌교육은 인간의 모든 정보체계와 기능을 총괄하는 뇌를 교육하여 뇌가 가진 최고의 가치를 실현하고자 하며, 전체적 차원에서의 뇌교육은 생산적이고 창조적이며 평화로운 인재, 즉 홍익인간을 양성하여 인류평화를 실현하는 것을 목적으로 하고 있다. 따라서 뇌교육은 우리의 뇌가 작동하는 방식에 맞춰 뇌의 잠재력을 개발하고 삶의 질을 높이는 교육이며 의식을 높이는 평화 교육의 의미를 담고 있다(고병진, 2010).

뇌교육의 핵심은 뇌의 운영체계를 터득하고 활용하는 것이다. 뇌의 운영체계를 터득하려면 인간의 뇌에 잠재되어 있는 '원시정보'를 파악하고 활용하는 법을 써야 한다. 인간의 뇌에는 뇌에 원래부터 내재하는 평화의 정보인 원시정보와 유전과 경험을 통해 얻어진 정보가 있다(이승헌, 신희섭, 2006). 원시정보는 인간의 뇌 속에 본래부터 자리해 온 근원적인 지혜로 모든 사람에게 잠재되어 있으며, 인간을 인간답게 만드는 정보, 배우지 않아도 저절로 알게 되는 정보를 의미한다. 원시정보는 뇌간의 무의식의 영역에 존재하기 때문에 뇌운영체계를 터득하여 쓸 때 비로소 나타난다. 이에 대해 신혜숙(2009)은 뇌교육은 뇌가 일상적으로 정보처리를 하는 대신 뇌에 내재하지만 실질적으로 작용을 하지 못하던 원시정보가 정보처리를 할 수 있게 하는 활동이라고 해석하였다.

뇌교육은 내면지향의 특징을 가진 체험교육 프로그램으로 뇌에는 뇌를 운영하는 BOS(Brain Operating System)가 있고, 이 뇌운영체계(BOS)를 터득하고 활용하는 것(이승헌, 신희섭, 2006)이 뇌교육의 핵심이다. 또한 뇌를 어떻게 쓰며, 움직이는 정보를 어떻게 관리하느냐(이승헌, 신희섭, 2006)에 따라 자기 안의 무한한 가능성과 창조력의 주체가 되어 삶의 주인이 되게 하는 교육(권영주, 2006)이라 할 수 있다(오홍미, 2007).

2) 뇌교육의 체계와 방법

이승헌(2006)에 의하면 뇌의 개발과 활용방법으로서의 뇌교육은 다음에 제시하는 뇌에 대한 세 가지의 새로운 인식에서부터 출발한다. 첫째, 뇌는 누구나 무한한 가능성을 지니고 있다는 인식이다. 세상에 좋은 뇌, 나쁜 뇌가 따로 있는 것이 아니라 사용하기에 따라 달라진다는 의미이다. 둘째, 모든 현상은 정보의 작용으로 인식하는 것이다. 이것은 삶에 있어 모든 선택과 판단을 결정하는 것이 '정보'에 의해 이루어진다는 의미이다. 정보의 종류에는 태어난 후 살아가는 동안 얻는 지식정보와 체험정보 그리고 부모로부터 얻은 유전정보가 있다. 또한, 우리 뇌의 깊숙한 곳에 인간을 인간답게 하는 근원정보가 있어서 정보의 주인으로서 '선택'에 의해 자신의 삶을 창조할 수 있음을 자각해야 한다는 것이다. 셋째, 뇌를 운영대상으로 인식하는 것이다. 컴퓨터의 기능을 100% 활용하기 위해 컴퓨터운영시스템(operating system, OS)이 있듯이 뇌의 근원적인 기전을 가동시키는 뇌운영시스템(brain operating system, BOS)이 있음을 제시하고 있다(고병진, 2010).

이승헌(2007)에 의하면 인간의 뇌는 뇌의 3층 구조인 신피질, 구피질, 뇌간의 수직 통합과 좌 · 우뇌의 통합이 이루어질 때 뇌운영체계(BOS)가 정상 가동되어 뇌의 주인이 된다고 한다. 이는 부분과 논리를 중시하는 좌뇌와 전체와 직관을 중시하는 우뇌를 통합하는 교육, 사고를 주관하는 피질과 정서를 주관하는 변연계와 생명활동을 주관하는 뇌간 전체를 통합하는 전뇌교육(Ferguson, 1980; Dryden, 1994)과 맥을 같이한다. 뇌교육은 총체로서의 뇌를 교육적 소재로 하는 새로운 교육영역으로 뇌에 관한 지식을 이해하고 체험하는 활동이며, 나아가 뇌를 통합하고 활용하는 수준으로 나아가는 교육영역이다(고병진, 2010).

이승헌(2006)은 뇌를 본질을 회복하여 잠재된 원시정보를 사용할 수 있는 뇌운영시스템(BOS)의 개발과 이를 정상가동하고 뇌의 주인으로 뇌를 잘 활용하기 위한 교육과정으로 뇌교육시스템(brain education system training, BEST) 5단계를 제시하였다. 이 과정 속에는 스트레칭, 호흡, 신체운동, 감정과 습관을 정화하고 교정하는 훈련, 집중력과 상상력을 개발함으로써 뇌가 가진 본래의 기능을 회복하고 개발하는 프로그램으로 구성되어 있다. 뇌교육을 통해 인간은 외부적인 조건에 의존하는 것이 아니라 자신의 뇌를 주체적으로 활용하여 선택과 행동을 하게 되고 자신이 지닌 잠재성을 일깨우게 된다(고병진, 2010).

뇌교육 프로그램의 5단계 교육과정은 첫째, 뇌의 구조와 기능차원에서 보자면 3층 구조(대뇌피질, 대뇌변연계, 뇌간)로 이루어진 뇌의 기능들을 한 단계씩 활성화하고 회복해 가는 과정이며 둘째, 정신적 차원에서 보자면 뇌에서 일어나는 생각과 감정에 반응하며 살고 있는 자신에 대한 반성적 자각에서 타인과 사회 그리고 인류의 평화를 자신과 연결시키는 의식의 확장까지를 포함하는 과정이다. 또한 뇌를 생산적이고 창조적이며 평화적인 목적으로 사용할 수 있도록 이끄는 과정이기도 하다.

1단계 뇌 감각 깨우기는 심신이완을 통해 육체적인 차원에서의 건강을 회복하고 기 에너지를 터득하게 되는 단계이다. 뇌는 우리 몸의 다른 부분과는 달리 직접 만지거나 운동시킬 수 없다. 하지만 뇌는 우리 몸의 각 부위를 관할하는 여러 영역으로 이루어져 있고 몸의 각 부위와 뇌의 해당 영역은 서로 긴밀하게 상호작용하고 있다. 따라서 몸을 움직이고 몸의 감각을 자극함으로써 뇌의 해당 영역을 활성화시킬 수 있다. 이러한 과정을 통해 몸의 감각이 충분히 깨어나고 집중력이 높아지면 의식을 집중함으로써 자기 몸 내부의 기 에너지의 흐름을 느끼고 조절할 수 있게 된다. 이처럼 우리 몸의 일부로서 뇌도 몸과 같은 방식으로 다룰 수 있게 되는 것이다. 1단계의 목표는 뇌의 감각을 회복함으로써 자기 뇌의 상태를 제대로 바라보는 데 있으며, '내 몸은 내가 아니라 내 것'임을 체험하게 하고 몸의 주인으로서 뇌를 운영하도록 하는 데 있다. 이 단계에서는 뇌를 활성화하는 뇌체조와 꼬리뼈에 의식을 두고 하는 호흡법인 정충호흡을 통해 뇌 감각 깨우기가 이루어진다.

다음 2단계는 뇌 유연화하기로 굳어진 뇌회로를 유연하게 하고, 뇌세포 간의 커뮤니케이션을 활성화하는 단계이다. 뇌를 유연화하기 위해서는 뇌의 하드웨어와 소프트웨어 둘 다 동시에 변화를 주어야 한다. 즉, 몸과 마음을 함께 가져가는 프로그램이 필요한 것이다. 팔굽혀펴기에서부터 물구나무서기까지의 12단계로 진행되는 일명 'HSP 12단'과 같은 프로그램이 이 단계에 속하는데, 우리 의식의 유연성은 몸을 통해 확인할 수 있고 또한 몸을 통해 확장할 수도 있다. 이와 같이 자신의 평소 습관과는 다른 동작을 하는 과정에서 의식의 한계를 인식하게 된다. 즉, 안 되던 동작을 익숙해지도록 하는 과정에서 인내와 도전 등이 요구되는데 이러한 과정을 극복하면서 자연스럽게 의식이 확장되고 파워가 생긴다. 이때 형성된 자신감은 다음 3단계인 뇌 정화하기에서 뇌 안의 부정적인 정보들을 정화시킬 때 필수적으로 작용하게 된다.

다음은 3단계 뇌 정화하기이다. 앞의 1, 2단계를 통해 뇌의 본질적인 가치에 대한 자각과 더불어 육체적 건강을 회복하게 되고 뇌의 유연성을 떨어뜨리는 고정관념과 습관을 극복하는 자신감을 갖게 된다. 그러나 오랫동안 살아오면서 형성된 뇌 안의 부정적인 정보들은 뇌의 기능이 정상적으로 발현되는 것을 가로막는다. 따라서 3단계 뇌 정화하기는 여러 가지 나쁜 습관, 과거의 상처, 죄

의식과 같은 뇌발달을 가로막는 정보들을 정화하여 뇌를 본래 상태로 회복하는 과정으로서 뇌교육 프로그램의 핵심단계이다. 이 단계에서는 자신의 뇌 속에 있는 부정적인 정보, 선입견, 고정관념을 변화시키는 방법들을 터득하며, 앞으로 다가올 문제를 긍정적이고 적극적으로 처리할 수 있는 힘을 기른다. 이러한 과정은 내가 내 감정의 주인이 되는 것으로 '내 마음은 내가 아니라 내 것'임을 체험하는 과정이며 자신의 뇌를 바라보는 통찰력과 의식을 확장하는 과정이다. 이 단계에서 사용되는 주된 교육방법은 상상을 통한 이완된 집중과 웃음을 활용한 감정 놓아 버리기 등이 있다.

다음은 4단계로서 뇌 통합하기이다. 이 단계는 뇌간의 무한한 생명 에너지와 잠재력을 일깨우는 과정을 통해 진아(眞我)와 명확한 삶의 목적을 자각하는 단계로서 '나는 누구인가', '내 삶의 목적은 무엇인가'에 대한 자각이 이루어지게 된다. 이 과정에서 우리는 기존의 신념체계를 구성했던 정보들을 검색하고 그 정보들이 새로운 정체성과 삶의 목적에 부합하는지를 평가하여 어떤 정보를 취하고 어떤 정보를 버릴지 결정하게 된다. 즉, 4단계는 깊은 내면의 성찰을 통해 스스로를 깨닫게 되는 시기이며, 자연스럽게 자기 성찰의식이 확장된다. 이는 다중지능이론의 자기성찰지능과 심리적 안녕감의 요인 중 자아수용, 자율성, 개인적 성장, 삶의 목적과 관련이 있다고 할 수 있다. 또한 이 단계에서는 3단계에서 사용하였던 상상과 이완된 집중의 힘을 더욱 강하게 사용하는데 이는 내면의 성찰능력을 높이는 데 효과적인 방법이기 때문이다. 결국 이러한 과정을 거쳐 자신의 뇌를 어떤 목적으로 어떻게 사용하는 것이 옳은 것인지에 대한 명확한 답을 갖게 된다.

다음은 5단계 뇌 주인 되기 과정이다. 이 단계에서는 뇌 통합하기를 통해 얻은 새로운 자아개념을 일상생활에서 실천하는 단계이다. 뇌의 주인이 된다는 것은 통합된 뇌의 창조력을 100% 활용하는 것이며, 이는 실천과 연결되는 것을 의미한다. 이를 위해서는 자신감과 체험 그리고 뇌를 기쁘게 하는 정보, 뇌를 깨우는 정보를 지속적으로 공급하는 것이 필요하다. 즉, 자신의 뇌가 온전히 활용될 수 있는 목표를 늘 자신의 뇌에 새기는 것을 말하는데, 이러한 것을 뇌교육에서는 비전이라고 한다. 한편 뇌교육에서의 비전은 생각을 복잡하게 할 필요가 없을 만큼 단순하고, 오해의 여지가 없을 만큼 명료해야 한다. 그리고 시간과 에너지를 투자할 만큼 현실성 있고, 100% 에너지를 쏟을 만큼 매력적이어야 한다. 이러한 과정을 통해 비로소 뇌에서 일어나는 생각과 감정에 지배당하는 삶이 아닌 뇌를 활용하고 운영하는 주인으로서의 삶이 되는 것이다. 결국 뇌교육 프로그램은 뇌의 주인이 되기 위한 과정이라고 할 수 있다. 따라서 5단계에서 주로 사용하는 교육방법은 앞 단계에서 학습한 내용을 일상생활에 전이하여 사용할 수 있도록 활용하는 데 초점을 둔 활동으로 구성되어 있다(곽윤정, 조태임, 2006).

3) 행복과 뇌교육

뇌교육에서는 행복을 매우 명확하게 정의한다. 행복이란 '뇌의 현상'이다. 행복은 외부 조건에 따라 반사적으로 일어나는 감정 반응이 아니라, 정보에 대한 뇌의 주체적인 반응이라는 의미다. 행복뿐만 아니라 모든 느낌이나 감정은 정보 자극에 따라 일어나는 뇌의 현상이다. 이러한 뇌의 작용을 알면 행복의 실체를 볼 수 있고, 행복을 적극적으로 창조할 수 있다(이승헌, 2010).

뇌교육이 강조하는 것은 '주인됨'이다. 뇌교육에서는 행복하기 위해서 뇌를 얼마나 활용할 수 있으며, 생각과 감정을 얼마만큼 자신의 뜻대로 다룰 수 있는가를 묻는다.

사람들은 저마다 자기 나름의 행복의 조건들을 가지고 있지만 실제로 그러한 조건들이 행복을 만들지는 않는다. 사람의 욕구는 끝이 없고 그에 따라 행복의 조건들도 계속 달라진다. 무엇 무엇이 이루어지면 행복하고 어찌어찌되면 행복할 것이라고 생각하지만, 그러한 조건들이 이루어져도 행복한 느낌은 잠시뿐이다. 실제로 행복은 자신이 존재하는 상황에 대한 해석이고 그것은 결국 선택이다. 행복은 선택이다(이승헌, 2002).

부정적인 생각과 감정들을 에너지와 정보의 차원에서 다룰 수 있는 힘을 길러주고 방법을 터득하게 해준다. 그리고 그러한 체험을 통해서 결국 행복이 선택임을 알게 해준다. 행복은 선택이다. 행복이 선택이라는 것을 명확하게 인식하게 되면 행복하기 위해 특별한 조건을 필요로 하지 않게 되고, 다른 사람에게 자신의 행복을 의존하지 않게 된다. 더 나아가 행복을 구하는 사람이 아니라 행복을 베푸는 사람이 된다(이승헌, 2002).

다음은 뇌교육 프로그램의 하나인 뇌호흡에 관한 선행연구 분석을 통해 뇌교육이 행복을 높이는 데 어떤 효용성을 가지고 있는지를 살펴보고자 한다. 이처럼 행복과 뇌교육의 연관성을 파악하기 위해 뇌호흡의 선행연구를 참조하는 것은 뇌교육이 뇌호흡에서 시작되었고, 뇌교육은 뇌호흡의 개념과 방법을 발판으로 더욱 체계화된 것이기 때문이다. 따라서 이후에 언급되는 뇌호흡과 뇌호흡 프로그램은 뇌교육과 뇌교육 프로그램으로 동일하게 이해하여도 무리가 없을 것이다.

첫째, 학습과 관련된 부분을 찾아보면 학습과 관련하여 수행된 오미경(2004)의 연구에서 뇌호흡 프로그램을 받은 집단이 그렇지 않은 통제집단에 비해 집중력, 학습전략, 학습수용성, 자기관리력 및 정서조절 전략에서 유의미한 증가를 보인 것은 뇌호흡 프로그램이 청소년의 학습에 긍정적 영향을 미친다는 사실을 뒷받침하는 것이다. 집중력은 외부자극에 방해를 받지 않고 하나의 과제를 지속시켜 나갈 수 있는 능력으로 집중력을 지속하도록 돕는 인지적, 정서적 조절이 이루어져야 가능한 것이다. 이는 행복의 개인적 특성인 자율성(내적통제성)과 관련이 깊다. 또한 학습전략과 자기관리력이 높다는 것은 다양한 주변 환경과 요소를 통제하고 다루는 능력이 높다는 것이다. 이는 행복의 개인적 특성인 내적통제성과 관련지을 수 있다.

김숙연(2010)의 연구에서 해피스쿨 운동을 하면 뇌체조를 통해 많은 학생들이 마음의 안정을 찾고, 집중력을 키워 수업시간에 적극적으로 참여하는 자세를 갖게 되었다. 그리고 이러한 적극적인 자세는 성적 향상을 가져다줌으로써 자신에 대한 신뢰감을 키워 가게 되었다. 이는 행복의 관계적 특성인 인간관계(하위요인인 인간관계-신뢰감)와 관련이 깊다. 이 외에 강경옥(2000), 오복자(2003)의 연구결과도 뇌호흡 프로그램이 집중력과 학습수용성을 포함한 학습태도에 긍정적인 영향을 미치고 있음을 보여주고 있다.

둘째, 자아존중감과 관련된 부분을 찾아보면 박선미(2010)의 연구에서 뇌기반 인성교육 프로그램이 초등학교 저학년 학생의 자아존중감에 긍정적인 영향을 미쳤음을 알 수 있다. 이는 행복의 개인적 특성인 자아존중감과 관련이 깊다.

10
Chapter

라이프코칭 적용

1. 라이프코칭의 이해

라이프코칭은 넓은 의미와 좁은 의미의 코칭이 있다. 넓은 의미에서 라이프코칭은 '인생의 행복한 삶을 유지하거나 그것을 찾기 위한 코치와 피코치와의 아름답고 신나는 여행'이다. 좁은 의미의 라이프코칭은 '자신의 더 나은 미래의 삶을 위해 자신의 능력을 이끌어 내 가는 과정'이다. 전자가 인생의 목표인 행복에 초점이 있다면, 후자는 그것을 찾아가기 위한 것에 대한 과정을 도우는 것을 말한다.

최근 라이프코칭의 바람직한 성과를 거두기 위해서 여러 가지 방법들이 연구되었다. 전통적인 방법이 있는가 하면, NLP적 접근 방법, 에니어그램(enneagram system) 접근이 있는데, 이것은 프로그램으로서 접근 방법이다. 그러나 코칭의 프로세스로서 접근 방법은 코칭 시 어떤 과정으로서 코칭을 행하느냐는 것으로서 개선적 접근과 창의적 접근 방법, 시스템 접근 방법, 대인관계와 내면 심리적 접근 방법, 이성적 접근 방법과 감성적 측면 접근 방법이 있다.

라이프코칭은 인간의 삶의 질을 향상시키고 삶의 균형을 갖도록 하는 탁월한 도구이다. 그것은 우리들의 삶에서 더 많은 승리를 얻게 함으로써 더 많은 성취(fulfillment)를 거두게 하고 더 많은 깨달음으로 더 많은 균형(balance) 잡힌 인생을 살게 하며 더 많은 평화를 위해 더 효과적인 인생(process)을 살아가는 것이 라이프코칭이다.

라이프코칭이 모든 코칭 분야의 중심이 되기 때문이다. 기업코칭(business coaching)의 예를 들어도 결국 가정의 문제, 개인의 삶(life)의 문제를 무시할 수 없다.

라이프코칭의 목적은 인생의 행복을 성취하기 위함에 있다. 인간은 누구나 행복한 삶을 원하고 있다. 사람들은 행복해지길 원하고 있고, 그것을 위해 많은 시간과 돈을 투자한다. 그러나 행복의 성취는 쉽지 않다. 바로 이 자리에 라이프코칭이 존재한다. 라이프코칭은 인간 행복의 성취를 돕는 탁월한 기능을 갖고 있다. 행복의 성취를 위해 사람들은 일을 하고, 가정을 갖고 교육도 받는다. 삶에는 여러 범주들이 있다. 예를 들면, 직업, 건강, 재정, 인간관계, 영성, 개인의 성장, 여가, 가족, 교육 등이다. 라이프코칭은 이 범주들과 깊은 관계가 있다. 각 범주별로 코칭의 이름을 붙이는 것도 가능하다. 가족들의 건강을 위한 건강코칭, 가족코칭 등이다. 그러나 그것들의 목적도 결국 인간 삶의 행복을 위해서라는 것을 부인할 수 없다.

인간의 행복은 마음과 몸이 건강할 때 가능하다. 그러므로 행복을 추구하는 내용에 있어서도 마음과 의식의 세계에서 기쁨과 행복을 추구하는 내면의 코칭이 있다. 즉, '마음코칭'이다. 그런가 하면 몸의 건강과 아름다움을 추구하려는 '건강코칭'이 있다. 또한 개인과 가정의 삶의 목표와 비전을 세우고 그것을 달성하려는 '리더십코칭', 인생과 일의 성공을 위한 '성공코칭', 자녀 양육이나 성장 가운데 요구되는 '교육코칭', 또는 가족코칭이나 부모코칭, 개인과 가정, 직장에서 소통문제로 인한 '인간관계 코칭', 가족관계 속에서 나타나는 부모와 자녀 간의 가족코칭, 삶과 일과의 관계에서 나타나는 '비즈니스 라이프코칭', 진로의 선택을 위해 필요한 '진로코칭' 등이 있다.

이 외에도 라이프코칭은 인간 생활의 광범위한 분야와 다양한 욕구에 대응하기 위해 훨씬 많은 분야로 확대되어 갈 것이다. 위와 같은 내용들을 총망라하여 '라이프코칭'으로 본다. 라이프코칭의 목적은 결국 인간들의 모든 범주의 삶의 영역에서 행복해지기 위한 변화와 성과를 얻는 데 있다.

코칭 바이블(The Coaching Bible)에서 맥더모트(Ian McDemott, 2005)는 '라이프코칭이란 자신에게 중요한 것을 지키면서 삶을 개발하도록 하는 것이며 라이프코칭은 첫째, 현 상황을 분석하고 둘째, 삶의 통찰력을 획득하고 셋째, 삶의 균형을 이루게 하는 것이다.'라고 했다. 즉, 라이프코칭은 삶을 개발하고 통찰과 균형을 이루는 것으로 정의한다.

라이프코치는 인생의 모든 차원, 즉 그것이 개인적인 삶의 영역이든 직업적인 삶의 분야이든 인간관계에서 발생하는 피코치의 삶을 다룬다고 보고 있다(O'connor, 2004). 예를 들면, 다이어트, 운동, 아이들과의 관계, 부부관계, 직업에서의 만족감, 경력, 퇴직 등 다양한 환경과 분야에 걸쳐서 라이프코칭이 존재한다고 본다. 결국 라이프코칭은 인생의 전 영역을 다루는 것이다. 그러나 비즈니스 코칭과 차이가 있다면 비즈니스 코칭은 피코치와 관계된 일, 성과 등을 다룬다. 반면 라이프코칭은 일을 포함한 인생에서 일어나는 모든 것을 다룬다. 즉, 라이프코칭은 생의 노정 가운데서 자신이 어디에 서 있는지, 또 어디로 가고 있는지를 스스로 알게 하고, 자신이 갖고 싶고, 되고 싶고, 바라는 것은 무엇인지, 이런 문제들을 해결하기 위해 필요한 것들은 무엇이고 장애는 무엇인지를 알고 해결하는 것이다.

라이프코칭은 인생의 위기에서 벗어나고 싶거나 이혼, 전직, 은퇴 등의 전환점에 있는 사람, 중요한 결정을 앞둔 사람, 또 자아실현을 하고 싶은 이들에게 적용된다. 코칭에서 다룰 수 있는 이슈는 매우 다양하다. 인생의 균형을 이루는 법, 인생의 목표 정하기, 장애물 제거, 만족 찾기, 재정관리, 스트레스 감소, 영적 성장, 꿈의 실현 등 라이프코칭은 개인의 성장에 가장 필요한 부분에 개입함으로써 인생의 모든 분야를 총망라한다(이희경, 2005). 라이프코칭에서 중요한 것은 과거를 극복하는 것이 아니라 미래를 설계하는 것이다.

로버트 딜츠(Robert Dilts)는 라이프코칭 자체를 광의의 코칭으로 보았다. 그가 말하는 협의의 코칭이란 행동단계에 더 초점을 맞추는 것으로서 사람들이 특정한 단계에서 목표를 성취하거나 향상시키는 것을 돕는 것을 의미했다(딜츠, 2009). 이것은 라이프코칭의 범주 안에서의 코칭을 의미하는 것으로 해석할 수 있다.

그렇다면 라이프코칭을 전문으로 하는 라이프코치는 무엇인가? '라이프코치는 피코치의 잠재능력을 발견하게 하고 그것을 개발시켜 자신의 삶 속에서 일어날 수 있는 모든 일들에 대한 문제해결이나 목표를 달성하도록 도와주는 강력하고도 전문적인 파트너'이다.

라이프코치는 피코치의 인생 전반에 대한 설계를 해준다. 특히 미래에 대한 로드맵을 분명하게 볼 수 있도록 도움을 준다. 피코치가 가진 개인적인 문제들을 해결할 수 있는 능력을 키우는 데 도움을 준다. 피코치의 목표 달성을 위한 전적인 조력을 투여한다. 피코치의 잠재능력을 최대한 발견하여 강화시켜 줌으로써 문제해결을 스스로 할 수 있도록 한다. 피코치가 어려운 문제에 처해 있을 때 적절한 동기부여를 하여 그 난관을 극복할 수 있도록 돕는다. 피코치의 장점을 발견하여 칭찬하며 북돋워 준다. 피코치의 인생을 행복하도록 돕는다. 피코치의 올바르지 않은 습관적인 행동을 올바르게 변화시키는 데 도움을 준다. 피코치가 바른 의사결정에 이를 수 있도록 도와준다. 피코치의 생에 자신감을 부여해 준다. 라이프코치는 사람들에게 새로운 것을 창조하도록 도울 수 있어야 된다. 코칭 전에는 생각해 보지도 않던 일들을 생각하게 하고 말해 본 적이 없는 것을 말하도록 사람들을 이끌어 내는 자이다(Ellis, 1988). 그러나 라이프코치는 피코치의 삶의 질을 향상시키는 역할도 중요하다. 코칭은 피코치가 스스로 중요한 일을 찾아내고 선택함으로써 발전하도록 힘을 부여하는 것이므로 코치는 피코치의 성취도를 향상시키고 삶의 질을 높이도록 여러 각도로 도울 필요가 있다.

라이프코칭에 관한 정의는 그렇게 많지 않으며 일반 코칭의 정의와 유사한 부분이 있다. 코칭심리 발전에 크게 기여한 Grant(2003)는 코치가 정상적인 피코치의 삶 증진과 개인과 직장생활에서의 목표달성을 촉진시키기 위하여 피코치와 협력적으로 진행하는 해결중심적이고 결과지향적인 시스템적 과정으로 정의하였다. 라이프코칭을 단순히 코치가 피코치가 자신의 목표를 달성하도록 돕는 행동 변화기법으로 정의하기도 한다(Zandvoort, Irwin, & Morrow, 2009).

라이프코칭을 "피코치가 자신이 살아온 삶의 다양한 영역을 살펴보고 특정 영역에서 주도적으로 삶의 비전과 목표를 세우며 이러한 목표를 달성하여 다양한 삶의 영역에서 균형적인 삶을 살도록 협력적으로 이끌어 가는 과정"으로 정의한다.

2. 웰니스코칭과의 차이

라이프코칭에 대한 이해를 분명하게 하기 위해 우선 코칭을 위한 실천적인 전제들을 생각해 본다. 라이프코칭과 유사한 개념으로 최근 국외에서 크게 성장하고 있는 웰니스(wellness)코칭이 있다. 웰니스코칭의 개념에 대해 명확히 합의된 정의가 없기 때문에 라이프코칭과 비교하는 것이 어려울 수도 있지만 일부 웰니스코칭에 대한 내용은 라이프코칭과 유사한 부분이 있다.

일반적으로 웰니스코칭은 건강코칭(health coaching)과 상호 교환적으로 사용하고 있는 경우가 많다. 건강코칭은 말 그대로 개인의 건강증진을 위한 코칭이기 때문에 웰니스코칭도 건강증진을 위한 코칭으로 알려져 있다. 미국에서 웰니스

코치를 이미 1만 명 이상 교육한 Duke 대학교의 홈페이지에 나와 있는 웰니스코칭에 관한 설명을 살펴보면 영양이나 체중조절과 같은 건강 측면에 초점을 두고 있다.

하지만 웰니스코칭을 단순히 건강증진을 위한 코칭이 아닌 라이프코칭과 같이 보다 폭넓게 정의하고도 있다. 현재 웰니스코칭에 관한 정의가 개인의 건강에 국한한 제한적인 접근으로부터 삶의 다양한 이슈를 다루는 광범위한 접근까지 다양하게 기술되어 있기 때문에 라이프코칭과 직접적으로 비교하기는 어렵다.

웰니스(건강) 코칭은 비교적 최근에 발전한 용어로서 건강과 코칭의 합성어이다.

1970년 전까지는 노인 건강사정 분야에서 언급이 되었고 2000~2006년 다수의 논문이 발간되었다. 건강관리비용이 증가하고 만성질환에서 건강한 생활습관이 중요하다는 근거가 축적됨에 따라 건강코칭 개념에 대한 관심이 높아졌다(Olsen, 2014). 여기에 2013년 미국간호협회(American Nurses Association, ANA)에서 간호전문가의 직무는 개인의 건강을 보호, 증진하고, 최상의 건강을 위한 간호라 정의하면서 더욱이 전문간호사 영역에 건강코칭에 대한 정의와 역량을 규정하였다(Hess et al., 2013). 건강코칭은 '대상자 개인의 건강을 증진시키고, 건강 관련 목적을 이루도록 하여 개인의 건강증진 맥락 안에서 코칭하는 교육이며 실무이다(Palmer et al., 2003)'의 정의를 가장 많이 사용하고 있었으며, 연구마다 기반으로 하는 이론에 따라 다양한 정의들이 내려지고 있다(Olsen, 2014).

이를 정리하면 건강코칭은 건강에 대한 관심과 건강증진에 대한 요구가 있는 대상자와의 상호작용하는 관계 속에서 대상자 중심의 건강 목표달성을 통한 건강행위 및 심리사회적 건강결과를 이끌어 내도록 하는 기본가정을 전제로 한다(Olsen, 2014; Wong-Rieger & Rieger, 2013). 이러한 건강코칭의 속성은 목표지향적이고, 대상자 중심, 협력관계, 건강중심, 과정, 계획적, 역량의 7가지이다(Olsen, 2014).

건강코칭은 '웰니스코칭', '간호코칭', '개인코칭'과 호환하여 사용하고 있었으며 유사개념으로는 '건강상담'이 있는데 상담은 과거지향적이고 문제가 있는 대상자의 내적인 문제의 치료나 회복에 초점을 두고 상담자의 역량에 따라 서비스의 질이 차이가 나는 반면(엄선옥, 2014) 코칭은 미래지향적이며 행동지향적이고 변화와 성장에 초점을 두고 대상자와의 상호보완적인 동등한 관계 속에서 대상자 입장의 역량을 강조하는 차이가 있다.

즉, 건강코칭(Health coaching)이란 환자들이 자신의 질병에 대한 지식과 기술, 도구를 획득할 수 있도록 도우며, 스스로 치료에 적극적으로 참여할 수 있는 자신감을 부여하여 자신이 목표한 건강목표에 도달할 수 있도록 하는 것이다(Bennett et al., 2010). 또한 만성질환자가 질병을 가진 상태에서 가능한 최고의 삶을 영위할 수 있도록 지지하며, 자기효능감과 자신감을 증진시켜 스스로 목표를 정하여 만성질환자들이 행해야 하는 필수적인 행위를 성취하도록 하는 것이다(Bodenheimer, Lorig, Holman, Grumbach, 2002).

3. 라이프코칭 진행방법

효과적인 라이프코칭이 되기 위해서 어떠한 접근이 필요한가? 최근 여러 가지 다양하고도 복잡한 코칭 이론들이 나오고 있다. 라이프코칭을 위한 효과적이며 실천적인 접근 방법으로 이미 연구된 코칭 프로그램을 통한 접근 방법과 코치가 실제 코칭을 실시하는 가운데 있어서 바람직한 코칭 접근 방법이 있다.

코칭 프로세스로서의 접근이라 함은 코칭 진행 시 라이프코치가 피코치에게 접근하는 방법이 어떠한가를 말하는 것으로서 라이프코칭의 다각적 접근 방법이라고 볼 수 있다. 이 접근 방법은 코치가 피코치가 원하는 진정한 목표에 도달하기 위하여 여러 가지 측면에서 접근을 시도하는 방법이다. 맥더모트(2005)는 4가지 기본적인 도구를 제공한다. 첫째는 신경논리적 단계, 둘째는 코칭 접근에 있어서 개선적 접근과 창의적 접근이다. 세 번째는 시스템적 접근, 네 번째는 대인관계나 내면의 심리 쪽으로 접근하는 방법을 제안하고 있다. 신경논리적 단계의 접근은 NLP적 코칭 접근과 감성적 접근을 살펴볼 수 있다.

1) 개선적 접근과 창의적 접근 방법

라이프코칭은 결국 개인의 변화나 상황의 개선 등으로 귀결된다. 이때 코치는 상황을 개선시킬 개선 코칭으로 접근할 것인가 아니면 개선 이상의 창의적 코칭으로 갈 것인가를 결정하여 접근한다. 이것은 건축 시 집을 허물고 리모델링을 할 것인가 아니면 새로 집을 지을 것인가 하는 것을 결정하는 것과 같다. 일반적으로 코칭은 문제해결에 집중한다. 그러나 그것에만 머물지 않고 새로운 사고방식으로의 전환을 했을 때 더 큰 결과를 얻을 수도 있다. 예를 들면 피코치는 행동 영역의 변화를 원했는데, 코칭의 결과는 행동영역의 변화는 물론 자기 정체성 인식의 변화까지도 가져올 수 있다는 것이다.

2) 시스템적 접근 방법

시스템적 접근이란 코칭을 어떤 부분에 집중하기보다는 전체를 본다든가 혹은 현상 자체보다는 패턴을 찾아내는 데 초점을 갖는 것이다. 이것은 코칭 접근을 할 때 상자 밖으로 빠져나와 코칭을 행하는 것과 같다. 연속되는 가정 일이나 직장의 일상생활에서 문제를 갖고 있는 피코치의 코칭 이슈가 있다고 가정해 보자. 이것을 단지 그 상황에 처한 내용만 갖고 씨름할 것이 아니라 상황을 넘어선 가정의 틀이나 직장의 구조적인 것을 보면서 해결해 나가는 것이다. 또한 코칭 이슈를 현상에만 머무르지 않고 지속적으로 전개되는 하나의 구조화된 패턴으로 보게 될 때 더 좋은 해결 방안이 나올 수 있다는 것이다.

3) 대인관계와 내면 심리적 접근 방법

이 접근 방법은 코칭 프로세스에서 피코치의 문제를 해결하려 할 때 그의 인간관계에 초점을 맞출 것인가 아니면 피코치의 내면의 마음가짐이라든가 자기관리 부분에 집중할 것인가를 결정하여 어떻게 접근해야 하는가를 선택하여 결정하는 방법이다. 설사 피코치가 대인관계에서 어려움을 당하고 있다고 호소할 때 대인관계에서 나타나는 현상보다는 오히려 자신의 내부를 들여다보게 했을 때 좋은 코칭이 된다. 이것을 선택할 수 있는 것은 오직 코치 자신이다.

4) 이성적 접근 방법과 감성적 측면으로의 접근 방법

실천적 코칭 접근 방법에 있어서 이성적 접근 방법은 피코치의 이해와 인지 부분에 큰 도움이 된다. 그러나 인지된 부분들을 얼마나 행동으로 지속할 수 있는지는 알 수 없다. 그것은 그가 생각하는 것 이상 행동을 옮겨야 할 강력한 그 무엇이 없기 때문일 수도 있다.

최근 뇌 과학자들은 인간의 머릿속에 있는 뇌가 인간의 행동 변화에 크나큰 영향을 미친다고 한다. 뇌는 본능적 욕구와 무의식 기능을 지배하는 파충류의 뇌인 소뇌와 뇌간이 있고, 느낌, 직관, 싸움, 성적 행위 등과 관련된 포유류 동물에서 볼 수 있는 감정의 뇌로 일컬어지는 대뇌변연계가 있다. 마지막으로 다른 동물과는 구분된 인간에게만 있는 언어, 예술, 음악과 관련된 능력뿐 아니라 추상화하여 사고하는 이성의 뇌인 신피질 뇌가 있다. 여기서 감정의 뇌는 어떤 것이 좋은지 아닌지를 결정하지만 영리하지 않고 오직 즐거움, 고통, 안전, 위험 등에 강하게 반응한다. 이성의 뇌가 무엇을 하려 해도 할 수 없는 것은 감정의 뇌에서 오는 영향 때문이라는 것이다. 이성의 뇌가 당연히 해야 할 일을 판단해도, '힘이 들 것이다', '재미가 없었다', 또는 '좋지 않은 경험이 있다'와 같은 감정의 뇌의 방해가 있으면 일의 성취가 어렵거나 지속적이지 못하다는 것이다. 그러나 반대로 감정 뇌의 협조를 받으면 신나는 일이 된다(라이언, 2008). 이것은 감성을 움직이게 하는 코칭 접근법이 효과적이라는 근거가 된다. 연구기관의 역량 조사 결과에서도 이런 내용이 나타나고 있다. 감성능력의 차이에서 사람들은 그가 행하고자 하는 업적에 많은 차이가 난다고 한다. 인지능력과 기술능력은 일에 있어서 3분의 1 정도 역할을 수행한다면 3분의 2는 감성능력에서 기인한다고 한다(밥월, 2007). 특히 리더십 성공에 관한 한 감성능력은 중요한 요소가 된다.

라이프코칭은 전문 코치가 피코치와 함께 여러 가지 코칭 접근 방법을 통해 실시하는 하나의 예술작품과도 같다. 훌륭한 작품이 우리들을 감동시키듯 깔끔

하고 훌륭한 코칭 역시 인생을 변화시키고 새로운 삶을 기획하는 마법과 같이 황홀함을 갖게 한다.

인간의 삶의 질을 향상시키고 삶의 균형을 갖도록 하는 라이프코칭, 그것은 우리들의 삶에서 더 많은 승리를 얻게 함으로써 더 많은 성취(fulfillment)를 거두게 하고 더 많은 깨달음으로 더 많은 균형(balance) 잡힌 인생을 살게 하며 더 많은 평화를 위해 더 효과적인 인생(process)을 살아가도록 해준다.

4. 라이프코칭 실습

라이프코칭의 실습 과정을 살펴보면 다음과 같다.

1) 삶의 다양한 영역 파악 및 이상적 모습에 대한 기술

먼저 라이프코칭 첫 단계에서 피코치가 자신이 살아온 삶의 다양한 영역을 되돌아보는 것이 중요하기 때문에 이에 대해 살펴볼 필요가 있다. 삶의 다양한 영역을 어떻게 구분할 것인지에 관해서는 다양한 모형이 있다. Arloski(2009)는 9가지 영역을 제시하였는데, 이들은 커리어, 돈, 건강, 가족, 친구, 개인적 성장, 연애, 여가 그리고 물리적 환경을 포함한다. Zander(2018)는 자신, 신체, 사랑, 정신, 커리어, 돈, 시간, 가정, 가족, 친구, 재미와 모험 그리고 공동체 및 기여 등 12개 영역을 제시한바 있다.

여덟 가지 삶의 영역은 자아, 커리어, 여가, 가족, 건강, 사랑, 친구 그리고 재정이다. 각 영역에 대한 설명은 다음과 같다. 코치는 피코치가 각각의 영역에 대해 이상적으로 생각하고 있는 내용에 대해 물어보고 이를 글로 적어 보게 한다.

- 자아: 자신의 성격이나 행동 또는 습관 등에 대한 만족도를 의미한다.
- 커리어: 자신의 커리어에 대한 만족도를 의미한다.
- 여가: 취미를 포함한 여가생활을 하고 있는 것이 있는지 등을 포함하여 여

가생활 전반에 대한 만족도를 물어본다.

• 가족: 자녀, 형제/자매, 부모 등을 포함한 현재 가정생활 전반에 대한 만족도를 알아본다.
• 건강: 체중, 키, 질병 등을 포함한 자신의 신체건강 상태뿐 아니라 불안, 근심과 같은 정신건강 수준도 포함한 만족도를 측정한다.
• 사랑: 기혼자의 경우 배우자와의 관계, 미혼자의 경우 연애를 포함한 사랑에 대한 욕구가 얼마나 충족되고 있는지를 파악한다.
• 친구: 친구관계 또한 살아 나가는 데 있어서 매우 중요하기 때문에 속을 털어놓고 얘기할 수 있는 친구들이 얼마나 있으며 현재 친구들에 대한 전반적인 만족도를 알아본다.
• 재정: 살아 나가는 데 재정상태 또한 매우 중요하기 때문에 현재 자신이 가지고 있거나 매달 버는 재정 상황에 대한 만족도를 알아본다.

2) 현재 상황에 대한 만족도

다음 단계에서 코치는 피코치가 여덟 가지 각 영역에 대해 현재의 상황을 기술하고 어느 정도나 만족스러운지를 10점 척도(1: 전혀 만족하지 않는다, 10: 매우 만족한다)를 사용하여 적절한 점수를 할당하도록 한다. 코치는 피코치가 현재 상태를 좀 더 명확하게 인식하도록 하기 위해 각 영역에 특정 점수를 준 이유에 대해 설명해 달라고 요청하는 것이 좋다.

3) 영역 선정

다음은 피코치가 할당한 점수와 이유에 대한 설명을 토대로 우선적으로 향상시키고 싶은 영역이 무엇인지를 선택하도록 한다. 한 가지를 선정하기 어렵다면 두 영역을 선정토록 하고 명확하게 우선적으로 선정할 영역이 있으며 한 가지만 선정해도 된다. 특정 영역을 선정하면 해당 영역에서 달성하고 싶은 목표가 무엇인지 물어본 후 이를 구체화하고 최종적으로 이 목표를 달성하기 위한 실행계획을 수립토록 한다.

5. 고려사항

코치 입장에서 라이프코칭을 통해 삶의 만족을 추구하는 피코치가 8가지 삶의 영역에서 어떤 프로파일을 얻는 것이 가장 바람직한 것인지에 관해서이다. 삶의 수레바퀴에서 각 영역에서의 점수가 거의 비슷해서 이 점수들을 연결한 도형이 정팔각형에 가까운 모양이 나오는 것이 좋은 것인지 아니면 특정 영역에서 점수만 높아서 정팔각형에서 멀어지는 모양이 바람직한 것인지에 관한 논의이다.

정팔각형 모양이 나온다는 의미는 각 영역에서 균형 있는 만족을 얻는 것이고 정팔각형에서 멀어질수록 특정 영역에서만 만족 점수가 높고 다른 영역에서는 만족 점수가 낮다는 것을 의미한다.

개인차가 있기 때문에 어떤 사람은 특정 영역에서만 만족해도 자신은 전반적인 삶의 만족도가 높다고 얘기하는 사람도 있을 수 있으며 반면에 삶의 모든 영역에서 비슷하게 만족해야만 전체적인 삶이 만족스럽다고 주장하는 사람도 있을 것이다.

개인이 지금까지 여러 이유 때문에 등한시했던 특정 삶의 영역을 다시 한 번 되돌아보고 해당 영역에 대한 만족도를 높여서 전반적인 삶에서 균형을 이루는 것은 개인의 성장과 잠재력 개발이란 측면에서 중요하다. 특히 코칭의 궁극적인 목적이 피코치의 성장과 잠재력 개발이기 때문에 코치가 라이프코칭을 통해 피코치가 다양한 삶의 영역에 관심을 갖도록 유도하는 것이 중요할 것이다.

11
Chapter

코칭과 인지행동 접근

1. 코칭과 인지행동 이론

1) 인지행동 코칭의 이해

인지행동 코칭은 피코치가 현실적인 목표를 이룰 수 있도록 함께 하는 데 초점을 맞추면서 진행을 한다. 인지행동의 시스템 안에서 인지, 행동을 문제해결 중심으로 바라보고 기술과 전략을 통해 복합적으로 접근하는 방법이다.

인지행동 코칭은 생각의 패러다임 전환을 통해 개인과 조직의 성과를 향상시키고, 비합리적 사고를 합리적 사고로 변화 과정을 통해 감정과 스트레스를 극복하도록 돕는 과정이다. 정신과 의사 알프레드 아들러는 '삶이 당신에게 어떤 의미여야 하는가'에서 의미는 우리 스스로 부여하는 것이며, 사물이나 상황이 의미를 결정하는 것이라고 하였다(Adler, 1958: 14). 아들러의 제자 알버트 엘리는 1950년대에 합리적 정서치료를 발전시켰고, 후에 합리적 정서행동치료로 명칭을 바꾸었다. 이후 아론 백에 의해 인지행동치료로 발달하게 되었다.

인지행동 코칭에서 집중해야 할 사항이 있는데, 사람들은 스트레스 상황에 놓이면 상황판단이 어려워질 때이다. 이때 감정적인 부분에 대해 인지 오류가 발생하여 느낌과 생각 행동이 특정한 자신만의 신념, 패러다임에 의해 결정이 되어 버린다. 이런 과정에서 비합리적인 사고를 하게 되며 비합리적 행동으로 연결되는 결과를 만들어 내게 되는데 이 과정에서 코칭을 통해 피코치 스스로 셀프 코치가 되어 자신의 생각과 느낌을 알아차리도록 해야 한다.

코칭심리학 관점에서 인지행동 코칭의 효과를 본다면 불안과 스트레스 같은 문제를 다루는 부분에서 임상이 확증되었다(Dobson, 1989; Gloaguen).

인지행동 코칭에서 목표는 실행에 최종목표를 두는 것이다. 이를 위해 코치는 피코치의 현실적 목표를 성취하도록 함께 하면서 돕는 관계를 유지해야 한다. 또한 스트레스를 유발하는 사고, 생각과 행동을 방해하는 사고와 부정적으로 떠오르는 자동적 사고에 대해 새로운 패러다임을 통해 합리적이고 자신이 할 수 있는 방법으로 변혁(transformation)해야 한다. 마지막으로 피코치 스스로 코치가 되어 '셀프코칭'을 할 수 있도록 성장을 도와야 한다.

인지 치료와 인지적 코칭은 철학자 에픽테토스(Epictetus) 시대로 거슬러 올라간다. Epictetus(1877)는 개인들은 사건에 의해 영향을 받는 것이 아니라 자신이 사건을 바라보는 관점에 의해 영향을 받는다고 했다. Adler는 「What Life Should Mean to You?」에서 상황보다는 우리가 그 상황에 주는 의미에 따라 우리 자신을 결정한다고(Adler, 1958) 하며, 인지의 중요성을 소개하였다. 인지행동 치료는 1960년대와 1970년대에 미국 정신과 의사로 일하던 Aaron, Temkin, Beck에 의해 개발되었으며, 그는 자신의 감정에 과하게 빠진 사람들이 스스로와 대화하는 경향이 있다는 관찰에 기반하여 감정, 인지 그리고 행동적 개입 사이의 연결고리를 찾았다(Law, Ireland, & Hussain, 2007). 인지행동 코칭은 1990년대 초에 인지행동 치료, 합리적-정서적 치료, 해결중심 치료에서 적용된 이론적 개념과 전략을 통합한 것으로, 인지코칭은 인지이론가의 심리적 경향과 인본주의적 대인관계의 연합으로부터 태동된 비판단적, 발달적, 성찰적 모델이다(Costa & Garmston, 2002). 이러한 인지코칭은 피코치가 현실적인 목표를 달성할 수 있도록 돕는 데 초점을 맞춘다(Palmer & Szymanska, 2007).

Gallwey(2000)는 인간행동이 인식과 반응, 결과의 연속적인 과정으로 이루어진다며, 왜곡된 행동과 결과에서 벗어나기 위해서는 대상을 있는 그대로 비평가적으로 인지하는 것이 중요하다고 강조하였다. 영국과 미국의 인지행동 코칭의 발달을 비교할 수 있는 핵심적인 차이로는 개인적인 삶, 비즈니스, 실행, 스트레스 관리, 건강코칭분야에 관심을 기울인 영국과 달리, 미국의 인지코칭은 1985년 Costa와 Garmston(2002)에 의해 발전하여 교육에서 뛰어난 성과를 추구하는 것을 지원하는 데 초점을 두었다(Sawyer, 2003). 이러한 전제는 높은 수준에 있다고 여겨지는 교사들이 좀 더 나은 문제해결과 더 높은 성취력, 그리고 더 좋은 협력을 이뤄낼 수 있는 학생을 배출해 낼 수 있다는 것이었다. 이것이 교사의 인지적 과정을 향상시키는 데 초점을 둔 수퍼비전 또는 피어코치 모델이다(Palmer & Szymanska, 2007).

Grant(2003)는 인지에 근거한 코칭을 정신 건강, 자기 조절과 자기개념을 향상시키는 것으로 보았는데, 인지의 개입만으로 양질의 학술적 결과를 기대하기 어렵고, 기술의 훈련과 실천이 없는 인지적 통찰만으로는 만족할 만한 행동의 결과를 가져오기 부족하다고 보았다. Edgerton과 Palmer(2005)는 인지행동 코칭은 피코치로 하여금 그들이 목표를 성취할 수 있도록 사회적 상황, 생리학, 행동, 인지, 감정의 다섯 가지 영역에서 변화를 추구하며, SPACE(social context: S, physiology: P, action: A, cognitive: C, emotion: E) 모델을 개발하였으며, SPACE 모델은 코칭 프로그램의 발달과 평가목적을 위해 각 영역 사이의 연결을 명확하게 해줄 수 있는 교육도구로 사용될 수 있다. 이러한 인지행동 코칭은 피코치가 설정한 현실적인 목표를 성취하기 위해, 인지 행동적 모델에서 인지적, 행동적, 상상적 문제해결 기법 및 전략을 결합한 통합적 접근이다(Palmer & Szymanska, 2007).

피코치의 사고의 오류는 코칭과정에서 다양한 모습으로 나타날 수 있다. 이 때 인지행동 코칭기법을 사용하는 것은 피코치의 열망과 목표설정을 이루기 위해 중요한 작업이 될 수 있다. 코치는 이를 위해 반복적인 연습을 통해 피코치의 그릇된 생각을 알 수 있는 언어를 사용할 때마다 효과적으로 사용한다면, 코치와 피코치 모두에게 가치 있는 코칭도구가 된다.

2) 인지행동 코칭의 구조적 접근

인지행동 치료와 인지행동 코칭의 공통점은 구조적 접근 방법을 사용한다는 것이다. 코칭은 구조화된 대화의 프로세스로 이루어져 있다. 인지행동 코칭의 구조에 대해 자세히 살펴보면 다음과 같다.

(1) 피코치의 어젠다에 초점 맞추기

① 코칭 환경을 위해 라포 형성과 현재의 감정, 상황, 컨디션 등을 확인한다.
"최근 어떻게 지내셨나요?"

② 다(多)회기 세션이 진행될 경우 과제 점검을 진행한다.
"지난 코칭에서 실행하기로 한 과제는 어떻게 진행하셨나요?"
"과제에 대해 스스로 피드백을 한다고 어떻게 하고 싶은가요?"

③ 피코치와 충분한 라포 환경이 조성된 후 피코치와 함께 코칭의 주제를 함께 정한다.
"오늘 어떤 주제로 코칭을 진행하고 싶으신가요?"

인지행동 코칭의 과정은 1회기로 끝나는 과정보다는 다회기 코칭이 진행된다. 피코치의 행동 변화를 관찰하면서 진행해야 하며 비합리적 사고를 합리적 사고로 변화하는 과정은 다회기로 진행할 때 효과가 나타나기 때문이다.

코칭에서는 회기 사이에 진행되는 과제 점검을 필수로 하며 중요한 과정 중에 하나이다. 이때, 코치들은 숙제라고 하지 않는다. 숙제는 해야 할 책임이 있는 것이지만 과제는 스스로 해야 하는 과정이기 때문이다. 이 작은 단어 하나에도 코치는 피코치에게 긍정적으로 주어 행동의 결과를 높이는 데 도움이 된다.

과제 점검 과정에서 코치는 어떠한 에고도 잠재워야 하기에 과제 피드백도 스스로 하라고 피코치에게 질문한다. 피코치는 스스로 과제를 하면서 어려웠던 점, 잘한 점, 실행하지 못한 부분에 대해 스스로 셀프 피드백을 통해 행동 점검을 하게 되고 그 과정에 본인에게 더 강력한 메시지가 된다.

(2) 어젠다를 통해 문제에 대한 관점 유지

① 피코치의 어젠다가 정해지면 코치의 강력한 질문을 통해 문제 인식하기
"그 어젠다가 해결되지 않고 계속 진행된다면 어떤 결과가 나올까요?"
"오늘 코칭이 마칠 때 어젠다가 어떻게 해결되면 만족하실까요?"

② 피코치 스스로 자신의 현재 상태와 원하는 상태를 인식하도록 한다.
"현재 상태는 어떤 상태인가요?"
"원하는 상태는 어떤 상태인가요?"
"현재 상태와 코칭이 마칠 때 상태를 비교해서 말씀해 주시겠어요?"

③ 원하는 상태가 이루어졌을 때 긍정적인 면을 피코치 스스로 인식하도록 한다.
"원하는 상태가 이루어진다면 어떤 결과가 있을까요?"
"결과가 이루어진 상태를 자세히 말씀해 주세요?"

피코치는 문제 이슈에 대해 해결하고 싶은 마음도 있지만 동시에 회피하고 싶은 마음도 있다. 문제를 지속시키는 요인을 살펴보면 생각에 대한 오류와 감정에 대한 마음 상태의 변화, 목표를 달성하는 데 방해가 되는 신념들이 있다.

코치는 피코치의 방해되는 신념을 알아내기 위해 적극적으로 경청해야 한다. 피코치의 현재 상태와 원하는 상태가 이루어졌다면 새로운 전환점을 가지고 올 가능성을 찾을 수 있도록 코치는 그 과정을 함께 해야 한다. 이때 피코치가 부정적인 생각과 언어를 통해 자신의 감정을 나타낸다면 코치는 공감과 지지를 적극적으로 하면서 피코치의 가능성을 찾는 데 집중하면서 피코치의 에너지를 집중적으로 살필 수 있어야 한다.

(3) 인지왜곡

인지치료의 관점에서 보면 '인지왜곡(Curwen 외, 2000)'은 부정적 패러다임을 통해 내면에 불충분하거나 부정적인 데이터가 작동하면서 비합리적 결론을 도출해 내는 것이다. 삶 가운데 우리는 다양한 경험을 하게 되고 그 과정에서 습득된 결론을 통해 다음의 행동을 예측하게 된다. 습득된 경험은 우리가 어떤 의미를 두는가에 따라 다르게 해석이 되고 그 과정에서 우리는 핵심적 감정과 신념이 우리의 사고 체계를 만드는 것이다.

인지왜곡은 다음과 같다.

① 마음읽기: 경험에 쌓인 정보를 통해 결론을 부정적으로 예측하는 것이다.
'시간외 근무를 안 하면 정규직 전환이 안 될 것이다.'

② 흑백논리: 극단적인 기준으로 흑과 백으로 자신의 경험을 평가하는 것이다.
'매일 지각하는 사람은 게으르다.'

③ 개인화: 모든 문제를 개인의 문제로 가져가서 부정적 결론에 이른다.
'프로젝트가 거절된다면, 부하직원을 제대로 교육시키지 못한 내 잘못이다.'

④ 당위성: 모든 일에 '당연히 ~ 해야 한다.' 결론을 내는 것이다.

⑤ 최대화: 사건을 극적으로 부정적으로 최대로 평가한다.
'이번 일은 끔찍한 일이다.'

⑥ 최소화: 결과에 대한 자신의 요소를 최소화한다.
'내가 점수가 잘 나온 걸 보면 문제가 쉬워서 이 성적을 받은 것이다.'

피코치가 위와 같은 인지왜곡을 코칭세션 가운데 보인다면 코치는 어떻게 해야 할지에 대해 인지왜곡을 다룰 수 있는 다양한 기술을 가지고 코칭을 진행해야 한다.

피코치의 패러다임 전환을 통해 스스로 문제를 해결할 수 있는 존재라는 것을 인식해야 한다. 미래에 대해 긍정적 초점을 맞추고 과거의 경험이 현재의 경험이 아니라는 인식을 통해 효과적인 방법으로 새로운 접근을 해야 한다. 다시 말해 과거의 경험과 현재의 경험은 모든 것이 달라진 상황이기에 같은 결과를 가져다주지 않는다. 피코치는 이를 믿지 못하는데 여기서 코치는 피코치를 끝까지 믿고 기다려 주어야 한다.

(4) 코칭세션의 시간

인지행동 코칭을 진행하면서 무조건 시간을 길게 해야 피코치에게 도움이 되는 것은 아니다. 코치는 매 순간 자신의 에고(ego)를 내려놓아야 한다. 코치가 '피코치의 행동 방안이 나올 때까지 계속해서 진행할 거야!'는 생각은 에고(ego)이다. 피코치의 상태와 상황을 끊임없이 경청해야 한다. 코칭에서 경청은 피코치의 말만 경청하는 게 아닌 상황과 환경까지도 보아야 한다.

코칭에서 인정하는 시간은 최소 30분에서 120분까지의 코칭 시간을 인정한다. 인지행동 코칭과 같은 삶의 문제나 감정적 문제를 다루는 코칭은 최소 60분 정도 진행하는 게 필요하다.

2. 인지행동 코칭의 기술

1) 인지오류와 상황을 명료화하기

부정적인 자동적 사고는 자신이 가진 세계관에서는 자연스럽다. 이미 경험을 통해 습득된 기억의 반복이기 때문에 자연스럽게 머릿속에서 떠오르는 방법이다. 코치의 질문은 이런 상황에서 더 명료하게 진행해야 한다. 명료하지 않은 질문은 피코치의 생각을 더 혼란스럽게 하며 부정적인 사고를 더 강화할 수 있다. 적절한 질문을 통해 피코치 스스로 자신의 상태를 알아차리도록 해야 한다. "이 프로젝트에서 화가 난 순간에 어떤 생각을 하셨나요?" 피코치가 화가 난 순간 말을 하면서 부정적 감정과 사고를 이야기한다면 이처럼 구체적이고 명료한 질문을 함으로써 피코치 스스로 발견할 수 있도록 하는 것이다.

한 사례를 살펴보면,

늘 자신보다 가족이나 친구가 먼저라고 말하고 실제로도 어떤 일이든지 나서서 일을 해결해 준다. 막상 자신에게 일이 생겼을 때 주변 사람들의 도움이 마음에 안 들어 서운해하면서 감정이 불안하고 화가 난다는 사례자에게 코칭할 때의 예

코치: "주변인을 돕는 과정을 떠올려 보세요. 도움을 주면서 어떤 생각을 하셨나요?"

피코치: "내가 돕지 않으면 그들이 나를 이기적으로 생각할 거예요. 힘든데 도와주지도 않는다고 저를 자신만 알고 남의 어려움을 모른척하는 사람으로 보일까 두려웠어요. 그리고 도와주지 않으면 저를 받아주지 않을 거 같은 불안함도 있었어요. 그런데 생각해 보면 저에게 도와달라고 먼저 말한 사람은 없네요."

간단하고 명료한 질문은 피코치의 생각 속에서 살아서 움직이며 자신의 세계관을 다시 바라보게 된다.

2) 넓은 관점에서 질문하기

15세기 철학자 소크라테스에 의해 발견된 질문법은 단순한 호기심에서 질문하는 것이 아닌 진정으로 내담자의 관점을 이해하고자 하는 코치의 내적 호기심과 태도에서 시작된다. 소크라테스 질문법은 답을 주는 것이 아닌 내담자 스

스로 생각할 수 있도록 질문하는 방법이기에 코치는 여유를 가지고 침묵과 피코치를 신뢰함을 바탕으로 답을 할 때까지 기다려 주어야 한다.

소크라테스 질문법을 넘어서 메타적 관점의 질문은 좀 더 넓고 확장된 질문의 영역이라고 할 수 있다. 코치와 피코치가 협력하면서 관점을 객관화하고 영역을 넓게 보거나 다른 방식으로 바라보는 것이 중요하다.

코칭에서 관점을 객관화하며 넓히기 위해 질문법을 다양하게 사용해야 한다.

- 내가 진정으로 원하는 삶은 어떤 삶인가?
- 당신이 중요하게 생각하는 신념의 근거는 어디에 있나요?
- 당신의 완벽함에 점수를 준다면 몇 점을 주고 싶은가요?
- 지금 이 순간 당신에게 더 중요한 것은 무엇인가?
- 상자 밖에서 보면 어떻게 보이는가?
- 가장 행복했던 순간을 떠올려 본다면 어떤 순간이 떠오르나요?
- 당신에게 가장 큰 영향을 준 사람은 누구인가요?
- 5년 후 지금의 일을 다시 생각했을 때 '참 잘했다'라고 하려면 어떻게 해야 하나요?
- 당신은 어떤 삶을 살아가고 싶나요?
- 지금의 목표는 당신에게 어떤 의미가 있나요?

이러한 질문을 통해 피코치는 자신의 신념 체계를 다시 바라보고 인식을 점검함으로써 생각의 확장과 유연성을 향상시킬 수 있으며 내면에 힘을 주고 패러다임 전환이 일어난다.

3) 심상 감정 질문

'인지'에는 생각과 사고도 있지만 심상도 포함하고 있다. 특정한 상황에서 부정적인 자동적 사고를 하게 되면 마음의 상태도 영향을 받게 된다. 이때 마음을 더욱 명확하게 바라볼 수 있도록 심상에 부여된 의미를 물어보며 자신의 마음을 스스로 객관화하여 감정을 볼 수 있게 된다. 인지행동 코칭에서 심상과 감정은 놓쳐서는 안 될 중요한 요소이다.

피코치가 스트레스를 받는 특정한 상황을 떠올리는 순간 감정이 움직이는 상태에 따라 시간의 흐름을 단계적으로 질문하므로 심상의 변화를 볼 수 있다. 이 과정을 통해 일상에서 하는 역할과 상황에 대한 이해를 풀어가는 실마리가 되기도 하고 단서가 되기도 한다.

예를 들어, 길을 걸어가는 순간에 이유 없이 불안을 느끼는 경우 피코치에게 그 상황을 상상해 보라고 할 수 있다.

"길을 걸어가면 불안을 느꼈을 때를 떠올려 보세요. 불안이 오는 그 순간 어떤 생각을 하고 있었나요?"
"내면에 작은 용기를 준다면 어느 순간에 주고 싶은가요?"
"불안과 용기는 지금 어떤 모습으로 있나요?"
"지금은 어떻게 변하고 있나요?"

이 질문은 삶의 문제나 이슈를 꺼내는 것을 두려워하거나 상황에 대처를 두려워하는 사람들에게 사용할 수 있다. 내면의 문제를 넘기 위해 코치나 피코치 어느 누구도 조급해 하면 안 된다. 마음이 움직이는 데는 시간도 필요하고 여유도 필요하고 안정도 필요하다. 피코치의 마음의 상태를 경청하면서 그 세밀한 변화에 귀를 기울이면서 심상의 변화를 살피는 과정에서 코치의 기다림과 침묵은 또 하나의 적절한 기술 중 하나이다.

4) 생각과 행동의 변화 과정

생각과 행동의 변화는 인지행동 코칭에서 스스로 방법을 찾아내어 적용하기 위해 도전하는 과정이다. 비합리적 사고 체계에서 합리적 사고로 변화하게 되면 비유연한 생각들이 유연해지고 행동에 대한 동기부여가 됨으로 명료화, 도전, 변화가 이루어지게 된다. 행동에 대한 실천력이 강화되기 위해 자기효능감에서 나오는 인내력과 자기수용력이 필요하다. 이 부분이 코칭의 영역인 것이다.

"실행력을 높이는 데 도움될 만한 자신의 강점이 있다면?"

이 질문 하나로 피코치는 자신의 내면의 강점을 찾기 위해 자기탐색 과정이 시작될 것이다. 때론 이 과정이 어렵고 힘들어하는 피코치도 있지만 결국 코치가 믿어 주는 만큼 자신의 강점을 찾아낸다.

3. 인지행동 코칭의 모델

인지행동 코칭은 인지행동에서 실천과 문제해결에 근거를 두어 진행하게 된다(Palmer, 2007c). 이는 행동의 변화(Doing)가 필요한 피코치들에게 최적화된 코칭 방법이다. 직장에서 성과 향상이 필요하거나 학업에 대한 성과, 취업 진로를 결정하는 데 스트레스 요인, 웰빙, 건강관리, 시간관리, 문제해결, 감정관리와 분노조절 등 다양한 분야에서 접목되어 사용되고 있다. 학교, 개인, 그룹 등에 접목되어서 사용된다.

1) 행동 변화

인지행동 코칭 진행 가운데 피코치의 행동 변화 과정은 다음과 같다.

① 감정 중심의 문제에 대해 해결 중심적으로 코칭을 진행함으로써 피코치의 사고 변화와 행동의 변화에 영향을 준다.

② 유연하지 않은 사고와 비합리적 사고방식에서 오는 스트레스 원인을 분석하고 핵심 신념을 찾아 명료화 과정을 통해 새로운 행동 변화에 도전하도록 한다.

③ 성과 향상을 위한 합리적 생각으로 변혁하는 가운데 핵심 신념의 사고를 유연하게 발달하도록 돕는다.

④ 자기수용력과 회복탄력성을 올리도록 긍정 마인드를 갖도록 한다.

2) 인지사고

핵심 신념이 100% 맞는 게 아니라는 것을 코칭과정에서 스스로 알아차리도록 해야 한다. 강요해서도 안 되며 충고나 판단도 하지 말아야 한다. 온전히 그 사람의 전인적인 부분과 내면에서 스스로 해결할 수 있다는 믿음을 가지고 코치는 기다려 주어야 한다.

인지를 바꾸는 작업은 쉽지 않은 과정이며 객관화하면서 감정의 부딪침과 자신 내면에서부터 변화의 과정이 시작되어야 한다.

① 인지오류를 다루기 위해 먼저 자신이 불편한 상황을 적어 본다. 그때 구체적으로 언제, 누구와, 감정, 상황을 적어 본다. 그 안에서 일어나는 사고의 오류가 무엇인지 찾는 작업을 해야 한다. 만약 회사 내 업무에서 성과가 낮아서 스트레스를 느낀다면 그 상황에서 생각하고 있는 사고의 오류를 찾기 위해 스스로 묻고 종이에 적어 보는 것이다.

② 사람이 감정이 격해지면 마음에도 없는 말을 하거나 언어 자체가 거칠게 나가는 경우가 있다. 이때, '역지사지' 입장에서 생각해 보는 것이 필요하다. 상대의 잘못은 크게 보이고 자신과 생각이 다르다 하여 틀리다고 생각이 되면 그 사람의 입장에서 생각해 보자. 때론 나 자신의 친구가 되어서 친구의 입장에서 나를 보는 것도 도움이 된다.

3) 라벨링 하지 않기

우리가 고민을 한 끝에 최선의 선택을 하지만 내가 원하는 결과로 진행되지는 않는다. 그 상황을 견디는 것이 쉽지는 않다. 이때 생각의 한계가 길어지면 상황과 자신과 타인에 대한 평가와 측정을 하게 된다. 내가 원하는 결과로 진행되지 않는다 하여 타인을 '진짜 나쁘다'고 평가를 한다면 어떻게 될까?

우리 안에 신념은 100% 정답이 아니다. 나의 신념이 맞는다고 하여 타인에 대해 또 자신에 대해 라벨링을 하지 않는 것이다. 예를 들어, 기한 내 일을 마치지 못한 동료에게 '완전 멍청이네.'라고 하면 라벨링을 해 버린 것이다. 기한 내 일을 마치지 못했다고 하여 멍청이는 아니다. 일을 마치지 못한 이유와 계기를 살펴보고, 집중하여 일을 마치기 위해 어떤 생각을 해야 하는지 살피고, 일을 기한 내 마칠 수 있는 행동의 변화를 시도해야 한다.

라벨링 하는 것은 변화하는 데 결코 도움이 되지 않는다. 라벨링을 하며 비합리적으로 생각하는 부분을 객관화하여 합리적 사고로 바꿔야 하는 과정이 필요하다.

4) 감정

인지행동 코칭 중 실패할 수 있는 감정 요인에 주의를 기울여 코칭을 진행해야 한다. 인지행동 코칭에서는 감정을 다루기 때문에 코치의 자기관리가 필수 요건이다. 피코치의 감정에 동감하는 순간 마음의 동요가 일어나기 때문에 객관적으로 코칭하기 어렵다. 특히 코치가 비슷한 상황을 경험했다면 더욱 코치로서 거리두기를 하면서 감정의 선을 살펴야 한다. 물론 피코치의 감정을 경청하면서 자신의 감정을 관리한다는 것이 쉽지만은 않다.

또한 피코치가 지나치게 자신의 감정에 휘둘려서 문제의 원인이나 책임을 타인에게 돌리지 않고 자신이 스스로 변하고 실행해야 하는 것을 코칭해야 한다. 또한 우울증과 같은 임상적 질병의 경우 감정적인 부분을 다루는 데 쉽지 않고 감정과 핵심 신념을 다루면서 문제해결 중심으로 풀어야 한다.

4. 인지행동 코칭 실제

1) 상황

임원들 앞에서 상반기 진행될 프로젝트를 완벽하게 발표해야 한다. 지난번 프레젠테이션을 엉망으로 했기 때문에 더 떨리고 잘할 자신이 없다.

2) 생각

프레젠테이션을 망치면 회사에서 내 자리가 위태로워지고 승진의 기회가 없어지게 되면 나의 미래는 힘들어질 것이다.

3) 비합리적 인지사고

- 나는 직장을 잃게 될 것이다.
- 나는 실패할 것이다.
- 나는 무조건 성공해야 한다.
- 이 일은 너무 끔찍한 일이다.
- 나는 할 줄 아는 게 없는 쓸모없는 인간이다.

4) 감정

불안, 우울, 과도한 불안, 좌절감, 실패감

5) 합리적 인지사고

- 지난번 프레젠테이션과 오늘의 프레젠테이션은 다른 일이다.
- 프레젠테이션을 실패했다고 쓸모없는 인간은 아니다.
- 프레젠테이션은 실수할 수도 있다.
- 완벽한 프레젠테이션은 과연 존재하는가?
- 프레젠테이션을 실패했다고 쓸모없는 인간은 아니다.

6) 새로운 행동

- 새로운 직업으로 옮길 수 있다는 생각을 가지고 유연하게 대처한다.

- 프레젠테이션 준비 시 지난번 실수에 대한 보완을 반영한다.
- 프레젠테이션을 타인의 기준에 맞추기 위해 신경 쓰지 않고 전달해야 할 내용에 집중한다.
- 프레젠테이션은 실수해도 된다고 생각한다.

12
Chapter

코칭과 게슈탈트 접근

1. 게슈탈트 코칭의 이해

1) 게슈탈트 코칭

게슈탈트 코칭은 자신 스스로 온전히 알아차린 것을 행동으로 전환하여 실행하는 과정이다. 게슈탈트 코칭의 역사는 짧지만 많은 전문코치들이 게슈탈트 코칭 방법을 사용하고 있다. 일반적으로 경영자코칭이나 임원코칭에서 리더십 역량을 찾으려는 경우에 사용할 수 있고 좋은 효과를 볼 수 있다.

게슈탈트 코칭에서 코치는 피코치와의 코칭과정에서 감각을 통해 느끼고, 생각하는 것을 스스로 알아차리는 데 중점을 두고 코칭을 진행한다. 이 과정에서 코치는 도전의식을 주고 실행할 수 있도록 함께 하면서 피코치를 지지하는 역할을 한다. 게슈탈트 코칭에서 중요하게 여기는 시점은 '그때 거기서 무슨 일이 있었을까?'보다는 '지금-현재 무슨 일이 있을까?'이다.

게슈탈트 코칭은 알아차림이 일어나는 경우에 내담자가 미해결과제를 알아차리거나, 현재 상황에서 매 순간 새롭게 일어나는 자신의 욕구, 감정을 알아차리게 됨으로써 게슈탈트를 형성하게 하는 것에 중점을 둔다.

게슈탈트 코칭은 정신적 통찰뿐만 아니라 사람의 전체적인 신체감각 능력을 포괄하는 과정이다. 정신적이고 신체적으로 활동하는 정보를 모아 자신의 내면에서 존재하게 된다. 이처럼 알아차림의 연속은 게슈탈트 코칭에서 가장 중요한 기법 중의 하나이다.

'지금-여기'에서 일어나는 모든 것을 있는 그대로 알아차리고 가치의 판단이나 해석, 비판도 없이 그냥 자연스럽게 알아차리는 것이다. 무엇보다 가장 중요한 것은 유기체와 지금 현재 환경을 자각하고 인식하면서 이 일을 해결하려는 목적을 추구하고 도전하도록 하는 것이다. 이 과정에서 자신의 감정이나 느껴지는 모든 것을 억압하지 않는다. 정신 상태에서 자신의 욕구, 감각, 감정, 생각, 행동, 환경 그리고 자신이 처한 상황 등을 있는 그대로 알게 되는 것이라고 할 수 있다.

게슈탈트(Gestalt)는 통합된 의미 있는 전체라는 뜻으로 게슈탈트 심리학은 Max Wertheimer, Wolfgang Köhler와 Kurt Koffka에 의해 발전되었다. 논란이 있지만 Fritz Perls는 1920년대부터 자신의 아이디어를 발전시켜 온 게슈탈트 치료의 창시자이다(Allen & Whybrow, 2007). 심리학에서 인본주의-자아 초월의 혁명(예: 인간의 잠재력 개발운동)은 게슈탈트 심리학이 철학적 근거와 실제적인 토대를 마련하며 획기적인 도약을 할 수 있도록 이끌었으며, 게슈탈트 접근은 서구 사회에서 강조하는 이론과 실제가 아닌 동양 철학의 맥을 따라 태도와 실무에 토대를 두고 정립되었다(Law, Ireland, & Hussain, 2007).

게슈탈트 코칭의 특징은 주변을 알아차리고 조직하는 방식과 알아차림의 증가에 관심을 갖기에 인문학적이고 실존주의적이며 현상학적이라 할 수 있다. 과거와 미래가 존재하는 현상학적 접근에서 의식을 만들고 활동을 가능하게 하는 것은 가까운 정보에 접근하는 것이다. 코칭세션에서 피코치는 코치가 신체적 움직임, 느낌, 자세 등에 관심을 갖고 있다는 것을 알고 있으며, 그에 따라 행동하고 성찰하게 된다. 이러한 게슈탈트 코칭은 생생한 생동감이 있으며, 코치는 「지금 여기」에서 변화시킬 수 있는 것이 무엇일까 생각하기 때문에 이러한 탐색을 통해 코칭세션이 아닌 어디에서도 변화가 나타날 수 있는 것이다(Allen & Whybrow, 2007). Fritz Perls는 현재의 자기에 대한 자각이 있어야 사람들이 건강해진다고 믿었다(Allen & Whybrow, 2007). 이러한 자기인식은 환경적 자원을 넘어 최고의 가능성을 실현하게 해주는 환경을 만들기 때문이다. 코칭대화로 말하면 자각을 통해서 피코치는 행동과 관계된 더 큰 선택권과 능력을 주는 폭넓은 행동에 접근 권한이 생긴다. 그러므로 게슈탈트 코칭에서 실험과 반복의 장소는 코칭관계 안의 코치에게로부터 나온다(Allen & Whybrow, 2007).

최근에는 코칭접근법으로서의 게슈탈트 코칭을 포함하여 다양한 전문가들의 다양한 접근법을 통해 서로 다른 부분을 강조하기 시작하고 있다. 게슈탈트 코칭은 온전히 알아차린 것을 행동으로 바꾸는 과정으로 일반적으로 경영자코칭이나 리더십코칭에서 개인의 생산적이며, 창의적인 능력을 찾으려는 경우에 많이 사용되고 있다(Allen & Whybrow, 2007).

2) 게슈탈트 코칭의 개념

게슈탈트 코칭은 주변과 나 자신의 현재와 변화를 알아차리는 데 중점을 가지고 있다. 게슈탈트 심리학은 인문학적, 실존주의, 현상학적이다. 게슈탈트의 심리학적 관점은 우리가 무엇을 보는가와 사물을 어떻게 인식하는가를 그 순간에 나 자신이 인식하고 누구인지 알아차리는 결과에 따라 다르다는 관점이다. 게슈탈트 코칭은 현재, 지금–여기에서 느끼는 사고 방법과 경험, 세계관을 보는 과정을 보며 객관화하고 다른 방향에서 현상을 보고 재해석하는 것이다.

코치는 지금-여기서 변화시킬 수 있는 것이 무엇일까에 집중한다. 피코치와 코치는 일상의 경험을 만드는 과정을 대화를 통해 서로 연결되고 새로운 것을 창조하는 과정이라고 볼 수 있다. 게슈탈트 코칭에서 집중해야 하는 것은 우리의 결정에 책임이 있다는 것을 알아야 한다. 이 과정에서 '인식을 방해하는 것'을 확인하고 탐구하면서 자신이 진정 원하는 것이 무엇인지 알아차리고 더 효과적이고 자신에게 맞는 해결방법을 선택하도록 코치와 함께 하는 것이다.

2. 인식을 방해하는 것들

게슈탈트 코칭에서 나 자신과 환경에 대한 인식을 방해하는 요소가 있다. 게슈탈트 코칭의 목적은 피코치의 부정적 경험이 긍정적이고 만족스러운 방법으로 재생산해서 앞으로 나아가도록 돕는 것이다. 우리가 살아온 경험, 환경, 지식, 대상의 수많은 요소들은 우리가 느끼고 바라보는 세상의 지도가 되고 선입견이 되면서 왜곡이 생기게 된다. 하지만 지금 내 앞에서 일어난 일은 과거의 경험이 아닌 지금 새롭게 경험하는 것이다. 게슈탈트 코칭은 이를 스스로 알아차리는 것이다. 예를 들어, 출산 휴가를 마치고 복직하는 여성 임원을 코칭한 적이 있다. 출산휴가를 마치고 돌아와서 불안감, 초조함, 긴장감이 많았다. 주변에서는 퇴사 후 자녀를 양육하는 데 집중하라는 강요도 있었다. 자신이 회사에 없는 사이 일이 너무 잘 돌아가고 계획대로 진행되어 자신이 회사에서 필요가 없어지면 어떻게 해야 할지 미리 걱정하고 있었다.

- 피코치: 전 불안해요. 예전의 나로 돌아가기 어려울 거 같아요. 부하직원들이 마치 경쟁자처럼 보여요. 내 자리가 위태로워 보입니다.
- 코치: 지금 현재 자신이 할 수 있는 것과 할 수 없는 것을 볼까요? 어떤 게

보이시나요?

- 피코치: 업무를 빨리 익히고 선택과 집중을 해야 할 거 같네요. 초조하다 보니 제가 혼자 다 하고 싶었던 거 같아요.
- 코치: 출산 전의 나와 지금의 나를 말씀해 보세요?
- 피코치: 출산 전에는 팀별 프로젝트를 성공적으로 이끌기 위해 최선을 다하고 팀 화합에 신경을 많이 썼어요. 아 ~ 그러고 보니 출산휴가 기간 동안 팀원들이 제 자리를 메우기 위해 고생하면서 더 화합해서 문제를 해결했더라구요.
- 코치: 부장님은 어떤 임원으로 기억되고 싶으세요?
- 피코치: 팀의 화합을 위해 후배에게 기회를 주는 임원으로 기억되고 싶어요.

게슈탈트 코칭은 질문을 통해 자신의 인식을 방해하는 것을 알아차리고 다시 자신의 모습을 찾아갈 수 있다.

표 12-1 인식을 방해하는 것들

인식을 방해하는 것들	코칭에서 활용
투사	행동을 방해하는 것으로 자신이 깨닫지 못하거나 스스로 발견하지 못한 것을 다른 사람의 인격이나 행동을 통해 보는 것이다. 코칭에서 미래 상황에 대한 계획을 세우고 예측하는 데 활용이 가능하다.
내사	욕구를 직면하는 행동을 못하게 방해하는 것이다. 코칭에서 '받아들이는 것'을 충분히 생각하게 한다. '~해야만 한다'는 생각을 다른 각도에서 바라볼 수 있도록 전환한다.
굴절	상황에 대한 직면을 회피하는 것이다. 자신이 한 일에 대해 찬사를 받게 되면 '누구나 다 할 수 있는 일이다.'라는 말로 회피한다. 항상 자신을 낮추기 때문에 노력에 대해 좋은 피드백을 들어도 자신의 것으로 받아들이는 데 어려워한다. 코칭에서 피코치는 추상적 언어로 질문의 의도를 회피하려 한다.
반전	부정적인 감정이나 분노 등 상처를 표현하기보다는 자신을 공격하는 것이다. '나는 왕따를 당해도 괜찮아.'라고 생각하는 것이다. 코칭에서 질문을 할 때 자신이 진심으로 원하는 것을 발견하고 자신을 공격하지 않고 건강한 자아를 찾아갈 수 있도록 코칭한다.
감각둔감화	느껴지는 감정, 감각 등을 무시하거나 부정하는 것이다. 힘들었던 순간이나 불편한 것을 떠올리는 것을 힘들어한다. 감정을 느꼈을 때 두려운 것이 무엇이고 지금-현재에 느껴지는 것에 집중하도록 한다.

인식을 방해하는 것들	코칭에서 활용
경계 융합	사람이나 환경에서 구별 없이 경계가 무너진 경우이다. '우리 생각이 맞아. 그렇지.' 하고 관계에서 융합을 나타낸다. 코칭에서 자신감을 가지고 사람들과 융합하고 건강한 관계와 삶의 의미와 사람들 간의 공감을 가지고 함께 하며 도와야 한다.

인식은 경험과 환경에서 얻어지는 것에서 모든 것을 결정하게 된다. 자신의 세계관은 오직 인생의 경험을 통해 얻어지기 때문이다. 과거는 현재가 아니기 때문에 현재 내가 할 수 있는 것에 맞추어서 세상을 보는 것이 필요하다.

3. 게슈탈트 코칭의 기술

1) 신뢰의 중요성

게슈탈트는 코칭에서 특히 중요시 여기는 것은 피코치와의 신뢰이다. 코칭의 과정은 지극히 자신의 문제에 대해 답을 찾지 못한 사람들이 답을 찾기 위한 과정으로 볼 수 있다. 코칭의 환경에서 신뢰를 만들지 못하면 코칭은 시작하기 어렵다. 시작을 하더라도 피코치는 표면적인 이야기만 할 뿐이다.

신뢰를 만드는 환경에 필요한 것이 3가지가 있다. 그 첫 번째는 '의도'를 가지고 피코치와 함께 하는 것이다. 여기서 의도는 어떠한 불순한 의도를 가지는 것이 아니다. 순수하고 긍정적이며 피코치가 스스로 문제를 해결할 수 있다는 전인적인 관점에서 피코치를 믿어 주는 '의도'를 가져야 한다는 것이다.

두 번째는 상대방의 마음의 문을 열기 위해 'Pacing(보조 맞추기)' 하는 것이다. Pacing은 피코치와 호흡을 맞추면서 행동을 함께 하며 맞춰 가는 것이다. 호흡을 맞추기 위해 피코치의 언어와 어투, 언어의 속도와 표정까지 맞추도록 한다. 피코치가 천천히 낮은 음성으로 말을 하는데 코치가 높은 톤으로 밝게 코칭을 한다면 어떨까? 아마 피코치는 나와 비슷한 결을 가지고 있지 않기 때문에 코칭에 집중하지 못하게 될 것이다. 효과적으로 코칭을 하려면 피코치가 마음의 문을 열고 받아들여야 한다. 그래야 자신을 깊이 탐색하고 자각하고 관점의 변화를 통해 알아차림이 일어나는 것이다. 게슈탈트 코칭에서 Pacing은 신뢰를 통해 현재에 존재하는 모든 것을 공감하는 기술이다.

세 번째는 수평적 관계이다. 코치와 피코치와의 관계는 수직적 관계이거나 위치의 높낮이가 존재하지 않는다. 피코치가 찾고자 하는 목표를 함께 찾아서 걸어가는 동등한 관계인 것이다. 멀리 가려면 함께 가라는 말이 있다. 먼 길을 걸어가는데 혼자 간다면 결코 목적지에 다다를 수 없다. 가다가 지치게 되기 때문이다. 또한 주인과 종처럼 한 사람이 일방적으로 끌고 가고 끌려가는 모습을 떠올려 보라. 종 된 사람은 끝까지 숙이면서 걸어간다면 마음을 터놓는 신뢰가 형성이 될까? 아마 얼마 가지 못해 각자의 길로 갈 것이다.

게슈탈트 코칭은 심리를 다루고 자신의 내면을 알아차리는 과정으로 생각의 변혁을 통해 행동의 변화를 이끌어 내는 과정이다. 그렇기 때문에 코칭 그 자체가 피코치와 먼 여행을 떠나는 과정이라고 할 수 있다. 신뢰 하지 못하면 절대 완주할 수 없다. 피코치와 함께 때론 마음을 맞추고 같은 선상에서 피코치의 주제를 바라봐야 한다. 수직의 관계에서 볼 수 없는 것들을 수평의 관계에서는 볼 수 있게 된다.

코치는 피코치를 이끌고 싶은 마음, 즉 에고(ego)를 내려놓아야 한다. 초보 코치들이 가장 어려워하는 부분이 바로 에고를 내려놓는 일이다. 자신도 모르게 피코치에게 해결하는 방법을 알려주고 싶은 마음이 들거나 충고하고 싶은 마음, 판단하고 싶은 마음이 올라오기 때문이다.

잊지 말아야 할 것은 코치의 에고를 보이는 순간 신뢰의 환경은 형성되지 않는다는 것이다.

2) 게슈탈트 코칭관계

게슈탈트는 피코치가 한 경험의 모든 순환과 관련이 있으며 가치와 감정과 믿음에 대한 의식을 알아차림으로 내면의 어려움, 사고의 한계를 떨쳐내는 중요한 과정이다. 코칭과정을 통해 스스로 자신의 사고체계와 자각의 과정을 느끼고 알아차림으로 의식에 반영하는 것이다.

게슈탈트 코칭의 가장 중요한 요소는 코치와 피코치의 관계에서 오는 효율성이다. 코치는 코칭 현장에서 모든 것을 함께 하며 연결되어 상호적인 방법으로 코칭을 진행한다. 다양한 방법이 사용되므로 전화 코칭보다는 대면으로 만나서 하는 코칭이나 화상으로 하는 코칭이 더 효율적이고 효과적이다.

코칭과정에서 피코치 스스로 집중할 수 있는 환경이 가장 좋은 환경이며 특별히 제한할 필요는 없다. 피코치가 미해결과제에 몰입해 있어서 주위 환경에서 일어나는 사건이나 상황을 잘 자각하지 못하며, 따라서 현실과 단절되어 있는 경우가 많다. 코치는 주위환경에서 일어나는 상황을 자각하는 알아차림이 일어나도록 코칭 환경을 만들고 질문을 해야 한다.

방 안에 무엇이 보이십니까? 방 안에 전에 없던 새로운 것이 보입니까? 눈을 감고 상대편의 얼굴 모습을 떠올려 보세요. 눈을 뜨고 그 사람의 얼굴을 자세히 관찰해 보세요. 어떠한 차이가 느껴지십니까? 다른 사람의 눈을 한 번 쳐다보세요. 주변 사물들을 한 번 둘러보세요. 눈을 감고 귀에 들리는 소리에 집중해 보세요. 눈을 뜨고 주변 사물들을 살펴보세요. 사물들을 자세히 살펴보시고, 색깔과 모양을 눈여겨보세요.

3) 게슈탈트 코칭의 대화

게슈탈트 코칭을 통해서 도움이 되는 관점은 대화를 통해서 피코치에게 드러나지 않은 이미지나 가치관 등 핵심 욕구들이 나타나고 알아차림이 일어난다는 것이다. 행동의 패턴은 생각의 패턴에 의해 이루어지므로 피코치의 반복된 행동 패턴을 알 수 있게 된다. 코칭 대화를 통해 자신이 사용하는 언어에 대한 알아차림이 일어나게 되고 스스로 제어를 할 수 있다는 것을 알게 되면 피코치는 알아차림에 의해 선택을 하게 되는 것이다. 그 순간 비로소 생각에 대한 의식의 흐름과 행동의 연결을 알게 되고 자신의 행동에 책임감이 있음을 확인하게 된다.

피코치는 경험을 통해 자신에게 체계화된 감각을 경험하면서 자기의식을 강화하게 되는 경험을 하게 된다. 피코치가 직장이나 가정, 현재 자신의 위치에서 부정적 피드백을 받는 순간에 자신의 감정, 느낌, 의식, 생각, 행동에 대한 감각을 경험하고 알아차림이 일어난다면 선택의 순간에 알아차림의 의식이 중요한 작용을 하게 되는 것이다.

게슈탈트 코칭의 대화는 이처럼 문제의 상황에서 벗어나 진정한 자신의 마음의 열쇠를 찾는 과정이라고 할 수 있다.

4. 게슈탈트 코칭의 질문

1) 초기 발견 질문

코칭을 시작할 때 질문은 피코치의 내면을 탐색하면서도 주제를 설정해야 한다. 피코치가 무엇을 말하고 싶은지 질문을 통해 발견해야 한다. 마치 진흙 속에 감추어진 보석을 발견하듯이 피코치의 내면에 감추어진 보석을 발견해 보자.

- 오늘 코칭을 통해서 무엇을 기대하나요?
- 당신이 원하는 목표는 무엇인가요?
- 조금 더 자세하게 말씀해 주시겠어요?
- 지금까지 시도해 본 것은 무엇인가요?
- 이 순간 당신의 관점은 무엇인가요?
- 가장 중요한 것은 무엇인가요?
- 당신이 이루고 싶은 가장 큰 꿈은 무엇인가요?
- 이 주제가 당신에게 얼마나 중요한가요?
- 주제를 해결하기 위해 필요한 것은 무엇인가요?
- 현재 직면한 가장 큰 도전은 무엇인가요?
- 가장 이 문제를 해결하기 위해 어느 정도 투자하고 싶나요?

2) 메타포 질문

메타포 질문은 코칭 진행 상황 가운데 코치와 피코치와 함께 상공에 올라가 상황을 객관화하여 바라보는 관점을 통해 새롭게 인식 전환을 가져오는 것이다.

- 저와 함께 상공에 올라가 보실까요?
- 100m 상공에서 지금의 상황은 어떻게 보이시나요?
- 1000m 상공에서는 어떻게 느껴지고 보이시나요?
- 10000m 상공까지 저와 함께 가 볼까요. 고개를 아래로 내려서 상황을 바라보겠습니다. 어떻게 보이시나요?
- 무엇이 방해를 하고 있나요?
- 예전과 다른 게 보이는 것은 무엇인가요?
- 지금 상황이 계속된다면 5년 뒤는 어떤 모습일까요?
- 지금 현 상황에서 새롭게 보이는 건 어떤 것인가요?
- 어떤 알아차림이 있었나요?

메타포 질문은 코칭에서 사용하게 되면 스토리텔링을 하듯이 그 장소에 함께 가서 있는 느낌으로 생동감 있는 코칭이 진행되어 피코치의 관점과 인식을 전환하는 데 도움이 된다.

3) 관점 전환 질문

역지사지 질문은 말 그대로 입장을 바꾸어서 생각하도록 함으로써 인식의 전환을 가져오는 질문이다. 현재 상황에서 내가 느낀 입장에서 제3자의 입장에서 상황을 느껴보거나, 상대방의 입장이 되어서 상황을 느껴보는 과정이다. 특히 관계에 대한 어려움에서 입장에 대한 차이를 보이고 상대를 이해하려 하지 않으려는 피코치를 만났을 때 사용해 볼 수 있다.

나의 상황에서 보이지 않던 것이 상대의 입장이 되면 비로소 보이게 된다.

또한 제3자의 입장에서 보게 되면 자신의 입장과 상대의 입장이 객관화되어 더 잘 보이고 이해가 되기도 한다.

- 당신은 이 일에서 무엇을 배웠습니까?
- 현실을 만족스럽게 바라볼 수 있는 관점은 어떤 것이 있을까요?
- 어떻게 하면 현재를 만족스럽게 바라볼 수 있나요?
- 이 상황에서 감사할 수 있는 부분이 있다면?
- 삶에서 더 큰 재미를 느낄 수 있는 방법은 무엇일까요?
- 당신의 삶은 얼마나 안전한가요?
- 당신이 가장 신경 쓰는 것은 무엇인가요?
- 지금 이 순간 놓치고 있는 것은 무엇인가요?
- 더 나은 결과를 위해 지금 한 가지 바꿀 수 있다면 무엇을 바꾸고 싶나요?
- 당신이 진심으로 하고 싶은 말은 무엇인가요?
- 성공적으로 마치게 되면 일어날 일은?
- 삶의 어떤 부분을 바꾸고 싶나요?
- 당신이 계속해야 할 일은 무엇이 있나요?
- 당신이 지금 이 순간 시작할 일은?
- 같은 상황에 처한 친구가 앞에 있다면 어떤 말을 해주고 싶은가요?
- 이 일에서 당신은 무엇을 배웠습니까?
- 지금 느끼는 것은 무엇인가요?
- 중단해야 하는 것은 무엇인가요?
- 더해야 하는 것은 무엇인가요?
- 이 생의 마지막 날에 나에게 남아 있는 것은 무엇입니까?

4) 기적질문(As if ~)

'만약 당신이 ~~이라면'으로 시작되는 질문이다. "만약 당신에게 기적이 일어난다면 어떤 부분이 변화가 있을까요?" 식으로 질문을 하는 것이다. 이 기적질문은 피코치가 한 번도 생각하지 못한 관점에서 문제를 바라볼 수 있게 되고,

또한 자신 안에 미처 발견되지 못한 욕구와 가치, 생각 등을 인식하게 되어 알아차림이 일어나도록 돕는 질문이다.

- 만약 당신이 ㅇㅇㅇㅇ이라면 무엇을 했을까요?
- 만약 당신에게 기적이 일어난다면?
- 90일 동안 열정을 쏟는다면 어디에 쏟고 싶나요?
- 이 일에서 당신은 무엇을 배웠습니까?
- 그래도 시작한다면 무엇이 기다리고 있을까요?
- 당신의 입장이 되어서 말씀해 보실까요?
- 만약 모든 문제가 사라진다면?

5) 시각화 질문

시각화 질문은 정보를 시각적으로 표현하는 것이다. 대상, 장소, 물건, 분위기, 감각 등을 표현하면서 명확하고 효과적으로 그 상황을 인지하고 발견해 가는 과정이다.

- 지금 당신이 미래에 있다고 상상하세요. 명확한 세부 사항들을 마음에 그려보세요.
- 무엇이 보이고 어떤 기분이 드나요?
- 새로운 미래에 당신의 일상적인 하루를 시각화해 보세요.
- 당신의 주변은 어떻습니까?
- 당신이 하고 있는 일은? 당신은 무엇을 즐기고 있습니까?
- 보다 구체적으로 해보세요. 당신이 속한 환경은 어떻습니까? 당신은 어디 앉아 있나요?
- 누구를 만나고 있죠? 무슨 대화를 나누고 있나요?
- 이 목표를 도달했다는 것은 당신에게 무슨 의미가 있나요?
- 그것은 지금의 당신과 미래의 당신에 있어 어떤 차이를 가지나요?
- 그림을 그려보세요. 이 목표에 도달했다면 당신이 느낀 감정은 무엇인가요?

6) 직면화하는 질문

우리를 움직이게 하는 것은 내면의 욕구와 감정이다. 해결되지 않은 욕구와 감정이 우리의 행동을 움직이게 하고 사람마다 각자 다르게 표현되지만 무의식적으로 나온다. 피코치의 관점에서 알아차림이 일어나도록 직면화하는 질문을 하면 자신의 모습을 볼 수 있고 내면의 탐색이 일어난다.

- 이 이야기에서 당신은 어디에 있습니까?
- 이 이야기에서 당신의 역할은 무엇입니까?
- 현재 잘 하는 일은 무엇인가요?
- 더 잘 할 수 있는 무엇인가요?
- 포기했던 꿈은 무엇인가요?
- 어떤 사람으로 기억되고 싶은가요?
- 이상적인 삶은 어떤 삶인가요?
- 1년 후 삶은 어떻게 달라지길 원하시나요?
- 어떤 지원을 받고 싶은가요?
- 무엇을 바꾸고 싶은가요?
- 일에서 당신은 무엇을 배웠습니까?
- 가장 자랑스러운 것은 무엇인가요?
- 무엇이 당신에게 동기부여를 주나요?
- 당신의 가슴을 뛰게 하는 한 가지는?
- 지금까지 극복한 것은 무엇인가요?

게슈탈트 기도문(Gestalt prayer)

나는 나, 당신은 당신
나는 나의 삶을 살고
당신은 당신의 삶을 산다.

나는 당신의 기대에 따라 살려고
이 세상에 존재하는 것이 아니고
당신도 나의 기대에 따라 살려고
이 세상에 존재하는 것이 아니다.

나는 나, 당신은 당신

13
Chapter

코칭과 NLP 접근

1. NLP 정의와 역사

NLP(Neuro Linguistic Programming)는 약자로 뇌신경 프로그래밍이라는 뜻이다. N은 Neuro(신경)를 뜻한다. 우리가 느끼는 오감으로 시각, 청각, 촉각, 미각, 후각이 신경적 과정에서 감각이 시작된다는 것이다. 우리는 오감을 통해 경험한 것을 바탕으로 정보를 얻고 자신의 선택에 의미를 부여하고 해석하고 행동하며 살아간다. 이렇듯 우리의 마음을 이해하고 알아차리고 재구성하는 데 의미가 있다.

NLP의 L은 Linguistic(언어)이다. 신경에서 느끼는 오감에 언어가 있다. 시각적으로 이미지를 그리고 청각적으로 소리를 듣고 촉각으로 신체의 감각을 느끼며 후각을 통해 냄새를 미각을 통해 맛을 느끼고 언어로 표현해 내는 것을 뜻한다.

NLP의 P는 Programming이다. 우리의 신경이 언어적 자극에 의해 무의식적 행동, 의식적 행동으로 패턴화 프로그래밍이 된다는 것을 뜻한다. NLP에서 모든 행동은 프로그래밍을 통해 나온 결과이다. 따라서 내가 원하고 바라는 결과(Outcome)를 얻기 위해서 생각, 사고 행동의 틀을 새롭게 하는 것을 뜻한다.

NLP 코칭은 행동주의와 경험주의, 실용주의 심리학의 영향을 받아 실용적이며 실천적으로 접근해 코칭의 프로세스를 진행하는 기법이다. NLP 개발자들은 이론보다는 행동적 방법론을 더 강조했고 NLP 코칭의 기법을 META 기법으로 설명을 했다.

NLP 코칭의 핵심은 목표설정이다. 우리가 길을 걸어가면서 자신이 가야 할 길을 모른다고 생각해 보자. 방향성 없이 길을 걸어간다면 도착점에 도착하기도 전에 지쳐서 포기하거나 길을 잃고 헤매는 결과를 맞이하게 될 것이다. 나침반 같은 방향성을 가지고 산다는 것은 안정성을 뜻하고 자신의 사명과 비전, 의미를 정확하게 내면화하고 간다는 것을 뜻한다. 삶을 살아가는 데 있어서 방향성과 목적을 모르고 앞만 보고 달려간다고 생각해 보라. 그 인생의 종착역에는 무엇이 기다리고 있을까? 우리가 행복한 삶을 산다는 것은 내 인생의 목적과 목표를 정확하게 알고 사명을 다해 살아간다는 것을 뜻한다. 코칭에서 목표는 일정기간 안에 측정가능하고, 구체적이고, 현실적이게 세워야 한다. 그러면서도 피코치의 신념과 가치가 함께 해야 한다. NLP 코칭에서 중요한 관점은 심신일체, 즉 몸과 마음은 하나라는 것이다. 당신이 무언가에 집중하여 생각을 하게 되면, 행동으로 신체적 반응이 일어나게 된다. 코칭을 진행하면서 코치와 피코치와의 유대감은 코칭의 환경을 만드는 데 중요한 역할을 한다. 신뢰의 환경이 조성되면 피코치는 비로소 자신의 생각과 마음을 신체의 언어로 표현하게 된다. 이 과정에서 유대감을 형성하게 된다. 코칭과정 중 피코치가 말을 하다가 팔짱을 하는 장면이 나오면 코치는 신체의 언어가 무엇을 말하는지 알아차려야 한다. 피코치와 신체의 언어로 대화를 하는 것을 NLP에서는 매칭(Cross maching)이라고 불리기도 하고 CO-Active 코칭에서는 피코치와 함께 그 순간을 춤을 춘다고 표현한다. 피코치의 행동을 세심하게 살피고 피코치의 표정, 행동, 에너지, 언어를 피코치와 맞추면서 코칭을 해야 한다.

NLP(Neuro Linguistic Programming)는 '오감을 통해 외부 정보를 받아들이고 경험하는 인간의 경험구조를 이해하고 그러한 구조를 변화시키는 방법을 체계적이고 과학적으로 전개한 이론이며 기법'이다(O'Connor & Seymour, 2002). NLP는 신경학(Neurology), 언어학(Linguistics), 프로그래밍의 약자로서 인간이 각각의 독특한 방식으로 높은 잠재력을 향해 끊임없이 움직이는 의식과 무의식 패턴의 설계과정이며, 사고, 언어, 행동 패턴을 연구한다(도미향, 김응자, 정미현, 2011).

이를 구체화하면, NLP의 N은 신경(neuro)을 말하는 것이지만 우리의 마음을 지칭하기도 한다. 이것은 인간의 모든 행동은 신경적 기반을 가지고 있다는 것을 의미하는데, 예를 들어 시각, 청각, 후각, 미각, 촉각을 느끼는 오감의 기능을 통해 외부로부터 정보를 받아들이고 그것에 의미를 부여하며 또 그 의미에 따라 행동한다는 것이다. L은 언어(Linguistic)를 의미하는데 이 언어에는 말로 이루어지는 언어와 말 이외에도 비언어적 메시지에 의한 언어도 포함된다. 이 언어는 사람의 행동을 이끌어 내고, 또 타인과의 의사소통을 하는 도구로서 사용이 되며 인간의 사고, 신념, 태도와 같은 정신세계를 반영하기도 한다. 그렇기 때문에 어떤 사람이 사용하는 언어를 들어보면 그의 내면세계를 어느 정도 짐작할 수 있게 되는 것이다. 마지막으로 P는 프로그램(programming)이며 인간의 사고, 감정, 행동은 습관적으로 프로그램화된 것이라는 뜻이다. 이것은 마치 컴퓨터의 소프트웨어를 업그레이드함으로써 프로그램을 바꿀 수 있듯이 인간의 내면적인 정신소프트웨어를 업그레이드함으로써 그의 사고, 감정, 행동이 바뀔 수 있다는 점을 말해 준다(O'Connor & Mcdermott, 1996).

결국 인간은 언어로 설명되거나 규정되는 세상을 다섯 개의 감각기관을 통해 경험하며 의식적이든 무의식적이든 외부의 정보를 특정한 방식으로 인식한 후에야 구체적인 행동으로 옮긴다고 할 수 있다. 그렇기에 NLP는 어떠한 인간의 마음과 행동이라도 신경-언어적 프로그래밍의 과정을 거침으로써 형성되거나 수정될 수 있기에 그러한 원리를 부정적인 행동이나 마음을 변화시키거나 치료하고 긍정적인 새로운 행동과 마음을 형성하도록 도와줄 수 있다고 믿는다(설기문, 2003).

전경숙(2003)은 NLP는 "인간에게 내재되어 있는 능력의 우수성을 개발하는 새로운 접근 방법으로 인간이 원하는 것을 쉽고 빠르게 실현할 수 있고 삶의 문제를 잘 처리하여 자기 성취를 가지게 하는 기능과 기술을 연구하는 인간 모델링(modeling)의 임상과학이다."라 정의했다. 설기문(2003)은 "NLP를 인간이 어떻게 자신의 행동을 수행하며, 어떻게 사고하며, 어떻게 학습하며, 또 어떻게 화를 낼까, 특정분야의 뛰어난 사람들은 이상과 같은 것을 어떻게 해 나갈까와 같은 의문들에 관한 답을 찾는 과정에서, 그리고 생활의 각 방면에 있어서 탁월성의 성과를 보이는 사람들을 '모방'하는 과정에서 시작되었으며, 이 과정에서 얻은 답의 내용을 체계화하여 사람들이 학습할 수 있도록 하는 것이다."라고 정의내렸다. 윤영화(2003)는 "인간의 우수성에 관한 연구이며 자기변화를 실현하기 위한 강력하고 실용적인 접근 방법"이라 하였으며 이정자(2010)는 "인간의 경험구조를 신경언어학적으로 설명하고 그 원리에 따라 감각기능을 조정하고 활용하여 신체 생리적 변화를 체험하게 함으로써 사고와 행동의 변화를 가져오게 하는 심리적 접근 기술이자 도구이다."라고 정의하였다.

다음으로 NLP의 배경에 대하여 설명한다. NLP는 1970년대 초 Grinder와 Bandler에 의해서 창시되었다. 이 두 사람은 당대 세계 최고의 심리치료자 세 사람에 대해 함께 연구하였는데, 그 세 사람은 Perls, Satir, Erickson이었다. Perls는 게슈탈트(Gestalt) 치료라 불리는 혁신적인 심리치료법을 창시한 사람이며, Satir는 다른 치료자들이 제대로 치료하지 못하는 어려운 가족관계 문제를 잘 해결하는 가족치료 전문가였다. 그리고 Erickson은 정신과 의사로서 세계적인 최면 치료사이자 에릭슨 최면의 창시자였다. Bandler와 Grinder는 새로운 심리치료 학파를 시작하려고 NLP를 개척하지는 않았다. 오히려 그들은 탁월한 심리치료자들이 핵심적으로 치료하는 기법을 찾아내어 그것을 다른 사람들에게 어떻게 가르칠 수 있을지에 대해서 알아내고자 하였다. 그들이 연구한 세 사람의 대가들은 서로 아주 다른 성격의 소유자였지만 뜻밖에도 유사한 치료적 패턴을 보였다. Bandler와 Grinder는 그러한 패턴들을 찾아내고 다듬어서 최종적으로 효율적인 커뮤니케이션, 개인변화, 가속학습, 행복한 인생을 위한 일에 활용될 수 있는 뛰어난 치료체계로 이론과 임상을 개발·발전시켰다. 그리고 Bateson 역시 NLP에 지대한 공헌을 하였는데, 그는 생물학, 인공두뇌학, 인류학, 심리치료 분야에서 수많은 종류의 논문을 저술하였으며 정신분열증의 이중속박(Double bind) 이론을 개발하였다(O'Connor & Seymour, 1990).

NLP의 체계적 단계모델이라고 볼 수 있는 신경학적 차원의 구조에 대한 발상은 원래 인류 사회학자인 Bateson이 Russell의 논리적 이론(Logical Levels Theory)과 Whitehead의 수학 이론을 바탕으로 인간 커뮤니케이션과 학습에 관한 행동과학적 기제를 규명하기 위한 시도에서 비롯되었다(Dilts, 1998). NLP에서 사용하는 논리적 차원은 이와 같이 Bateson의 연구를 기초로 개인이나 집단 속에서 작용하는 차원의 계층구조를 살피는 것이다. 각각의 차원은 그 아래 차원에서의 상호작용을 통합하고 조직화하는 방향을 정한다(심교준, 2005). 이렇게 탄생한 NLP는 James와 Dilts와 같은 창조적인 연구자들의 추가적인 이론 개발과 발전을 위한 노력에 힘입어 더욱 성장해 가고 있으며 오늘날에는 과거에 비하여 더욱 새롭고 다양한 기법들이 추가로 개발되어 의사소통 및 인간관계, 교육, 경영, 스포츠, 예술 등 다양한 분야에 폭넓게 적용되고 있다.

2. NLP 기본원리

1) 관찰식별(Calibration)

NLP 기법을 적절히 구사하려면 우선 상대방의 내적 상태를 파악할 수 있어야 한다. 그러기 위해서는 관찰식별(Calibration)을 잘 해야 한다. 그 대상이 되는 것으로서 외부로 나타나는 것은 BMIR(Behavioral Manifestation of Internal Representation, 내적 표상의 행동적 징후), 식별 단서(Accessing Cues) 및 시선 식별 단서(Eye Accessing Cues)가 있다. 이 기법을 활용하면 사람들의 선호표상체계(Preferred representational system)를 파악할 수 있다. 또한 눈의 움직임을 본다든지 대화에 사용하는 단어를 귀 기울여 들으면 거기에서 그 사람이 스스로를 동기부여하거나 스스로 제한을 가하기 위하여 어떠한 표상, 전략을 사용하는가를 알 수 있다. 따라서 그것에 맞춰 대응하게 되면 자연히 라포가 형성된다.

내적인 것으로는 표상체계(Representational Systems), 심층 사고방식(Meta Program)과 지각위치(Perceptual Position), 시간선(Time Line), 의식상태(Associate/Dissociate) 등이 있다. 이처럼 어떤 사람을 치유하고자 할 때, 그 사람이 스스로를 동기부여하는 방식을 관찰 식별하여 알 수 있다면 그것에 페이싱(Pacing)하여 적절히 이끌어(Leading) 갈 수 있을 것이다. 관찰 식별을 통하여 표상체계와 사용 순서(전략, Strategy)를 파악하거나 그것과 관련된 정보를 얻을 수 있다면 치유 과정에서 다음 두 가지 측면에서 도움이 된다. 첫째, 코치가 치유대상자에 대하여 그가 반응하기 쉬운 방법으로 동기부여할 수 있다. 또한 어떤 치유 정보를 전할 때, 그 사람이 스스로를 동기부여하기 위하여 쓰는 전략과 같은 방식으로 그 정보를 제공하면 긍정적으로 받아들여지기 쉽다. 둘째, 치유대상자가 스스로 동기부여를 하기 위하여 사용하는 방식이 현재의 상황에 긍정적으로 작용하지 못할 경우에는 새로운 표상체계와 그 사용 순서에 대한 변화를 시도할 수 있다.

2) NLP 라포 형성

관찰식별은 라포를 형성하기 위한 준비 기법이라고 해도 과언이 아니다. 그것은 NLP의 본질이 신뢰 관계 구축에 있다고도 할 수 있기 때문이다. NLP에서 라포 형성을 위한 방법으로는 맞추기와 이끌기(pacing and leading)가 있다. 맞추기와 이끌기는 두 사람의 관계에서 한 사람이 상대방의 말을 들으면서 그에게 맞추기를 하게 되면 두 사람 간에는 쉽게 라포가 형성되고 효과적인 관계가 구축된다. 이때 피코치가 코치로부터 영향을 받게 될 정도로 신뢰감과 친밀감이 증진되면 어떠한 의도를 갖고 피코치를 이끌어 갈 수 있게 된다. 그리하여 코치는 피코치를 코칭하여 바라는 상태로 긍정적 변화로 이끌어 낼 수 있다. 이에 라포를 형성하는 데 도움이 되는 세부적인 방법으로는 행동을 따라 하는 미러링(mirroring)과 말을 따라 하는 백트래킹(back tracking)이 효과적이다. 맞추기와 이끌기는 NLP의 기본적인 원리이다. 맞추기와 이끌기를 성공적으로 잘 하기 위해서는 피코치에 대해 관심을 기울이고 그에게 맞추어 반응할 수 있는 유연성을 가질 필요가 있다. 또한 NLP 코칭을 효과적으로 이행하고자 하면 라포 상태에 있을 때와 타인의 세계관을 존중하는 태도를 가질 때 가능하다. 그것은 또한 긍정적인 의도를 전제로 한다. 그래서 타인을 긍정적 상태로 이끌고 공동의 성과를 얻을 수 있게 할 수 있는 강력한 방법이 된다(O'Connor & Seymour, 1990).

관찰 식별 기법에서 파악된 상대방의 정보는 라포 형성을 위하여 활용된다. 그런데 라포 형성에서 가장 중요한 것은 코치가 피코치를 대할 때 NLP 기법만을 사용하고자 함이 아니다. 진정으로 중요한 것은 어디까지나 인간의 존엄성을 지키며 인간에 대한 애정 어린 마음, 인간에 대한 신뢰를 갖는 자세일 것이다.

3) 현재의 상태와 바람직한 상태

교육, 자기계발, 비즈니스 등 사회 각 분야에서 추구하는 변화에 대하여 생각해 볼 때, 현재의 상태에서 원하는 상태, 즉 바람직한 상태로 변화되는 것을 뜻한다. 결국 학습자들은 현재의 상태에서 바람직한 상태로 변화해 가는 과정에서 두 가지 상태의 차이를 경험하게 된다. 이때, 미래에 달성할 성과를 설정하는 과정에서 현재의 문제를 인식하게 된다. 반면 현재의 모든 문제는 곧 미래의 성과로 바뀔 수 있다는 것을 의미한다. 현재 상태에서의 행동, 사고, 감정 등은 바람직한 상태에서의 그것들과는 다르다. 원하는 미래의 성과를 달성하기 위해서는 이러한 현재의 상태와 바람직한 상태의 격차를 줄이고자 노력이 필요하다. 원하는 상태는 우리가 진정으로 바라는 것이 되어야 하며 강한 동기가 부여되어야만 한다. 동기부여는 스스로 내재되어 있는 자원들을 이끌어 내기에 충분한 마음의 상태이다. 기술, 기법, 마음의 자원 상태는 목표를 성취하는 데 필요한 수단이다. 그 수단에는 생리, 영양, 신체의 힘, 스태미나 등이 포함된다. 여러 가지 NLP 기술은 목표 성취 과정에서 만나게 되는 각종의 장애, 저항, 간

섭을 극복하게 하는 강력한 자원이 될 수 있다(O'Connor & Seymour, 1990).

3. NLP 코칭의 종류

NLP에는 일반적으로 진행 과정의 순서 및 구조가 확립된 구조화 기법이 많이 있다. 그래서 마치 수학의 공식, 어학의 구문과 같이 이미 구조화된 틀에 어떠한 내용이라도 그대로 적용할 수 있으므로 NLP는 자유 내용(Contents Free)의 기법이라고 일컬어지고 있는 것이다. 따라서 당연히 그 모든 기법들은 질병, 증상 치유에도 적용 가능한 것이다.

NLP의 중요한 기법으로는 자극심기(앵커링, anchoring, 정박 효과), 탁월성의 원, 본받기(모델링, modeling), 의식차원 통합, 부정/긍정의 통합, 시각 순간변화, 청각 순간변화, 명상유도, 갈등의 통합, 긍정적 의도 찾기, 공포증 제거, 지각위상 바꾸기, 입장 바꾸기(position change), 비유(metaphor), 자아상 통합, 참 나를 찾아서, 8단계 목표설정, 자아(part)들의 잔치, 새로운 신념의 발견, 말씀의 샤워, 내적 자원으로부터의 메시지, 미래 가보기, 새 행동 창조 기법, 개인사 변화, 시간선, 3차원 시간선, 시간과 대화하기, 내재 시간형과 통과 시간형, 6단계 관점 바꾸기, 내용관점 바꾸기, 의미 전환, 의미 탐색, 의식적 마음의 혼란과 활용, 스위시 기법, 모델링, 상상공학 등 이밖에도 다양한 기법들이 존재한다. 주요한 기법들 중 실제로 적용되는 내용을 구체적으로 제시하면 〈표 13-1〉과 같다.

표 13-1 NLP 기법

NLP 기법	내용
근본사고방식 (Meta program)	우리의 생각, 정서, 행동반응을 결정짓는 무의식적 내부프로그램이자 프레임으로, 일종의 인지적 여과장치이자 필터임. 사람들의 메타프로그램이 서로 다르기 때문에 어떤 상황을 인식하는 자세와 생각이 달라지고 서로 다른 메타프로그램에 따라서 서로 다른 정서와 행동반응이 유발됨. 즉, 사람이 각각 다르게 가지고 있는 언어의 구조 및 패턴
선호표상체계 (V.A.K)	인간에게는 5감(시각, 청각, 촉각, 후각, 미각)이 있는데 NLP에서의 정보교환 시에 주로 3가지 표상체계를 사용하며 그 3가지 중 가장 먼저 작동되는 체계를 말함

NLP 기법	내용
시선식별단서 (Eye accessing cue)	눈동자의 움직임으로부터 그 사람의 체험이나 어떤 선호표상체계를 사용하고 있는지를 말함
새로운 신념의 발견 (Chain Process)	바람직한 상태를 정하고 그것을 긍정적으로 명확하게 표현하여 이루어진 상태를 체험시킨 후, 자신에게 제한 · 한계를 갖게 하는 신념이 무엇인지 확인하는 기법
의미전환 (Reframing)	어떤 이미 일어난 일에 대하여 다른 구조나 의미를 부여함으로써 그 일에 대한 인식적 시간을 바꾸는 것
8단계 목표설정 (8 frame outcome)	목표를 설정함에 있어 중요한 내용들을 8가지 요소로 나누어 질문하고 검토, 확인하여 적절하게 outcome을 찾게 하고 구축하게 하는 기법
적량화 (Chunking Up/Down)	적절한 목표설정을 위하여 목표의 구성요소를 크게 또는 작게 하는 기법
탁월성의 원 (Excellent circle)	행동 차원의 자원을 최대로 활용할 수 있게 하여 자신감을 높여주는 기법
부정/긍정의 통합 (Integration)	자신의 부정적 측면과 긍정적 측면을 밝힌 후 타인이 관찰식별 후 개입하게 하여 yes, but의 대화체로 반대 긍정의도를 밝혀내게 하여 모든 인간은 온전히 부정적이거나 긍정적이지 않음을 일깨워 주는 기법
시간선 (time line)	사람이 무의식적으로 갖고 있는 시간선을 확인하고 그 시간선을 따라 과거의 자원을 현재로 가져오고 그것을 다시 미래에 적용함으로써 시간의 흐름에 따른 자연스러운 성취감을 느끼게 하는 기법
자원감 심기 (Resource Anchoring)	긍정적 체험의 자극을 주어 디프레스 상태일 때 동기를 이끌어 내는 기법
바람직한 삶의 목표 (Excellent life outcome)	바람직한 상태를 지향하기 위하여 현재 자신이 하는 일, 애정, 건강상태, 인간관계, 경제상황 등을 고려해 봄으로써 현재의 나의 상태를 점검해 보고 바람직한 상태로 가기 위해 점검하는 기법
자아(Part)들의 잔치	내 안의 긍정적 · 부정적 자아(Part)들을 한 자리에 집결시킨 후 모든 파트에게 자문자답 형태로 자신에게 깨우쳐 주려고 하는 긍정적 의도를 찾아내어 통합 감각을 자극하는 기법
메시지 샤워 (Message from Resources)	자신이 특정인에게 듣고 싶은 승인이나 격려의 말들을 종이에 적게 한 후 조력자들에게 나눠 주어 돌아가며 말하게 한다. 이때 조력자들의 목소리의 성량과 높이, 속도를 조절하는 것이 포인트. 그리고 피코치에게 나타나는 감각을 스스로 느끼게 하고 내재화하여 얻게 된 충족감을 최고조로 강화시켰을 때 특유의 포즈로 그 상태를 몸에 자극하는 기법

위에서 정리한 기법 이외에도 더 많은 크고 작은 기법들이 있지만 어떤 기법을 활용하더라도 앞서 제시한 NLP의 기본 기법, 즉 관찰 식별(Calibration) 기법,

라포(Rapport) 형성 기법, NLP 기본 개념 등은 필수 불가결하게 적용된다.

4. NLP 코칭 단계

NLP는 코칭의 여러 형태 중 한 분야이며 여러 많은 코칭의 기법이나 모델 중 무엇보다 강력하다고 할 수 있다. NLP의 기법과 도구들은 효과적인 코칭을 하는 데 최적이다. 잘 형성된 결과들(well-formed outcomes), 모델링(modeling) 기술, 그리고 탁월한 성장을 위한 단계별 과정을 만들어 내는 능력에 초점을 맞춘 NLP의 방법론은 광의와 협의의 코칭을 수행하는 코치들 모두에게 가장 중요하면서도 강력한 방법 가운데 하나이다(Dilts, 1998). NLP는 만능코칭키트이다. 어떠한 상황에 직면해도 해결할 도구들이 집결돼 있다. NLP의 기본적인 과정에 따른 스킬을 바탕으로 코치의 역량에 의해 조합 후 응용하면 그 활용성은 양으로 측정하기 어려울 만큼 다양하다.

코치와 피코치를 위한 유용한 NLP 모델의 배경은 신경-논리적 단계(Neurological Levels)이다. 코칭이 성공적으로 완수되기 위해서는 학습과 다양한 변화의 단계들이 필요한데 신경-논리적 단계 모델에 따르면 어떤 시스템이나 사람은 각각 서로 다른 단계에 논리적으로 연결되어 있고, 그 단계는 환경, 행동, 능력, 신념과 가치관, 자아정체성 그리고 더 나아가 영적인 단계로 묘사하고 이해할 수 있다. 또한 각 변화 단계에 따른 지원자로서의 역할이 분명하며 코치가 이끌어야 할 구체적인 방법들이 제시되어 있다(Dilts, 1998). 성공과 변화 학습의 6단계는 〈표 13-2〉와 같다.

표 13-2 성공과 변화 학습의 6단계

변화단계	지원자	코칭	리더십
환경	가이드, 부모	When/Where	예외 상황만 관리
행동	코치	What	간헐적인 보상
능력	티처	How	지적 자극
신념, 가치관	멘토	Why	개인적 고려
자아정체성	스폰서	Who	개인적 고려
영적	어웨이크너	Who/Whom	카리스마적인, 비전적인

이는 당시 영국의 인류학자이자 사회커뮤니케이션과 시스템 이론에 대한 책을 쓴 Bateson이 커뮤니케이션에는 환경(environment), 행동(behavior), 능력(capabilities), 신념과 가치(beliefs and values), 정체성(identity), 목적(purpose) 등 6단계의 자생적 위계가 있다고 설명한 정렬 모델에 근거하였다. Dilts(1998)는 이러한 6단계 자생적 위계를 신경-논리적 차원이라는 개념을 통해 사상, 사건, 관계, 조직에 대한 인간의 사고에 깔려 있는 구조와 패턴을 의식의 단계에 맞게 보완하여 설명하고 있다. 훗날 Bateson은 의사소통이론과 체계이론으로 인간의 변화와 성취를 위한 새로운 이론과 기법체계로 NLP를 발전시키는 데 공헌하였다. Dilts에 따르면 인간의 의식수준(level)에는 환경, 행동, 능력, 신념과 가치관, 자아정체성, 영적 수준의 6가지 단계로 보는데, 환경 수준이 가장 낮고 영적 수준이 가장 높은 수준이라고 밝힌다. 이러한 각 단계는 하위수준이 상위수준에 영향을 미치기도 하지만 상위수준이 하위수준에 영향을 미치는 힘이 더욱 크다고 볼 수 있다.

가장 기본적인 단계는 '환경'이다. 코칭과 모델링은 시스템, 구성원들이 서로 영향을 주고받는 환경, 다시 말해 활동이 일어나는 시간과 장소를 뜻한다. 한 조직의 환경은 그 환경이 이루어지는 지리적인 위치, 곧 '일터'라고 한다면 빌딩이나 사무실, 공장 등과 같은 것들로 구성된다. 게다가 이러한 환경적인 요인들은 그 조직의 구성원들에게 영향을 미치게 된다. 또 다른 단계는 조직 또는 개인의 구체적인 '행동이나 활동'이다. 행동은 자신들의 환경 안에서 조직이나 개인이 무엇을 하는가이다. 이러한 행동은 개인의 일상 업무나 습관, 직업과 관련된 활동의 형태를 띤다. 다음 단계로는 '능력이나 전략, 기술'이다. 이 단계는 자신들이 취해야 할 행동을 선택하고 책임지게 된다. 다시 말해 어떤 특별한 상황에서 그들의 행동을 어떻게 끌고 나가는가이다. 네 번째 단계는 '신념, 가치관'이다. 신념과 가치관은 주어진 환경에서 행동적 결과를 달성하게 만드는 전략이나 능력 이면에 있는 동기부여를 제공한다. 즉, 특정한 시간과 장소에서 사람들이 일을 하는 이유를 말한다. 또한 신념과 가치관은 사건에 어떤 의미가 있는지를 결정한다. 다섯 번째 단계는 '자아정체성'이다. 신념과 가치관은 개인이나 조직에 '자아정체성'에 영향을 미친다. 자아정체성은 언제, 어디서, 무엇을, 어떻게, 왜 등의 이유가 되어야 하는 최상위 의식인 '나는 누구인가'에 대한 성찰 단계이다. 이 단계는 사람들의 비전과 그들이 속해 있는 것보다 더 큰 조직에 대하여 그들이 가진 역할이나 비전에 대한 인식과 관련이 있다. 마지막으로 최종 단계인 '영성'이다. 이 단계는 자신이 속해 있고 참여하는 환경보다 더 높은 상위 의식 차원에서 누구를 위해 또는 무엇을 위해 행동하고 능력을 개발하고 신념과 가치관을 세워야 하는지에 대해서 자아정체성을 확고히 하는가와 같은 의미부여에 따른 목적의식과 관련 있다. Bateson은 학습의 여러 가지 차원에 의하여 형성된 계층구조는 '아마도 종뇌(Telencephalized Brain)에서 발견된다고 기대되는 회로조직의 계층구조에 대응한다.'고 주장하면서 '학습의 여러 가지 차원과 같은 구조의 신경 생리조직의 분류나 계층구조가 발견되기를 기대한다.'고 하였다(Bateson, 1979). 그의 바람에 따라 Dilts는 신경학적 차원에서 각 의식 단계를 계열화하고 상호작용하면서 기능하는 원리를 정립한 것이다. 이 원리에 관한 간단한 예는 〈표 13-3〉과 같다(심교준, 2005).

표 13-3 NLP 신경학적 차원의 의식단계의 예

자동차 운전의 예
환경 ▶ 차의 속도는 시간의 관계에서 거리를 변화시키는 작용이다.
행동 ▶ 발로 엑셀이나 브레이크를 밟는 것은 속도를 바꾸는 행동이다.
능력 ▶ 속도를 유지하는 능력은 발의 사용방법을 제어하기 위하여 심리적 지도와 지각을 통합하는 작용이다.
신념 ▶ 속도를 지키는 것은 법에 가치를 두고 만일 지키지 못했을 경우의 결과를 감수해야 한다고 믿는 데 따른 것이다.
가치관 ▶ 만일 규정 속도제한에 가치를 두지 않으면 속도를 지킬 능력이 있어도 지키지 않을 것이다.
자아정체성 ▶ 모범 운전사라면 이 모든 작용을 포함한다.

NLP의 전제 중 하나는 '의식은 생리를 지배한다.'이다. 근간에 NLP 기법을 다루어 신체적 질환의 개선에 긍정적 영향을 미친다는 사례들이 보고된바 있다. 그 원리는 신념을 변화시키는 방법으로 목표명확화(Outcome), 시각화(Visualization) 등을 주기법으로 사용하여 질병을 하나의 내적 자신과의 커뮤니케이션으로 파악하고 그 의미를 탐색하여 관점을 바꿈으로써 질병에 대한 대응방식을 바꾸기 때문이라고 밝히고 있다(심교준, 2005). 사람이 자신의 신념과 가치관을 바꾸기란 참으로 어려운 일일 것이다. 그러나 결코 불가능하지 않는 일이므로 잘 정돈된 목표설정을 통해 우리가 바라는 상태로 전이는 충분히 가능하리라 본다.

5. NLP 메커니즘

1) 행복 성취 두뇌 작용

행복한 삶을 살아가는 것이 두뇌의 작용에 의한 것이라는 결과를 알게 된다고 가정해 보자. 그렇게 된다면 내가 원하는 행복과 달성하고 싶은 성취는 자연스럽게 어떻게 해야 하는 것인지 알게 될 수 있지 않을까? 생각해 본다.

새로운 차를 사던가, 가전제품 등을 사면 '사용설명서'가 들어 있다. 어떻게 작동해야 하는지, 내가 원하는 방향으로 설정 후 사용하기 위해 '사용설명서'를 밤새워 읽은 경험은 누구나 했을 것이다. 나에게 유용한 기능이 있는데 몰라서 사용하지 못하고 있다고 생각해 보자. 어떠한가? 물론 사용설명서 없이 차를 운전하는 사람도 있다. 그러나 자신에게 편리하도록 운전석 기능을 설정하고, 각 부품에 대한 이해와 버튼의 위치 등을 설정하면서 차의 활용도를 높게 사용할 수 있다. 이 과정에서도 한번 구동해 보고 모든 것을 익힌다면 좋겠지만 인간은 망각이라는 정신기제가 있기에 기억하지 못하는 경우가 더 많다. 여러 번 행동으로 연습을 해보면서 기억 속에 저장을 하고 자신에게 편리한 기능은 몸이 스스로 반응할 수 있도록 계속된 연습과 반복을 통해 익히게 되다. 이처럼 두뇌의 작용에 의해 우리는 삶을 살고 있지만 두뇌의 언어 메커니즘에 대해 생각을 잘 하지 않는다. 뇌는 현실과 상상을 구별하지 못하는 특성을 가지고 있다. 두뇌의 메커니즘을 본다면 두뇌는 시각을 통해 현재를 인식한다. 현재를 움직이는 것이라고 할 수 있다. 그런데 마치 지금 앞에 보이고 상상하는 것만으로도 두뇌는 현재를 보고 있다고 인식하는 것이라 할 수 있다. 이때 정보는 크게 중요하지 않다. 과거의 기억, 미래에 일어나지 않은 정보 등 상관없이 두뇌는 현재의 감각으로 받아들이고 신체를 통해 반응할 뿐이다.

코칭을 하면서 과거의 기억이나 어린 시절의 상처 등으로 힘들고 어려워하는 사람들을 만난다. 힘들었던 기억은 현재의 삶에도 부정적인 영향을 미치고 건강한 삶을 살아가는 데 어려움을 겪는 것을 보게 된다.

40대 여성 S씨는 삶이 행복하지 않고 자존감도 낮으며 어떤 일을 해도 기쁘지 않고 성취력이 낮다고 코칭을 받기로 했다. 총 10회기 코칭을 진행하게 되었고, 5회기 정도 되었을 때 자신의 삶에 대해 이야기하고 싶다고 했다. 어린 시절부터 부모님은 자신에게 관심이 없었고, 행복했던 순간이 단 한순간이 없었으며, 사랑을 받은 기억이 전혀 없었다고 한다. 엄마라면, 아빠라면, 다른 부모는...., 끊임없이 이야기를 하면서 현재 자신의 불행과 우울감은 부모 때문이라고 원망하고 힘들어했다. 코칭과정을 진행하면서 애써서 자신이 사랑받지 못했음을 계속 말을 했다. 부모에 대한 이해는 하고 싶지 않은 행동과 말을 계속 했다. 마치 자신의 삶의 모든 불행은 부모의 양육에서 시작되었고 자신은 아무 잘못이 없다는 것을 말을 하고 싶어 했다.

행복은 주체인 나 자신이 성취해야 하는 것이다. 두뇌의 회로에서 장기기억으로 가도록 반복된 생각이 부정적인 생각이라면 내 기억 속에 불행의 지도를 그려 놓은 것이다. 작은 행복의 기억을 잡고 지속적으로 반복하여 행복의 지도를 그려본다면 S씨의 지금의 모습은 어떻게 달라졌을지 생각해 볼 수 있다.

지금 자신의 삶이 불행하다고 생각한다면 자신의 두뇌 메커니즘에 행복회로를 돌려보면서 변화하는 나를 알아차려 보는 것을 추천해 본다.

"부모에게 행복을 주는 것은 어떤 의미인가?"
"진정으로 느낀 행복의 모습은 어떤 모습인가?"
"당신에게 지금 이 순간 가장 중요한 것은 무엇인가?"
"자신에게 행복에 관해 도움이 될 말을 한다면?"
"당신이 다른 사람에게 행복을 전해 준다면?"

자신의 두뇌의 메커니즘을 행복회로로 돌려보자. 삶에서, 환경 속에서, 상황에서 적극적으로 반복하고 활용해 보자. 왜 해야 하냐고 묻는다면 첫째, 나답게 살기 위해, 둘째, 행복한 삶을 살아가기 위해서 용기를 내서 해보자.

행복은 동물적 감각을 가지고 빠르게 왔다가는 감정이 아니다. 내면을 따스하게 만들고 장기기억으로 기억될 정도로 푸근한 만족감을 느끼며 충만감을 느끼는 것이다. 그리고 행복이라는 감정 안에 불행, 도전, 실패, 후회 등의 모든 상황과 감정까지도 내포되어 있다고 할 수 있다.

자신이 가장 행복했던 순간을 떠올려 보자. 그 순간은 나에게 어떤 의미였을까? 각자 행복을 느끼는 포인트는 다르지만 스스로 선택하고 실행해서 목표를 달성하여 성취감을 느꼈을 때 가장 큰 행복을 느낄 것이다.

6. NLP와 인간행동

1) 인간행동의 원리

인간의 경험에 대한 반응은 말, 행동, 몸짓 등과 같은 외적 행동과 생각, 계산과 같은 내적 전개 그리고 일반적인 느낌과 감정상태 이렇게 3가지로 나누어진다.

태양 빛을 보면서 말을 하고 느끼고 생각하고 언어와 행동으로 나타내는 것이다. 이처럼 인간의 행동은 환경에 의해 반응한다는 것이다. 환경과 사물을 바라보면서 우리는 생각을 한다. 생각 안에는 신념, 사상, 철학, 의견, 선입견, 편견 등이 들어 있다. 우리는 끊임없이 생각을 하고 생각을 단어로 표현하면서 내적 대화를 하게 된다. 이때 하는 자문자답이 내적 대화라고 할 수 있다. 과거의 경험은 신념이나 가치관에 많은 영향을 미친다.

우리가 어떠한 상황에 부딪치면 환경이나 정보에 의해 탐색하고 판단하여 대응하는 행동으로 나타나게 된다. 예를 들어, 사회적으로 큰 선행을 하여 언론이나 주변에서 큰 칭찬을 받은 사람은 다음에 다시 큰 선행이나 희생이 필요한 시기에 자신이 어떤 행동을 할 것인가에 대한 선택을 판단하게 된다.

2) 인간행동의 긍정적 의도

NLP는 사람의 생각과 행동에 대한 호기심에서 시작되었다.

'저 사람이 저렇게 행동하는 이유는 무엇일까?', '왜 나와 생각이 다를까?' 등 자신과 다른 생각이나 반응하는 사람의 행동에 대해 관심을 가지면서 만들어졌다.

NLP에서는 인간의 모든 행동에는 반드시 긍정적인 의도가 있다. 예를 들어 말을 잘 하지 못하는 어린아이가 울거나 투정을 부리는 순간을 떠올릴 수 있다. 아이는 말이 서툴기 때문에 울음으로 자신의 의사표시를 하고 투정으로 자신의 행동을 보일 수 있다. 이 행동을 곰곰이 생각해 보면 어린아이의 입장에서는 긍정의 의도를 가지고 한 행동인 것이다. 모든 행동은 긍정적인 의도를 가지고 있다. 단지 자신을 알리기 위한 외침이었고, 내면의 안정감을 느끼기 위해 자신을 방어한 행동이었음을 알아야 한다. 코치는 자신의 왜곡된 지도를 알아차리고 내면의 안정을 찾기 위한 안정장치를 찾아서 긍정의 의도를 충족시킬 수 있는 행동을 선택하도록 코칭으로 함께 하고 도와야 한다.

3) 탁월한 성취 행동

회사 프로젝트를 진행하는데 당신에게 역할이 맡겨졌다면 어떻게 하고 싶은가? 아마도 잘 해내고 싶을 것이다. 성공하고 싶은 사람은 자신이 무엇을 해야 하는지 가장 잘 안다. 성공하기 위해 선임을 찾아가거나, 그 분야에서 성공한 사람들의 방법, 즉 지도를 배워서 자신의 것으로 만드는 사람들이 성공률이 높다.

지금 이 순간에 당신이 할 수 있는 모든 것이 가능하다고 생각해 보고 또, 모든 것을 가능하게 하는 마법의 지팡이가 내 앞에 있다고 떠올려 본다. 자신 스스로 물리적으로 안 되는 상황을 알고 있기에 실현 가능한 선에서 가능한 것을 스스로 찾고 있는 자신을 만날 수 있다.

코칭을 하면서 하고 싶은데 하지 못하고 고민하고 있는 피코치를 종종 만난다.

코치: "지금 모든 것이 가능하도록 만드는 마술 지팡이가 눈앞에 있습니다. 이 일을

실행하기 위해 가장 먼저 하고 싶은 것은 무엇인가요?"

피코치: "마술지팡이요... 마술지팡이는 무엇이든 가능하다고 했으니 지금까지 마음 속으로만 생각했던 것이 있는데요. 그걸 소원으로 말하고 싶네요."

마술지팡이 질문을 하면 대부분 답을 못한다. 코칭을 받으면서 더 멋진 질문이 올 거라 생각했는데, 이런 황당한 질문을 한다고 생각할 수도 있다. 그런데 질문은 참 희한한 힘을 가지고 있다. 질문이 살아서 움직이는 순간이 있다. 황당한 웃음을 지으면서도 머릿속에서는 '마술지팡이..... 음...... 마술지팡이' 하고 생각을 하고 있기 때문이다. 마술지팡이의 질문을 통해 생각은 이미 마음을 움직이게 된다.

'마술지팡이가 정말 있었으면 좋겠다. 마술지팡이가 있다면 어떤 소원을 빌어 볼까? 그러면 무엇을 할 수 있지? 무엇이 가능할까?'

이 생각은 어느 순간 마술지팡이가 있다면 어떤 것을 해볼까? 하며 성공률을 높이는 방법을 생각하게 된다.

생각을 실행으로 옮기기 위해서는 파워풀한 내적 에너지가 필요하다. 불가능한 것을 가능하게 만드는 힘, 그게 바로 마술지팡이이며 질문이 가진 힘이다. 가능한 것을 생각하게 되면 내면에 공간이 생긴다. 가능성의 공간이다. 가능성은 곧 실현 가능한 일들을 떠올리게 된다. 성취는 실행을 향해 끈기 있게 몰입함으로써 얻어지는 결과이다.

코칭의 프로세스를 살펴보면 모든 것은 실행에 맞추어져 있다. 불가능을 가능하도록, 하고 싶었던 것을 할 수 있도록 결심하고 성취할 수 있도록 정교하게 맞추어진 프로세스이다.

7. 행복을 위한 NLP 코칭의 기술

1) 내면의 안정

코칭을 받으러 오는 사람들의 표정과 동작을 살펴보면 초기에는 긴장감이 느껴진다. 그러나 코치와 라포가 형성됐을 경우 좀 더 안정적인 환경에서 코칭을 진행할 것이다. 막상 코칭과정에서 질문에 답을 해야 하는 과정은 쉽지만은 않다.

좋은 성과나 결과가 나오기 위해서는 무엇보다 내면이 안정되어 있어야 한다. 코칭을 하는 코치가 피코치 앞에서 불안해한다고 생각해 보자. 아마도 코칭이 끝날 때까지 피코치는 긴장의 끈을 놓지 못한 채 계속해서 불안을 함께 느끼고 있을 것이다.

코칭을 받으러 오는 사람들의 주제를 살펴보면 내면에 불안한 마음을 가지고 오는 사람들이 많다. 원인이 무엇이든, 이유가 무엇이든 간에 해결 방법을 알고 싶어 하고 내면의 안정을 찾기를 원한다. 루치아노 파바로티(Luciano Pavarotti)는 세계적인 테너이면서도 수많은 무대에서 공연을 했지만 매번 손수건을 들고 무대에 오른다. 이때 손수건은 내면의 안정을 돕는 도구인 것이다. 무슨 일을 하던지 불안하거나 불안정한 상태로 일을 하는 것은 스트레스를 받는 요인 중 하나이다. 내가 선택한 일이 잘 진행되거나 실행력을 높이기 위해 내면의 안정은 선행되어야 한다. 성취와 행복을 위해 NLP 코칭을 진행하는 데 있어 심리적 안정은 필수 조건의 기술이다.

NLP 코칭을 진행하면서 피코치와 마주 앉아 큰 심호흡을 하면서 내면의 안정을 먼저 한다. 미래의 상황을 바라보는 과정이나 객관화하는 과정, 아웃컴 하는 과정 등 코칭을 진행하면서 제일 먼저 복식호흡을 함께 진행한다.

NLP 코칭 중 호흡법

준비>

- 조용한 장소를 선택한다.
- 내면에서 최대한 할 수 있는 긍정정서를 이끌어 낸다.
- 지금 이 순간 내 주변의 모든 것에 감사를 느껴본다.
- 부정적인 생각이 떠오르면 그냥 흘려보낸다.
- 모든 것을 수용할 마음을 갖는다.

실행>

- 의자에 앉아 있을 경우 편안한 자세로 임한다. 팔걸이에 팔을 올리지 않아도 된다.
- 누워서 진행하고 싶으면 누워도 된다.
- 자신이 가장 편안한 자세로 코칭에 임한다.

호흡법>

- 숨을 깊이 들이마신다.
- 폐의 아래에서 배꼽까지 숨이 꽉 차도록 한다.
- 들이쉴 때 우주의 모든 것, 주변의 모든 긍정 에너지를 받아들인다는 생각을 가지고 임한다.
- 10초 정도 숨을 멈추고 내 몸의 에너지를 느껴본다.
- 코로 길게 숨을 내쉬면서 배안의 공기를 모두 빼낸다.
- 머릿속으로 내 몸의 모든 노폐물, 부정적 생각이 빠져나가 깨끗해지고 활기 넘치는 모습을 이미지화한다.
- 반복해서 10회 정도 진행을 한다.

2) 감정의 적극적 경청

코칭과정에서 경청은 중요한 기술이다. 듣기는 단순히 귀로 듣는 청각의 기능을 말한다. 이에 반해 경청은 적극적이고 내면의 말하지 않고 미처 알지 못하는 욕구와 감정까지 듣는 것을 말한다. 우리는 일상적 듣기는 어조, 기분, 단어, 속도 등 전체 소리에서 20~40가지만 듣는다. 코칭에서 경청은 모든 감각을 이용하여 들어야 하며, 정서와 감정을 다루는 과정에서 경청은 더욱 세밀하고 모든 감각을 이용하여 들어야 한다. 특히 피코치가 코칭과정에서 말을 할 때는 세부적인 말을 표면적으로 열심히 경청하기보다는 말하고자 하는 요점을 경청하고 그 의미와 가치에 대해 경청을 해야 한다. 정서 행복 코칭과정에서 피코치의 감정은 두려움, 기쁨, 분노, 호기심, 즐거움, 화, 실망 등과 같은 감각을 말한다. 이 감정의 고리를 경청해야 한다.

감정을 경청하는 과정에서 피코치의 발달 단계나 행동, 기질, 성격, 유형 등의 스타일을 사용한다. 사람들은 발달 단계에 따라 성숙도가 다르다. 코치는 판단, 에고리스, 해석, 탐색 등을 멈추고 피코치의 상태를 살피고 그 순간을 함께하기 위해 경청해야 한다. 발달단계를 아는 것이 대화의 과정에서 무엇을, 어떻게 대응하고 질문할지 결정하는 데 도움이 될 수 있다. 예를 들어, 발달 단계에서 회복 단계에 있는 사람들은 자신의 의사결정이나 새로운 방안들과 전략에 대해 알아주고 공감과 격려 받기를 바란다.

또한, 코칭과정에서 피코치가 말할 수 없는 것이나 이해하지 못하는 것에도 귀를 기울여 경청해야 한다. 피코치는 코칭과정에서 자신의 말에 대해 스스로 이해하지 못하는 경우가 있다. 실패에도 끊임없이 도전하는 피코치는 자신의 내면에 성공하고 싶은 마음과 그 성공에 대한 욕구를 자신도 모르고 말을 할 때가 있다. 어쩌면 자신이 끊임없이 하는 도전이 자신의 어떤 욕구에서 나오는지조차 알아차리지 못하고 행동의 습관처럼 행동하는 것이다. 이때 그의 목표, 내면의 두려움, 자극하는 것들, 동기부여 등에 경청하여 핵심 동기를 들어야 하며, 자신을 움직이는 것이 무엇인지 알았을 때 행동의 방안들에 에너지와 동기부여가 함께 어우러져 실행력이 높아지고 달성률이 높아진다. 결국 경청은 행동의 에너지로 움직임에 대한 원동력이 되는 것이다.

(1) 언어

언어는 우리의 머릿속에서 떠오르는 생각이 1차적으로 밖으로 나오는 것이다. 그렇기에 코칭 가운데 코치는 피코치의 언어를 잘 경청해야 한다. 언어, 즉 말로 전달할 때 억양, 음색, 음질, 톤, 표정 등을 잘 살펴야 한다. 또한 그 안에서 전달되는 단어에 대해 귀를 기울이고 경청해야 한다. 이때는 내면의 깊은 면까지 볼 수 있는 경청을 해야 한다.

피코치가 인사를 하는데 무표정하고 낮은 음성으로 억양도 없이 “오랜만이네요. 너무 반갑습니다. 보고 싶었습니다."라고 인사를 한다면 코치는 피코치에 대한 알아차림이 일어나야 한다. 피코치의 표정과 억양, 음성과 현재의 언어가 일치하지 않음을 빠르게 알아야 한다. 이때 우리가 귀를 기울여 들어야 하는 방향은 음성이다. 음성을 조작할 수도 있지만 대부분 무의식적으로 표현되어 전달되는 것이 목소리이기 때문이다. 반갑지만 내면에 문제 등 자신의 불편한 상황이 무의식적으로 나타난 것이다.

"저도 반갑습니다. 보고 싶었어요. 오늘 하루 마음의 날씨는 어떠신가요?"

피코치의 답변에 모든 것이 들어 있다. 코치는 음성과 표정, 내면의 표정까지도 들어야 한다.

우리가 대화 안에서 사용하는 접속사에도 의미를 두고 있다. 이야기 뒤에 부정적인 부분인 의미를 담을 때 '그러나'를 사용한다. 긍정적인 의미를 담아내고 싶을 때 '그리고'를 사용한다. 자기주장을 하고 싶은 경우 '그래도'를 사용한다. 이처럼 언어 속에서 단어와 단어가 주는 의미까지도 들어야 한다.

코칭하면서 피코치가 잘 이야기하다가 자신에게 있어 가장 중요하거나 감추고 싶은 부분이 생기면 목소리가 작아지며 아주 작은 단어로 무심코 이야기하는 경우가 있다. 수련기간이 길어지고 코칭 시간이 3000시간이 되면서 경청의 부분도 함께 훈련이 되었다. 피코치의 말에서 자신이 숨기고 싶은 무의식적으로 말하는 것을 찾아내는 것이다.

"전 잘하고 싶은데, 잘 안 될 것 같기도 하고, 두렵기도 하고........"

이 이야기를 피코치가 하면서 '잘하고 싶은데'는 아주 작게 말하고 그 뒷이야기는 들릴 정도의 목소리로 말했다.

"잘하고 싶은 마음을 좀 더 말해 주세요?"

'두려움'이라는 단어에 관심을 가질 때, 잘하고 싶은 마음은 차마 말로 꺼내기 어려워하는 단어를 들어야 한다.

(2) 신체언어

말로 표현하는 것을 신체로 말을 하는 것이다. 팔 동작이라든지, 다리 동작, 몸을 움직이는 방향, 표정까지도 모든 움직이는 것은 신체의 언어, 즉 행동이라고 볼 수 있다.

뇌의 작용을 통해 주변 환경에서 정보를 수집하여 어떻게 처리할 것인지, 신경을 통해 지시가 내려지고 전달된 호르몬과 신경전달물질에 의해 근육이 움직이고 우리에게 행동으로 나타나게 되는 것이다.

NLP에서 '인간의 모든 행동에는 긍정적인 의도와 목적이 있다.'란 전제가 있다. 이 전제는 어느 상황이든, 어떤 장소에서든 그 사람이 한 행동은 그 순간에 일어나야 했던 행동이라고 볼 수 있다. 이는 사람의 모든 말과 행동에는 내면의 모든 것을 나타낸다고 할 수 있다. 그러나 의식적으로 내면을 감추기 위해 다른 면을 연출할 수 있음을 알아야 한다.

범죄자가 언론 카메라 앞에서는 울먹이고 죄송하다고 하면서 검찰 조사에서 자신의 영웅적 모습을 나타내거나 웃는 경우를 볼 수 있다. 이 행동을 살펴보면 자신에게 긍정적 의도와 목적을 가지고 한 것이라고 볼 수 있다.

코칭 가운데 언어를 넘어서 행동까지도 경청해야 한다. 그중에서도 신뢰를 보여주는 행동을 분류해 보면, 다음과 같다.

① 신체의 자율신경
② 다리를 꼬거나 떠는 하체 신호
③ 팔짱을 끼거나 손을 모으는 등의 상체 신호
④ 손동작이나 손가락 움직임
⑤ 무의식적으로 하는 손짓
⑥ 얼굴에 나타나는 표정
⑦ 말, 언어, 음성, 억양 등

인간의 행동에 관해 행동 전문가들이 쓴 내용들을 종합하여 간단한 표로 정리해 보았다. 인간이 무의식적으로 하는 행동에 어떤 의미가 담겨 있는지 보자. 정도에 따라 조금씩 차이가 있을 수 있다.

표 13-4 행동에 따른 의미

행동	무의식적인 의미
얼굴 끄덕이기	수용, 찬성, 이해
얼굴 가로로 돌리기	부정, 반대, 이견
턱을 손으로 바치기	불만족
머리나 머리카락 만지기	인정, 위로 받고 싶음
입, 코 등 얼굴 가리기	숨기고 싶은 의도
팔짱, 다리 꼬기	거부, 의심, 깊은 생각
다리 떨기	불안함, 긴장감
약속에 지각	존재와 가치를 인정받고 싶음

코칭 가운데 피코치의 행동을 경청하면서 이루고자 하는 목표의 의미를 깊이 들으며 코칭을 해보자. 피코치의 잠재력이 보이게 될 것이다.

3) 인정

인간이 행복을 느끼는 순간은 타인으로부터 인정을 받을 때이다. 인정은 사람의 성품, 잠재력, 가치, 기여 등 내면의 것을 알아주는 것이다. 누군가 당신의 존재(Being)에 대해 알아준다면 그 순간 나의 가치와 자존감을 느끼게 되면서 뇌 속에서 도파민이 분비된다.

코칭에서 인정은 타인에 대한 기여이며 충만감을 가져다준다. 이 과정에서 인간은 행복감을 느끼게 된다. 이 과정에서 인간은 자신의 내면에 잠재되어 있는 최고의 능력을 인식하게 되고 능력을 임파워링(Empowerment) 할 수 있는 원동력이 된다.

코칭에서 인정은 칭찬과 다르다. 칭찬은 내면의 변화나 과정, 가치에 대한 부분보다 결과나 행동에 더 초점을 맞추어 진행하게 된다. '참 잘했어요.'는 칭찬이다. 어떠한 결과물에서 잘했음을 말한다. 인정은 '인내를 가지고 끝까지 해내더니 좋은 결과를 만들었네요.' 하는 것이다. 인정과 칭찬 둘 중 어느 말을 들었을 때 내면의 에너지가 더 올라오는지 생각해 보자.

정서행복 코칭의 과정은 자신의 내면의 정서와 감정을 알아차리고 자존감 향상을 통해 행복한 삶의 과정으로 가는 것이다. 자존감 향상은 내면에서 자신감이 나오고 그 에너지는 결국 자기효능감으로 연결되어 행복한 삶을 살아가는 원동력이 되는 것이다. 인정의 힘은 피코치 스스로 자신의 내면의 노력과 변화의 과정을 보면서 자신의 강점과 역량을 바라보고 자신의 목표에 의미 있는 가치를 부여함으로써 행동의 에너지를 부여하는 것이다. 칭찬을 받으면 신나지만 인정을 받으면 힘이 난다. 코칭은 힘을 주는 과정이다. 내면의 임파워링이 곧 인정이다.

긍정심리학의 대가 마틴 셀리그먼(Martin Seligman)은 『긍정심리학』에서 '행복은 삶의 의미를 찾고, 그 안에서 성취감을 느끼고 행복을 찾아가야 한다.'고 강조했다. 모든 사람은 강점을 가지고 있다. 내재되어 있는 강점과 재능이 있다. 자신의 강점이 삶에 어떤 영향을 미치고 발휘되고 있는지 코칭을 통해 알게 된다. 강점을 통해 인정의 요소를 찾아내야 한다. 우리는 내면의 약점을 모두 가지고 있다. 강점을 통해 인정하는 것이 어려운 이유는 약점에 더 집중하기 때문이다. 약점으로 자신의 삶을 평가하게 되면 행복한 삶의 의미를 찾는 게 쉽지 않다. 행복한 삶을 위해 자신에게 가장 먼저 해야 할 것은 내면에 좋은 인정 종자 나무를 심는 것이다. 좋은 종자 나무로 성장하려면 좋은 씨앗을 심어야 한다.

4) 반영하여 질문하기

코칭 대화에서 반영하는 것은 피코치에게 코치가 받았던 것과 같은 메시지를 다시 반영하여 보여주는 것이다. 예를 들어, 피코치가 슬픈 이야기를 하면서 한숨을 쉬기도 한다. 그 이야기를 듣고 코치는 피코치와 같은 에너지 상태와 감정을 반영하여 조용하게, 그리고 부드럽게 수용하는 표현으로 응답하며 함께하는 것이다.

반영하기는 코칭과정에서 피코치에게 집중하고 있다는 것을 보여주는 것이다. 코치는 피코치의 기쁨, 두려움, 분노 등 다양한 감정을 표출할 때, 말과 행동이 불일치하는 순간, 목표와 행동 실행에 대해 소극적 진행을 하거나 실행하지 않을 때, 하고 있는 말에 대해 언행불일치의 모습이 보이는 순간 등을 반영하여 들어야 한다. 반영 후에 다음과 같은 코칭 질문을 통해 앞으로 나아가도록 함께 한다.

질문은 그 자체에도 엄청난 힘이 있다. 질문을 하면 답이 나온다. 코칭에서 질문은 문제해결을 하는 답을 넘어서 피코치의 성장과 촉진을 위해 중요한 역할을 한다.

일반적인 질문은 자신의 궁금증을 해결하기 위해 하는 질문이 대부분이다. 코칭에서 질문은 코치의 궁금증을 풀어내기보다는 스스로 생각하고, 생각이 열리고, 행동에 대한 동기부여를 통해 내면의 잠재력을 발견하도록 지지하고 지원하고 함께 하는 것이 코칭 질문의 핵심이다.

답은 자신의 내면에 있다. 어떻게 보면 질문에 대한 답은 항상 가까운 곳에 있다. 자신의 내면에서 그 답변을 말하고 있기 때문이다. 문제를 해결하고 싶은 마음이 간절해지면, 감정이 앞서다 보면 자신이 무엇을 원하는지 모를 때가 있다. 코치는 질문에 민감하게 반영해야 한다. 피코치가 말하는 내용, 감정, 몸짓, 표정, 말하지 않은 것까지 딱 알맞은 질문을 해야 한다. 타이밍도 중요하고 상황에 맞게 질문하는 것도 중요하다.

(1) 시각에 반영하여 느낌, 상황, 존재에 대한 질문을 한다.

당신이 절대 실패하지 않는다면, 무엇을 해보겠습니까?
이것에 대해 어떤 느낌이 드나요?
당신의 관점은 무엇인가요?
다른 대안은 무엇인가요?
과거에 한 것 중 효과가 있었던 것은 무엇인가요?
여기서 해야 할 가장 중요한 일은 무엇인가요?
당신은 어떤 존재인가요?
삶에 새로운 이름표를 붙인다면 어떻게 하고 싶은가요?
상황을 상자에 넣어 바라보면 어떤 느낌인가요?

(2) 발견과 통찰, 행동의 변화를 가져오는 질문을 한다.

당신은 지금 무엇에 집중하고 있나요?

당신은 배움을 통해 무엇을 전달하고 있습니까?
당신의 꿈에 다가가기 위해 어떤 말을 하고 있나요?
실패가 무서워 시작하지 못하는 것은 무엇인가요?
지금 가장 중요한 문제는 무엇입니까?
하지 않으면 안 된다고 생각하는 것은 무엇입니까?
나를 웃게 하는 것은 무엇인가요?

(3) 의미를 분명하게 하고, 잠재력의 가능성을 열어주는 질문을 한다.

쉼은 당신에게 어떤 의미입니까?
이 순간 모든 것이 가능하다면 무엇을 만들고 싶나요?
당신의 비전은 무엇입니까?
그 비전은 당신에게 어떤 의미가 있나요?
내면에 있는 잠재력을 찾아본다면?
행복의 의미를 자신의 언어로 정의해 본다면?
당신의 삶에서 가장 위대한 진실을 찾아본다면?
지금 일어난 일에 당신은 어떤 의미를 부여하고 있나요?

(4) 새로운 것을 알게 하는 열린 질문을 한다.

이 일에서 무엇을 배웠나요?
지금 이 순간 가장 감사할 수 있는 것이 있다면 무엇인가요?
삶에 어떤 부분이 당신에게 큰 의미가 있나요?
무엇을 알게 되었나요?
어떤 모습으로 기억되고 싶은가요?
더 나은 결과를 위해 한 가지를 바꿀 수 있다면 무엇을 바꾸고 싶은가요?
지금 하는 행동은 당신에게 어떤 이익이 있나요?
더 해야 할 일은 무엇인가요?
줄여야 할 일은 무엇인가요?
삶 가운데 가장 나다운 삶은 어떤 삶인가요?

(5) 진정으로 원하는 것을 향해 나아가는 질문을 한다.

5년 뒤 당신이 서 있고 싶은 자리는 어디인가요?
5년 후 지금의 당신을 바라본다면 어떤 이야기를 해주고 싶은가요?
목표 달성이 되었을 때 어떤 모습일까요?
90일 동안 열정을 발휘하고 싶은 것은 무엇입니까?
목표를 성취한 자신에게 어떤 축하를 해주고 싶은가요?
당신은 지금 이 일을 왜 하고 있나요?
당신의 가슴이 가장 두근거렸던 때는 언제인가요?

8. NLP 코칭 실제

NLP의 기법은 수천 가지가 있다. 코칭을 진행하는 데 모든 기법을 사용하는 것은 아니다. 최신 나온 휴대폰의 기능을 살펴보자. 설명서를 보면서 사용법을 익히지만 결국 사용하는 것은 자신에게 유용한 기능 몇 가지만 반복적으로 사용하게 된다.

코칭에서 사용할 수 있는 NLP 기법을 소개하려 한다.

Out Come(아웃컴) - 8단계 목표설정

NLP 코칭에서 보편적으로 많이 사용하는 것이 아웃컴(Out Come)이다. 8가지의 범주의 질문을 차례로 하면서 피코치의 아웃컴을 명확하게 해주고 앞으로 나아갈 수 있는 자신감과 자긍심을 이끌어 내는 데 도움이 되는 효과적인 기법이다.

① Outcome Frame(목표, 결과)
“당신이 원하는 목표는 구체적으로 무엇인가요?”
“당신이 오늘 대화에서 얻고 싶은 결과는 무엇인가요?”

② Evidence Frame(증거, 주제)
“목표를 이루는 주제를 정한다면?”

"그 목표가 이루어졌다는 걸 어떻게 알까요?"

③ Meta-outcome Frame(긍정적 의도)
"이 목표가 당신에게 어떤 의미가 있나요?"
"그 의미가 당신에게 중요한 이유는 무엇인가요?"

④ Context Frame(맥락, 상황)
"목표를 달성하는 데 중요한 요소는 무엇인가?"
"달성한 목표를 언제, 어디서, 누구와 함께 하고 있나요?"

⑤ Ecology Frame(환경)
"목표를 달성하려면 어떤 환경이 필요한가요?"
"목표가 달성되면 주변 사람들은 어떤 이야기를 하나요?"
"당신의 상황은 무엇이 달라지나요?"

⑥ Resources Frame(자원, 역량)
"당신의 목표를 실현하는 데 이미 가지고 있는 능력이나 잠재력이 있다면?"
"당신의 목표를 실현하는 데 보완하고 싶거나 가지고 싶은 능력이 있다면?"

⑦ Limit Frame(한계)
"목표를 실현하는 데 장애물이 있다면 무엇인가요?"
"목표달성하는 데 가장 큰 어려움이 있다면?"
"극복하는 데 자신의 강점을 이용한다면?"

⑧ Planning Frame(행동 설계)
"당신의 목표를 실현하기 위해 지금 당장 무엇을 시작할까요?"
"언제 시작하시겠어요?"
"언제까지 하시겠어요?"

14
Chapter

진로코칭의 이해

1. 진로코칭의 개요

현대는 급변하는 사회의 흐름과 함께 직업의 세계도 빠르게 변화하고 있다. 이에 청소년들은 자신의 적성과 가능성을 찾기보다 TV와 각종 SNS를 통해 가볍게 진로를 결정하는 사례가 빈번하다. 윤수영(2016)은 21세기에는 직업세계의 불확실성이 심화되므로 개인의 주도하에 심리적 만족과 성공을 위해 커리어코칭이 필요하다고 하였다. 실질적으로 등장한 지 불과 10년 정도인 진로코칭은 짧은 기간이지만 개인의 단기와 장기진로목표를 초점에 맞춰 진로방향을 결정하고, 계획을 세울 수 있는 변화를 가져오는 데 기여해 왔다(임정섭, 2014). 또한 진로코칭은 개인의 적성에 맞는 직업을 찾아 새롭게 시작할 수 있는 구직효능감과 자신의 목표를 향해 진취할 수 있는 진로효능감이 있다는 증거들이 제시되고 있다(박춘금, 2012).

피코치 스스로 문제를 해결할 수 있도록 도와주는 수평적인 관계를 유지하여 잠재력을 일깨우는 역할을 하는 것이라고 할 수 있다. 이상철(2016)은 피코치들이 처한 문제의 인식과 해결책의 선택을 스스로 선택하여 자신의 삶을 주도적으로 살아가는 것이라 하였으며, 이연희(2016)는 코치와 피코치의 파트너십을 전제로 피코치가 성장하며 발전하여 성과를 향상할 수 있도록 도움을 주는 의사소통 과정이라고 하였다. 즉, 코칭은 잠재력을 개발하여 스스로 문제해결을 할 수 있는 것에 초점을 두었으며, 변화의 의지를 깨달음과 동시에 내적동기를 갖게 하는 효과를 갖는다(탁진국, 2012). 따라서 코칭은 사람을 변화할 수 있도록 하며, 자기이해, 자기개발과 자기성취를 통해 자아실현 하는 것이다(이상철, 2016).

코칭은 크게 라이프코칭, 커리어코칭, 비즈니스 코칭과 셀프코칭으로 분류된다(양신자, 2011). 코칭은 코치와 피코치의 동등한 관계로서의 커뮤니케이션을 통해 개인의 변화를 이루어 내는 것이다. 그러므로 진로지도와 코칭이 접목된 진로코칭(career coaching)은 적성, 가치관, 흥미 등이 개인에게 맞는 일인지 살펴보고 더 효율적인 실행계획을 수립하는 과정이라 할 수 있다(김지연, 2017).

코칭이 국내외적으로 관심은 증가하고 있으나, 명확하게 합의된 정의를 찾기는 아직 쉽지 않을 뿐만 아니라(임정섭, 2014), 그동안 만나 온 학생들의 의견으로는 학교 진로상담교사가 진로와 관련된 활동과 검사지 분석을 통하여 학생의 진로와 관련된 대학, 학과를 추천하는 등 상담 위주로 진행되고 있다고 하였다. 이에 코칭과 유사하거나 관련성 있는 개념들과 차이점을 명확히 숙지할 필요가 있다. 코칭과 유사한 여러 개념들 중 상담(counseling)이 대표적이며 코칭과 상담의 차이점을 〈표 14-1〉에 정리하였다.

표 14-1 코칭과 상담의 차이점

코칭	상담
성취, 팀 세우기, 성과 향상, 비전 설정, 목표와 꿈, 직업적 성장에 도달하는 데 초점을 맞춘다.	문제에 초점을 맞추고, 갈등, 불안감, 영적 싸움, 우울증, 불안, 분노와 같은 감정의 문제를 다룬다.
목표에 도달하도록 구비시킨다.	잘못된 것을 고친다.
현재와 미래 가능성, 자유롭게 하는 것, 목표에 도달하는 것, 꿈을 현실로 바꾸는 것에 초점을 맞춘다.	과거에 일어난 문제의 원인과 치유와 안정을 주는 데 초점을 맞춘다.
코치와 피코치는 변화를 일으키기 위해 함께 작업하며 서로 평등하다.	상담사는 내담자의 문제를 치유하고 처방을 제공하는 전문가이다.
최고의 코칭은 경청, 질문, 격려와 같은 코칭 기술을 훈련받는 것으로 가능하다.	심리학, 정신병리학, 치료요법 등 전문지식이 있어야 한다.

출처: Collins(2012). p. 30.

진로코칭(Career coaching)은 진로지도와 코칭의 분야가 합쳐진 것으로 개인의 능력과 강점, 가치관을 파악하여 피코치 스스로 진로와 관련된 이슈를 인식하고 해결하도록 돕고, 본인의 적성과 가능성을 자각하여 직업을 찾을 수 있도록 돕는 파트너십이라고 볼 수 있다(김지연, 2017; 박윤희, 2010; 윤수영, 2016). 진로 코치의 역량으로는 대표적으로 코치 자신만의 전문성을 가져야 하며, 경청의 자세, 효과적인 질문, 피코치가 자신감을 얻을 수 있는 동기부여를 포함한 피드백, 도구 활용 능력, 코칭이 피코치의 중심이 될 수 있는 자기조절능력과 피코치 지향성, 친밀성, 신뢰성, 자신의 직업에 열정과 애정을 가지는 직업지향성, 끊임없이 자기개발하는 자기관리와 자기성찰 등이 있다(박윤희, 2010; 김지연, 2017).

2001년 세계 최초로 Bench가 CCI(career coach institute)를 설립하였다. 그는 일과 관련된 이슈에 대해 개인과 조직의 발달과 변화를 촉진하여 효과적인 행동을 이끌어 내는 것을 커리어코칭이라 정의하였다(박윤희, 2010; Bench, 2003).

Colombo와 Whether(2003)는 진로 코치에 의해 피코치가 자신에 대한 무지를 확인하고, 자신이 갖고 있는 능력과 스킬들을 일깨워 낼 수 있도록 돕는다고 하였다. 이는 진로코칭에서 자기탐색을 통해 피코치가 자신을 인식하고 성장하도록 돕는 것이다(박윤희, 2010). Hube(1996) 또한 진로코칭을 통해 커리어와 현재의 직업 상황에 닥친 피코치들의 스킬을 연마하고, 보다 더 나은 진로를 개척하여 보다 더 가치 있는 직업을 가질 수 있도록 피코치 개인의 발전을 돕는 것이라 보았다. Jarvis(2004)는 진로코칭의 핵심이 피코치의 진로선택을 위해 그의 능력을 일깨울 수 있도록 도와 이끌어 내는 것이며, 피코치의 능력에 대한 피드백을 통해 이끌어 낸다고 하였다. 이러한 활동을 통해 피코치는 자신의 현재 상태를 인식할 뿐만 아니라, 적성과 능력을 발견할 수 있게 된다(박윤희, 2010). 또한 피코치는 주도권을 스스로 가지도록 노력하여 미래의 직업과 학업의 연계성을 통해 직업에 대한 전문성을 갖도록 하는 것이다(김하나, 김혜연, 2015). 즉, 진로코칭은 변화와 성장을 위한 과정이며, 미래지향적이고 행동주의적이라고 할 수 있다(김하나, 김혜연, 2015). 이희경(2005)은 개인의 가치관에 따른 직업관의 확립과 능력, 강점을 통해 직업과 연결시키며 핵심인재로 성장하는 것이 주요 주제라 하였다.

진로코칭(Career Coaching)은 피코치가 자기주도적으로 자신의 진로를 찾도록 코치가 도와주는 것으로 스스로 체험하고 깨우치게 하는 것이다. 진로코칭을 통한 진로의 탐색과 개발은 피코치가 스스로 개발하고 경험과 지혜를 나눌 수 있으며 진로코칭을 통하여 피코치가 선택권을 행사하도록 돕는 것이 진로 코치의 역할이다. 피코치는 코치에게 의지하지 않고 스스로 주도권을 가지려고 노력하며 진로판단은 자신의 독립성과 결단력을 필요로 한다. 자신의 약점과 강점, 기회와 리스크에 어떻게 노출되어 있는지를 파악할 수 있도록 직업진로코칭을 통해 미래의 직업과 공부와의 연계성으로 자신이 선택하고자 하는 전공에서 자신의 직업에 대한 전문성을 갖도록 도우며 내적가치와 외적가치를 추구하는 것을 동시에 고려하여 균형감을 갖도록 하는 것이 중요하다(김농주, 2003). 또한 Colombo와 Werther(2003)에 따르면 커리어 코치는 피코치자가 미처 자신에 대해 알지 못하는 능력을 확인하게 하고, 이미 내재하는 스킬들을 연마하도록 돕는다. 이는 커리어 코치들이 피코치자가 자신을 보다 잘 인식하고 성장할 수 있도록 돕는 것이다. 즉, 진로코칭은 미래지향적이며, 문제를 가진 사람에게 문제해결의 접근이 아닌 정상적인 사람의 변화와 성장을 위한 과정이라고 말할 수 있다.

현재 우리나라에서 실시되고 있는 진로교육이 청소년들의 수동적인 참여로 이루어지고, 학교 내에서 교과 과목과 동일시하게 이루어지는 데 반해 진로코칭 프로그램은 청소년 스스로 참여 의사를 밝히고 능동적인 참여로 이루어지는 프로그램이다. 이러한 요인은 "코치는 피코치자의 가능성을 신뢰하며, 피코치는 자신의 가능성에 대한 신뢰는 물론, 코칭을 통해 목표에 이를 수 있다"는 믿음을 포함한다(이희경, 하정희, 2005)라는 코칭의 정의에서 근거를 찾을 수 있다(김정희, 2012).

2. 가치관 탐색하기

1) 가치관의 개념

우리가 일상생활을 영위하는 과정에서 느끼는 필요나 욕구를 충족시켜 줄 수 있는 것은 모두 가치에 해당된다. 가치는 대상을 향한 일정한 태도인 평가 작용을 통해 형성되므로 평가의 주체인 개인의 성격에 따라 가치도 달라진다.

Solomon(1999)은 가치를 그것과 반대되어지는 것보다 더 선호되는 믿음으로 정의하고 있다. Rokeach는 가치를 관련된 사물이나 상황에 대한 태도를 형성하고 유지하도록 행동을 유도하는 것으로, Vinson & Munson은 가치를 인간이 모든 삶에서 행동을 이끌고 명령하며 개인적인 행동뿐만 아니라 다른 사람의 행동 및 사물이나 상황에 대한 판단기준이 되는 신념이라고 보고 있다. 이러한 가치는 소비자가 속한 사회문화적 환경에 따라 가치관, 신념, 욕구를 충족시키는 방법 등이 다르게 나타나는데, 소비자의 제품 선택, 브랜드 선택, 판매점 방문, 쇼핑 패턴, 라이프스타일, 광고매체 이용도 등에 영향을 미치는 것으로 나타나고 있다(안주아, 신명희, 2005). 이처럼 개인이 어떤 대상을 평가하는 근본적인 태도나 관점을 가치관이라 한다.

가치관은 여러 학자들에 의해 다양하게 정의되고 분류되어 왔다. 정삼호(1978)는 인간행동에 조직과 방향을 주는 규범원리로서 사물에 대한 인간의 가치판단의 기준이 되는 동시에 행동표준 혹은 종합적 태도의 대상이 되는 목표 내지 기준이며 인간행동 및 의사결정에 직접적으로 영향을 주는 기준을 가치관으로 보았다. 가치관은 인간의 행동 방향에 영향을 주고 인간행동과 사고에 대한 질서 및 방향을 설정해 주는 역할을 하며 개개인의 경험과 환경은 가치관을 변화시킬 수 있다고 보았다. 정범모(1974)는 인간의 행동목적, 행동기능, 행동방법을 내포하고 있는 상황에서 어떤 한 방향을 선택하고 결정하고 행동하는 데 영향을 주는 바람직한 것 또는 하여야 할 것에 관한 일반적 개념을 가치관으로 보았다. 가치관은 개인의 동기와 포부를 크게 결정하고 지각과 해석을 좌우하며 인생의 만족과 의의를 어디에서 얻느냐 하는 문제에 직결되므로 여러 가지 평가의 기준이 된다고 보았다(신수래, 2008). 한상철과 김영한(2003)은 어떤 현상의 타당성과 적절성 및 중요성을 판단하는 인지적 기능, 만족여부를 확인하는 탐미적 기능, 행동의 결과를 검토하는 도덕적 기능, 삶의 방향을 결정하고 행동을 선택하며 동기를 유발하는 데 있어 가치관이 중요한 역할을 한다고 하였다. 김철민(1996)은 가치관을 개인의 삶에서 구체적인 상황에 관계없이 지속적으로 갖고 있으며 개인적으로 이루고자 하거나 달성하고자 하는 바에 관한 핵심적인 신념들의 집합으로 정의하였다.

즉, 가치관은 어떤 대상에 대한 기본적인 평가 기준을 제시하고 개인의 행동을 변화시킬 수 있는 선행 요인으로 작용하기 때문에 개인의 행동을 이해하거나 예측하는 데 중요한 요인이 된다. 따라서 가치관을 인간의 행동을 결정하는 중요한 요인이며 동시에 인간의 행동에 영향을 미치는 생각으로 개인이나 사회가 옳고 바람직하다고 여기는 것, 해야 할 것과 하지 말아야 할 것 등에 관한 일반적인 생각으로 보았다.

2) 가치관의 측정

개인의 가치관은 가치체계를 근거로 하는 분석기법인 RVS(Rokeach Value System), VALS(Value and Life Style), LOV(List of Values) 등의 척도를 통해 측정되어 왔다. 가치체계는 태도보다 안정적이고 지속적인 속성을 지니며 특정한 대상이나 상황에 국한되지 않기 때문에 소비자의 전반적인 소비성향에 대한 예측변인으로서 그 효용성이 높다(안주아, 신명희, 2005).

첫째, 가치관을 측정하기 위한 척도들 중에서도 RVS는 Rokeach(1973)가 개발한 가치 체계로 삶의 궁극적인 목표가 되는 신념이라 할 수 있는 궁극적 가치(Terminal value)와 궁극적인 목표 가치를 성취하기 위한 수단을 제시해 주는 것에 해당하는 수단적 가치(Instrumental value)의 36개 항목으로 구성되어 있다. RVS의 구체적인 항목들은 〈표 14-2〉에 제시하였다.

표 14-2 Rokeach의 가치분류

궁극적 가치	수단적 가치
1. 안락한 생활(a comfortable life)	19. 야심적인(ambitious)
2. 신나는 생활(an exciting life)	20. 마음이 넓은(broad-minded)
3. 성취감(a sense of accomplishment)	21. 능력 있는(capable)
4. 평화로운 세상(a world at peace)	22. 명랑한(cheerful)
5. 아름다운 세상(a world at beauty)	23. 깨끗한(clean)
6. 평등(equality)	24. 용감한(courageous)
7. 가족의 안전(family security)	25. 관용적인(forgiving)
8. 자유(freedom)	26. 도와주는(helping)
9. 행복(happiness)	27. 정직한(honest)
10. 내적조화(inner harmony)	28. 상상력이 풍부한(imaginative)
11. 성숙한 사랑(mature love)	29. 독립적인(independent)
12. 국가의 안전(national security)	30. 지적인(intellectual)
13. 즐거움(pleasure)	31. 논리적인(logical)
14. 구원(salvation)	32. 자애로운(loving)
15. 자기존중(self-respect)	33. 순종하는(obedient)
16. 사회적 안정(social recognition)	34. 예의바른(polite)
17. 진실한 우정(true friendship)	35. 책임감 있는(responsible)
18. 지혜(wisdom)	36. 자기통제적인(self-controlled)

출처: Bearden과 Netemeyer(1999). Handbook of marketing scales, pp. 124-125 재인용.

둘째, LOV는 Feater, Maslow, Rokeach 등의 이론을 바탕을 한 가치체계 평가 방법으로 가장 단순하고 간편한 방식으로 가치관을 측정할 수 있는 장점이 있어 가치관 관련 연구들에서 선호되어 왔다. LOV는 Kahle(1983)이 RVS를 단순화하여 궁극적 가치에만 한정시켜 각 개인의 삶이나 상황에 중요한 것들 또는 개인과 관련한 것들만으로 구성된 9가지 가치항목들을 가리킨다(Kamakura & Mazzon, 1991; Kamakura & Novak, 1992). 그러나 LOV는 주로 자신이 중요하게 생각하는 가치를 실현하기 위해 개인이 수용하게 되는 다양한 역할 등에 대해 측정하며 자기존중(Self-respect), 안전(Security), 따뜻한 인간관계(Warm relationship with others), 성취감(Sense of accomplishment), 완수(Fulfillment), 소속감(Sense of belonging), 다른 이들로부터의 존경(Being well respected), 재미와 즐거움(Fun), 흥분(Excitement)의 아홉 가지 가치들을 중심으로 이들의 중요성을 평가하도록 구성되어 있으나 하나의 가치관 요인을 오직 한 개의 문항만을 이용하여 측정하는 단점이 있다.

셋째, 가치(Value)와 라이프스타일(Lifestyles)을 의미하는 VALS는 미국 소비자들의 문화적 가치 변화를 정기적으로 추적 조사하기 위해 SRI(Stanford Research Institute)에서 개발한 프로그램이다. VALS는 Maslow의 욕구위계이론과 Riesman의 내부지향성과 외부지향성 개념을 기본 골자로 하여 미국 성인들을 여덟 가지 독특한 가치와 생활양식으로 분류하였다. 그러나 VALS는 조사대상의 2/3가 두 개의 집단에 포함하도록 분류되고 한 사람이 오직 한 분류에 속하며 특정 제품에 대한 구매동기를 가진 소비자들은 소득과 무관하게 그것을 소비할 것이라는 가정 등으로 비판을 받았다.

또한 인구통계와 관련된 변수에 지나치게 의존하여 측정되었기 때문에 현장에서 실질적으로 적용하는 데 어려움이 있어서 VALS Ⅱ는 이러한 단점들을 수정하여 각종 태도측정 질문과 정치, 재정상태, 직업 만족도 등에 대한 다양한 견해들, 그리고 인구통계적 특성, 매체습관, 개인이 수행하는 여러 가지 활동들, 제품 사용에 관한 질문들로 구성되었다. VALS Ⅱ는 물적 자원과 심리학적 특성이라는 두 가지 차원을 기준으로 조사대상을 완수자(Fulfillers), 성취자(Achievers), 경험자(Experiencers), 신뢰자(Relievers), 노력자(Strivers), 실현자(Actualizers), 생산자(Makers), 분투자(Strugglers)로 구분하였다.

이처럼 가치관을 측정하기 위한 척도들은 연구의 목적과 성격에 따라 전체 혹은 일부가 선택적으로 가치관을 측정하기 위한 항목으로 사용되고 있다. 채서일(1992)의 연구에서는 사회적 가치관 요인 측정항목에서 VALS와 LOV의 일부 문항을 사용하였다. 박종민과 장석재(2001)는 LOV를 이용하여 조사대상을 '자기중심적, 성공추구형', '경제생활안정, 대중문화 소비추구형', '자기관리추구형', '자기희생과 가족중심지향형'으로 분류하였다. 심성욱과 박종민(2004) 역시 LOV를 이용하여 조사대상을 '적극적 인간형', '성공지향형', '창작지향형', '스포츠·문화소비형'으로 분류하였다.

3. 진로검사

1) 진로심리검사의 종류

(1) 적성검사

① 개념

적성검사는 개인이 학업이나 직업과 관련하여 가지고 있는 능력을 측정하고 향후 어떠한 분야에서 직무를 잘 수행할지 또 그 직무분야에 잘 적응할지를 예측하고자 하는 검사이다.

② 우리나라의 적성검사

우리나라에서 주로 활용되고 있는 적성검사는 다면적성검사이며, 일부 특수 적성검사가 개발되어 활용되고 있다. 우리나라의 다면적성검사에서 측정되는 하위영역은 능력형 적성검사인지 아니면 자기보고식 적성검사인지에 따라 다소 차이를 보인다. 능력형 적성검사의 경우는 언어, 수리, 공간, 지각, 기계(과학), 협응(손재능) 등을 기본으로 하고 있다.

자기보고식 적성검사의 경우는 인지능력만이 아닌 신체·운동능력 등 다양한 적성영역이 포함되어 있다는 차이가 있다. 다음 〈표 14-3〉에서는 능력형 적성검사에서 주로 측정하고 있는 하위영역에 대한 개념을 간략히 설명하고 있다.

표 14-3 적성검사 하위요인

적성요인	적성요인에 따른 설명
1. 언어력	일상생활에서 사용되는 다양한 단어의 의미를 정확히 알고 글로 표현된 문장들의 내용을 올바르게 파악하는 능력
2. 수리력	사칙연산을 이용하여 수리적 문제들을 풀어내고 일상생활에서 접하는 통계적 자료(표와 그래프)들의 의미를 정확하게 해석하는 능력
3. 추리력	주어진 정보를 종합해서 이들 간의 관계를 논리적으로 추론해 내는 능력
4. 공간 지각력	물체를 회전시키거나 재배열했을 때 변화된 모습을 머릿속에 그릴 수 있으며 공간 속에서 위치나 방향을 정확히 파악하는 능력
5. 사물지각력	서로 다른 사물들 간의 유사점이나 차이점을 빠르고 정확하게 지각하는 능력
6. 상황판단력	실생활에서 자주 당면하는 문제나 갈등 상황에서 문제를 해결하기 위한 여러 가지 가능한 방법 중 보다 바람직한 대안을 판단하는 능력
7. 기계능력	기계의 작동원리나 사물의 운동 원리를 정확히 이해하는 능력
8. 집중력	작업을 방해하는 자극이 존재함에도 한곳에 집중하여 지속적으로 문제를 해결할 수 있는 능력
9. 색채지각력	서로 다른 두 가지 색을 혼합하였을 때의 색을 유추할 수 있는 능력
10. 사고유창력	주어진 상황에서 짧은 시간 내에 서로 다른 많은 아이디어를 개발해 내는 능력
11. 협응능력	눈과 손이 정확하게 협응하여 세밀한 작업을 빠른 시간 내에 정확하게 해내는 능력

(2) 흥미검사

① 개념

직업흥미를 측정하는 직업흥미검사는 대체로 세 가지 종류로 대별된다. 첫째는 특정 직업군의 직업이나 활동에 대한 선호도의 패턴이 한 개인의 선호도와 일치하면 그 직업군의 흥미를 나타낸다고 하는 경험적 타당도에 의해서 개발된 직업흥미검사(Strong Campbell Interest Inventory, SCII)이다.

둘째는 특정 직업군에서 나타나는 동질적 내용의 활동들로 구성되는 문항들의 선호도로 결정하는 쿠더(Kuder)식의 직업흥미검사이다.

셋째는 사람들의 성격과 직업생활의 유형을 분석하여 여섯 개의 유형, 즉 RIASEC로 분류하여 개인의 성격, 흥미, 가치의 유형이 직업적 생활의 유형과 일치할 때, 그러한 직업 유형을 선택하는 것이 바람직하다는 직업적 성격유형론에 바탕을 둔 Holland식의 직업흥미검사 및 자기탐색검사가 있다.

② 우리나라의 흥미검사

우리나라에서 사용되는 흥미검사 역시 앞에서 기술한 세 가지 형태로 개발되어 왔다.

- Strong식 검사로는 어세스타의 'STRONG 진로흥미검사'를 들 수 있다.
- Holland식 검사로는 한국고용정보원의 청소년 직업흥미검사와 직업선호도 검사, 한국직업능력개발원의 직업흥미검사(H) 등을 들 수 있다.
- Kuder식 검사로는 한국직업능력개발원의 직업흥미검사(K)를 들 수 있다.

③ 홀랜드가 구분한 것으로 직업과 관련한 인간의 성격 특성의 여섯 가지 유형

홀랜드(Holland)는 개인과 환경 간의 적합성(person-environment fit), 즉 개인과 환경은 서로에게 영향을 미치며 두 관계가 일치할수록 직업만족도가 높아지는데, 이런 이유로 개인은 자신의 성격유형과 일치하는 직업을 선택하게 된다고 하였다. 그가 제시한 성격유형은 실재형(realistic), 탐구형(investigative), 예술형(artistic), 사회형(social), 기업형(enterprising), 관습형(conventional)의 여섯 가지로 구분되며, 이를 육각형 모형(RIASEC model)이라고 한다.

실재형의 성격 특성은 남성적, 솔직함, 성실함, 검소함, 지구력, 소박함, 말이 적음, 고집스러움, 직선적, 단순함 등이다. 이 유형은 분명하고 질서정연하게 체계적으로 물건, 동물, 기계 등을 다루거나 조작하는 일을 선호하며 교육적이거나 치료적인 활동은 회피하고자 한다.

탐구형은 탐구적, 논리적, 분석적, 합리적, 정확함, 지적 호기심, 비판적, 내성적, 수줍음, 신중함을 보이며, 이 유형은 물리적, 생물학적, 문화적 현상 등을 체계적으로 관찰하고 상징화하는 활동을 좋아하는 반면 사회적 활동과 반복적인 활동은 선호하지 않는다.

예술형은 풍부한 상상력, 강한 감수성, 자유분방함, 개방적, 창의적, 강한 개성, 비협력적 태도를 보인다. 이 유형은 창조적인 예술활동, 즉 자유롭고 상징적인 활동이나 변화무쌍하고 모호한 활동에는 관심을 기울이지만 체계적이며 구조화되고 명확한 결과를 나타내는 활동에는 무관심하다.

사회형은 다른 사람들과 함께하기를 좋아하고 친절하며 다른 사람을 도와주는 것을 즐기고 감정적이면서 희생적이며 이상주의적 경향이 강하다. 따라서 이 유형은 다른 사람들의 문제를 이해하고 도와주거나 치료하고 봉사하는 활동을 즐기지만 기계나 물건을 다루거나 체계적으로 조작하는 활동에는 관심이 없다.

기업형은 지도력이 있어서 다른 사람들을 통솔하거나 지배하려는 경향이 있고 말을 잘하며 외향적이고 낙관적이면서 열의가 있고 경쟁적이다. 이 유형은 다른 사람에게 인정을 받거나 권위를 얻는 데 관심이 많아 조직의 목적과 경제적 이익을 위한 업무계획, 인재관리 등 다른 사람이나 일을 통제하는 업무를 좋아하는 반면 탐구형의 활동에는 관심이 적다.

관습형은 조심성이 많으며 정확하고 세밀하고 빈틈이 없고 계획적이면서 책임감이 강하지만 변화를 싫어하고 완고하다. 이 유형은 체계적인 작업환경에서 일하는 사무적이고 계산적인 활동, 정해진 원칙과 계획에 따라 자료를 기록하고 정리하며 조직하는 일에 흥미를 느끼지만 예술형과 같은 비체계적이고 자율적이며 창조적인 활동은 어렵게 생각한다. 이러한 성격유형을 평가하기 위해 자기지시검사(self-directed search, SDS)가 개발되었다.

(3) 직업가치관검사

① 개념

직업가치관이란 직업과 관련하여 자신이 바람직하게 여기는 행동기준으로 개인이 어떤 선택이나 결정을 내려야 할 때 어떤 방향으로 행동하게 하는 원리나 믿음을 의미하며, 진로와 관련된 직업가치는 일반적인 가치에 비해서 좁은 의미를 갖는다.

② 우리나라 직업가치관검사

우리나라에서 주로 사용되는 직업가치관검사는 한국고용정보원(워크넷)과 한국직업능력개발원(커리어넷)에서 개발된 검사이다.

앞에서 설명된 직업가치관검사의 내용을 요약한 것이며, 직업가치관검사에서 측정하고 있는 하위요인에 대한 설명이다.

(4) 진로성숙도 검사

① 개념

'진로성숙'이라는 것을 최초로 개념화한 Super는 진로성숙이란 '탐색기에서 쇠퇴기에 이르는 직업발달의 연속선상에서 개인이 도달한 위치'라고 정의하였으며, 진로성숙이 일어나는 다섯 가지 차원(① 진로계획, ② 직업탐색, ③ 의사결정, ④ 직업세계에 대한 지식, ⑤ 선호하는 직업군에 대한 지식)에서의 상대적인 위치가 개인의 진로성숙 정도를 나타낸다고 보았다.

② 우리나라 진로성숙도검사

한국고용정보원에서 개발한 청소년 진로발달검사는 진로에 대한 태도와 성향, 진로와 관련된 지식의 정도, 이에 맞는 진로행동의 정도 등을 포함하는 진로 성숙도뿐만 아니라, 성격요인, 정보요인, 갈등요인 등을 포함하는 진로미결정 정도를 동시에 파악하도록 구성되어 있기 때문에 보다 포괄적인 수준에서 진로발달의 정도를 파악할 수 있다.

(5) 성격검사

① 개념

개인을 둘러싼 환경, 대인관계, 진로선택 등과 같은 문제 상황에 대해 개인이 취하는 기술이나 태도를 측정하는 검사를 성격검사라 할 수 있다.

② 우리나라 성격검사

진로상담 장면에서 주로 활용되는 성격검사는 성격 5요인 이론에 근간을 둔 성격검사와 Carl Jung의 이론에 근간을 둔 MBTI 성격유형검사로 구분될 수 있다.

가. 청소년 직업인성검사

이 검사의 목적은 청소년들에게 자신의 진로 및 성격에 대해 보다 깊은 이해를 제공함으로써 진로선택에 필요한 종합적인 자기이해를 돕는 것이다.

나. NEO 성격검사

이 검사는 기질적 성격구조를 파악함과 동시에 불안, 공격성, 우울 등의 임상적 성격특징을 파악함으로써 예방적 · 치료적 상담의 효율성을 높이는 데 목적을 두고 있다.

다. MBTI 성격유형검사

Jung의 이론에 근거하여 Myers-Briggs가 1920년에 개발을 시작하여 1975년에 개발이 완료된 검사이다. 이 검사는 다양한 사람의 성격을 4가지 차원으로 구분하고, 각 차원마다 양극단 영역을 대표하는 8개 척도의 조합에 따라 나타날 수 있는 16가지의 성격유형에 대한 결과를 제공하고 있다.

2) 검사 활용절차

(1) 검사의 선택

검사의 선택 단계는 심리검사 사용에서 가장 중요한 단계라 할 수 있다. 왜냐하면 심리검사를 사용하고자 하는 목적에 부합하지 않은 심리검사나 부정확한 심리검사를 사용하게 되면 이후 여러 단계의 요구사항들을 철저히 준수하더라도 잘못된 결과를 얻을 수밖에 없기 때문이다.

(2) 검사의 실시 및 채점

검사를 선택한 후 검사를 실시하기에 앞서 정확한 검사결과를 얻기 위해서는 무엇보다 내담자의 자발적 참여를 유도하는 것이 요구된다.

3) 검사해석의 원리

(1) 검사결과 해석 단계

검사결과 해석은 그 활용도에 따라 진로상담에 매우 긍정적인 효과를 미칠 수 있기 때문에 상담자는 검사해석 경험에 근거한 풍부한 지식을 소유하고 있어야 한다. 검사결과 해석은 다음의 4단계로 이루어진다.

첫째, 해석준비기로 내담자가 검사 자체와 검사 점수의 의미를 충분히 이해하고 있는지, 내담자의 교육, 가정환경 등 중요한 관련 정보와 검사결과가 어떻게 통합되는지 등을 점검한다.

둘째, 내담자가 검사결과 해석을 듣고 받아들이도록 준비시키는 것이다.

셋째, 검사정보를 실제적으로 전달하는 단계로 단순히 점수만 이야기하는 것이 아니라 점수 자체보다는 그 의미를 바르게 설명한다.

넷째, 공식적 해석이 끝나면 상담결과에 대한 의견을 같이 나누고 내담자가 결과를 어떻게 이해했는지 확인하며, 검사를 통해 알게 된 내용들과 다른 도구 활용 관련 결과를 잘 통합할 수 있도록 도와준다.

(2) 검사해석의 일반원칙

심리검사 결과를 해석할 때 고려해야 할 원칙은 매우 다양하지만 특히 다음과 같은 몇 가지 원칙을 명심하는 것이 중요하다.

첫째, 검사결과 해석 시 내담자가 추구하는 목적을 고려하여야 한다.

둘째, 검사의 정확성을 고려해야 한다. 내담자들은 상담을 받으러 올 때 검사결과가 매우 정확할 것이라고 생각한다.

셋째, 해석에 대한 내담자의 반응을 고려해야 한다.

넷째, 검사결과를 해석할 때에는 내담자가 이해하기 쉬운 언어를 사용해야 한다.

다섯째, 상담자는 검사결과에 대해서 중립적 입장을 취하고, 내담자를 평가하는 주관적 판단을 배제해야 한다.

4. 진로의사결정

1) 진로의사결정의 개요

우리는 살아가면서 수많은 '선택'의 순간을 맞이하고 그때마다 자신의 의사를 결정해야 한다. 특히 생애발달 단계마다 중요한 이슈가 있고 본인의 결정방향에 따라 삶의 방향 또한 달라진다.

진로의사결정(career decision making)이란 여러 가지 선택 가능한 진로 대안들 중에서 자신의 노력에 대해 최대로 보상을 받을 수 있는 대안을 선택하는 것이다. 여기서 보상이란 단지 돈뿐만 아니라 지위나 명예, 일하는 보람, 욕구 충족 등 개인의 가치를 만족시키는 모든 것을 포괄하는 개념이다.

Krumboltz는 진로의사결정의 7단계를 제시하고 있는데, 각 단계의 머리글자를 따서 (디싸이드스: 결정하다라는 의미) 'DECIDES'라고 명명하였다.

① 문제를 정의한다(Define the problem).
② 계획을 수립한다(Establish an action plan).
③ 가치를 명료화한다(Clarify value).
④ 대안을 모색한다(Identify alternatives).
⑤ 결과를 예측해 본다(Discover probable outcomes).
⑥ 대안을 체계적으로 배제해 나간다(Eliminate).
⑦ 행동을 시작한다(Start action).

2) 진로의사결정 이론

(1) Vroom의 기대모델

Vroom의 기대모델(expectancy model)은 일과 관련된 개인의 행동 설명에 초점을 맞추고 있으며, 인간의 행동은 내부로부터 동기화된다는 가정을 전제로 하고 있다. 그는 일(work)이 모호한 용어라고 생각했기 때문에, 대신 일 역할(work role)이라는 개념을 사용하였다. 그는 일 역할을 '역할 종사자에 의하여 행해진

일련의 기능'이라고 정의했다. Vroom의 이론에서 또 다른 중요한 개념인 동기(motivation)는 '자발적인 행동을 조절하는 과정'으로 정의된다. 여기서 유인가(valence)와 기대(expectancy)라는 두 개념은 Vroom의 이론을 이해하는 데 매우 중요하다.

(2) Janis와 Mann의 갈등모델

Janis와 Mann은 스트레스와 의사결정상의 갈등 간의 관계에 대해서 다음과 같은 네 가지 기본가정을 상정하고 있다.

① 의사결정의 갈등으로부터 야기된 스트레스의 양은 개인의 목표, 그러한 목표와 관련된 욕구들, 그리고 어떤 욕구들은 의사결정의 결과로 채워지지 않을 것이라는 예상과 관련된다. 욕구들이 채워지지 않을 것이라는 예상이 커지면 커질수록 스트레스도 증가한다.

② 위협과 기회는 의사결정을 촉진한다. 의사결정의 스트레스는 위협이나 기회가 생길 때마다 의사결정자가 현재 행동의 방향을 얼마나 분명히 하느냐 하는 정도와 상관이 있다.

③ 문제와 위협에 대한 모든 형태의 대안들이 심각한 위험을 수반한 것으로 지각되었을 때, 바람직한 대안이 선택될 가능성이 없어지는 대신 방어적인 회피가 일어난다. 방어적인 회피는 대안들로부터 야기될 손실의 축소나 이익의 과정, 지연, 다른 것들에 대한 의존 그리고 자료에 대한 선택적 주의집중 등으로 특징지어진다.

④ 의사결정상의 갈등으로 적당한 스트레스가 야기되었을 경우, 합리적인 대안들이 찾아질 것이라는 희망이 있는 한, 유용한 대안들을 평가하거나 확인하기 위하여 세심한 노력을 기울인다.

Janis와 Mann의 진로의사결정 모델로부터 얻을 수 있는 가장 큰 시사점은 그들이 제안한 대차대조표 활용법에서 찾을 수 있다. 대차대조표를 활용하는 절차를 다음과 같이 16가지 단계로 제시하고 있다.

① 직업에 대한 대안들을 만든다.

② 이러한 대안들에 대해서 중요한 순서대로 +5부터 −5까지 할당한다.

③ 각각의 대안에 대해 자신이 얻게 되는 유용성을 목록화한다.
④ 이 유용성들에 대해서 중요한 순서대로 +5에서부터 -5까지 할당한다.
⑤ 다른 사람이 얻게 되는 유용성을 목록화한다.
⑥ 이러한 유용성에 대해서 중요한 순서대로 +5에서부터 -5까지 할당한다.
⑦ 잃게 되는 유용성에 대해 ③~⑥번과 같은 방법으로 반복한다.
⑧ 각각의 대안에 대한 사회적 인정의 원인들을 목록화한다.
⑨ 그러한 인정에 대해 중요한 순서대로 +5부터 -5까지 할당한다.
⑩ 각 대안에 대한 사회적 불인정의 원인을 목록화한다.
⑪ 그러한 불인정에 대해 중요한 순서대로 +5에서 -5까지 할당한다.
⑫ 각 대안에 대한 자신의 인정의 원인과 유형을 목록화한다.
⑬ 그러한 자기인정에 대해 중요한 순서대로 +5에서 -5까지 할당한다.
⑭ 각 대안에 대한 자기불인정의 유형과 원인들을 목록화한다.
⑮ 그러한 자기불인정에 대해 중요한 순서대로 +5에서 -5까지 할당한다.
⑯ 긍정적, 부정적 가중치들을 종합해서 각 대안의 가치를 산출한다.

(3) Mitchell과 Beach의 주관적 기대효용 모델

의사결정의 처방적 모델은 사람들이 어떻게 의사결정을 해야 하는가를 보여주기 위해 개발되었으며, 대표적인 모델로는 Mitchell과 Beach의 주관적 기대효용 모델이 있다.

특정한 대안적 진로에 대한 주관적 기대효용은 다음과 같다.

SEU = (Pk × Uk) + (1 - Pk) (-Uk)
Pk = 특정한 진로의사결정이 이루어지면 생길 수 있는 결과 k가 발생할 수 있는 가능성(0~1)
Uk = 결과 K를 받아들이는 것에 대한 효용(1~10)
1 - Pk = 동일한 진로의사결정이 이루어져도 결과 k가 발생하지 않을 가능성
-Uk = K를 받아들이지 않은 것에 대한 비효용(1~10)

예를 들어, 어느 대학생이 '미술사'와 '경영'이라는 두 개의 전공을 놓고 선택

에 직면했을 때 다음과 같은 상황이 발생할 것이다.

예상되는 결과(K) = 대학졸업 후 일하게 될 영역

미술사의 주관적 기대효용 SEU = (0.1 × 10) + (1 − 0.9)(-4)
= 1 + (-0.4)
= 0.6

경영의 주관적 기대효용 SEU = (0.6 × 10) + (1 - 0.6) (-4)
= 6 + (-1.6)
= 4.4

이 절차는 먼저 학생들에게 여러 상이한 변수의 중요성에 대한 주관적인 평가에 따라 가중치를 매기도록 한다. 여기에서는 '경영'이 선택될 것이라는 것을 예상할 수 있다. 특정한 진로선택에 대한 주관적 기대효용은 그 진로와 관련된 주관적 가치와 그 진로가 선택되었을 때 바람직한 결과가 얻어질 가능성의 곱에 의해서 산출된다(Pk × Uk). 이렇게 얻어진 수치에 만약 그 선택이 결정되더라도 희망하는 결과가 나타나지 않을 것이라는 것과, 그 결과를 받아들이지 않음으로써 일어나는 비효용의 곱에 의해 산출된 숫자가 더해진다[(1-Pk) (-Uk)].

이 등식에서 볼 수 있듯이 실제적으로 첨가되는 것은 부정적인 계수이다. 이 모델에서 진로 결정자는 각각의 진로선택 사항에 대한 주관적 기대효용을 계산해야 한다. 그리고 높은 계수를 가진 대안이 선택되도록 해야 한다.

3) 진로의사결정 유형

진로의사결정 분야에서는 의사결정의 유형에 대해서 깊은 관심을 가지고 있다.

Dinklage는 사람들이 진로, 직업, 생활 등에서 어떻게 의사결정을 하고 있는지의 방식에 따라 계획형(planful), 직관형(intuitive), 순응형(compliant), 운명론형(fatalistic), 충동형(impulsive), 지연형(delaying), 번민형(agonizing), 마비형(paralytic)

등의 여덟 가지로 분류하였다. 여덟 가지의 의사결정 방식에서 계획형이 가장 합리인 의사결정 방식이라고 하였고, 그다음으로 직관형이 효과적이라고 하였다.

Harren(1979)은 의사결정 양식을 합리적 · 직관적 · 의존적으로 분류하였다.

- 합리적 양식: 논리적이고 체계적으로 접근
- 직관적 양식: 개인 내적인 감정적 상태에 의존
- 의존적 양식: 결정에 대한 자신의 책임 거부, 타인에게 책임 전가

4) 진로결정 관련 척도

(1) 진로결정 자기효능감 척도

① 척도 개요

진로결정 자기효능감 척도는 중 · 고등학생 및 대학생을 대상으로 진로결정 자기효능감(career decision-making self-efficacy)을 측정하기 위하여 개발되었다. 진로결정 자기효능감은 Bandura의 자기효능감의 정의에 근거한 개념이다.

② 척도의 구성

이은경이 타당화한 척도는 총 4개의 하위요인으로 목표선택(11문항), 직업정보(6문항), 문제해결(3문항), 미래계획(5문항)의 총 25문항으로 구성되어 있다. 25가지의 진로결정과 관련된 과제에 대해서 자신의 자신감 정도를 6점 Likert 척도로 응답하게 되는데, 높은 점수를 보일수록 강한 자신감을 나타낸다.

(2) 진로결정 문제 척도

① 척도 개요

진로결정 문제 척도는 대학생을 대상으로 진로미결정을 다루는 이론과 진로미결정 분류에 관한 경험적 연구를 토대로 진로미결정을 야기하는 다양한 문제를 측정하기 위해 개발되었다.

② **척도의 구성**

구티(Guti), 크라우즈(Krausz)와 오시포(Osipow)의 원 척도는 세 가지 진로의사결정 문제의 분류에 따라 총 세 가지 영역, 10개의 하위 구성요소, 44문항의 9점 Likert 척도의 형태로 구성되어 있다. 진로의사결정 문제는 진로준비 과정 이전에 발생하는 '진로준비 부족', 진로준비 과정 동안에 발생하는 '정보의 부족', '모순된 정보'의 세 부분으로 구성된다.

(3) 진로결정 자율성 척도

① **척도 개요**

진로결정 자율성 척도는 자기결정 동기이론에 기초하여, 대학생을 대상으로 진로결정 과정에서 스스로 선택하고 즐겁게 진로의사결정을 수행하는지, 아니면 외적인 불안에 의해서 또는 외부의 압력과 가치의 주입에 따라 진로를 결정하는지 그 동기의 유형을 측정하는 척도이다.

② **척도의 구성**

진로결정 자율성 척도의 세부 내용은 8개의 행동에 대한 4개의 이유(동기)를 묻는 32개의 문항으로 구성되어 있다. 8개의 행동 지표 예를 보면, '학교에서 제공하는 프로그램에 대한 정보를 구한다.'라는 행동 지표에 대해서 네 가지 동기(내적 동기, 동일시된 조절, 주입도 조절, 외적 조절)를 근거로 하위 문항이 구성되어 있다.

가. 기술적 진로의사결정 모델: 실질적으로 어떻게 결정하는가?

1. 브룸의 기대모델: 인간의 행동은 내부에서부터 동기화된다.
   직업선택은 목적, 목표를 획득하기 위함.
   유인가와 기대가 진로선택 결정에 어떻게 상호작용하는지 파악하며, 일역할/동기/유인가/기대로 구분된다.
2. 제니스와 맨의 갈등모델: 의사결정 시 항상 갈등
   갈등 해결을 위해 대차대조표 활용.
   세밀하게 모든 대안을 고려하면 문제들을 잘 처리하고 최선의 결정에 이를 수 있음.
변화하지 않으면 위험?
변화한다면 위험?
실행가능한 해결책 있나?
가능한 대안을 탐색할 시간이 충분?

나. 처방적 진로의사결정 모델: 결정이 어떻게 이루어져야 하는가?
미첼의 재개념화된 선택모델: 의사결정은 이상적인 상황에 가까운 것을 선택한다는 레슬의 이론을 의사결정 과정에 적합하도록 재개념화함. 특정대안을 선택한다는 것은 어떠한 이상적인 대안을 가지고 있다기보다는 어떤 특성과 우수성에 대한 선호를 가지고 있다고 가정함. 긍정적, 부정적 특성을 고려하는 비중에 따라 다양한 이유, 결과가 생김.

15
Chapter

학습코칭의 이해

1. 학습코칭에 대한 이해

학습코칭에 대한 이해를 돕고자 먼저 코칭에 대한 의미와 역사를 살펴보고자 한다. 현대적 의미의 코칭은 1980년대 미국에서 기업들이 도입하기 시작하면서 본격적으로 확산되었다. 최근 들어 코칭의 보급이 본격화되면서 많은 부분에 영향력을 끼치고 있다. 코칭은 비만 등 영양관리 코칭, 건강관리 코칭, 재정관리 코칭, 시간관리 코칭, 보이스 코칭, 성품 및 마인드 관리 코칭, 학습코칭에 이르기까지 사회전반에 다양한 분야의 도움이 필요한 사람들에게 활용되고 있으며, 인생과 직업상의 문제와 관련하여 '라이프코치(life coach)'에게 도움을 받는 사람들도 늘어나고 있다(Collins, 2001).

Peters & Austin(1985)은 서로 관련되어 있으면서 각기 다른 역할을 수행하는 교육(educating), 후원(sponsoring), 상담(counseling), 직면(confronting)을 함께 묶어 조합한 것을 코칭으로 보고, 리더십과 비교해 볼 때 코칭은 교육(educating), 멘토링(mentoring), 상담(counseling), 성과문제에 대한 직면(confronting)을 포함한다고 주장한다. Collins(2001)는 한 개인이나 그룹을 현재 있는 지점에서 그들이 바라는 더 유능하고 만족스러운 지점까지 나아가도록 인도하는 기술이자 행위를 코칭이라 하였으며, 사람들의 관심사나 재능, 환경 그리고 잠재력에 관련해 더 효율적으로 스스로를 주도하고 관리하는 방법을 배우도록 지원하는 상호적이면서도 집중적인 훈련방식을 코칭이라고 하였다(Jones et al., 2004). 영국의 코치인 Whitmore(2002)는 코칭을 받는 사람 자신의 성과를 극대화하도록 그의 잠재능력을 발현시키는 것으로서, 가르치는 것이 아니라 스스로 학습하도록 도와주는 것을 코칭이라고 하였다.

코칭을 구성하고 있는 기본요인들로 방향제시(direction), 개발(development), 수행평가(accountability), 관계(relationship)를 제시하고 있다(최치영, 2004). 그리고 코칭의 정의를 구성하는 핵심요소로 개인, 조직, 잠재력, 지지, 계발, 목표, 성과(결과), 자아실현, 대화기술, 협력, 파트너십, 리더십, 시스템, 커뮤니케이션 등을 제시하고 있다(이소희, 서우경, 2008). 코칭과 가장 유사한 인적 서비스인 카운슬링은 상담자와 내담자 사이에 커뮤니케이션 과정을 통해 문제를 이해하도록 촉진하고, 정서적으로 직면하도록 하며, 내담자의 과거의 행동을 변화시키기 위해 다양한 기법들을 사용한다는 점에서 코칭과 매우 유사하다(이희경, 2010).

Collins(2001)는 "상담가는 문제를 해결하는 데 초점을 두지만, 코칭은 가능성에 중점을 둔다. 상담은 내담자가 과거에 받았던 정서적, 영적고통을 회복시켜 주도록 돕지만 코치는 사람들의 목표를 설정하고 더 나은 미래로 나아갈 수 있도록 돕는 것"이라고 하였다. 상담가는 내담자의 정서나 심리적 상태, 전반적인 부분을 돕거나 진단한다. 이와 반대로 코치는 내담자의 목표를 세우고 문제해결을 위한 행동을 취하도록 지원한다. Tony(2005)는 "코칭은 과거로부터 치유되지 않은 문제들 대신에 보다 나은 미래를 창조하는 데 초점을 둠으로써 양질의 삶을 추구한다."라고 하였다. Patrick & Deborah(2007)는 "코칭은 사람의 현재 상태를 다루고 더 바람직한 미래로 인도하지만, 상담과 치료는 사람의 과거와 트라우마trauma)를 다룬다."라며 "코치는 피코치자가 스스로 답을 찾도록 도와주지만, 상담은 치료자가 답을 가지고 있다."고 강조하였다(이윤기, 2014).

상담과 코칭의 차이점을 다시 요약해 보면 상담은 내담자의 과거 문제해결과 회복, 심리적 안정, 치유, 분석, 평가에 초점을 두고 있고, 코칭은 피코치자의 미래 지향적인 관점에서 성장과 변화에 초점을 맞춰 그에 대한 피드백을 제공하는 것임을 알 수 있다(이윤기, 2014). 한 내담자를 대상으로 상담을 하든, 코칭을 하든 서로의 기능이 보다 효과적으로 발전하도록 새로운 임상적 모델이 필요한 시점이 되었다.

코칭 영역이 다양한 분야에 적용되는 것처럼 심리치료와 상담영역도 내담자의 문제해결, 치유, 심리적 안정을 넘어 미래의 비전을 제시하고 성장과 변화에 초점을 맞추는 코칭영역까지 확대되어 임상현장에 사용되고 있다. 따라서 표현예술치료와 상담, 코칭의 결합은 내담자에게 선택의 기회를 확대하는 것뿐만 아니라 일반인의 참여를 적극적으로 유도할 수 있기에 관심 있는 전문가들의 다양한 연구가 필요하다(이윤기, 2014).

앞에서 살펴본 바대로 코칭이라는 용어가 최근 들어 다양한 분야에서 활용되면서 전통적으로 상담분야에서도 일반적으로 사용하던 학습 프로그램 대신 학습코칭이라는 용어도 사용하게 되었다. 학습코칭은 '개인의 잠재력 계발', '학습동기 유발', '학습법 및 학습관리'의 코칭기법을 통해 자기주도 학습능력과 리더십을 두루 갖춘 스스로 공부하는 리더를 만드는 데 그 목적이 있다. 스스로 공부하는 리더, 즉 자립형 인재는 리더가 갖추어야 할 성품과 능력을 개발시키고, 구체적인 실행계획과 목표설정, 그리고 자기의 성향에 맞는 맞춤형 학습법을 통해 그 성과를 이룰 수 있다. 학습코칭은 학습자의 학습력 신장만을 추구하는 것이 아니라 학습자의 자아를 찾아주고 학습자가 자신의 삶을 좀 더 성장시킬 수 있도록 하는 심리학적 시스템이기 때문에 오늘날 자신의 성장 발전을 하고자 하는 학습자들에게는 탁월함을 보여준다(최선미, 2013; 최승희, 2012). 코칭에서의 인간은 완전한 존재이며, 성장하려고 하는 무한가능성이 있는 존재로 본다. 이러한 완전성과 가능성을 가지고 있지만 환경, 교육 등의 여러 이유로 인해 완전성과 가능성이 제한되어지고, 인식하지 못하게 되는데 이를 최대로 끌어내주어 스스로 답을 찾는 것을 도와주는 사람이 코치(Coach)이다(이윤기, 2014).

학습코칭은 아동의 공부 재능을 극대화하기 위한 실천적 방법으로 아동의 잠재력과 가능성을 최대한 끌어내어 아동이 스스로 학습목표를 설정하고 학습에 필요한 자원을 확보하여 자신에게 맞는 학습방법을 선택한 후 자신이 원하는 결과를 성취하도록 돕는 과정이다(이소희, 2012). 이와 같은 학습코칭은 학습과 코칭을 결합한 개념으로 코칭이 학습상황에서 일어나는 것을 말하는데, 체육 관련 교과에 적용되었으나 최근에는 그 범위가 확장되어 일반 교과 교육에도 적용되고 있다(Gornal & Burn, 2013).

학습코칭은 자기주도 학습능력을 함양하여 스스로 공부할 수 있는 자립형 인재를 개발하는 데 그 목적을 둔다고 할 수 있다. 연구에서 최승희(2012)는 학습코칭이 학습자의 학습력 신장은 물론 학습자의 자아와 삶을 성장시킬 수 있는 시스템으로 오늘날 자신의 성장발전을 추구하는 학습자들에게 탁월함을 보여준다고 하였다. 이것은 학습자가 학습코칭을 통해 자신의 잠재능력을 발견하고 스스로 지속적인 성장을 해 나갈 수 있기 때문이다. 이유는 학습코칭이 학습자에게 목표와 동기를 부여하여 학습습관과 방법을 체계적으로 관리해 주는 시스템이기 때문이다(민세홍, 김미영, 정현옥, 2010).

학습코칭은 코치가 학습 과정 및 전략에 대해 코칭하는 과정을 말한다. 학습코칭은 일반적인 교수법에 의해 가르치기보다는 학습자 수준을 고려한 상호작용을 통해 궁극적인 목표달성에 이르도록 코칭하는 방법이다. 학습코칭은 학습자의 자발적인 성장추구와 코치와 피코치 간의 상호작용은 물론 개방적이면서도 신뢰가 뒷받침되어야만 가능한 부분이다(신을진, 이일화, 2010). 이처럼 학교교육에서 가지고 있는 여러 가지 장점이 있음에도 불구하고 이론적인 토대가 미약하여 학교교육에서 학습코칭을 활용하는 구체적인 사례는 찾아보기가 어려운 실정이다(한국코칭교육연구회, 2010).

학습코칭은 '개인의 잠재력 개발', '학습동기 유발', '학습법 및 학습관리'의 코칭기법을 통해 자기주도 학습과 리더십을 두루 갖춘 스스로 공부하는 리더를 만드는 데 그 목적이 있다. 스스로 공부하는 리더, 즉 자립형 인재는 리더가 갖추어야 할 성품과 능력을 개발시키고, 구체적인 실행계획과 목표설정, 그리고 자기의 성향에 맞는 맞춤형 학습법을 통해 그 성과를 이룰 수 있다. 학습코칭의 중요한 요소는 구체적인 실행계획과 점검시스템을 통해 목표를 향해 지속적으로 성장할 수 있도록 격려하고 점검하는 것이다(최선미, 2013). 학습코칭이 중요한 이유는 사명과 비전을 발견하는 자립형 인재로 거듭나기 위해서 자신의 성품과 능력을 개발시키고 능률을 높이는 자기만의 학습법을 체득하고 학습관리를 해야 하기 때문이다(곽병희, 2017). 학습코칭을 시작해야 하는 시기는 학습 습관을 형성하는 초등학교 시기가 적절하다. 이 시기는 에릭슨의 인간발달 단계 중 학령기에 해당하는 시기로서 근면성을 형성하고 자아 개념과 억압에 대한 성취감 여부는 그 이후에 자아개념과 진로선택에서도 큰 영향을 미친다(최선미, 2013).

학습코칭은 코치가 답을 가르쳐 주는 것이 아니라 아이의 타고난 능력을 최대한 발휘하여 스스로 자기 문제에 대한 해결 방법을 찾고 살아가는 모든 면에서 근본적인 변화와 성과를 발휘하도록 지지하는 교육 프로그램이다. 따라서 아이들이 자기주도 학습을 진행하는 데 있어서 주요하게 자리매김해 가는 교수학습법으로 활용하고 있다. 이와 관련하여 정혜숙(2017)은 다음과 같이 학습코칭의 기능과 역할을 강조하였다.

첫째, 학습코칭은 아이들이 스스로 즐겁게 공부할 수 있도록 지원하는 것이다.

둘째, 학습코칭은 아이들의 타고난 재능, 흥미, 적성, 성격을 알게 하여 자존감을 갖게 한다.

셋째, 학습코칭은 아이들의 꿈과 목표 비전과 사명을 갖게 하여 글로벌 리더가 되게 한다.

넷째, 학습코칭은 아이들이 시간을 경영하고 학습기술을 익히고 습관화하여 꿈을 이루게 한다.

위와 같은 학습코칭의 기능과 역할을 수행하기 위해 학습코치가 학습자를 도와야 하는 역할은 자존감 향상, 숨겨진 재능 발견, 구체적 학습 동기 찾기, 성향에 맞는 학습법 찾도록 하기, 학습목표를 찾고 실현시키도록 돕기, 적절한 학습환경이 형성되도록 돕는 것이라고 제시하였다(정혜숙, 2017). 학습코칭은 학습자의 학습능력 향상을 추구하는 것이 아니라 학습자의 자아를 찾아주고 학습자가 자신의 삶을 좀 더 성장시킬 수 있도록 하는 심리학적 시스템이기 때문에 오늘날 자신의 성장발전을 하고자 하는 학습자들에게는 탁월함을 보여준다고 하였다(배장오, 2009).

2. 학습코칭의 기술

현재 통용되고 있는 대부분의 코칭기술은 크게 커뮤니케이션 기술(communication skill)과 대인관계 기술(interpersonal skill)로 나눌 수 있다. 전자에는 경청하기, 질문하기, 피드백 해주기 등 코칭대상과 의사소통을 하는 데 필요한 기술들이 포함된다. 한편, 후자에는 코칭대상과의 관계 설정에 필요한 기술과 코치로서 자기관리를 어떻게 할 것인가 등에 관한 테크닉들이 포함된다(조성진, 2008).

경청(listening) 기술은 코치가 코칭을 진행하는 동안 코칭대상이 전하는 메시지를 어떻게 들을 것인가에 관한 것이다. 경청은 코칭대상의 말은 물론 사실과 감정의 구분 및 코칭대상의 표정에 숨어 있는 의미까지 함께 읽고 듣는 것을 말한다. 경청은 코치가 코칭대상의 이야기를 듣는 태도에 따라 귀로 듣는 단계, 입으로 듣는 단계, 마음으로 듣는 단계로 나누고, 가장 바람직한 형태는 세 번째 단계인 마음으로 듣는 것이다. 이 경청기술은 경청의 태도와 강도에 따라 좀 더 세분하여 적극적 경청(active listening), 반영적 경청(reflective listening), 공감적 경청(empathetic listening), 헌신적 경청(committed listening)으로 나눈다(이소희 외,

2008). 이들은 각각 정도의 차이가 있긴 하지만 공통적으로 코치 개인의 주관적인 판단 없이 코칭대상이 표현하는 말, 행동, 표현 속에 숨어 있는 감정이나 사고를 경청할 것을 강조하고 있다. 또한 코칭대상이 말하지 않는 비언어적 표현까지도 이해하고 경청하는 것이라고 설명하고 있다. 또한 코치들은 질문을 '코칭의 꽃'이라고도 한다. 그만큼 질문이 코칭에서 중요한 비중을 차지하는데(이희경, 2010), 사람들은 외부로부터의 지시와 명령에 익숙해져 자신의 내부에 있는 해답을 자각하지 못하여 내부에 해답이 있다는 사실을 모르는 경우가 많다. 그래서 자신의 내부에 있는 해답을 스스로 볼 수 있도록 코치의 도움이 꼭 필요하다. 자신의 잠재의식 속을 들여다보려면 누군가 거울의 역할을 해주는 것이 필요하다. 그 거울에 해당하는 매개체가 바로 코치가 코칭대상에게 던지는 질문(question)이다.

따라서 코칭을 할 때 코치가 해야 할 일은 코칭대상에게 질문을 함으로써 코칭대상이 평소에 생각하지 못했던 것을 생각하게 하는 것이다. 코치의 좋은 질문은 코칭대상의 상상력을 자극하고, 그가 가지고 있는 무한한 잠재력을 발견할 수 있는 계기를 제공한다. 결국 코치의 좋은 질문은 코칭대상이 스스로 자신의 문제를 해결할 수 있는 좋은 해답을 찾는 데 많은 도움을 준다(Peters, 1996). 코치가 알아두고 꼭 연습해야 할 질문은 개방형 질문, 확대 질문, 미래질문, 긍정질문이다. 이들의 공통점은 모든 가능성을 최대한 이끌어 내는 것을 목적으로 하는 바람직하며 좋은 질문이라는 것이다. 코칭에서 피드백은 코칭대상의 말과 행동에 대해 코치가 구체적으로 표현해 줌으로써 코칭대상이 앞으로 어떻게 행동해야 할지에 대해 동기를 부여하는 것이다. 코치가 코칭대상에게 무엇을 잘 하고 있는지, 어떤 점이 뛰어나고 탁월한지, 그리고 자신의 행동을 수정하고 발전하기 위해서 무엇을 해야 할지에 대해 말해 주는 것이 피드백이다. 다시 말하면, 코치는 코칭대상의 일반적이고 구체적인 성과, 태도나 행위, 미래의 잠재력에 대해 반드시 피드백을 해준다(Tony, 2005). 이희경(2005)은 코치와 피코치자 간의 신뢰 형성과 코칭의 성과를 촉진하는 필수적인 기술로서 지지(support), 기대(expect), 신뢰(trust)를 태도기술로 보고 있다. 그리고 이소희 외(2008)는 관계성(rapport) 형성이나 칭찬과 인정을 별도의 코칭기술로 분류하고 있다. 정리하면 학습코칭의 기술은 학습자의 의견을 잘 경청하고 좋은 질문을 하는 것이 가장 기초적인 스킬이다.

3. 자기주도 학습코칭

1) 자기주도학습의 개념

자기주도학습(self-directed learning, SDL)은 1960년대 초에 시카고대학의 Houle 교수가 성인교육을 위한 『The Inquiring Mind』 책에 처음 언급된 구인으로 이론적으로 개념화된 구인들과 달리 현장의 경험을 기초로 하여 연구되기 시작하였다. 자기주도학습은 학습자가 학습하는 데 있어서 능동적이라는 의미에서 자기조절학습(self-management), 자기교수(self-instruction) 등의 용어들과 혼용되어 사용되는데, 학자의 이론적 관점에 따라 다르게 표현되었을 뿐 엄밀하게 구분하기는 어렵다. 그중에서도 자기주도학습만큼이나 능동적 학습을 대표하는 용어는 자기조절학습이다. 자기조절학습은 자기주도학습과 서로 다른 배경 속에서 발전되어 왔지만 그 가정이나 개념 및 구성요인이 거의 일치하고 있기에 현재 혼용해서 사용되고 있다.

자기주도학습에 대한 정의는 많은 학자들에 의해 다양하게 제시되고 있다. Knowles(1975)는 자기주도학습이란 학습자 스스로 주도권을 가지고 학습목표를 설정하고 학습전략을 효율적으로 사용하며 학습결과를 스스로 평가하는 일련의 과정이라고 정의하였다. Gibbons(2002)는 언제 어디서 어떤 방법을 사용하든지 학습자 스스로의 노력으로 자신의 지식, 기술, 성취감 혹은 개인적 발달을 향상시키는 것으로 이는 학습자 자신이 선택하고 스스로 초래한 결과라 하였다.

Zimmerman(1986)은 자기주도학습은 상위인지적, 동기적, 행동적으로 자신의 학습 과정에 적극 참여하는 것이라고 설명하였다. 즉, 상위인지 측면에서는 학습 과정에서 학습을 계획하고 목적을 설정하고 자기평가와 점검을 하는 것을 의미하고 동기적 측면에서는 과제의 접근에 있어서 자기효능감을 갖고 자발적이고 본질적인 흥미를 가진다는 것이다. 행동적 측면에서는 학습에 적합한 환경과 도움을 선택하고 요청할 수 있는 것을 의미한다.

Pintrich De Groot(1990)은 학교 교실 상황에서 학업 성취를 위해 자기주도 학습자가 갖추어야 할 요소로 상위인지 전략 노력을 관리 통제하는 요인인지 전략요인을 제시하였다 또한 이들은 이 요소들을 사용하도록 하는 동기화가 중요하다고 하였다. 이후 이들의 연구를 토대로 동기적 특성이 자기주도학습 모형에 자리 잡을 수 있도록 하는 실제적 기틀을 마련하였다.

Long(1992)은 학습자 스스로 학습에 임하는 일련의 초인지적 행동을 수행하는 과정이라 설명하였다. 이것은 학습 여건이 어떤 형태이건 학습자가 학습 활동에 참여하고 자료 및 자원을 동원하여 학습 활동을 수행해 나가는 것이라 하였다. 정미경(2003)은 학습자가 자신의 학습 활동의 주인이 되어 학습목표와 학습동기를 진단하고 학습에 필요한 인적 · 물적 자원을 관리하며 학습의 모든 과정에서 의사 결정과 행위의 주체가 되는 자기학습으로 정의하고 있다.

이와 같은 정의들을 통해서 자기주도학습의 핵심적 개념은 인지적 · 동기적 행동적인 영역을 포함한다는 것을 알 수 있다. 즉, 개별 학습자가 스스로 자신의 학습에서 주도권을 가지고 자신의 학습요구를 진단하고 자신의 학습목표를 설정하며 학습에 필요한 인적 · 물적 자원을 확보하고 적합한 학습전략을 선택 실행한 학습결과를 스스로 평가하는 과정과 활동을 통하여 학습의 극대화를 가져오게 하는 것이다.

2) 학습과 코칭

코칭의 정의에서 살펴본 바와 같이 개인의 학습과 성장을 제외하고 코칭을 설명하기란 쉽지 않다. Colombo와 Werther(2003)에 따르면 지식이 폭발적으로 증가하는 정보화시대에 개인이 고려해야 할 것은 평생 학생의 태도를 지니는 것이다. 이것은 정규 학교교육을 마치고 직업인으로 살아가는 성인이 가져야 하는 학습에 대한 기본적인 태도를 언급한 것으로 성인학습의 필요성을 잘 설명하는 말이다. 이러한 성인들을 코칭하는 데 그들이 갖는 특성을 이해하는 것은 매우 중요하다. Zeus와 Skiffington(2007)은 성인들을 대상으로 하는 코칭에서 고려해야 할 요소들로 다음과 같이 네 가지를 언급하고 있다.

첫째, 자아개념이다. 자아개념과 자존감은 주로 과거 경험에 근거하는 것으로 학습방법에 영향을 미치며 학습상황에 긍정적으로 작용한다.

둘째, 스트레스와 불안이다. 코치는 피코치의 스트레스 수준을 인지하고 격려를 통해 최적의 상태를 제공해야 한다. 코칭세션(coaching session) 시작 단계에 간단한 기분전환이나 명상은 불안감을 낮추고 학습을 촉진할 수 있다.

셋째, 과거 경험이다. 과거 경험의 의미 가치는 새로운 정보를 수용하는 방법에 영향을 미친다. 코치는 피코치의 과거 경험과 지식을 존중해야 하고 동시에 이들이 피코치의 학습을 방해한다면 피코치의 지식과 스킬의 한계점을 지적하고 격려해야 한다.

마지막은 동기부여이다. 코칭은 개인의 요구와 목표달성에 관련되고 개인의 성장과 삶의 만족을 향상시킬 수 있는 스킬을 개발하고 강화하는 데 초점이 맞춰져 있다. 따라서 코치는 동기부여를 통해 피코치가 스스로 목표를 이룰 수 있도록 돕는 역할을 해야 한다.

Watt(2004)는 업무현장에서 코칭과 멘토링 연구를 통해 코치의 역할뿐만 아니라 학습자로서 피코치의 역할에 대해 강조하고 있다. 피코치들은 목표를 정하고 코치는 내비게이션을 제공하는 역할을 한다. 중요한 것은 자신의 학습에 대해 궁극적으로 책임을 지는 자는 피코치라는 사실이다. 피코치 입장에서 두 가지 핵심 요소는 발견(discovery)과 연계(alignment)인데, 발견은 기본적으로 자기주도성에 의한 반성적 성찰의 결과물이고 연계는 피코치가 자신의 목표를 조직의 목표와 연계시키는 것을 의미한다. 이러한 과정을 통해 지속적인 학습이 가능해진다. 코칭이 이루어지는 과정은 성인학습과 평생학습 이론에 잘 연계되어 있다. 코칭은 성인학습에서와 같이 목표지향적, 자기주도적 학습과 삶의 경험 사이에 능동적인 연계를 통해 알고자 하는 개인의 요구와 학습 준비에 목표를 두게 된다(Griffiths, 2005).

학습 전달 수단으로 코칭을 강조한 Herlein(2006)은 코칭은 바람직한 결과를 달성하는 데 도움을 주기도 하지만 학습의 전달 수단이라고 보았다. 코치는 리더가 교육훈련의 과정에서 학습의 전달을 돕는 것과 같이 발전적 개입의 수단으로 새로운 스킬을 학습하도록 돕는다. 코칭의 도움은 교실상황에서부터 업무현장에 이르기까지 스킬을 전달하는 데 요구되는 동기와 인지적 지원을 제공하며 코치 자체가 학습상황에서 동기요인이 될 수 있다.

자기주도학습이라는 측면에서 보면 성인 학습자의 자기주도성을 강화하기 위해 교수자는 촉진자의 역할을 수행해야 하는데, McComb 등(2007)에 따르면 촉진은 교육으로 정의되지 않는다. 촉진은 도움 없이 된다기보다는 학습자를 위해 더 용이하게 자기주도성을 갖게 하는 것이다. 학습의 촉진자로서 코치는 피코치의 자기주도성 강화를 촉진시키고 능력을 부여하는 메커니즘이다. 자기주도적 학습방법을 지지하는 촉진자로서 코치는 피코치가 학습에 대한 책임을 지고 가치 있는 결과를 얻기 위해 자기규제 사이클을 통해 발전할 수 있도록 피코치를 돕게 된다. 특히 조직에서 코치는 조직원의 자기주도성 강화를 부가적인 목표로 설정하고 자기주도학습 과정을 촉진해야 한다. 자기주도적 학습방법의 사용은 힘의 재분배를 요구하는데, 이는 코치가 피코치에게 힘을 분배하는 것을 의미한다. 이를 통해 학습자인 피코치의 자기주도성 강화를 보다 촉진할 수 있다.

코칭에서 개인 경험의 활용을 강조한 Cox(2006)는 코칭이 실제 삶의 문제를 해결하기 위해 이전의 저장된 경험을 활용할 수 있도록 목표지향적이고 자기주도적인 학습자를 길러내는 학습방법이라고 보았다. Armstrong 등(2006)은 코칭세션의 관찰을 통해 코치와 피코치는 그들의 경험과 학습목표를 도출해 내는 능동적인 과정에 몰두하게 된다고 주장하였다. 특히 학습자의 경험은 반추를 통해 문제를 찾아내는 데 활용되고 코칭의 목표는 이러한 문제들을 명확히 함으로써 피코치들을 코칭에 더욱 몰입하게 한다. 결과적으로 코치와 피코치 간의 관계는 더 신뢰할 수 있을 정도로 발전하게 된다. 신뢰관계가 구축됨으로써 피코치의 문제가 코치와 피코치의 관계 속으로 들어오게 되고 코칭세션에서 공유된 이해를 바탕으로 실행계획이 수립된다. Griffiths(2005)에 의하면 경험학습은 코칭과정의 성공에 반복적으로 연관된다는 경험학습과 코칭에서 가장 가치 있는 것은 개인의 발달이며 교육과 학습은 이러한 개인의 발달을 촉진한다고 주장하였다. 궁극적으로 개인의 일이나 삶은 코칭상황을 제공하고 이를 통해 개인은 경험학습을 하게 된다. 위에서 살펴본 바와 같이 코칭과정은 피코치의 자기주도성을 강화하고 기존의 실행 경험에 근거해 자기반성과 의식전환을 이루게 하는 학습의 촉진과정이라고 볼 수 있다.

3) 자기주도 학습코칭

코칭과 자기주도학습의 관계를 살펴보면, 코칭이 학습자를 격려하고 동기를 부여함으로써 개인이 스스로 성장하도록 돕는 대화시스템이라면(Haberlinghtne, 2002), 자기주도학습은 학습자 자신이 학습활동의 주체가 되어 학습 전반의 과정을 수행하는 학습방법이라고 하였다(김종운, 정보현, 2012; 송인섭, 2006).

학습코칭이란 학생 스스로 공부하도록 동기를 부여하고, 학습계획을 작성하도록 하여 학습자의 자기주도학습을 증진시키는 체계적 관리 시스템이다(이강욱, 2008; 이보라, 2011; 황인득, 2011). 교사가 학생을 가르치는 일방적인 학습방법이 아닌, 학습자 스스로가 학습을 위한 문제를 탐색하고, 계획을 세워 해결함으로써 성취감을 느낄 수 있도록 협력하는 것이 학습코칭의 핵심이며, 개인의 성격, 적성, 능력 등을 고려한 학습법으로 자신의 학습 환경을 효율적으로 관리할 수 있는 능력을 향상시키는 학습방법이기도 하다.

학습코칭의 특징을 보면 첫째, 피코치의 발전 가능성에 초점을 두고, 목표를 달성하는 과정을 코치와 함께 한다. 둘째, 학습코칭에서 코치와 피코치는 수직적인 관계가 아닌 수평적인 관계를 전제로 한다. 셋째, 학습코칭은 피코치의 학습 수준을 고려한 구체적인 상호작용을 통해 목표를 이룰 수 있도록 한다(박성옥, 2018; 신을진, 이일화, 2010).

종합적으로 살펴볼 때, 학습코칭은 전반적으로 자기주도학습을 내포하고 있음을 알 수 있고, 학습코칭은 학습에 대한 학습자의 자기조절을 지원하는 파트너십 과정이라고 정의할 수 있다.

4) 자기주도 학습코칭 프로그램

국내 선행연구 중 자기주도학습의 세 영역인 동기영역, 인지영역, 행동영역으로 구성하여 개발되고 연구된 학습코칭 프로그램을 살펴보면 다음과 같다. 정현옥 외(2010)는 학습코칭 프로그램을 자기주도적 학습(Knowles, 1975)에 대한 정의를 바탕으로 학생에게 목표와 동기를 부여하고 학습습관, 공부방법을 체계적으로 관리해 주는 시스템으로 스스로 공부하는 방법을 모르는 학생들이나 그러한 학생들을 돕고 싶어 하는 교사, 학부모를 위한 프로그램으로 학습자들의 자기주도적 학습능력 향상을 위한 프로그램이라고 정의하고, 정미경(2003)의 자기주도 학습의 구성요소에 따라 동기조절, 인지조절, 행동조절을 자기주도학습의 이론적 구인으로 가정하였으며 자기주도학습을 위한 프로그램을 동기요인, 인지요인, 행동요인별로 프로그램을 구성하였다. 먼저 동기요인으로는 자아효능감, 내적가치를 자아개념으로, 목표설정을 내재적 동기로, 자신감 향상을 개방성으로 요인을 분류하였으며, 인지요인으로는 주의집중력, 기억력 향상을 문제해결력으로, 학습전략을 창의성으로 분류하였다. 끝으로 행동요인으로는 시간관리를 자율성, 스트레스 관리와 학습자원 관리를 자기평가로 분류하였다. 정현옥, 김미영, 민세홍(2010)의 학습코칭 프로그램은 〈표 15-1〉과 같다.

표 15-1 학습코칭 프로그램의 구성요인별 세부 내용

구성요인	하위요인	주제	활동명	세부내용
동기적 요인	자아개념	자기효능감	내 삶의 주인공은 나	내 삶의 주인공은 나 주인과 노예 나는 누구일까?
		내적 가치	내 인생 꿈의 경로 그리기 (나의 가치 발견)	공부에 대한 이미지 확인 공부와 학습 가치관 확인 및 가치선언문 작성 내 인생 징검다리 그리기 자기주도 학습 습관 진단
	내재적 동기	목표설정	목표설정 (목표가 있어야 명중한다)	목표설정의 중요성 목표로 가는 길 목표 세우기
	개방성	자신감 향상	자신감 향상 (할 수 있다. 하면 된다)	꿈을 이룬 사람들 자성 예언 긍정의 힘 성취 습관 역경 극복
인지적 요인	문제해결력	주의집중력 향상	주의집중력 (행동억제력) 향상	주의집중력 진단 방해 원인 탐색 주의집중력 향상법 훈련 시각, 청각 향상 훈련 행동억제력 훈련

구성요인	하위요인	주제	활동명	세부내용
		기억력 향상	기억력(암기력) 향상	기억력 진단 기억력 이해, 한계 기억단계 감각기관 이용 훈련 효과적 암기법
	창의성	학습전략	학습전략	학습전략(독해 전략, 필기 전략) 예·복습 관리 전략
			창의적인 사고전략	유형별 자기주도 학습전략 과목별 자기주도 학습전략
	자율성	시간관리	소중한 것을 먼저 하라	Time, What is it? 소중한 것 먼저 하기 시간계획 세우기
	자기평가	내면 다스리기	스트레스 무찌르기	스트레스 확인 스트레스 분석하기 스트레스 무찌르기
		학습 환경 관리	학습자원관리	시험 관리 전략 나에게 맞는 학습 환경 만들기

황인득(2011)이 개발한 학습코칭 프로그램은 자기조절학습에 대한 여러 가지 이론적인 면과 선행연구를 토대로 Zimmerman & Martinez-Pons(1986, 1988)의 자기조절 학습전략 14가지, 서울특별시 교육청의 2010 자기주도학습 길라잡이(초등용), 한국자기주도학습표준협회 지도자 교육과정, 한국교육개발원의 내 공부의 내비게이션 자기주도학습, 그리고 국내에서 발간된 자기주도학습 관련 서적을 참고로 하여 초등학교 학생에 맞게 개발 및 재구성한 프로그램이다. 특히 본 학습코칭 프로그램은 일반 학생들이 아닌 기초학습능력 부진아들을 대상으로 개발된 프로그램으로서, 일반적인 학습코칭 프로그램의 인지영역에 속하는 학습전략 부분이 축소되고 동기영역인 정서부분이 강화되었는데, 이는 선행이론에서 학습부진아들의 주요 원인으로 정의적 영역인 동기 부분을 특히 강조되고 있는 것과 일맥상통한다. 또한 기존의 교수법에서 벗어나 인간은 완전한 존재이며, 무한한 가능성과 자신 안에 답을 가지고 있다는 코칭의 철학을 바탕으로 경청, 질문, 피드백, 인정, 지지 등의 코칭 대화방식을 통해 각 주제별로 학생의 생각과 잠재력을 최대한 이끌어 내는 데 초점을 두도록 구성되었다. 황인득(2011)이 개발한 학습코칭 프로그램의 구성은 〈표 15-2〉와 같다.

표 15-2 학습코칭 프로그램 구성

구성요인	하위요인	주제	세부내용
동기적 요인	자아개념	자아효능감	자기소개하기, 마음 열기, 서로 간의 친밀감을 형성하기, 나는 누구일까?
		내적 가치	문장 완성하기, 공부방법 점검하기, 공부하는 방법의 중요성 알기
	내재적 동기	목표설정	한국을 빛낸 위인 알아보기, 게임을 통하여 문제해결력 배우기, 잠자고 있는 나를 깨우기, 목표설정의 중요성, 목표 세우기
	개방성	자신감 향상	긍정의 힘, 꿈을 이룬 사람들, 자신감 향상 발표하기
인지적 요인	문제해결력	주의집중력 향상	4가지의 패러다임, 여우와 두루미 이야기, 일부러 져주는 사례, 승-승의 태도에 대해 알아보기
	창의성	학습전략	경청하기, 문장을 귓속말로 전달하는 게임, 상상해서 이야기 꾸미기
행동적 요인	자율성	시간관리	새로운 시간계획 세우기, 나에게 소중한 것은 무엇인가? 소중한 것 먼저 하기, 도전미션게임
	자기평가	내면 다스리기	1회기~7회기까지 활동 동영상 시청하기, 감사한 분께 릴레이 이름 쓰기, 목걸이 만들기, 서로 칭찬 격려하기, 마무리하기

참고문헌

강대석(2009). 성과향상 스킬업. 서울: 경문사.

구자균(2021). 보험설계사의 코칭역량과 일터환경특성이 조직성과에 미치는 영향: 대인관계의 매개효과. 남서울대학교 대학원 박사학위논문.

권석만(2008). 긍정심리학: 행복의 과학적 탐구. 서울: 학지사.

권석만(2010). 긍정 심리학. 서울: 학지사.

권석만(2011). 인간의 긍정적 성품. 서울: 학지사.

권석만, 정지현(2011). 인간의 강점 발견하기. 서울: 학지사.

권은숙(2015). Holland 진로성격 유형에 따른 미용전공 대학생의 가치관과 전공만족도 및 진로성숙도 분석. 원광대학교 대학원 박사학위논문.

길영환(2009). 라이프코칭의 이해와 효과적인 접근. 코칭연구, 2(1), 45-60.

김경아(2021). 내·외부 코칭유형에 따른 코칭리더십이 개인 및 조직 직무차원의 성과와 피코치지향성에 미치는 영향. 경희대학교 대학원 박사학위논문.

김만수, 손용민(2021). 작전타임 S-TOP코칭. 경기: 부크크.

김예희(2021). 재무코칭프로그램의 개발 및 적용에 관한 실행연구. 서울대학교 대학원 박사학위논문.

김용구(2015). 코칭 슈퍼비전의 슈퍼바이지 만족도 결정요인 연구. 서울벤처대학원대학교 박사학위논문.

김유미(2003). 두뇌를 알고 가르치자. 서울: 학지사.

김유미(2008). 장애아의 뇌는 어떻게 학습하는가?(2판). 서울: 시그마프레스.

김인옥(2018). 부모-교사 진로코칭을 위한 유아 진로준비 측정도구 개발. 숙명여자대학교 대학원 박사학위논문.

김정량, 김혜연(2019). 대학생의 학습 및 진로코칭프로그램에 대한 효과분석-3UP 학습 및 진로코칭을 중심으로-. 코칭연구, 12(1), 5-32.

김지유(2016). 학업 저성취 학생을 위한 푸드표현 학습코칭 프로그램 개발과 효과 연구. 선문대학교 대학원 박사학위논문.

김하나, 김혜연(2015). 진로코칭프로그램이 자기효능감과 진로성숙도에 미치는 효과-제주도 지역아동센터의 중학생을 대상으로-. 코칭연구, 8(1), 59-78.

남상은(2021). 대학생활적응을 위한 대학생 또래코칭모델 개발. 숭실대학교 대학원 박사학위논문.

노명숙(2009). 학습코칭 부모교육 프로그램 개발 및 평가. 성균관대학교 일반대학원 박사학위논문.

도미라, 김준경(2010). 학교 부적응 학생에 대한 교사의 역할 지지를 위한 코칭기법 적용사례. 코칭연구, 3(1), 65-84.

박봉수(2014). 조직 활성화를 위한 코칭. 서울: ㈜ 한언.

박선영(2019). 동료 코칭을 통한 초등 교사의 정체성 및 영어 수업 변화 탐색. 전남대학교 대학교 박사학위논문.

박수연, 한태영(2011). 직무열의에 대한 성과 코칭 및 팀 과업의 영향: 인사평가 효과성과 피드백 환경의 매개역할. 한국심리학회지 산업 및 조직, 24(3), 597-626.

박영태, 현정숙(2002). 자기주도학습력의 이해. 열린.

박윤희(2010). 성공적인 커리어코칭 과정에 관한 연구. 숭실대학교 대학원 박사학위논문.

박윤희(2019). 대학생의 계획된 우연 기술이 진로적응성과 진로준비행동에 미치는 영향: 진로코칭 교육의 필요성에 대한 모색. 코칭연구, 12(4), 97-123.

박은경(2018). 코칭역량이 조직성과에 미치는 영향에 관한 연구: BSC 학습 및 성장 관점을 중심으로. 대전대학교 대학원 박사학위논문.

박정영(2009). 코칭학의 유형분류를 위한 기초적 접근-코칭형태 분류를 중심으로. 코칭연구, 2(1), 61-77.

박혜숙(2016). 크리스천 부모코칭프로그램의 구성과 도구개발. 숙명여자대학교 대학원 박사학위논문.

백명(2010). 코칭 프로그램이 간호사의 감성지능, 코칭스킬, 자기효능감 및 직무만족에 미치는 효과. 전남대학교 대학원 박사학위논문.

생텍쥐페리, 김경찬 옮김(2011). 어린왕자. 경기: 동해출판.

양복이(2021). 코칭기법을 활용한 문해교육프로그램 개발 및 적용. 대구한의대학교 일반대학원 박사학위논문.

에노모토 히데타케 지음, 황소연 옮김(2003). 코칭의 기술. 서울: 새로운 제안.

오경화, 탁진국(2020). 그릿향상 그룹코칭 프로그램이 여대생의 진로준비행동 및 진로태도성숙 향상에 미치는 영향. 한국심리학회지: 코칭 4(1), 21-46.

왕효분(2021). 코칭서비스품질이 코칭충성도에 미치는 영향에 관한 연구. 숭실대학교 대학원 박사학위논문.

우수명(2013). 경영자의 코칭역량 모델링 및 요구분석. 경희대학교 대학원 박사학위논문.

유성경, 조하나(2003). 낙관성 수준, 상황, 대상에 따른 대인관계도식의 차이. 한국심리학회지: 상담 및 심리치료, 15(3), 567-580.

유지은(2011). 캐릭터코칭: 나를 사랑하고 타인을 긍정하는 마법. 서울: 매직하우스.

윤수영(2016). 진로교육에서의 커리어코칭 활용방안에 관한 연구. 고신대학교 대학원 박사학위논문.

윤승일, 이문영(2009). 뇌체질 사용설명서. 서울: 북라인.

이란(2019). 강점코칭 프로그램이 일선간호관리자의 긍정심리자본, 코칭리더십 및 조직몰입에 미치는 효과. 이화여자대학교 대학원 박사학위논문.

이명숙, 우정순(2014). 진로인식 향상을 위한 만5세 유아 진로코칭 프로그램 구안. 코칭연구, 7(1), 57-75.

이명현(2021). 경영자코칭에서 지각된 전문코치의 역량이 코칭효과성에 미치는 영향. 박사학위논문 한성대학교 대학원.

이미나, 김미희(2019). 청소년의 학교폭력 예방을 위한 감정코칭 집단프로그램 효과. 예술인문사회 융합 멀티미디어 논문지, 9(12), 937-949.

이미나, 박경화, 김영환(2021). 청소년 심리 및 상담. 경기: 공동체.

이미나, 신재한, 김동일, 유숙경, 김민정(2020). 중독상담과 재활. 경기: 정민사.

이송이, 조혜진 (2018). 4차 산업혁명에 따른 아동과 청소년 진로코칭: 에니어그램 성격론 활용 가능성 탐색. 코칭연구, 11(1), 57-70.

이수호, 한태영(2008). 성과관리 코칭과 피드백 환경이 인사평가 공정성에 미치는 영향. 한국심리학회지: 산업 및 조직, 21(1), 59-81.

이연희, 탁진국(2017). 진로코칭프로그램이 잠재적 학업중단 위기청소년의 진로결정수준과 학교적응에 미치는 영향. 한국심리학회지: 코칭 1(2), 69-87.

이윤기(2014). 기독교 학습코칭이 청소년의 자기효능감 및 자기조절학습능력에 미치는 효과. 한국성서대학교 대학원 박사학위논문.

이은미(2015). 수영코치의 코칭 전문성 발달에 관한 셀프연구. 인하대학교 대학원 박사학위논문.

이재은(2008). 긍정 에너지. 서울: 세상모든책.

이정민(2016). 세일즈 매니저 코칭이 감성지능과 조직유효성에 미치는 영향. 목원대학교 대학원 박사학위논문.

이정숙(2009). 셀프코칭의 기술. 서울: 청림출판.

이혜민(2022). 코칭리더십이 직무성과에 미치는 영향. 중앙대학교 대학원 박사학위논문.

이희경(2005). 코칭 입문. 서울: 교보문고.

이희경(2017). 코칭심리학의 연구동향 탐색. 한국심리학회지: 코칭 1(1), 1-26.

임정섭(2014). 이론기반 진로코칭프로그램의 개발과 효과 검증. 충남대학교 대학원 박사학위논문.

장백희(2013). 간호관리자를 위한 코칭 역량 개발 프로그램 적용 효과. 순천향대학교 대학원 박사학위논문.

전종국(2008). 코칭심리학의 역사와 역할. 2008 한국심리학회 연차대회 자료집.

전종국(2009). 코칭심리학의 역사와 역할. 한국심리학회 연차대회 자료집.

정송(2021). 관리코칭과 경영성과의 관계에서 심리적 임파워먼트와 성과측정시스템의 역할에 관한 연구. 단국대학교 대학원 박사학위논문.

정지우(2018). 진로코칭프로그램이 청소년의 진로결정 자기효능감과 진로미결정수준에 미치는 효과. 숭실대학교 교육대학원 석사학위논문.

정진우(2005). 프로 라이프코치. 경기: 아시아코치센터.

정하윤, 도미향(2021). 중년기 여성을 위한 회복탄력성 향상 코칭프로그램의 효과성 연구. 코칭연구, 14(2), 215-247.

정희정, 김소연(2012). 아동코칭프로그램의 현황과 개발방향, 학습코칭프로그램을 중심으로. 코칭연구, 5(1), 27-48.

조성진(2009). 코칭이 자기효능감, 성과 및 가족관계에 미치는 영향과 이에 대한 감성지능의 조절효과. 충남대학교 대학원 박사학위논문.

조성진(2018). 대학생 진로코칭 프로그램 효과 검증에 기반을 둔 커리어코칭 시스템 개발 연구. 코칭연구, 11(4), 5-29.

진명순(2019). 공립 대안학교 중학생을 위한 진로코칭프로그램 개발과 효과. 경성대학교 대학원 박사학위논문.

최미숙(2019). 정신건강 중심 부모코칭 프로그램 개발과 효과검증. 대전대학교 대학원 박사학위논문.

최인숙(2019). 코칭기반 인성교육 프로그램 효과성 분석. 서울벤처대학원대학교 박사학위논문.

최정빈(2013). NLP 코칭기법을 활용한 스마트러닝 기반의 자기성찰지능 향상 프로그램 개발 및 효과. 충북대학교 대학원 박사학위논문.

최창호, 김수진, 김은애(2015). 대학생 효율적 진로관리를 위한 코칭기법과 전략. (사)한국취업진로학회 춘계학술발표대회, 101-116.

탁진국(2010). 코칭심리의 필요성. 한국심리학회, 연차학술발표대회 논문집.

탁진국(2019). 코칭심리학. 서울: 학지사.

하정혜(2016). 학습부진 초등학생의 인지처리양식에 따른 좌·우뇌 활용 학습코칭의 효과. 계명대학교 대학원 박사학위논문.

한국코치협회, 한국코칭학회(2006, 2007, 2008, 2009, 2010, 2011). 대한민국 코치대회 및 코칭학술 대회 자료집.

한민아(2020). 초등교사의 코칭역량 척도 개발 연구. 남서울대학교 대학원 박사학위논문.

한허정(2007). 조직 중간관리자의 코칭 역량에 관한 연구. 서울대학교 대학원 박사학위논문.

홍의숙(2009). 중소기업 리더 코칭이 자기효능감을 매개로 직무관련성과에 미치는 영향에 관한 연구. 숭실대학교 대학원 박사학위논문.

황경수(2006). 대학생들의 자기성장을 위한 코칭프로그램 개발. 학생생활연구, 27(1), 107-124.

네이버 지식백과. 코칭 윤리(coaching ethics)(심리학용어사전, 2014. 4.) https://terms.naver.com/entry.naver?docId= 2094346&cid=41991&categoryId=41991

서울대학교 행복연구센터 홈페이지. http://www.happyfinder.co.kr/

Aldag, R. J., & Kuzuhara, L. W. (2002). *Organizational behavior and management: An integrated skill approach*. South-Western/Thomson Learning.

Aspinwall, L. G., & Brunhart, S. M. (2000). What I do know won't hurt me: Optimism, attention to negative information, coping, and health. In J. E. Gillham (Ed.), *The science of optimism and hope: Research essays in honor of Martin E.P. Seligman* (pp. 162-200). Philadelphia: Templeton Foundation. Published, 2000.

Bearden, W. O., & Netemeyer, R. G. (1999). Handbook of marketing scales: Multi-Item Measures for Marketing and Consumer Behavior Research. 124-125.

Berglas, S. (2002). The very real dangers of executive coaching. *Harvard Business Review, 80*, 86-93.

Biswas-Diener, R. (2010). *Practicing positive psychology coaching: Assessment, activities and strategies for success*. 우문식, 윤상운 옮김(2011). 긍정심리학 코칭 기술. 서울: 물푸레.

Carver, C. S., & Scheier, M. F. (2002). Optimism. In C. R. Snyder & S. J. Lopez (Eds.), *Handbook of positive psychology* (pp. 231-243). Oxford University Press.

Chapin, J., & Coleman, G. (2009). Optimistic bias: What you think, what you know or who you know?. *North American Journal of Psychology, 11*(1), 121-132.

Clifton, D. O., Buckingham, M. (2008). 위대한 나의 발견-강점 혁명. 서울: 청림출판사.

Clifton, D. O., Nelson, P. (2007). 강점에 올인하라. 서울: 솔로몬북.

Collins, A. (2012). "162". *The Iowa Review 42*(2), 69-80. doi: https://doi.org/10.17077/0021-065X.7164 p. 30.

Collins, G. (2001). *Christian Coaching*. 양형주, 이규창 옮김(2011). 서울: 한국기독교학생회 출판부.

Collins, G. R. (2004). 크리스천코칭. 정동섭 옮김. 서울: IVP.

Crane, T. G. (2006). 코칭의 핵심. 김환영 외 옮김. 서울: 예토.

Dilts, R. B. (2009). 긍정 코칭. 박정길 역. 서울: 아카데미북.

Dingman, M. E. (2004). The effects of executive coaching on job-related attitudes. Unpublished doctoral dissertation.

Dweck, C. S. (1975). The role of expectations and attributions in the alleviation of learned helplessness. *Journal of Personality and Social Psychology, 31*, 674-685.

Elaine Cox, Tatiana Bachkirova, David Clutterbuck (2019). 코칭이론의 모든 것-완벽한 코칭 핸드북. 장환영, 백평구, 연경심 공역. 경기: 교육과학사.

Elder, A. (1993). *Trading for a Living: Psychology, Trading Tactics, Money Management.* John Wiley & Sons.

Ellinger, A. E. (1997). The relationship between integrated logistics and customer service. *Transportation Research, 22*, 129-139.

Evered, R. D., & Selman, J. C. (1989). Coaching and the Art of management. *Organizational Dynamics, 18*, 16-32.

Freud, S. (1928). *The Future of an Illusion*. London: Hogarth Press.

Gilland, S. W., & London, J. C. (1998). Creating performance management system that promote perception of fairness. Performance appraisal.

Gouveia, S. O., & Clarke, V. (2001). Optimistic bias for negative and positive events. *Health Education, 101*(5), 228-234.

Hackman, J. R. & Wageman, R. (2005). A theory of team coaching. *Academy of Management Review, 30*, 269-287.

Hall, D. T., Otazo, k. I. & Hollenbeck, G. P. (1999). Behind closed doors: what really happens in executive coaching. *Organization Dynamics, 27*, 39-53.

Hargrove, R. (2006). 마스터풀 코칭. 박재원 옮김. 서울: 김앤김북스.

Ho Law, Sara Ireland, Zulfi Hussian (2010). 코칭심리. 탁진국 역. 서울: 학지사.

Hudson, F. M. (1999). *The Handbook of Coaching*. San Francisco: Jossey-Bass Publishers.

Johnson, C., Shala, M., Sejdijaj, X., Odell, R., and Dabishevci, K. (2001). Thought Field Therapy – soothing the bad moments of Ost, L-G.

Johnson, H. (2004). The Ins and Outs of Executive Coaching. *Training, 41*(5), 36-41.

Joo, B. K. (2005). Executive coaching: A conceptual framework from an integrative review of practice research. *Human Resource Development Review, 4*(4), 462-488.

Kauffman, C. (2010). *Positive Psychology Coaching: Positive Psychology Approach to Coaching*.

Kilburg, R. R. (1996). Executive coaching as an emerging competency in the practice of consultation. *Consulting Psychology Journal: Practice and Research, 48*, 59–60.

Kilburg, R. R. (2001). Facilitating intervention adherence in executive coaching: A model and methods. *Consulting psychology journal: Research and Practice, 53*, 251-267.

Kimsey-House, H., Kimsey-House, K., Sandahl, P., Whitworth, L. (2016). 코액티브 코칭(고객과 코치가 함께 성공하는 코칭의 기술). 임광수, 김영순 공역. 경기: 김영사.

Laura Whitworth 외 지음. 박현준 옮김(2009). 라이프코칭 가이드. 경기: 아시아코치센터.

Law H., Ireland S., & Hussain Z. (2007). *The Psychology of Coaching, Mentoring and Learning*. 탁진국, 이희경, 김은정, 이상희 옮김(2010). 코칭심리. 서울: 학지사.

McCabe, M. J. (2005). 코코넛 깨뜨리기. 서울: 맥스미디어.

McDermott, I., & Jago, W. (2005). *The Coaching Bible: the essential handbook*. 박정길, 최소영 옮김(2007). 서울: 웅진윙스.

Ornstein, R., & Sobel, D. (1987). *The healing brain and how it keeps us healthy*. New York: Simon and Schuster.

Palmer, S., & Whybrow, A. (2006). The coaching psychology movement and its development within the British Psychological Society. *International Coaching Psychological Review, 1*(1), 5-11.

Palmer S., & Whybrow, A. (2007). *Handbook of Coaching Psychology: A Guide for Practitioners*. London & New York: Routledge.

Peterson, C., & Vaidya, R. S. (2001). Explanatory style, expectations, and depressive symptoms. *Personality and Individual Differences, 31*, 1217-1223.

Phillips, R. (1994). Coaching for higher performance. *Management Development Review, 7*, 19-22.

Popper, M. & Lipshiz, R. (1992). Coaching on leadership. *Leadership and Organization Development Journal, 13*, 37-48.

Redshaw, B. (2001). Do we really understand coaching? How can we make it work better? *Industrial and Commercial training, 32*, 106-108.

Ryan, M. J. (2008). *I WILL*. 윤정숙 옮김. 서울: 리더스북.

Scheier, M. F., & Carver, C. S. (1985). Optimism, coping, and health: Assessment and implications of generalized outcome expectancies. *Health Psychology, 4*(3), 219-247. https://doi.org/10.1037/0278-6133.4.3.219.

Scheier, M. F., & Carver, C. S. (1993). On the power of positive thinking: The benefits of being optimistic. *Current Directions in Psychological Science, 2*, 26-30.

Singer, K. et al. (2004). Empahty for pain involves the affective but not sensory components of pain. *Science, 303*, 1157-1162.

Sousa, D. A. (2003). *How the Gifted brain learns*. Corwin Press.

Sousa, D. A. (2007). *How the special needs brain learns*. Corwin Press.

Stridh, B-M., & Wolf, M. (1998). A clinical study of spider phobia: prediction of outcome after self-help and therapist-directed treatments. *Behavior Research and Therapy, 36*, 17-35.

Sylwester, R. (1995). *A Celebration of neurons*. Alexandria, VA: ASCD.

Templeton, J. (2002). 열정. 남문희 옮김. 서울: 거름.

Weinstein, N. D., & Klein, W. M. (1996). Unrealistic optimism: Present and future. *Journal of Social and Clinical Psychology, 15*(1), 1-8.

Whitmore, J. (1996). *Coaching for performance*. 김영순 옮김(2009). 코칭 리더십. 서울: 김영사.

Whitmore, J. (2007). 성과 향상을 위한 코칭 리더십. 김영순 옮김. 서울: 김영사.

Whitmore, J. (2019). 성과 향상을 위한 코칭 리더십. 김영순 옮김. 서울: 김영사.

Williams, P., & Davis, D. C. (2002). *Therapist as life coach: Transforming your practice*. 조윤정 옮김(2008). 라이프코치가 되는 법. 서울: 아시아코치센터.

저자소개

박정인

교육학박사

현) 호남신학대학교 사회복지상담학과 객원교수
광주여자대학교 상담심리학과 외래교수
목포해양대학교 외래교수
미래교육과상담 광주북부지부 평생교육원 전무이사
한국코치협회 인증코치(KAC)
한국코치협회 KPC
국제코치연맹(ICF) PCC
광주보석심리상담 연구소 실장

저서: 청소년 그릿증진 프로그램 개발 및 효과, 위기상담의 이론과 실제(동문사)

김경숙

교육학박사

현) 호남신학대학교 사회복지상담학과 객원교수
전남대 사범대학 상담심리 외래교수
광주여자대학교 교직학과 외래교수
전남대학교평생교육원 "행복한 삶을 위한 코칭" 강사
미래교육과상담 광주북부지부 평생교육원 대표 이사
한국코치협회 인증코치(KAC)
국제코치연맹(ICF) PCC
광주보석심리상담 연구소 소장

저서: 생애주기별 부모교육(교육과학사), 위기상담의 이론과 실제(동문사)

이미나

아동가족학박사, 상담심리학박사, 문화학박사

현) 광신대학교 휴먼서비스교육학과 주임교수
휴먼서비스 행복연구소 소장

전) 마인드코칭센터 대표

저서: 다문화가족복지 및 상담(공동체), 부모교육(공동체), 생애주기별 부모교육(교육과학사), 영유아발달(학지사), 문화예술교육론(동문사), 세계시민교육론(동문사), 청소년 심리 및 상담(지식공동체), 임상미술치료이론과 실제(공동체), 모래상자치료입문(박영스토리), 중독상담과 재활(정민사), 청소년 심리 및 상담(지식공동체) 외 다수

임희정

코칭학석사

현) 허그유코칭센터 대표
멘탈 코칭랩 전문코치
한국리더십센터그룹 전문코치
한국기업코칭협회 이사
국제코치연맹(ICF) PCC
한국코치협회 KPC
한국코치협회 전문코치 자격인증 심사위원
한국리더십센터그룹 코칭클리닉 FT
법무부 준법지원센터 인성코칭교수
국제 NLP Practioner Master

임광호

조직신학 박사수료

현) 새암교회 담임목사
한국코치협회 인증코치(KAC)
전문 크리스천코치(KPCC)
크리스천코칭리더십(CCL) FT

행복코칭심리의 이해

초판 1쇄 인쇄 / 2022년 8월 25일
초판 1쇄 발행 / 2022년 8월 30일

•

공저자 / 박정인 · 김경숙 · 이미나 · 임희정 · 임광호
발행인 / 이 중 수
발행처 / **동 문 사**

•

서울특별시 서대문구 홍제원1길 12
(홍제동 137-8)
Tel: 02)736-3718(대), 736-3710, 3720
Fax: 02)736-3719
등록번호: 1974.04.27. 제9-17호
가격: 22,000원

•

ISBN: 979-11-6328-473-4(93180)
E-mail: dong736@naver.com
www.dongmunsa.com

저자와의 합의하에 인지는 생략합니다.